Ökonomische Integration und Desintegration am Oberrhein

Studien zur Technik-, Wirtschafts- und Sozialgeschichte

Herausgegeben von Hans-Joachim Braun

Band 13

PETER LANG
Frankfurt am Main · Berlin · Bern · Bruxelles · New York · Oxford · Wien

Heike Knortz

Ökonomische Integration und Desintegration am Oberrhein

Eine clustertheoretisch-wirtschaftshistorische Dokumentation und Analyse zum Europa der Regionen

PETER LANG
Europäischer Verlag der Wissenschaften

Bibliografische Information Der Deutschen Bibliothek
Die Deutsche Bibliothek verzeichnet diese Publikation in der Deutschen Nationalbibliografie; detaillierte bibliografische Daten sind im Internet über <http://dnb.ddb.de> abrufbar.

ISSN 0175-9868
ISBN 3-631-51639-8

www.peterlang.de

Vorbemerkung des Herausgebers

Seit den 1970er Jahren richtet die wirtschafthistorische Forschung, etwa im Zusammenhang mit Technologietransfer und wirtschaftlichem Wachstum, ihren Blick stärker auf die Entwicklung von Regionen. Stand in den Anfangsjahren der Europäischen Wirtschaftsgemeinschaft die Frage der Integration der nationalen Volkswirtschaften im Vordergrund, so wird seit einiger Zeit das Integrationspotential von Regionen, auch über Ländergrenzen hinweg, stärker beachtet.

Hier setzt das Erkenntnisinteresse der bemerkenswerten Studie von Heike Knortz an. Sie analysiert in einem wirtschaftshistorischen Längsschnitt das Integrationspotential der Regionen am mittleren Oberrhein (Nordelsass, Nordbaden, Pfalz), eines nicht historisch gewachsenen, nicht funktional zusammengehörigen Gebildes. Dabei wendet sie mit Gewinn das „Cluster"-Erklärungsmodell von Michael E. Porter an, für den „Cluster" durch Branchenanhäufungen gekennzeichnete Gewerbestandorte sind, die, über natürliche und politische Grenzen hinweg, durch ihre innere Dynamik integrativ wirken. Heike Knortz stellt heraus, dass diese Bedingungen in dem von ihr untersuchten Raum durchaus gegeben sind und analysiert auf differenzierte Weise die entsprechenden integrationshemmenden und integrationsfördernden Faktoren. Zwar geht es der Autorin nicht so sehr darum, unmittelbare Handlungsanweisungen für die Wirtschaftspolitik in der Europäischen Gemeinschaft zu offerieren, besteht doch ihr Anliegen vor allem darin, Rahmenbedingungen und Bestimmungsfaktoren für wirtschaftliche Wachstumsprozesse in - grenznahen - Regionen in der Vergangenheit zu ermitteln. Gleichwohl bereichert diese anregende Studie nicht nur die wirtschafthistorische Forschung, sondern bietet auch den wirtschaftspolitischen Entscheidungsträgern heute vielfältige Erkenntnismöglichkeiten.

Hans- Joachim Braun

Vorwort

Keine wissenschaftliche Abhandlung entsteht ohne Hilfe, Rat und Kritik Dritter, denen im Vorwort Dank gebührt. So verhält es sich selbstverständlich auch mit der vorliegenden Publikation, für die – chronologisch nach der Entstehung – an folgende Personen zu Denken ist:

Bereits im Jahre 1998 machte mich Professor Dr. Gerd Hardach auf die in dieser Abhandlung zurückgegriffene *Cluster*theorie aufmerksam, die bis heute von der Wirtschaftshistoriographie noch immer nicht ausreichend genug zur Kenntnis genommen wird. Die Übertragung dieser Theorie auf eine *Euregio*, einen grenzüberschreitenden europäischen Planungsraum, ist schließlich durch die Pädagogische Hochschule Karlsruhe ermöglicht worden. Hier sind an erster Stelle der engagierte Europäer und ehemalige Leiter der Abteilung Europäische Studien des Institutes für Sozialwissenschaften, Professor em. Dr. Otto Bardong, sowie dessen ehemaliger Stellvertreter, Professor em. Dr. Hartmut Steinbach, zu nennen, die das Projekt förderten und in jeder Hinsicht unterstützten. Nicht zu vergessen ist die damit verbundene finanzielle Zuwendung, weshalb den Mitgliedern der seinerzeitigen Forschungskommission an dieser Stelle noch einmal nachdrücklich gedankt sei.

Hinsichtlich der kritischen Anmerkungen zum theoretischen Rahmen bin ich vor allem den Diskussionsteilnehmern der Aachener Tagung der Gesellschaft für Sozial- und Wirtschaftsgeschichte dankbar. Herr Professor Dr. Hans-Joachim Braun, in dessen „Studien zur Technik-, Wirtschafts- und Sozialgeschichte" mein Beitrag zum Europa der Regionen erscheint, ergänzte diese Anmerkungen mit weiteren wertvollen Hinweisen hinsichtlich der theoretischen Ansätze. Überhaupt hat er die Arbeit in der letzten Phase vor der Drucklegung in einem allumfassenden Sinne kompetent kommentiert und damit in jeder Beziehung bereichert.

Nicht zu vergessen sind natürlich auch die vielen Helfer in den Bibliotheken, Archiven, bei den Industrie- und Handelskammern sowie diejenigen, die während der Tiefpunkte freundschaftlich zur Seite standen. Namentlich zu nennen sind hier Professor Dr. Eberhard Jung und Jürgen Honolke. Besonderer Dank sollte schließlich die „grenzerfahrene" Madame Duhamel (Scheibenhard/Elsass) für die interessanten Diskussionen, Christina Scheible für Literaturrecherchen und Andrea Hall für die sehr gewissenhafte Durchsicht des Manuskriptes erreichen.

Heike Knortz

INHALT

Verzeichnis der Karten, Schaubilder und Tabellen im Text 11
Verzeichnis der Schaubilder und Tabellen auf CD-ROM 12
Siglenverzeichnis 13

Einleitung **15**

1. Problemerörterung und Zielsetzung 15
2. Forschungs- und Quellenlage 18
3. Die räumliche Dimension 26

Kapitel 1
Der theoretische Rahmen **29**

1.1 PORTERs Theorie ökonomischer Netzwerke 29
Exkurs zur Problematik wachstumstheoretischer Ansätze 34
1.2 Modifizierungen der PORTER'schen Methodik 42
1.3 Die *Cluster*grafik 49

Kapitel 2
Die vorindustriellen Gewerbezentren am Oberrhein **55**

2.1 Die frühen Gewerbezentren der Pfalz 55
2.2 Von frühen Gewerbezentren zu *clusters*: zur Kontinuität gewerblicher Standorte und wirtschaftlicher Führungssektoren 62
2.3 Frühe Gewerbezentren und wirtschaftliche Führungssektoren im nördlichen Baden und Elsass 66

Kapitel 3
Industrie und *clusters* am Oberrhein **77**

3.1 Räumliches Verteilungsmuster und industrielle Struktur am Oberrhein seit der Hochindustrialisierung 77
3.1.1 Die Industrie der Pfalz 77
3.1.2 Die Industrie in Nordbaden 100
3.1.3 Die Industrie im nördlichen Elsass 119
3.2 Die *clusters* Pirmasens, Ludwigshafen, Pforzheim und die *Communauté Urbaine de Strasbourg* 148
3.3 „*Failed clusters*“: Die Beispiele Lahr und Maximiliansau 169

Ergebnisse **175**

Quellen- und Literaturverzeichnis **181**

1 Quellenverzeichnis 181
1.1 Archivalien 181
1.2 Publizierte Quellen 181
1.3 Internet 184
2 Literaturverzeichnis 185

Ortsverzeichnis 205
Firmenverzeichnis 209

Verzeichnis der Karten, Schaubilder und Tabellen im Text

Karte 1:	Die *Euregio* Oberrhein	16
Karte 2:	Das Untersuchungsgebiet „mittlerer Oberrhein“	27
Karte 3:	Standorte weltweit führender Druckmaschinenhersteller	35
Karte 4:	Städte und Gemeinden der Pfalz	82
Karte 5:	Die Standorte der pfälzischen Maschinenindustrie und ihre Ausrichtung auf die chemische Industrie Ludwigshafens	99
Karte 6:	Städte und Gemeinden Nordbadens	101
Karte 7:	Städte und Gemeinden des nördlichen Elsass	120
Karte 8:	Der Großraum Ludwigshafen – Mannheim – Frankenthal	164
Karte 9:	Geographische Konzentration ausgewählter deutscher Branchen	168
Karte 10:	Wichtige Standorte der Branche Druck – Papier sowie regionale *cluster* im mittleren Oberrheingebiet	179

Schaubild 1:	Das Gesamtsystem der Bestimmungsfaktoren des nationalen Vorteils	30
Schaubild 2:	Verwandte japanische Branchen bei Fasern und Stoffen	31
Schaubild 3:	Entwicklungsstadien des nationalen Wettbewerbs	32
Schaubild 4:	Die von Innovationen angestoßene Wirtschaft	33
Schaubild 5:	Die Grundstruktur einer PORTER'schen *Cluster*grafik	49
Schaubild 6:	(Dreidimensionale) *Cluster*grafik Frankenthal, 1874	50
Schaubild 7:	*Cluster* wettbewerbsfähiger Branchen, Frankenthal 1874	52
Schaubild 8:	Beschäftigtenanteile im verarbeitenden Gewerbe der Pfalz, 1950 – 1991	65
Schaubild 9:	Entstehung des Großherzogtums Baden	67
Schaubild 10:	Produktions- bzw. Umsatzanteile im verarbeitenden Gewerbe der Pfalz, 1950 – 1991	78
Schaubild 11:	*Cluster*grafik Lambrecht, 1910, 1964 und 1991 (Auszüge)	84
Schaubild 12:	*Cluster*grafik Neustadt an der Weinstraße, 1964	86
Schaubild 13:	Stammbaum der Schnellpressenfabrik Heidelberg	106
Schaubild 14:	*Cluster*grafik Mannheim, 2000	110
Schaubild 15:	*Cluster*grafik Bischwiller, 1895	121
Schaubild 16:	*Cluster*grafik Bischwiller, 2001	123
Schaubild 17:	*Cluster*grafik Fegersheim, 2001	125
Schaubild 18:	*Cluster*grafik Strasbourg, 2001	134
Schaubild 19:	*Cluster*grafik Molsheim, 2001	141
Schaubild 20:	*Cluster*grafik Haguenau, 1895	143
Schaubild 21:	*Cluster*grafik Haguenau, 2001	144
Schaubild 22:	*Cluster*grafik Lauterbourg, 2001	147
Schaubild 23:	*Cluster*grafik Ludwigshafen, 1964	158
Schaubild 24:	*Cluster*grafik Frankenthal, 1991	162
Schaubild 25:	*Cluster*grafik, Lahr 2000	171

Tabelle 1: Industriestandorte der Pfalz, 1874 44
Tabelle 2: Gewerbestandorte der Pfalz, 1874 48
Tabelle 3: Verteilung der Industrie nach Branchen und Orten, Pfalz 1874 (Auszug) 51
Tabelle 4: Struktur pfälzischer Gewerbezentren, 1809 58
Tabelle 5: Gewerbezentren der Pfalz, 1820 59
Tabelle 6: Industriestandorte Nordbaden, 1809 70
Tabelle 7: Verteilung der Industrie nach Branchen und Orten, Nordbaden 1809 71
Tabelle 8: Gewerbezentren im Nordelsass, 1825 75
Tabelle 9: Anteil der Gewerbegruppen an der Gesamtzahl der in der pfälzischen Industrie Beschäftigten, 1913 77
Tabelle 10: Betriebe und Arbeitskräfte der Pfalz nach Gewerbegruppen, 1913 80
Tabelle 11: Industriestandort Heidelberg, 1949 104
Tabelle 12: Anteile der Beschäftigten nach Wirtschaftsbereichen im *Bas-Rhin*, 1999 131
Tabelle 13: Beschäftigtenanteile im tertiären Sektor im Elsass 132

Verzeichnis der Schaubilder und Tabellen auf CD-ROM

Schaubilder 26 – 74: *Cluster*grafiken Pfalz
Schaubilder 75 – 131: *Cluster*grafiken Baden
Schaubilder 132 – 179: *Cluster*grafiken Elsass

Tabelle 14 – 18: Industriestandorte der Pfalz 1874, 1910, 1964, 1991 und 2000
Tabelle 19 – 23: Verteilung der Industrie nach Branchen und Orten, Pfalz 1874, 1910, 1964, 1991 und 2000

Siglenverzeichnis

Euregio	Europäische Region
GLA Ka	Generallandesarchiv Karlsruhe
HdWW	Handwörterbuch der Wirtschaftswissenschaft
HZ	Historische Zeitschrift
JWG	Jahrbuch für Wirtschaftsgeschichte
LA Sp	Landesarchiv Speyer
PAMINA	**Pa**latinat (*frz.*, Pfalz), **MI**ttlerer Oberrhein, **N**ord **A**lsace
SaarLorLux	**Saar**land, **Lor**raine (*frz.*, Lothringen), **Lux**embourg
ZfB	Zeitschrift für Betriebswirtschaft

Einleitung

1. Problemerörterung und Zielsetzung

Seit geraumer Zeit ist es das erklärte Ziel der Europäischen Union, die Regionen als Träger des europäischen Integrationsprozesses hervorzuheben und diese entsprechend politisch und ökonomisch zu stärken. Diesbezügliche Aspekte haben auch in der wissenschaftlichen Literatur ihren Niederschlag gefunden.[1] Der Vertrag von Maastricht gesteht allerdings mit dem Ausschuss der Regionen[2] nur den nationalen Regionen ein Vertretungsrecht zu, so dass staatsübergreifende Regionen *de jure* in den Hintergrund treten. Gleichwohl wird auch die staatsübergreifende Region in Europa euphorisch gefördert, ohne die ein wirkliches Zusammenwachsen Europas in jeder Hinsicht undenkbar erscheint. Demgegenüber zeigt aber das tagespolitische Geschehen immer wieder, wie diffizil sich die grenzüberschreitende Arbeit und damit die intraregionale ökonomische Entwicklung, selbst in Regionen wie der schon etwas betagteren „*Euregio* Oberrhein" (vgl. Karte 1), gestaltet.[3] Aufmerksamen Beobachtern entgeht dann beispielsweise nicht, dass das mit großem Pomp und viel politischer Prominenz gefeierte deutsch-französische Brückenfest der mit dem Zweiten Pariser Vertrag 1815[4] geteilten Gemeinde(n) Scheibenhard(t)[5] kein gemeinsames Projekt, sondern zwei Veranstaltungen zur gleichen Zeit darstellt.

---

[1] Vgl. hierzu beispielsweise: BRUNN, Gerhard (Hrsg.): *Regionen und Regionsbildung in Europa. Konzeptionen der Forschung und empirische Befunde. Wissenschaftliche Konferenz, Siegen, 10.-11. Oktober 1995.* Baden-Baden, 1996. (=Schriftenreihe des Instituts für Europäische Regionalforschungen, Bd. 1); (Künftig zitiert: BRUNN, *Regionen und Regionsbildung*), PFEIFFER, Thomas: *Erfolgsbedingungen grenzüberschreitender regionaler Zusammenarbeit. Eine ökonomische Analyse am Beispiel des südlichen Oberrheins und der EUREGIO Gronau.* Frankfurt am Main/Berlin/Bern/Bruxelles/New York/Oxford/Wien, 2000. (=Europäische Hochschulschriften, Reihe V, Bd. 2646); sowie: UNIVERSITÄT MANNHEIM (Hrsg.): *Tagungsband Baden-Württemberg-Kolloquium 1993: Europa der Regionen - Modell für eine europäische Föderation, 15.-18. Februar 1993.* Mannheim, 1994.

[2] Vgl. Kapitel 4, Artikel 263-265 (ex-Artikel 198 a-c) EG-Vertrag in der Fassung vom 2. Oktober 1997.

[3] Vgl. hierzu beispielsweise: KREIS, Georg: *Die „Euroregion Oberrhein" und die „Regio Basiliensis".* In: *Europa & seine Regionen.* Hrsg. von Elisabeth VYSLONZIL und Gottfried STANGLER. Frankfurt am Main/Berlin/Bern/New York/Paris/Wien, 1990. S. 94-108. (Künftig zitiert: KREIS, *Euroregion Oberrhein*; sowie: *Europa & seine Regionen*); sowie Artikel: *Mit Tricksereien zur Einheit. An der deutsch-niederländischen Grenze: Zwei Städte wollen eins werden.* Von Roland KIRBACH. In: *Die Zeit*, Nr. 17 vom 16. April 1998. S. 20.

[4] „La Lauter devenant frontière lors du 2e traité de Paris (20.11.1815)". *Encyclopédie de l'Alsace.* Sous la diréction coordinatrice de la rédaction Agnès ACKER. Strasbourg, 1982. Tome 12, S. 7704. (Künftig zitiert: *Encyclopédie de l'Alsace*).

[5] Zur Geschichte der deutsch-französischen Gemeinde Scheibenhard(t) vgl. den historischen Abriss bei: KLEIN, Bernard: *Die Auswirkungen der deutsch-französischen Grenze. Eheschließungen im geteilten Dorf Scheibenhard 1830-2000.* In: GEIGER, Michael (Hrsg.): *PAMINA – Europäische Region mit Zukunft. Baden, Elsass und Pfalz in grenzüberschreitender Kooperation.* Speyer, 2001. S. 70-91. S. 71ff. (Letzteres künftig zitiert: GEIGER, *PAMINA*).

Karte 1: Die *Euregio* Oberrhein

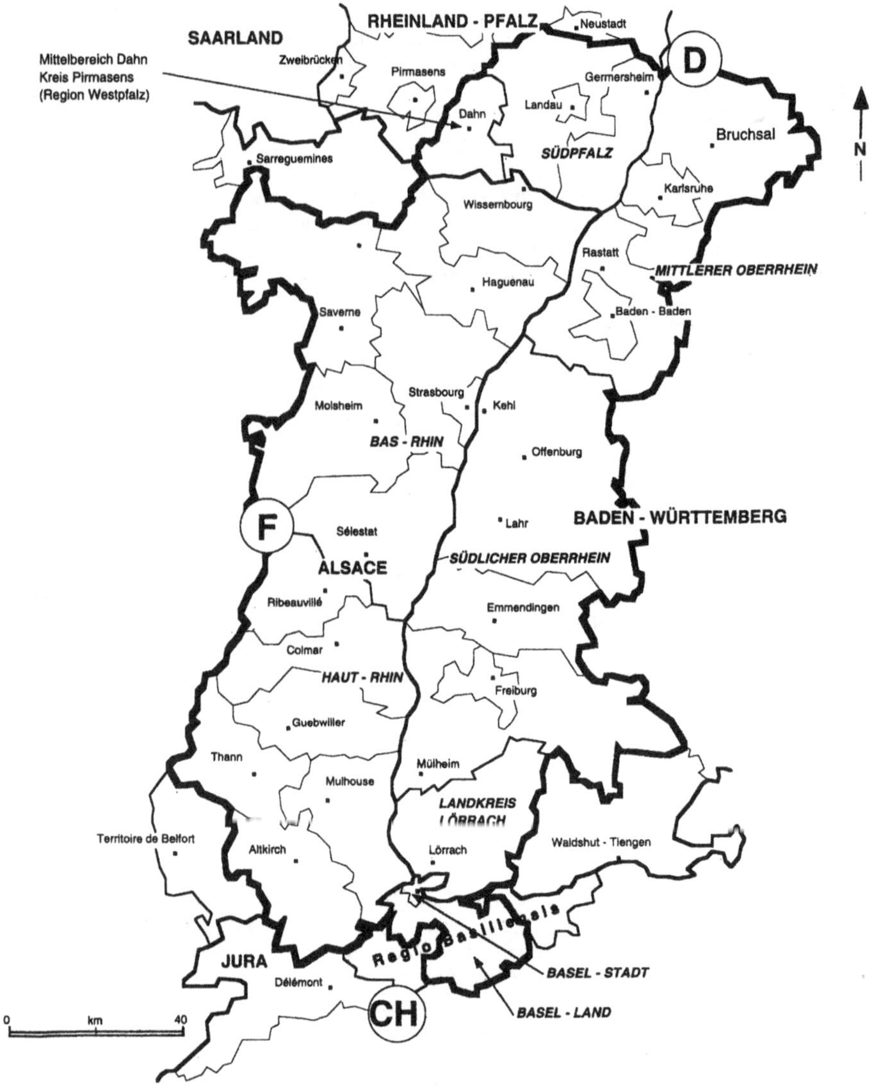

Quelle:
Wirtschaft am Oberrhein. Modell für Europa. Neckarzimmern, 1995. S. 6. (=*Magazin für grenzüberschreitende Zusammenarbeit*, Ausgabe 1995.)

Bei der Integration der jeweiligen *Euregio*[6] scheinen schließlich einige Regionen schneller voranzukommen als andere, einige wenige im Vordergrund des öffentlichen Interesses zu stehen, wie die deutsch-französisch-luxemburgische Region SaarLorLux, von deren Existenz zwischenzeitlich auch eine Briefmarke der Deutschen Post AG zeugte. Die Beurteilung des Integrationsprozesses einer *Euregio* wird jedoch stark von dem Standpunkt des jeweiligen Betrachters ausfallen, ob dieser zum Beispiel als Betroffener oder gar politisch Handelnder in den Integrationsprozess involviert ist, ob er an die Zähigkeit demokratischer Willensbildungsprozesse gewöhnt ist oder von diesen gar abgestoßen wird, usw. Erschwerend kommt hinzu, dass politische Bilanzen in der Regel positiv ausfallen, während die Bevölkerung mit den Sachkonflikten des regionalen Lebens konfrontiert wird. Beispielsweise, „wenn Schweizer/innen ihre Abfallsäcke, um die Besteuerung zu umgehen, im benachbarten Elsass wild deponieren, oder wenn Elsässer/innen wegen ihrer (angeblich) niedrigeren Löhne in der Schweiz als Lohndrücker angesehen werden, oder wenn man in Südbaden den Eindruck hat, dass deutsche Firmen mit unzulässigen Versprechungen ins Elsass gelockt werden, etc."[7]

Auffällig ist bei allem jedoch, wie wenig das jeweilige Integrations*potential* einer *Euregio* hinterfragt wird. So könnte sich eines Tages herausstellen, dass ein jahrzehntelang gefördertes und mit finanziellen Mitteln ausgestattetes staatsübergreifendes Grenzgebiet aufgrund seines sozio-ökonomischen Rahmens gar nicht im Sinne einer europäischen Region integrierbar ist. Während die Impulse für die *Euregio* Oberrhein aus dem spezifischen Interesse der Stadt Basel bereits in den frühen 1960er Jahren erwuchsen, erinnern andere und vor allem jüngere Integrationsversuche an implantierte, verordnete Prozesse. So ist selbst in der *Euregio* Oberrhein der Integrationsprozess in der *Regio Basiliensis* weiter fortgeschritten als im mittleren Oberrheingebiet.

Mit der vorliegenden Analyse soll deshalb erstmals der Frage nach vorhandenem ökonomischem Integrationspotential von Nordelsass, Nordbaden und der Pfalz, einem Gebiet, das annäherungsweise dem *Euregio*-Planungsraum PAMINA[8] entspricht, nachgegangen werden. Dabei geht es nicht etwa um politikwissenschaftliche Handlungsanweisungen, um die politisch erwünschte Integration voranzutreiben, vielmehr werden mit Hilfe der Wirtschaftsgeschichte, auf der Basis vorhandener ökonomischer Strukturen bzw. nachweisbarer Kontinuität und Diskontinuitäten, Schlüsse im Hinblick auf die Integration gezogen. Um das Potential einer intraregionalen wirtschaftlichen Integration in einem historischen Längsschnitt analysieren zu können, wurde ein wirtschaftswissenschaftlicher Ansatz gewählt, da Volks- als auch Be-

---

[6] BARISITZ nennt folgende staatsübergreifende Regionen in Europa ohne Anspruch auf Vollständigkeit: Flandern/Niederlande, Trentino/Tirol, AGRE ALP, COTRAO, Arbeitsgemeinschaft des Jura sowie der Pyrenäen, SaarLorLux, Karpaten-Theiß-Region, Arbeitsgemeinschaft Alpen-Adria, Oberösterreich-Südböhmen sowie die Region Neiße. BARISITZ, Stephan: *Zur Rolle der Wirtschaft in europäischen Regionen.* In: *Europa & seine Regionen*, S. 38-65. S. 42. (Künftig zitiert: BARISITZ, *Rolle der Wirtschaft*).

[7] KREIS, *Euroregion Oberrhein*, S. 102.

[8] Vgl. hierzu: www.pamina.org, oder auch http://www.karlsruhe.de/Statistik/pamina.htm (02.01.2002). Zum PAMINA-Planungsraum insgesamt vgl.: GEIGER, *PAMINA*.

triebswirtschaftslehre der – in diesem Zusammenhang spezifisch definierten – Region in jüngerer Zeit verstärkt Aufmerksamkeit gewidmet haben.

Da die hier zu untersuchende Region kein funktional zusammengehörendes, historisch ausgebildetes Gebiet ist, kann der verfolgte Ansatz als konträr zu den Annahmen der Raumordnungstheorie begriffen werden, deren Übernahme sich auch aus weiteren Gründen als problematisch erweisen würde. Indem der ausgewählte theoretische Rahmen vielmehr auf einer „Meso-Ebene“[9] zwischen betriebs- und volkswirtschaftlicher Perspektive angesiedelt ist, stellt er neben der Prozessdynamik weitere Kategorien bereit, die ursächlich die internationale Wettbewerbsfähigkeit erklären sollen, darüber hinaus jedoch auch den Weg zu einem evolutionär-integrativen Standortmodell zeigen können. Bei der vorliegenden, auf dem wirtschaftswissenschaftlichen *Cluster*modell beruhenden Untersuchung handelt es sich somit um wirtschaftshistorische Bemerkungen zum – politisch motivierten – „Europa der Regionen“. Dabei ist die zu untersuchende Region von der Politik vorgegeben, ihre Existenzberechtigung von daher zu Verifizieren oder aber zu Falsifizieren. Das primäre Ziel, der Erklärungswert der Studie, liegt in der Feststellung des Grades der regionalen wirtschaftlichen Integration und den Gründen hierfür, wobei die Rolle der politischen oder naturräumlichen Grenzen von untergeordneter, wenn auch nicht vollständig zu vernachlässigender Bedeutung ist.[10]

Nach einem Überblick über die Forschungs- und Quellenlage soll der gewählte theoretische Zugang zunächst vorgestellt und im Anschluss daran erläutert werden, welche Modifikationen vorgenommen werden mussten, um mit dieser Theorie im konkreten Fall wirtschaftshistorisch arbeiten zu können. Mit historischen Längsschnitten soll schließlich entsprechendes Integrationspotential am mittleren Oberrhein identifiziert werden, oder aber, im Umkehrschluss, die gegebenenfalls bestehende, den politischen Bemühungen entgegenstehende Desintegration und die Gründe dafür herausgestellt werden.

2. Forschungs- und Quellenlage

Die Frage nach ökonomischem Integrationspotential im Rahmen der europäischen, politisch motivierten Integration einzelner Regionen ist bis dato von wissenschaftlicher Seite stiefmütterlich behandelt worden. Hinsichtlich des mittleren Oberrheingebietes ist dieses Desiderat mit Blick auf die zeitliche, den politisch-ökonomischen Integrationsprozess begleitende Komponente, den räumlichen, staatsübergreifend-integralen Aspekt sowie hinsichtlich der angewandten Methodik zu konstatieren. All-

[9] Vgl. HENZLER, Herbert: *Kritische Würdigung der Debatte um den Wirtschaftsstandort Deutschland.* In: ZfB, 63. Jg., Heft 1/1993. S. 5-21. S. 11. (Künftig zitiert: HENZLER, *Debatte um den Wirtschaftsstandort*).

[10] Zum methodologischen Relativismus und den jüngst erneut kritisierten, regelmäßig fehlenden theoretischen Erklärungsmodellen innerhalb der Regionalgeschichte vgl.: KIESEWETTER, Hubert: [Rezension zu] *Stefan Brakensiek/Axel Flügel (Hrsg.), Regionalgeschichte in Europa. Methoden und Erträge der Forschung zum 16. bis 19. Jahrhundert. (Forschungen zur Regionalgeschichte, 34). Schöningh, Paderborn 2000. XIII u. 297 S. (16 Abb.), DM 59,--.* In: VSWG, 88. Bd. 2001, Heft 4. S. 471f.

gemein lassen sich folgende methodologischen Forschungsansätze zur wirtschaftlichen Integration unterscheiden:

(1) Der siedlungsgeographische Ansatz

Auf der Grundlage einer Analyse des Naturraumes und dessen Besiedlung charakterisiert EGGERS[11] den (geographisch sehr eng definierten) Grenzraum Nordelsass und Südpfalz als jeweiligen peripheren Passivraum, der sich in der geschichtlichen Betrachtung durch wechselnde Grenzverläufe und Gebietszugehörigkeiten im negativen Sinne fremdbestimmt entwickelte. Betont wird für die neuere Zeit vor allem die planmäßige staatliche Förderung in der Südpfalz, die mit dem Aufbau des Entwicklungspols Wörth am Rhein eine positivere wirtschaftliche Entwicklung ermöglicht habe als im Nordelsass, dessen Bewohner vorwiegend als Grenzgänger im Raum Karlsruhe/Rastatt/Wörth ihrer Arbeit nachgehen würden.

(2) Der wirtschaftsgeographische Ansatz

Im Rahmen ihrer Aktionsraumanalyse der deutschen Wohnbevölkerung in ausgewählten grenznahen Orten des Nordelsass bezeichnet RÖDDER[12] die Stadt-Umland-Wanderung zwischen deutschen Ballungsräumen und französischen Nachbargebieten als „grenzüberschreitende Suburbanisierung". Damit ist jener Vorgang gemeint, der den typischen suburbanen Haushalt aus der Kernstadt in den suburbanen Raum umziehen lässt: die junge, wachsende Familie, die nach Wohnraumvergrößerung strebt und den Wunsch vom Wohnen im Grünen hegt, verbunden mit der Bildung von Wohneigentum. Wegen der weiterbestehenden vielfachen Beziehungen zur Kernstadt (Arbeit, Freizeit, Kultur, soziale Bindungen) entsteht ein reger Pendelverkehr zwischen Wohnstätte und Kernstadt. Das Nordelsass habe sich diesbezüglich mit der Entwicklung der deutsch-französischen Staatsgrenze zur EU-Binnengrenze besonders wegen der kostengünstigen Immobilienpreise und dem noch ausgeprägteren ländlichen Charakter seiner Gemeinden angeboten.

(3) Der interdisziplinär-kulturwissenschaftliche Ansatz

Für die Zugehörigkeit des Saarlandes zum französischen Wirtschaftsraum in der Zeit von 1945-1956 hat HEINEN[13] die politischen, ökonomischen und kultu-

---

[11] EGGERS, Heinz: *Der Grenzraum Nordelsaß-Südpfalz in Vergangenheit und Gegenwart.* In: *Alemannisches Jahrbuch* 1991/92. S. 41-60. (Künftig zitiert: EGGERS, *Grenzraum Nordelsaß-Südpfalz*).

[12] RÖDDER, Margit: *Grenzüberschreitende Aktionsräume der Bevölkerung an einer Binnengrenze der EU, dargestellt am Beispiel der deutschen Wohnbevölkerung in grenznahen Orten der Cantone Lauterbourg und Seltz (Elsaß).* Diplomarbeit der Geographischen Institute der Rheinischen Friedrich-Wilhelms-Universität Bonn. Bonn [Masch.], 1997.

[13] HEINEN, Armin: *Politische, kulturelle und ökonomische Voraussetzungen wirtschaftlicher Integration. Das Saarland im französischen Wirtschaftsraum 1945-1956.* In: *Europa im Blick der Historiker.*

rellen Aspekte thesenartig in einem Aufsatz angerissen, die die endgültige Integration in den französischen Wirtschaftsraum scheitern ließen. Interdisziplinär angelegt ist auch der Aufsatz von LEHNERS[14], der die Entwicklungsmöglichkeiten der SaarLorLux-Region auf der Grundlage territorialer, politischer, kultureller, historischer sowie sozio-ökonomischer Aspekte diskutiert. Interessant ist dabei sein Fazit, dass es alleine auf wirtschaftlichem Gebiet eine Phase relativ umfangreicher grenzüberschreitender Verflechtung gegeben habe, deren Basis die Industrialisierung des 19. Jahrhunderts, also Kohle und Eisenerz gewesen sei. In der Bewältigung der hieraus resultierenden gegenwärtigen strukturellen Krise sieht der Autor dann auch einen möglichen Motor für eine stärkere zukünftige Integration der Region.

(4) Der wirtschaftshistorische Ansatz

Die bundesdeutsche Wirtschaftsgeschichte hat sich – von vereinzelten Ausnahmen[15] abgesehen – besonders Ende der 1970er bis Mitte der 1980er Jahre mit der Region, hier aber in der Regel im Zusammenhang mit der Industrialisierung, beschäftigt, obwohl Forschungen, die die Industrialisierung nicht als nationales Produkt begreifen, vor allem im anglo-amerikanischen Sprachraum eine längere Tradition haben.[16] Die vorliegenden Untersuchungen ließen dabei die nationalstaatliche Perspektive in den Hintergrund treten, wodurch die Bedeutung der Region als territoriale ökonomische Einheit bzw. die Bedeutung regionaler und damit differenzierter Wirtschaftsentwicklung wuchs.[17] Allerdings stand bei allen diesen Untersuchungen der Industrialisierungsprozess sowie die vergleichende Analyse von Industrieregionen im Vordergrund des Interesses,[18]

Hrsg. von Rainer HUDEMANN, Hartmut KAELBLE, Klaus SCHWABE. München, 1995. S. 129-142. (=HZ, Beiheft 21 N.F.)

[14] LEHNERS, Jean-Paul: *Grenzüberschreitende Kooperationen: Ein zukunftsträchtiger Typus europäischer Regionsbildung? Das Beispiel Saar-Lor-Lux.* In: BRUNN, *Region und Regionsbildung*, S. 300-315.

[15] Vgl. beispielsweise: BORCHARDT, Knut: *Regionale Wachstumsdifferenzierung in Deutschland im 19. Jahrhundert unter besonderer Berücksichtigung des West-Ost-Gefälles.* In: *Wirtschaft, Geschichte und Wirtschaftsgeschichte. Festschrift zum 65. Geburtstag von Friedrich Lütge.* Hrsg. von Wilhelm ABEL, Knut BORCHARDT, Hermann KELLENBENZ, Wolfgang ZORN. Stuttgart, 1966. S. 325-339. Vgl. hierzu jedoch: KIESEWETTER, Hubert: *Erklärungshypothesen zur regionalen Industrialisierung in Deutschland im 19. Jahrhundert.* In: *VSWG*, Heft 3, Bd. 67/1980. S. 305-333, der den Beginn der Regionalforschung auf S. 305 bereits in die frühen 1960er Jahre datiert. (Künftig zitiert: KIESEWETTER, *Erklärungshypothesen*).

[16] In diesem Sinne auch: FREMDLING, Rainer; Toni PIERENKEMPER, Richard H. TILLY: *Regionale Differenzierung in Deutschland als Schwerpunkt wirtschaftshistorischer Entwicklung.* In: FREMDLING, Rainer; Richard TILLY (Hrsg.): *Industrialisierung und Raum. Studien zur regionalen Differenzierung im Deutschland des 19. Jahrhunderts.* Stuttgart, 1979. S. 9-26. S. 9. (=Historisch-sozialwissenschaftliche Forschungen, 7). (Künftig zitiert: FREMDLING/PIERENKEMPER/TILLY, *Regionale Differenzierung*).

[17] Vgl. hierzu insgesamt beispielsweise: POLLARD, Sidney (Hrsg.): *Region und Industrialisierung. Studien zur Rolle der Region in der Wirtschaftsgeschichte der letzten beiden Jahrhunderte.* Göttingen, 1980. (=Kritische Studien zur Geschichtswissenschaft, 42).

[18] Vgl. hierzu beispielsweise: KIESEWETTER, Hubert; Rainer FREMDLING (Hrsg.): *Staat, Region und Industrialisierung.* Ostfildern, 1985. (Künftig zitiert: KIESEWETTER/FREMDLING, *Staat, Region und*

während die über politische Grenzen hinausgreifende ökonomische Region weitgehend, d.h. abgesehen von ihren Beziehungen zum „Hinterland“, unbeachtet blieb.

Eine Ausnahme hiervon stellt EUSTERBROCK[19] dar. Dieser konnte für das südliche Oberrheingebiet eine komplementäre Wirtschaftsstruktur zwischen der nördlichen Schweiz einerseits und dem Oberelsass bzw. Oberbaden andererseits nachweisen und gleichzeitig die ausbleibende Verflechtung zwischen südlichem Elsass und Baden durch deren wirtschaftliche Gleichartigkeit erklären. Ausschlaggebende Faktoren für diese bipolare Integration waren die Kapitalkraft der Schweiz, deren kleiner Wirtschaftsraum mit begrenztem Markt sowie der schweizerische Mangel an Rohstoffen. Infolge dieser spezifischen Konstellation war die Staatsgrenze von untergeordneter Bedeutung, während selbst die europäische Integration nach 1945 eine wirtschaftliche Komplementarität zwischen den beiden nördlichen Nachbarn nicht herzustellen vermochte. Ähnliches hatte vorher bereits GEMMERT[20] für die schweizerisch-deutsche Wirtschaftsverflechtung festgestellt.

Eine junge, in jeder Beziehung differenzierte und beispiellose Analyse liegt für die Maas-Rhein-Region vor. Die wirtschaftlichen Beziehungen dieser Grenzregion wurden 1995 im Rahmen einer wirtschaftshistorischen Tagung in Maastricht[21] hinsichtlich Infrastruktur, Finanzierung und Entwicklung einzelner Branchen untersucht, woraus das Bild eines zwar uneinheitlichen, aber anhaltend dynamisch-ökonomischen Interaktionsfeldes resultierte. Besonders zwischen 1770 und 1950 war der Interaktionsrahmen in hohem Maße durch geologische Faktoren definiert, so dass sich die Maas-Rhein-Region infolge der Steinkohle- und Erzgewinnung komplementär entwickeln konnte. Die positive wirtschaftliche Entwicklung dieser Grenzregion bis 1945 ist um so bemerkenswerter, als die Region in der Zeit des Ancien Régime sowohl den Österreichischen Niederlanden, verschiedenen Territorien des alten Deutschen Reiches beziehungsweise der Republik der Vereinigten Niederlande angehörte und damit keiner einheitlichen Politik unterlag. Der wirtschaftlichen Prosperität unter französischer Herrschaft (1797-1815) folgte schließlich die Phase nationalökonomischer Integration und somit regionaler wirtschaftspolitischer Desintegration unter der politischen Obhut der Niederlande einerseits und Preußens andererseits, bis die

Industrialisierung); KIESEWETTER, *Erklärungshypothesen*; sowie: *Regionale Industrialisierung*. Berlin, 1992. (=JWG, 1992/1).

19 EUSTERBROCK, Dirk: *Industrielle Entwicklung und Integration im südlichen Oberrheingebiet (Oberbaden-Oberelsaß) 1740-1966*. Diss. Freiburg im Breisgau, 1968. Pointierter auch: DERS.: *Wirtschaftsregion Oberrhein, Elsaß und Baden*. In: *Karlsruher Pädagogische Beiträge*, 40/1996. S. 143-154. (Letzteres künftig zitiert: EUSTERBROCK, *Wirtschaftsregion Oberrhein*).

20 GEMMERT, Franz Josef: *Schweizerisch-deutsche Wirtschaftsverflechtung am Hochrhein*. In: *Alemannisches Jahrbuch*, 1960. S. 262-273.

21 *Wirtschaftliche Verflechtungen in Grenzräumen im industriellen Zeitalter, 1750-1965. Verlagsbundel van het op 14 en 15 september 1995 te Maastricht gehouden congres van de verenigingen voor economische geschiedenis in België, Duitsland en Nederland*. J.C.G.M. JANSEN (red.) Leeuwarden, 1996. (=Maaslandse monografieën, Nr. 58). (Künftig zitiert: *Wirtschaftliche Verflechtungen*).

Belgische Revolution von 1830 die Maas-Rhein-Region auf drei Staaten verteilte und politisch noch enger in die jeweiligen Nationalökonomien integrierte. Die wirtschaftliche und politische Desintegration setzte sich schließlich im Zeichen des deutschen Protektionismus und der beiden Weltkriege fort.[22] Die Tatsache, dass die Maas-Rhein-Region im späten 20. Jahrhundert nicht mehr zu den europäischen industriellen Wachstumszentren gehört, sei dennoch auf die dort ansässigen Wachstumsbranchen des 19. Jahrhunderts und deren gegenwärtige Strukturprobleme und nicht auf das regionale Umfeld zurückzuführen.

Das konstatierte Forschungsdesiderat hinsichtlich der Region ist von Wirtschaftshistorikern immer wieder auf die nationalstaatlich ausgerichteten Modelle der klassischen Volkswirtschaftslehre und die hieran angepassten nationalen Messgrößen und Wirtschaftsdaten zurückgeführt worden.[23] Auch KIESEWETTER bewegt sich mit seinen ökonomischen bzw. staatlich-politischen Erklärungshypothesen in diesem Rahmen, indem er beispielsweise Bevölkerungszunahme, wirtschaftliche Führungssektoren, Kapital oder Gewerbeförderung in Relation zur Industrialisierung analysiert.[24] Gleichermaßen ist für das Desiderat die wirtschaftstheoretisch nicht reflektierte räumliche Differenziertheit des Wachstumsprozesses verantwortlich gemacht worden,[25] obwohl sich Ökonomen in Deutschland schon relativ früh mit Standortfragen beschäftigt haben. So standen bereits bei ALFRED WEBER ausgewählte Standortfaktoren im Vordergrund, die allerdings den Erklärungswert seiner und der auf ihm aufbauenden Standorttheorien[26] begrenzen. FREMDLING/PIERENKEMPER/TILLY verweisen daneben auf die Standortlehre JOHANN HEINRICH VON THÜNENS, die mit der Raumwirtschaftslehre verknüpfte internationale Handelstheorie nach HECKSCHER-OHLIN, sowie neuere sozialwissenschaftliche (D.C. NORTH, Sektor-Theorie von COLIN CLARK), zum Teil aus der Entwicklungsländerforschung resultierende Ansätze. Diese kritisieren an den vorhandenen Theorien zum einen jedoch die theoretische Verengung, zum anderen deren oftmals statischen Charakter.[27]

Diese Feststellungen zwingen ebenso wie der von KIESEWETTER weiterhin konstatierte „ausgesprochene Mangel an forschungsrelevanten theoretischen Ansätzen"[28] zu einem kurzen Blick auf das Angebot an Theorien. Denn obwohl sich die Raum- und Regionalforschung seit HEINRICH VON THÜNENS landwirt-

[22] Vgl. hierzu insgesamt: HARDACH, Gerd: *Der Weg nach Maastricht: Die Grenzregion im nationalen und internationalen Kontext, 1750-1992*. In: *Wirtschaftliche Verflechtungen,* S. 7-36.

[23] Vgl. KIESEWETTER/FREMDLING, *Staat, Region und Industrialisierung*, S. 1.

[24] Vgl. KIESEWETTER, *Erklärungshypothesen*, S. 314ff.

[25] Vgl. FREMDLING/PIERENKEMPER/TILLY, *Regionale Differenzierung*, S. 12.

[26] Vgl. hierzu beispielsweise: PREDÖHL, Andreas: *Das Standortsproblem in der Wirtschaftstheorie*. In: Weltwirtschaftliches Archiv. Zeitschrift des Instituts für Weltwirtschaft und Seeverkehr an der Universität Kiel, Bd. 21/1925. S. 294-321.

[27] Vgl. FREMDLING/PIERENKEMPER/TILLY, *Regionale Differenzierung*, S. 13ff.

[28] KIESEWETTER, Hubert: *Raum und Region*. In: AMBROSIUS, Gerold; Dietmar PETZINA, Werner PLUMPE (Hrsg.): *Moderne Wirtschaftsgeschichte. Eine Einführung für Historiker und Ökonomen*. München, 1996, S. 105-118. S. 116. (Künftig zitiert: KIESEWETTER, *Raum und Region* bzw. *Moderne Wirtschaftsgeschichte*).

schaftlicher Standorttheorie verschiedener theoretisch-methodischer Erklärungsansätze[29] bedient hat, ist der zitierte Mangel auch Folge der weitgehend statisch[30] angelegten Raumwirtschaftstheorien, wie der Industriestandortlehre WILHELM LAUNHARDTS und ALFRED WEBERS, die sich mit der Frage nach dem optimalen Unternehmensstandort beschäftigt. Nach WEBER[31], der seine diesbezüglichen Erkenntnisse 1909 erstmals als allgemeine Theorie formulierte, beschäftigten sich noch viele andere mit der Frage nach den standortbedingten Kosten, Frachtsätzen und Transportflächen, ohne jedoch die Entwicklungsmöglichkeiten der vorhandenen Strukturen in die Analyse einzubeziehen. Vor allem blieb die zunehmende Bedeutung der „Verfügbarkeit qualifizierter Arbeitskräfte sowie das mobilisierbare Forschungspotential" für die Standortwahl unberücksichtigt.[32]

Mit der Zeit fand eine stärkere theoretische Differenzierung statt, die zur Unterscheidung von Branchenagglomerations- und Verstädterungsvorteilen bei der räumlichen Konzentration verschiedener Branchen führte sowie im Vergleich von alternativen Standorten mündete. Weitere Forschungsrichtungen widmeten sich im Gegensatz dazu vornehmlich der Preispolitik von Unternehmen, damit den Konkurrenzbeziehungen im Raum, sowie dem kumulativen Wachstum.[33] Als letztes sei in diesem Zusammenhang auf WALTER CHRISTALLERS[34] Theorie der zentralen Orte verwiesen, die neben dem sozioökonomischen den politisch-administrativen sowie den kulturellen Bereich im Hinblick auf die Städtebildung berücksichtigt. Der Mittelpunkt einer Region ist demnach der Zentralort, in dem das Netzwerk aus Wirtschaft, Verwaltung und Verkehr zusammenläuft, bevor dieser wiederum entsprechende Impulse an die umliegenden Orte geringerer Zentralität abgibt. Eigenen Worten zufolge legte CHRISTALLER damit Ergebnisse zur Siedlungsgeographie vor, wobei er die Einflüsse der Industrialisierung auf die urbane Entwicklung außer Acht ließ.[35]

Abgesehen davon, dass an dieser Stelle Siedlungsstrukturen und die Frage der Städtebildung von untergeordnetem Interesse sind, ist allen raumwirtschaftlichen Modellen, neben der bereits erwähnten theoretischen Verengung,

---

[29] Vgl. BÖVENTER, Edwin von: *Raumwirtschaft. I: Theorie.* In: *HdWW*, Bd. 6, Stuttgart/New York/Tübingen/Göttingen/Zürich, 1981. S. 407-429; DERS.: *Standortentscheidung und Raumstruktur.* (=Veröffentlichungen der Akademie für Raumforschung und Landesplanung, Abhandlungen Bd. 76), Hannover 1979.

[30] Vgl. SIEBERT, Horst: *Regional Science.* In: *Handwörterbuch der Raumforschung und Raumordnung.* Bd. 3, Hannover ²1970, Sp. 2689-2705. Sp. 2694.

[31] WEBER, Alfred: *Über den Standort der Industrien. Erster Teil: Reine Theorie des Standorts.* Tübingen 1909.

[32] Vgl. KIESEWETTER, *Raum und Region*, S. 114.

[33] Vgl. dazu: BUTTLER, Friedrich; Knut GERLACH, Peter LIEPMANN: *Grundlagen der Regionalökonomie.* Reinbek 1977, S. 80ff.

[34] CHRISTALLER, Walter: *Die zentralen Orte in Süddeutschland. Eine ökonomisch-geographische Untersuchung über die Gesetzmäßigkeit der Verbreitung und Entwicklung der Siedlungen mit städtischen Funktionen.* Jena 1933. (Künftig zitiert: CHRISTALLER, *Zentrale Orte*).

[35] Vgl. CHRISTALLER, *Zentrale Orte*, S. 3 und 259.

das Fehlen von Entwicklungspotentialen gemeinsam, wodurch die Theorien – bis auf die Wachstumsmodelle – statisch angelegt sind. Diese Kritikpunkte lassen sich jedoch durch neue wirtschaftswissenschaftliche Ansätze eliminieren.[36]

(5) Der wirtschaftswissenschaftliche Ansatz

Sowohl von volks- als auch von betriebswirtschaftlicher Seite wird inzwischen der „Region“, der regional konzentrierten Branche, Aufmerksamkeit gewidmet, um internationale Wettbewerbsfähigkeit zu erklären.[37] PORTER[38] weist empirisch nach, dass in der Regel mehrere Unternehmen eines Landes und einer Branche international erfolgreich sind. Obwohl diese Unternehmen in Konkurrenz zueinander stehen, sind sie häufig innerhalb eines Landes regional konzentriert, sie begründen durch spezifische Faktoren *clusters*. Auch KRUGMAN[39] verweist im Rahmen seiner neuen volkswirtschaftlichen Außenhandelstheorie darauf, dass eine Neuansiedlung innerhalb eines *cores*, einer vorhandenen Ansammlung von Unternehmen derselben oder verwandter Branchen, aus einzelwirtschaftlicher Sicht vorteilhafter sei als eine Niederlassung außerhalb des *cores*. Sowohl *cluster* als auch *core* beruhen dabei auf verschiedensten Faktoren, etwa traditionellen Standortvorteilen durch Rohstoffvorkommen, oder sind sogar Folge historischen Zufalls. Die ursprünglichen Ansiedlungsgründe spielen jedoch keine Rolle, wichtig ist für das wirtschaftliche Wachstum vielmehr die sich entwickelnde Eigendynamik.

Im Gegensatz zu den oben dargestellten statischen, auf wenige Parameter beschränkten Modellen zeichnet sich PORTERs deskriptiv-erklärender Ansatz durch seine Offenheit aus, die gerade auch den historischen Zufall zulässt. „Der Verzicht auf ein geschlossenes Modell ermöglicht es, eine Vielzahl von durchaus nichtökonomischen Einflussgrößen aufzunehmen, ohne deren Zusammenhänge exakt bestimmen zu müssen. Insgesamt werden mehr Realitätsnähe und mehr Erklärungskraft erreicht, da dem Aspekt der Dynamik ausreichend Beachtung geschenkt wird.“[40] Wenn PORTER damit den strengen Ansprüchen, die die Wirtschaftswissenschaften an eine Theorie stellen, nicht in allen Teilen gerecht wird, so hat er immerhin bestehende Theorien zu einem komplexen, in sich schlüssigen Erklärungsansatz zusammengefasst und empirisch untermauert. Für die Wirtschaftsgeschichte ist jedoch die Tatsache viel bedeutender, dass PORTERs Ansatz als „Erklärungsmodell für Entwicklungen der Vergangenheit“ gelten kann und damit dem Historiker ein Instrument zur Analyse dynamischer

---

36 Vgl. hierzu auch: HENZLER, *Debatte um den Wirtschaftsstandort* S. 10ff.

37 Ein guter Überblick hierzu findet sich bei: MECKL, Reinhard; Christoph ROSENBERG: *Neue Ansätze zur Erklärung internationaler Wettbewerbsfähigkeit. Versuch einer Synthese zwischen volks- und betriebswirtschaftlicher Sichtweise.* In: *Zeitschrift für Wirtschafts- und Sozialwissenschaften*, 115/1995. S. 211-230. (Künftig zitiert: MECKL/ROSENBERG, *Neue Ansätze*).

38 PORTER, Michael E.: *The Competitive Advantage of Nations.* New York, 1990. Im Folgenden wird auf die deutsche Übersetzung zurückgegriffen.

39 KRUGMAN, Paul: *Geography and Trade.* Cambridge/London, 1991.

40 HENZLER, *Debatte um den Wirtschaftsstandort*, S. 11.

Prozesse bereitstellt.[41] Von diesem Instrumentarium ist in der Wirtschaftshistoriographie bereits einmal Gebrauch gemacht worden, allerdings nur zur Untersuchung einer einzelnen Branche.[42]

Schon dieser kurze Überblick über ausgewählte methodische Zugriffe macht das Forschungsdefizit deutlich, das hinsichtlich der europäischen Region mittlerer Oberrhein besteht. Außer den in mehrfacher Hinsicht eng begrenzten siedlungs- und wirtschaftsgeographischen Untersuchungen liegen für das Nordelsass, Nordbaden und die (Süd-)Pfalz keine übergreifenden, alle drei Teilregionen umfassenden Betrachtungen vor. Gleichzeitig kann festgestellt werden, dass die Untersuchung der verschiedenen Potentiale der europäischen wirtschaftlichen Integration ein Desiderat in der neueren Forschung darstellt, auch wenn die Analyse der Maas-Rhein-Region hiervon eine beachtenswerte Ausnahme darstellt.

Im Folgenden wird sowohl das räumlich-integrale als auch das methodologische Forschungsdesiderat überwunden. Unter Außerachtlassung der Ergebnisse der Siedlungs- und Wirtschaftsgeographie, die dem Nordelsass und der Südpfalz die Rolle des Passivraumes zuweisen, soll mit dem Instrumentarium der Wirtschaftsgeschichte in Kombination mit dem wirtschaftswissenschaftlichen Ansatz von PORTER die wirtschaftliche Entwicklung der Region als Ganzes analysiert und dargestellt werden. Dabei wird PORTER als Standorttheorie, zur Analyse von historisch bedingten Entwicklungspotentialen verwendet, um Aussagen über die ökonomische Integration bzw. Desintegration in dem ausgewählten Raum zu ermöglichen. Auf der Grundlage statistischen Materials wird *clusters*, Branchenkonzentrationen, nachgegangen, deren Wurzeln in der Phase der Frühindustrialisierung vermutet werden können, und deren Existenz – auch grenzübergreifend – integrierend wirkt, während der *cluster*freie Raum als Ausdruck ökonomischer Desintegration begriffen werden soll. Methodologisch wird das Thema also mit einem neueren wirtschaftswissenschaftlichen Ansatz erfasst werden, der seinerseits auf einer wirtschaftshistorischen Vorgehensweise beruht. Gleichzeitig muss jedoch unter Umkehrung eindimensionaler Betrachtungen auf zukünftiges Potential geschlossen werden. Immerhin kann auch in der Überwindung der Strukturkrise, mit der die Maas-Rhein-Region als europäisch-industrielles Wachstumszentrum des 19. Jahrhunderts analog der SaarLorLux-Region gegenwärtig kämpft, ein Antrieb für eine stärkere intraregionale wirtschaftliche Integration gesehen werden.

Sowohl das empirische Material als auch Quellen und Literatur liegen für die drei Teilgebiete in sehr unterschiedlicher Quantität und Qualität vor. Am vollständigsten und detailreichsten konnte deshalb das pfälzische Gebiet dargestellt werden, ohne dass jedoch die Aussagekraft für Nordbaden und Nordelsass geschmälert würde oder etwa Schlüsse für den gesamten Raum unmöglich wären. So liegen beispielsweise für die Rekonstruktion der *clusters* erforderliche verlässliche statistische Daten

[41] Vgl. PERLITZ, Manfred: *Internationales Management*. Stuttgart/Jena, 1993. S. 173ff. (=Grundwissen der Ökonomik, Betriebswirtschaftslehre). (Künftig zitiert: PERLITZ, *Internationales Management*).

[42] Vgl. FRANKE, Eva Susanne: *Netzwerke, Innovationen und Wirtschaftssystem. Eine Untersuchung am Beispiel des Druckmaschinenbaus im geteilten Deutschland (1945–1990)*. Stuttgart, 2000. (=Beiträge zur Wirtschafts- und Sozialgeschichte, Bd. 90).

im Falle der Pfalz für die Jahre 1809, 1820, 1874, 1910, 1964 und 1991/2000 vor und decken damit die für die ökonomische Entwicklung wichtigsten zeitlichen Phasen ab (Frühindustrialisierung, Hochindustrialisierung, Zeit vor und nach den beiden Weltkriegen sowie globaler Märkte). Für Nordbaden sind die entsprechenden Daten nur für die Jahre 1809, 1829, 1925, 1949 sowie 2000 und für das Nordelsass sogar nur für 1825, 1895, 1919 sowie 2001 verfügbar. Da das statistische Material für die Pfalz darüber hinaus ohne datenschutzrechtliche Auflagen frei zugänglich ist, wurde zu Zwecken der Anschaulichkeit und Plausibilisierung das gesamte entsprechend bearbeitete Datenmaterial auf der beiliegenden CD-ROM dokumentiert. Dort finden sich auch die *Cluster*grafiken für Nordbaden und das nördliche Elsass.

Stützt sich die Analyse zunächst im wesentlichen auf empirisches Material, wird für die weitergehende Beweisführung und Darstellung vor allem auf die Historiographie einzelner Städte und Firmen zurückgegriffen. Dem regionalgeschichtlich kundigen Leser wird deshalb – ebenso wie dem Kenner einzelner Branchen oder Firmen – einiges bekannt vorkommen, auf das aus Gründen der Beweisführung dennoch nicht verzichtet werden konnte. Ausdrücklich sei an dieser Stelle darauf aufmerksam gemacht, dass es sich bei der vorliegenden Analyse zwar um eine Studie zur regionalen Wirtschaftsgeschichte handelt, dabei aber die Übertragung der PORTER'schen Theorie auf ein – aus aktuellen politischen Vorgängen resultierendes – wirtschaftshistorisches Problem im Vordergrund des Interesses steht.

3. Die räumliche Dimension

Eine regionale Branchenanhäufung, ein *cluster* PORTER'schen Typs, kann auf historischem Zufall beruhen. Diesem bereits von Porter herausgestellten Faktum soll bei der Eingrenzung des speziellen Untersuchungsgebietes insofern Rechnung getragen werden, als die Definition der Region mit nicht allzu strengem Maßstab angelegt wird.[43] Im allgemeinen wird nämlich unter Region ein homogener Raum verstanden, dessen Homogenität beispielsweise auf physisch-geographischen Gegebenheiten, ethnischen, sprachlichen, kulturellen oder religiösen Gemeinsamkeiten der Bevölkerung, gemeinsamen historischen Erfahrungen, der ökonomischen Struktur und der Möglichkeit der gemeinsamen politischen Willensbildung beruhen kann.[44]

Dementsprechend wird um das heutige „Dreiländereck" *Bas Rhin*/Rheinland-Pfalz/Baden-Württemberg ein Kreis mit einem Radius von ca. 70 km gedacht, so dass sich zunächst ein Untersuchungsgebiet mit den i.d.R. an der Peripherie gelegenen Zentren Strasbourg/Haguenau, Kaiserslautern/Pirmasens sowie Ludwigshafen/

[43] Vgl. hierzu auch: KIESEWETTER, *Erklärungshypothesen*, S. 307: „Denn die Abgrenzung einer Region hängt weitgehend von der Fragestellung ab, die beantwortet werden soll und verschiedene Regionen, die sozialökonomisch, raumwirtschaftlich oder funktional homogen sind, wird man selten oder gar nicht finden." Vgl. hierzu auch: FREMDLING/PIERENKEMPER/TILLY, *Regionale Differenzierung*, S. 17.

[44] Vgl. BARISITZ, *Rolle der Wirtschaft*, S. 39f. Auch „Hardach stellte fest, dass eine Region eines Minimums an Homogenität und eines ausreichenden Maßes an Möglichkeiten der politischen Beschlußfassung bedarf, um optimal von grenzüberschreitenden Kontakten profitieren zu können." *Wirtschaftliche Verflechtungen*, S. 249.

Karte 2: Das Untersuchungsgebiet „mittlerer Oberrhein“

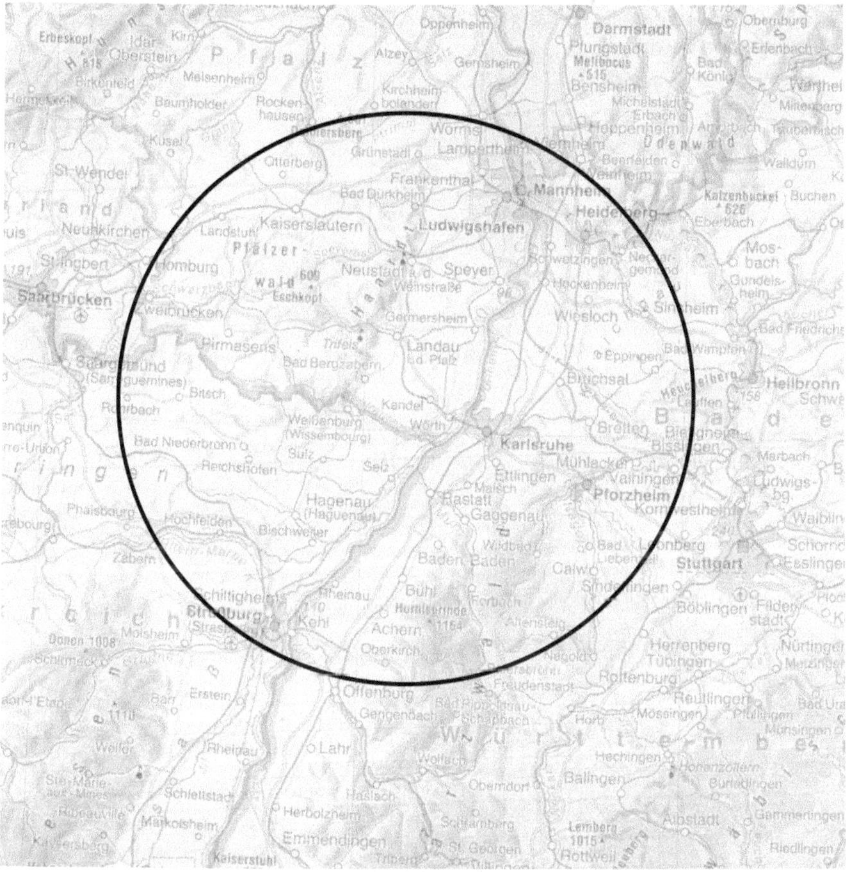

Quelle:
Diercke Weltatlas. Braunschweig, [5]2002. S. 22.

Mannheim/Heidelberg und Karlsruhe/Pforzheim ergibt (vgl. Karte 2). Von diesem willkürlich festgelegten, sich jedoch an der PAMINA-Region orientierenden Untersuchungsraum kann bei Bedarf abgewichen, einzelne Städte und Gemeinden können jederzeit ausgeklammert oder in die Analyse mit eingeschlossen werden. Der größte Teil des so gewonnenen Raumes besteht aus dem von den Vogesen, dem Pfälzer Wald, dem Odenwald/Kraichgau sowie dem Schwarzwald umgebenen Rheingraben, so dass es sich in Nord-Süd Richtung und Teilen der Ost-West-Ausrichtung um ein physisch relativ homogenes Gebilde handelt. Zu fragen wäre deshalb auch danach, wie sich der durch geologisch ungünstiges Gebiet begrenzte Rheingraben hinsichtlich einer *Cluster*bildung verhielt, welche Herausforderung die natürliche Grenze neben den wechselnden politischen Grenzen für die ökonomische Integration darstellte, und inwiefern eventuelle *clusters* mit ihrer Anziehungskraft eine grenzüberschreitende Integration bewirkten.

Kapitel 1
Der theoretische Rahmen

1.1 PORTERs Theorie ökonomischer Netzwerke

MICHAEL E. PORTER hat 1990 mit seinem Werk *The Competitive Advantage of Nations* einen neuen Ansatz zur Erklärung internationaler Wettbewerbsfähigkeit vorgelegt. Obwohl PORTER den Wettbewerb betriebswirtschaftlich erklärt, konzentriert er sich nicht auf das einzelne Unternehmen, sondern auf die regional konzentrierte Branche. Empirisch kann er belegen, dass nur ganz selten ein einzelnes Unternehmen eine starke Wettbewerbsposition inne hatte, dass in der Regel vielmehr mehrere Unternehmen einer (eng begrenzten) Branche international erfolgreich agierten. Obwohl diese Unternehmen in Konkurrenz zueinander standen, waren sie häufig regional konzentriert. Innerhalb eines Landes entstanden auf diese Art und Weise *clusters*, die schließlich auch den Staat oder die Nation als theoretischen Bezugsrahmen in den Hintergrund treten ließen.[1] Damit kann PORTERs Theorie eigener Aussage zufolge auch auf kleinere politische und geographische Einheiten Anwendung finden, wie beispielsweise Regionen oder gar Städte. Andererseits können *clusters* ebenso Landesgrenzen überwinden, wie für den südwestdeutschen Raum und die deutschsprechende Schweiz nachgewiesen wurde.[2]

Die Grundlage für den wirtschaftlichen Erfolg einer Branche stellen die vier Charakteristika Unternehmensstrategie, Struktur und Wettbewerb; Faktorbedingungen; Nachfragebedingungen sowie verwandte und unterstützende Branchen dar, die das Umfeld der Firmen prägen, und die PORTER wegen ihrer spezifisch skizzierten Anordnung als „Diamant" bezeichnet.[3] Ergänzt wird der Diamant schließlich durch die Faktoren Zufall und Staat (vgl. Schaubild 1): die Region mit dem günstigsten Diamanten verwandelt beispielsweise zufällige Entdeckungen mit höherer Wahrscheinlichkeit in einen Wettbewerbsvorteil, während der Staat nur dessen Bestimmungsfaktoren beeinflussen sollte.[4] PORTER selbst hat dieses System als Investitions- und Innovationstheorie bezeichnet.[5]

Die *clusters* oder Branchenanhäufungen selbst sind durch vielfältige, horizontale (Kunden, Technologie, Vertriebskanäle, etc.) wie vertikale (Käufer/Lieferant) Beziehungen mit- und untereinander verknüpft. So bringen wettbewerbsfähige Branchen in einem Land oftmals weitere verwandte wettbewerbsfähige Branchen hervor (vgl. Schaubild 2). „Die Existenz einer international erfolgreichen verwandten Branche in einem Land bietet Gelegenheiten für den Informationsfluß und technischen

[1] Vgl. MECKL/ROSENBERG, *Neue Ansätze,* S. 211-230.

[2] Vgl. PORTER, Michael E.: *Nationale Wettbewerbsvorteile. Erfolgreich konkurrieren auf dem Weltmarkt.* Sonderausgabe. Wien, 1993. S. 49 und 181f. (Künftig zitiert: PORTER, *Nationale Wettbewerbsvorteile*).

[3] Vgl. Abbildung 3-1 bei: PORTER, *Nationale Wettbewerbsvorteile*, S. 95.

[4] Vgl. PORTER, *Nationale Wettbewerbsvorteile*, S. 148ff.

[5] Vgl. PORTER, *Nationale Wettbewerbsvorteile*, S. 197.

Schaubild 1: Das Gesamtsystem der Bestimmungsfaktoren des nationalen Vorteils

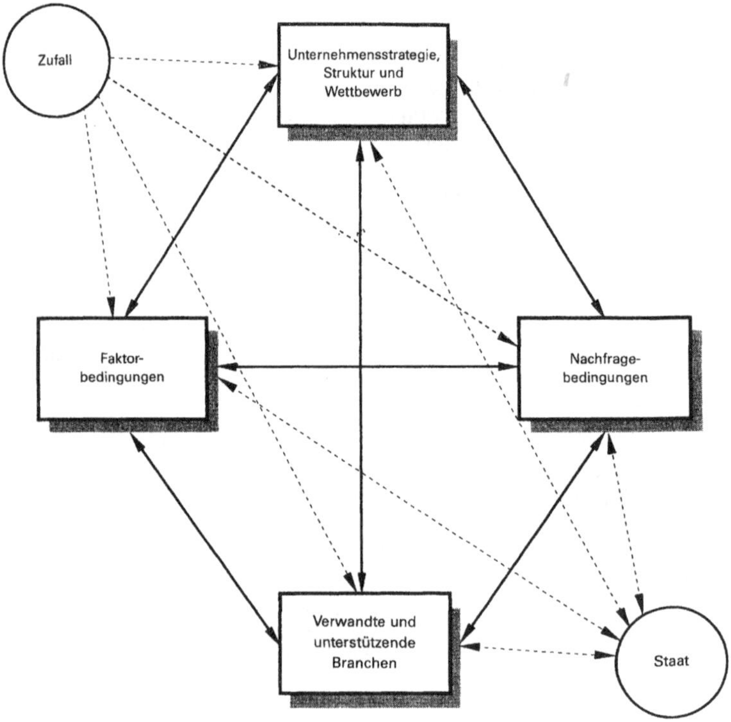

Quelle:
PORTER, Michael E.: *Nationale Wettbewerbsvorteile. Erfolgreich konkurrieren auf dem Weltmarkt.* Sonderausgabe. Wien, 1993. S. 151.

Austausch, ganz ähnlich wie im Fall einheimischer Zulieferer. Räumliche Nähe und kulturelle Ähnlichkeit machen einen solchen Austausch leichter als bei ausländischen Unternehmen. Das Vorhandensein einer verwandten Branche erhöht auch die Wahrscheinlichkeit, daß in der Branche neue Möglichkeiten erkannt werden. Sie sorgt darüber hinaus für neue Firmen in der Branche, die den Wettbewerb neu angehen. [...] Die Existenz erfolgreicher verwandter Branchen in einem Land kann auch die Entwicklung von Zuliefererindustrien beschleunigen, die beide beliefern. Internationaler Erfolg in einer Branche kann durchaus die Nachfrage nach komplementären Produkten und Dienstleistungen mitziehen."[6] Der inländische Wettbewerb wird schließlich durch die geographische Konzentration von konkurrierenden Firmen in einer Region noch verstärkt.

Schaubild 2: Verwandte japanische Branchen bei Fasern und Stoffen

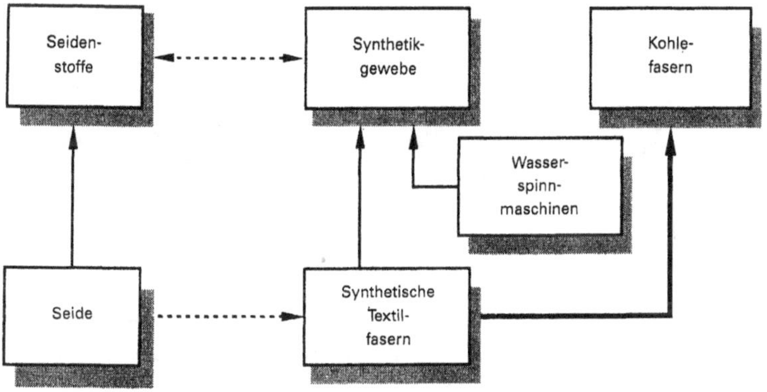

ANMERKUNG: Punktierte Linien beziehen sich auf verwandte Branchen, durchgehende Linien auf Zulieferbeziehungen.

Quelle:
PORTER, Michael E.: *Nationale Wettbewerbsvorteile. Erfolgreich konkurrieren auf dem Weltmarkt.* Sonderausgabe. Wien, 1993. S. 130.

Die geographische Konzentration ist es schließlich auch, die die Wechselwirkungen innerhalb des Diamanten erhöht und verstärkt. In Verbindung mit den sich gegenseitig beeinflussenden Bestimmungsfaktoren wird der Diamant zu einem dynamischen, sich im Zeitverlauf verändernden System. Einkommenszuwächse, eine Zunahme des wirtschaftlichen Wohlstandes eines Landes, werden nach PORTERs Theorie über die Zeit hinweg erst dadurch erzielt, dass innerhalb der Branchen eine Verschiebung zu anspruchsvolleren, produktiveren, expandierenden Segmenten mit fortschrittlicheren Technologien und qualifizierteren Arbeitskräften erfolgt.[7] Dementsprechend unterscheidet PORTER sowohl für Branchen als auch für Volkswirtschaften vier idealtypische Entwicklungsstadien des Wettbewerbs (vgl. Schaubild 3): das faktorbedingte, das investitionsbedingte, das innovationsbedingte und das wohlstandsbedingte Stadium. „Die ersten drei Stadien erfordern eine fortlaufende Aufwertung der Wettbewerbsvorteile [also des Diamanten – d.Verf.] eines Landes und werden normalerwei-

[6] PORTER, *Nationale Wettbewerbsvorteile*, S. 130.

[7] Vgl. PORTER, *Nationale Wettbewerbsvorteile*, S. 301 und 306.

se mit einem progressiv wachsenden wirtschaftlichen Wohlstand in Verbindung gebracht. Das vierte Stadium steht für Abdriften und letztlich Niedergang."[8]

Schaubild 3: Entwicklungsstadien des nationalen Wettbewerbs

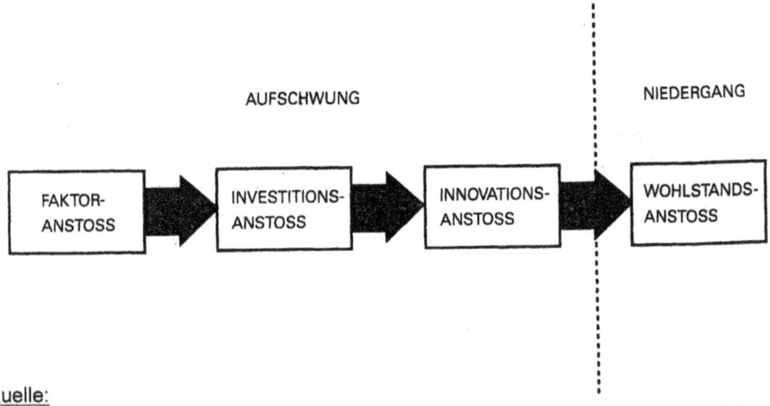

Quelle:
PORTER, Michael E.: *Nationale Wettbewerbsvorteile. Erfolgreich konkurrieren auf dem Weltmarkt.* Sonderausgabe. Wien, 1993. S. 564.

Obwohl die wirtschaftliche Entwicklung die Stadien nicht in strenger numerischer Reihenfolge durchlaufen muss, stellt das faktorinduzierte nicht selten das Anfangsstadium dar, in dem fast alle nationalen Vorteile auf Basisfaktoren wie Rohstoffen, günstigen Wachstumsbedingungen für bestimmte Feldfrüchte, Überfluss an billigen, angelernten Arbeitskräften oder ähnlichem beruhen. Bereits im investitionsbedingten Stadium werden ausländische Technologien übertroffen und damit vor allem einzelne Bestimmungsfaktoren des Diamanten angestoßen, die von nun an Quellen des künftigen Wettbewerbsvorteils werden können. In einer von Innovationen angestoßenen Wirtschaft schließlich wirken alle Bestimmungsfaktoren in zahlreichen Branchen aktiv und wechselseitig aufeinander ein. In diesem Stadium erweitert sich das Spektrum der erfolgreichen Branchen, es entstehen völlig neue *clusters* (vgl. Schaubild 4). Grundthese PORTERS ist, dass Zwänge und Herausforderungen, nicht der erreichte Wohlstand Motivation für die Wirtschaftssubjekte sind, so dass das wohlstandsbedingte Stadium zum wirtschaftlichen Niedergang führt. Investition und Innovation sind beeinträchtigt; zwar werden neue, auch sozial begrüßenswerte Ziele gesetzt, die jedoch die Ziele verdrängen, die den wirtschaftlichen Fortschritt antreiben und aufrechterhalten. Nachlassender Wettbewerb führt so zum Verlust von Vorteilen in einigen hochproduktiven Branchen, von wo aus er „gewissermaßen in einem Entflechtungsprozeß" auf andere Branchen übergreift.[9]

[8] PORTER, *Nationale Wettbewerbsvorteile*, S. 564.

[9] Vgl. hierzu insgesamt PORTER, *Nationale Wettbewerbsvorteile*, S. 564-578.

Schaubild 4: Die von Innovationen angestoßene Wirtschaft

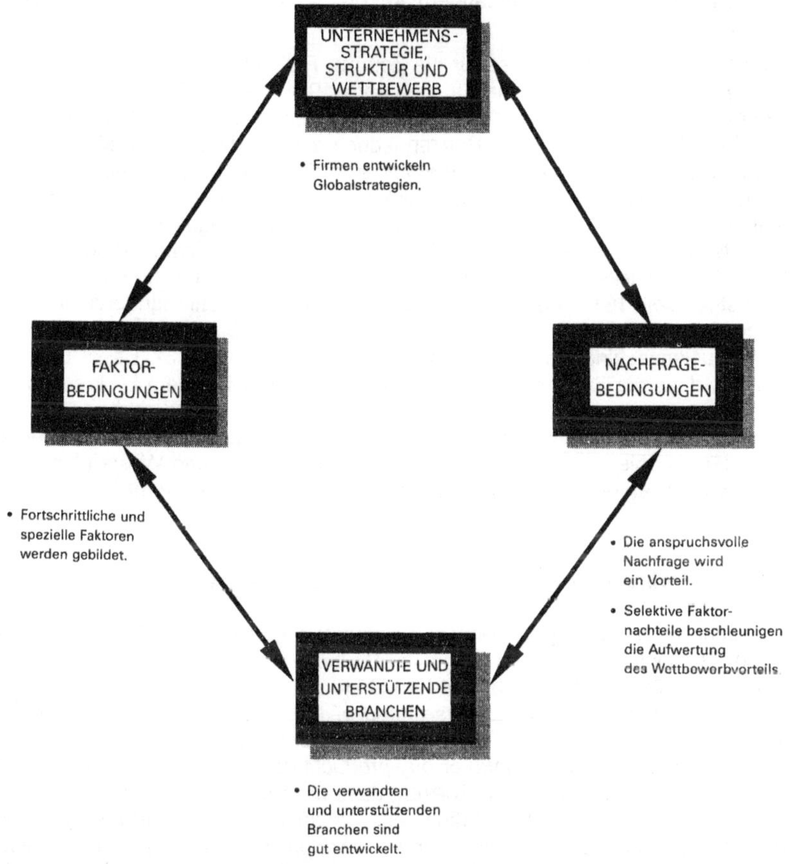

Quelle:
PORTER, Michael E.: *Nationale Wettbewerbsvorteile. Erfolgreich konkurrieren auf dem Weltmarkt.* Sonderausgabe. Wien, 1993. S. 571.

PORTER versteht unter einem *cluster* also eine Branchenanhäufung, eine regional konzentrierte Häufung miteinander in Konkurrenz und Verbindung stehender, verflochtenen Branchensegmenten angehörenden Unternehmen. In einem aufwendigen empirischen Verfahren[10] gelangt er schließlich auf der Grundlage von Exportdaten zu

[10] Vgl. hierzu beispielsweise PORTER, *Nationale Wettbewerbsvorteile*, Anhang A: Methodik der Clustergrafiken, S. 759ff., sowie Kapitel 7, S. 306ff.

clusters international wettbewerbsfähiger Branchen. Explizit definiert Porter einen internationalen Wettbewerbsvorteil als nennenswerten und dauerhaften Anteil am Weltexport in einer Vielzahl von Ländern, in Verbindung mit direkten Auslandsinvestitionstätigkeiten.[11]

Es liegt auf der Hand, dass für die Zeit der Frühindustrialisierung (Porter erstellt sog. *Cluster*grafiken alleine für die Jahre 1971, 1978 und 1985) eine solche Vorgehensweise auf unüberwindbare Schwierigkeiten stößt. Im zweiten Teil der *Nationalen Wettbewerbsvorteile* hat Porter jedoch mit Hilfe historischer Methoden die Entstehung von Branchen*clusters*, unter anderem für die deutsche Druckmaschinenindustrie, nachgewiesen. Durch einen Blick in die frühe Geschichte dieser Branche wird die befruchtende Wirkung inländischer Konkurrenz offengelegt, die zum Teil dadurch entstand, dass ehemals abhängig Beschäftigte eigene Firmengründungen vornahmen. So entwickelte Porter einen „Stammbaum der deutschen Druckmaschinenindustrie" seit 1817, der auch die am Ende des 20. Jahrhunderts führenden Wettbewerber enthält,[12] ergänzt um eine Karte, in der die Standorte der weltweit führenden Druckmaschinenhersteller verzeichnet sind (vgl. Karte 3). Es ist unschwer erkennbar, dass die führenden Druckmaschinenhersteller in einem Umkreis von ca. 250 km angesiedelt sind. Werden führende Wettbewerber in verwandten Branchen, wie Papier, Papiermaschinen und Druckfarben hinzugezogen, entsteht ein Branchen*cluster*, der sich bis nach Düsseldorf und Düren im Norden und Westen bzw. München im Süd-Osten erstreckt und damit nationale Dimension annimmt.[13]

Exkurs zur Problematik wachstumstheoretischer Ansätze

Umfassende Rezensionen zu Porters *Competitive Advantage of Nations* stammen aus den Vereinigten Staaten von Amerika. Sie bezweifeln einerseits nationale Wettbewerbsvorteile im Zeitalter globalisierter Märkte, da *„global corporations cannot risk putting their home country's interests ahead of the interests of their shareholders*" und diese die *domestic industry* mit ihren „nationalen" Produkten zunehmend zu *global playern* machten, *„which make or buy products outside the nation's borders and ship them back.*"[14] Ferner betone Porter, dass nationale Wettbewerbsvorteile nicht einfach als makro ökonomische Phänomene betrachtet werden dürften, vernachlässige gleichzeitig aber "*such cherished macro-economic indicators as budget deficits, interest rates and exchange rates.*"[15] Andererseits ist fundamentaler Kritikpunkt, dass sich – bedingt durch die detaillierte Analyse Porters mit ihren zahlreichen Fallstudien – für jedes angeführte Beispiel ein Gegenbeispiel finden lasse. Insofern seien Porters Schlüsse hinsichtlich Produktivität und Wettbewerb anderen Forschungser-

[11] Vgl. Porter, *Nationale Wettbewerbsvorteile*, S. 306.

[12] Vgl. Porter, *Nationale Wettbewerbsvorteile*, S. 208.

[13] Vgl. Porter, *Nationale Wettbewerbsvorteile*, S. 214.

[14] Scassellati, Alessandro: *[Rezension zu] Michael E. Porter, The Competitive Advantage of Nations.* In: *Socialism and Democracy*, Nr. 13/1991. S. 158-164. S. 162 und 163. (Künftig zitiert: Scassellati, *Rezension zu Porter*).

[15] Scassellati, *Rezension zu Porter*, S. 160.

Karte 3: Standorte weltweit führender Druckmaschinenhersteller

Quelle:
PORTER, Michael E.: *Nationale Wettbewerbsvorteile. Erfolgreich konkurrieren auf dem Weltmarkt.* Sonderausgabe. Wien, 1993. S. 210.

gebnissen sehr ähnlich, und: „*In the end, Mr.* PORTER *fails exactly where everyone else has failed. Why do some countries grow? Why do other countries decline?*"[16]

[16] THUROW, Lester C.: *[Rezension zu] The Competitive Advantage of Nations. By Michael E. Porter.* In: The New York Times, May 27, 1990. S. 7. GRANT, Robert M.: *Porter's „Competitive Advantage*

In der deutschsprachigen Literatur wird MICHAEL E. PORTERS „Diamant"-Konzept zunächst im Rahmen der betriebswirtschaftlichen Theorie der Unternehmensplanung, damit zusammenhängend der Theorie der Internationalisierung bzw. des Standortes beurteilt.[17] Diesbezüglich richtet sich die Kritik besonders gegen PORTERS Anspruch einer neuen und umfassenden Theorie zur Erklärung globalen Wettbewerbs. PERLITZ weist hier im Detail auf bereits vorhandene Theorien und Modelle hin.[18] Darüber hinausgehend bezweifelt dieser nicht nur die von PORTER postulierte zukunftsbezogene Dynamik, sondern auch dessen „Theoriefähigkeit" auf dem Hintergrund wissenschaftstheoretischer Anforderungen. Insofern sei zu Recht kritisiert worden, „daß PORTER eher eine philosophische Arbeit als ein fundiertes Modell darstellt. Aufgrund dessen ist es auch sehr schwierig, den Ansatz zu widerlegen, da er allumfassend angelegt ist"[19]. Könne PORTER immerhin das Verdienst zukommen, „empirisch neue Zusammenhänge über die internationale Wettbewerbsfähigkeit" ausgewählter Industrie- bzw. Schwellenländer aufgezeigt zu haben, bleibe allgemein jedoch die Kapitalausstattung als diskriminierendes Merkmal unberücksichtigt. Hierfür und für ein weiteres Manko wird die der Analyse zugrundeliegende Länderauswahl verantwortlich gemacht: „Es gibt viele andere Länder, die durch fehlende Ressourcen ähnlich benachteiligt sind wie Japan. Durch diese Krisensituation müssten sie nach PORTER auch einen großen Innovationsdruck entwickeln und damit auch einen wirtschaftlichen Aufschwung erreichen. Warum dies nicht geschieht und inwieweit die Elemente des ‚Diamanten' hierfür nicht ausreichen, kann bei der Länderauswahl von PORTER nicht analysiert werden."[20]

Obgleich PORTER mittels der regional konzentrierten Branche Wettbewerbsfähigkeit erklären und im Folgenden der Analyse des ökonomischen Integrationspotentials einer ausgewählten europäischen Region dienen soll, stehen mit dessen Modell ursächlich dynamische Prozesse der Vergangenheit, somit wachstumstheoretische Aspekte im Mittelpunkt. Ein insofern motivierter Blick auf die vorhandenen wachstumstheoretischen Ansätze zeigt, dass PORTER der Neuen Wachstumstheorie zuzuordnen ist, die den Wachstums- als Zufallsprozess begreift und damit eine entscheidende Revision der orthodoxen angebotsorientierten Ansätze vorgenommen hat. Während die sich auf die Annahmen der neoklassischen Theorie beziehenden angebotsorientierten Ansätze von der makroökonomischen Produktionsfunktion und damit der herausragenden Rolle des materiellen Inputs ausgehen, der durch den alternativen Einsatz der Produktionsfaktoren das Produktionsergebnis maximieren soll, stellt

---

of Nations": An Assessment. In: *Strategic Management Journal*, Vol. 12 (1991), S. 535-548, ist sogar der Meinung, der breite und allumfassende Ansatz PORTERS gehe auf Kosten der Präzision und Eindeutigkeit. *„Concepts are often ill defined, theoretical relationships poorly specified, and empirical data chosen selectively and interpreted subjectively."*

[17] Vgl. MECKL/ROSENBERG, *Neue Ansätze*; HENZLER, *Debatte um den Wirtschaftsstandort*; sowie: PERLITZ, *Internationales Management.*

[18] Vgl. hierfür und für das Folgende PERLITZ, *Internationales Management*, S. 171-175. Vgl. auch S. 22ff.

[19] PERLITZ, *Internationales Management*, S. 175, mit Bezug auf THUROW, Lester C.: *Competing Nations. Survival of the Fittest.* In: *Sloan Management Review*, 1/1990. S. 95ff. S. 97. [An der angegebenen Stelle jedoch nicht auffindbar – d.Verf.]

[20] PERLITZ, *Internationales Management*, S. 175.

die Neue Wachstumstheorie die „Innovationstätigkeit und die Investitionen in den Mittelpunkt, aber auch die produktiven Leistungen vermehrten/verbesserten Wissens. Vor allem wird ein tieferes Verständnis der Determinanten des technischen Fortschritts gefordert. Die Wachstumschancen scheinen weniger an die schlichte Verfügbarkeit von materiellen Inputs gebunden zu sein. Wichtiger sind immaterielle Kapitalgüter [...] sowie die Institutionen [...], die deren produktiven Einsatz fördern oder hemmen"[21].

Allerdings birgt die Neue Wachstumstheorie andere spezifische Theorieprobleme. So ist beispielsweise hinsichtlich der auch für PORTERs Theorie geltenden stochastischen Struktur bemängelt worden, dass die Zufallsabhängigkeit empirisch nicht überprüfbar sei.[22] Gleichfalls sei die durch die Neue Wachstumstheorie reduzierte Rolle der Anlageinvestitionen als Determinante des Wachstums empirisch nicht zu belegen.[23] Diesbezüglich wird zusätzlich die Vernachlässigung der institutionellen Bedingungen bzw. Veränderungen sowie deren Auswirkungen auf die Gesamtwirtschaft angeführt. *Summa summarum* bleibe die Relevanz aller wachstumstheoretischen Modelle für die Wirtschaftswissenschaft begrenzt, während ihr Wert für wirtschaftsgeschichtliche Fragestellungen, d.h. der Frage nach der tatsächlichen Entwicklung und deren Triebkräfte, höher zu veranschlagen sei. Insofern ist sogar angemerkt worden, dass die Wachstumstheorie von jener Art wirtschaftshistorischer Studien befruchtet werden könne.[24]

Einen solchen, da bereits als „Theorie der modernen Geschichte intendiert[en]"[25] wachstumstheoretischen Ansatz stellen beispielsweise WALT W. ROSTOWs[26] *Stadien wirtschaftlichen Wachstums* dar, die in der Literatur häufig unter Wirtschaftsstufentheorien abgehandelt werden. Mit diesem optimistisch-evolutionären Ansatz unterteilte ROSTOW die wirtschaftliche Entwicklung einer Gesellschaft in fünf Stadien: die nicht epochegegliederte vorindustrielle traditionale Gesellschaft als Ausgangspunkt, die Übergangsgesellschaft, die Periode des wirtschaftlichen Aufstiegs (*Take-off*), das industrielle Reifestadium sowie das Nach-Reifestadium, die Massenkonsumgesellschaft.

---

[21] SPREE, Reinhard: *Wachstum*. In: *Moderne Wirtschaftsgeschichte*, S. 137-156. S. 143. (Künftig zitiert: SPREE, *Wachstum*). Vgl. hierzu auch: NEUMANN, Manfred: *Innovationen, Wettbewerb und Wettbewerbspolitik in den langen Wellen wirtschaftlicher Entwicklung*. In: *Wachstumstheorie und Wachstumspolitik. Ein neuer Anlauf.* Hrsg. Von Bernhard GAHLEN, Helmut HESSE und Hans Jürgen RAMSER unter Mitarbeit von Gottfried BOMBACH. Tübingen, 1991. S. 279-292. S. 279. (=Schriftenreihe des Wirtschaftswissenschaftlichen Seminars Ottobeuren, Bd. 20).

[22] Vgl. METZ, Rainer: *Über die stochastische Struktur langfristiger Wachstumsschwankungen*. In: *IFO-Studien. Zeitschrift für empirische Wirtschaftsforschung*. 38. Jg. 1992. S. 171-197.

[23] Vgl. CRAFTS, Nicholas: *Productivity growth reconsidered*. In: *Economic Policy*, 15 (1992). S. 387-414. (Künftig zitiert: CRAFTS, *Productivity growth*).

[24] Vgl. CRAFTS, *Productivity growth*, S. 414.

[25] BOELCKE, Willi A.: *Wirtschafts- und Sozialgeschichte. Einführung, Bibliographie, Methoden, Problemfelder*. Darmstadt, 1987. S. 125.

[26] ROSTOW, Walt Whitman: *The Stages of Economic Growth*. Cambridge, 1960. Den folgenden Ausführungen liegt die deutsche Übersetzung zugrunde: *Stadien wirtschaftlichen Wachstums. Eine Alternative zur marxistischen Entwicklungstheorie*. Göttingen, 1960. (Künftig zitiert: ROSTOW, *Stadien wirtschaftlichen Wachstums*).

Die traditionale Gesellschaft ist durch die dominierende Rolle der Landwirtschaft sowie eine hierarchische Gesellschaftsstruktur mit geringer vertikaler Mobilität und fatalistischem Wertesystem gekennzeichnet.[27] Die wichtigste Voraussetzung für den wirtschaftlichen Aufstieg ist schließlich der Anstieg der Investitionsquote, der sich in der Gesellschaft des Übergangs vollzieht: „Deshalb ist eine wesentliche Bedingung für eine erfolgreiche Übergangszeit, daß die Investitionen erhöht werden, und noch wichtiger ist, daß die bisher unausgenutzten Erfindungen nutzbringend auf das Land und andere Rohstoffquellen angewandt werden, in denen ein schneller Aufstieg der Produktion zu erwarten ist."[28] Damit kommt auch der Landwirtschaft eine Schlüsselrolle zu, da sie das Nahrungsmittelangebot zunächst noch erhöhen und das infolge dessen vermehrte Kapital der Industrie zur Verfügung stellen muss. „Kurz gesagt, es gehört zu den Voraussetzungen für den wirtschaftlichen Aufstieg, daß zu Beginn Sparmittel im Inland für produktive Anlagen aufgebracht werden und daß eine gesellschaftliche Struktur vorhanden ist, die eine hohe marginale Sparrate erlaubt"[29]. Nicht zuletzt wird der wirtschaftliche Aufstieg durch Veränderungen der sozialen Struktur und infolge dessen geänderter ökonomischer Verhaltensweisen vorbereitet.[30]

Die Stufe des wirtschaftlichen Aufstiegs, des *Take-off*, ist schließlich durch den Anstieg „produktiver Investitionen" auf mindestens 10% des Volkseinkommens, eine hohe Wachstumsrate in einem oder mehreren wichtigen industriellen Sektoren sowie durch das Vorhandensein oder Entstehen eines politischen, sozialen und institutionellen Rahmens gekennzeichnet, „der die Impulse für eine Erweiterung im industriellen Sektor und die potentiellen *external economics* der Aufstiegsperiode ausnutzt und das Wachstum fortschreiten läßt."[31] Determinierend für den *Take-off* ist somit nicht nur das Entstehen einer neuen Industrie, vielmehr eines führenden Sektors mit der Fähigkeit, seine Wachstumsimpulse auf die Gesamtwirtschaft zu übertragen.[32] Interessanterweise zieht ROSTOW zur Demonstration der von führenden Sektoren ausgehenden Sekundäreffekte das bei LOCKWOOD aufgeführte Beispiel der japanischen Seidenfädenexporte heran: „*To satisfy the demands of American weaving and hosiery mills for uniform, high-grade yarn, however, it was necessary to improve the quality of the product, from the silkworm egg on through to the bale of silk. In sericulture this meant the introduction of scientific methods of breeding and disease control; in reeling it stimulated the shift to large filatures equipped with machinery; in marketing it led to large-scale organization in the collection and sale of cocoons and raw silk. The success of Japanese merchants and filature-owners in these technical improvements [...] enabled Japanese silk to triumph in competition with silk from China, the traditional home of the industry. Clearly the foreign market afforded the chief impetus to technological change in this instance. [...] And it exerted steady pressure in*

[27] Vgl. hierzu insgesamt: ROSTOW, *Stadien wirtschaftlichen Wachstums*, S. 18-20.

[28] ROSTOW, *Stadien wirtschaftlichen Wachstums*, S. 39.

[29] ROSTOW, *Stadien wirtschaftlichen Wachstums*, S. 58.

[30] Vgl. ROSTOW, *Stadien wirtschaftlichen Wachstums*, S. 41 und 53. Vgl. hierzu auch zusammenfassend S. 54f.

[31] ROSTOW, *Stadien wirtschaftlichen Wachstums*, S. 57. (Hervorherbung nicht im Original).

[32] Vgl. ROSTOW, *Stadien wirtschaftlichen Wachstums*, S. 63f.

favor of the application of science, machinery, and modern business enterprise."[33] Wie bei PORTER nehmen von daher auch bei ROSTOW Unternehmertum und Innovationsfähigkeit eine entscheidende Position ein.

Das Reifestadium der Gesellschaft bedeutet strenggenommen die Entwicklung zur technischen Reife. In diesem Stadium werden die ökonomischen Ressourcen in effizienter Weise mit modernsten Techniken genutzt.[34] Am Ende des Reifestadiums werden jedoch bereits erste Anzeichen hinsichtlich des sich im letzten Stadium vollziehenden – unklaren – Entwicklungsweges sichtbar.[35] ROSTOW selbst nennt es das Zeitalter des Massenkonsums, in dem die Gesellschaft im Laufe ihrer Geschichte Wahlentscheidungen über den anzustrebenden weiteren Weg zu treffen hatte: über imperialistisches Streben, die Etablierung eines Wohlfahrtsstaates oder die Ausdehnung des Konsums hin zum Stadium des Massenkonsums.[36]

Da ROSTOW aus der historischen Retrospektive abgeleitete allgemeingültige Aussagen über Wachstumsabläufe formulierte, ist vor allem von Seiten der praktisch orientierten Entwicklungspolitik seine lediglich deskriptive Theorie bemängelt worden, die sich empirischer Überprüfung weitgehend entziehe.[37] Ähnlich wie für PORTER, gilt für ROSTOW noch weitergehend die Operationalisierung mittels Variablen und Grenzwertbetrachtungen als ausgeschlossen. Außerdem „wird nicht untersucht, wieso es zu einem Fortschreiten in dieser Stufenfolge kommt."[38]

Im Gegensatz zu den angebotsorientierten Modellen gehen die nachfrageorientierten wachstumstheoretischen Ansätze von dauerhaft unterbeschäftigten Produktionsfaktoren aus, die Wachstum schließlich durch eine exogene Nachfrage mittels Multiplikatoreffekt in Gang zu setzen vermögen. „Nachfrageorientierte Wachstumsuntersuchungen betonen stark die Größe und Zusammensetzung der Auslandsnachfrage im Verhältnis zur Struktur der inländischen Wirtschaft. Die Quintessenz dieses Analysetyps sind exportorientierte Modelle, die die überragende Bedeutung der Exportnachfrage für das Inlandswachstum herausstellen."[39] Richtungsweisend war diesbezüglich HIRSCHMANN, auf den auch die Präzisierung und Typisierung der verschiedenen nachfrage- bzw. angebotsbezogenen Verkettungseffekte zurückgeht.

ALBERT O. HIRSCHMANN[40] betrachtet seine *Strategie der wirtschaftlichen Entwicklung* explizit als ein programmatisches Konzept. Wie alle Entwicklungsstrategien

---

[33] LOCKWOOD, William W.: *The Economic Development of Japan. Growth and Structural Change 1868-1938.* Princeton, 1954. S. 338f.

[34] Vgl. ROSTOW, *Stadien wirtschaftlichen Wachstums*, S. 78f.

[35] Vgl. ROSTOW, *Stadien wirtschaftlichen Wachstums*, S. 91f. uns S. 102.

[36] Vgl. ROSTOW, *Stadien wirtschaftlichen Wachstums*, S. 94f.

[37] Vgl. hierzu beispielsweise: BRAUN, Gerald: *Nord-Süd-Konflikt und Dritte Welt.* Paderborn, [4]1993. S. 94. (=Sozialwissenschaften, Heft 10).

[38] LACHMANN, Werner: *Entwicklungspolitik.* Band 1: *Grundlagen.* München/Wien, 1994. S. 66. (Künftig zitiert: LACHMANN, *Entwicklungspolitik*).

[39] SPREE, *Wachstum*, S. 144.

[40] HIRSCHMANN, Albert O.: *The Strategy of Economic Development.* New Haven, 1958. (=Yale Studies in Economics, Vol. 10). Den folgenden Ausführungen liegt die deutsche Übersetzung der revidierten dritten amerikanischen Ausgabe zugrunde: *Die Strategie der wirtschaftlichen Entwick-*

gibt dieses den politischen Entscheidungsträgern „staatliche Handlungsschwerpunkte global oder auch in Einzelmaßnahmen vor[...], durch die ein Prozeß sozioökonomischer Entwicklung, ausgehend von einem wie auch immer diagnostizierten Zustand der Unterentwicklung, eingeleitet, erhalten oder beschleunigt werden soll."[41] Entsprechend ist diese Theorie im Rahmen entwicklungstheoretischer Strategien kritisiert worden.[42] Allerdings bezieht HIRSCHMANN Position gegen die bis dato im Hinblick auf Entwicklungsprozesse entfalteten Wachstumsmodelle, die als Strategien des *balanced growth* bezeichnet werden können. Kernpunkt dieser Wachstumstheorien ist eine unzureichende Investitionsbereitschaft der Unternehmer trotz vorhandener Ersparnisse und die hieraus folgende unzureichende materielle Kapitalakkumulation. Würden alle Wirtschaftszweige eines Landes infolge abgestimmter Ausweitung der Investitionen aller Unternehmen in einem ausgewogenen Verhältnis zueinander wachsen, würden sich demnach Kapazitätsausweitungen lohnen und damit die Kapitalknappheit beseitigt. „Das ist in unterentwickelten Ländern weit weniger sicher, in denen sich überdies die ‚normale' Produktivität infolge von Knappheiten und Engpässen oft gar nicht entfaltet und wo die Beseitigung dieser hemmenden Faktoren plötzlich eine beträchtliche Erhöhung der Produktivität des bereits investierten Kapitals hervorrufen kann."[43]

Der Theorie des ausgewogenen, des gleichgewichtigen Wachstums stellt HIRSCHMANN dementsprechend seine Strategie des ungleichgewichtigen Wachstums entgegen. Für ihn sind Gewinne Anzeichen eines Ungleichgewichts, die Investitionen in der entsprechenden Industrie nach sich ziehen, welche aber Gewinne ihrerseits wiederum eliminieren. Einerseits führen Investitionen somit an das Gleichgewicht heran, andererseits können diese jedoch die Gewinne in anderen Industrien steigern und infolge dessen wieder vom Gleichgewicht wegführen.[44] Dabei wird die Ungleichgewichtigkeit des Wachstums explizit auch geographisch, d.h. an Wachstumspolen ausgerichtet, verstanden.[45] Fortschritt findet für HIRSCHMANN in der „Schaukelbewegung" statt, so dass die Aufrechterhaltung, und gerade nicht die Ausschaltung von Ungleichgewichten, zu Wachstum führt. „Daher ist die Sequenz, die ‚vom Gleichgewicht wegführt', [...] geradezu ein ideales Muster für die Entwicklung: denn jeder Schritt wird von einem vorangehenden Ungleichgewicht ausgelöst und erzeugt seinerseits ein neues Ungleichgewicht, das wieder einen weiteren Schritt erfordert."[46] Da durch den Komplementaritätseffekt, die „ansteckende Wirkung" von Investitionen,

---

lung. Stuttgart, 1967. (=Ökonomische Studien, Bd. 13). (Künftig zitiert: HIRSCHMANN, *Strategie der wirtschaftlichen Entwicklung*).

[41] LACHMANN, *Entwicklungspolitik*, S. 211. Vgl. hierzu auch HIRSCHMANN, *Strategie der wirtschaftlichen Entwicklung*, Vorwort zur amerikanischen Originalausgabe, zur amerikanischen Paperback-Ausgabe sowie Kapitel 1, Einleitende Untersuchungen der deutschen Übersetzung.

[42] Vgl. hierzu: KNALL, Bruno; Norbert WAGNER: *Entwicklungsländer und Weltwirtschaft. Eine Einführung*. Darmstadt, 1986. S. 47f.

[43] HIRSCHMANN, *Strategie der wirtschaftlichen Entwicklung*, S. 30. Für das vorhergehende vgl. das gesamte Kapitel „Gleichgewichtiges Wachstum: Eine Kritik", besonders S. 46-53.

[44] Vgl. HIRSCHMANN, *Strategie der wirtschaftlichen Entwicklung*, S. 61.

[45] Vgl. HIRSCHMANN, *Strategie der wirtschaftlichen Entwicklung*, S. 171ff.

[46] HIRSCHMANN, *Strategie der wirtschaftlichen Entwicklung*, S. 62.

zusätzlich eine Kette von Ungleichgewichten, also Überkapazitäten bzw. Engpässen entsteht, die Entwicklung ermöglichen, liegt in induzierten Investitionen, „die auf Grund von vorhergehenden Nachfrageerhöhungen oder [...] von Gewinnen der Vorperioden unternommen werden", im Gegensatz zu autonomen Investitionen „als hauptsächlich durch neue Erfindungen, Erwartungen, Investitionen der öffentlichen Hand usw. angeregt",[47] der Schlüssel der HIRSCHMANN'schen Entwicklungsstrategie.

Aus der dualistischen Wirkung von Investitionen, also den diesen innewohnenden Einkommens- als auch Kapazitätseffekten, resultieren mittels Input-Output-Analysen fassbare, qualitative und quantitative rückwärts- bzw. vorwärtsgerichtete Kopplungseffekte, die schließlich den kumulativen Wachstumseffekt entstehen lassen. Grundlegend für die Industrialisierungspolitik[48] eines unterentwickelten Landes soll letztlich die durch Käufe von anderen (=Rückwärtskopplung) bzw. Verkäufe an andere Zweige (=Vorwärtskopplung) ermittelte und in einer Rangfolge dargestellte Interdependenz einzelner Wirtschaftszweige sein. Die Eisen- und Stahlindustrie weist nach dieser Methode den höchsten kombinierten Kopplungswert auf, während für den Endverbrauch produzierende Industriezweige schlechter abschnitten.[49] „Die Landwirtschaft im allgemeinen und die Subsistenzwirtschaft im besonderen sind natürlich durch den Mangel an Kopplungseffekten gekennzeichnet. *Ex definitione* dürfte die gesamte Urproduktion keine stärkere Rückwärtskopplung aufweisen, obwohl die Einführung moderner Methoden beträchtliche Käufe von anderen Sektoren – Saatgut, Düngemittel, Insektenvertilgungsmittel und andere laufende Inputs, ganz abgesehen von Maschinen und Fahrzeugen – mit sich bringt. [...] Auch Vorwärtskopplungseffekte sind in der Landwirtschaft und im Bergbau schwach. Ein großer Teil der landwirtschaftlichen Produktion ist direkt für den Verbrauch oder Export bestimmt; ein anderer wichtiger Teil wird in Industrien weiterverarbeitet, die insofern als Satellitenindustrien gekennzeichnet werden können, als der durch sie dem landwirtschaftlichen Produkt hinzugefügte Wert (Mahlen von Getreide, Reis, Kaffee usw.) im Vergleich zum Wert des Produkts selbst klein ist."[50]

HIRSCHMANNS Kopplungseffekte finden sich prinzipiell in PORTERS Wechselwirkungen innerhalb des Diamanten wieder, und auch die geographischen bzw. ungleichgewichtigen Wachstumspole gehen in die PORTER'sche Investitions- und Innovationstheorie ein. Ungeachtet der prinzipiellen Kritik an der Neuen Wachstumstheorie ist somit festzuhalten, dass PORTER wesentliche Defizite der beiden genannten, für die Wirtschaftsgeschichte wichtigen wachstumstheoretischen Ansätze eliminiert. Infolge der starken Betonung der internationalen Wettbewerbsfähigkeit, definiert als dauerhafter Anteil am Weltexport in Verbindung mit direkter Auslandsinvestitionstätigkeit, schlägt PORTER sogar eine Brücke zwischen Neuer, d.h. angebotsorientierter, und exportorientierter, also nachfrageorientierter Wachstumstheorie. Dabei stellt sich der Ablauf seiner Entwicklungsstadien des Wettbewerbs offener dar als ROSTOWS

---

[47] Vgl. HIRSCHMANN, *Strategie der wirtschaftlichen Entwicklung*, S. 31. Zur ausführlichen Definition der induzierten Investitionen vgl. S. 65ff.

[48] Zu den Funktionen der Regierung vgl. besonders: HIRSCHMANN, *Strategie der wirtschaftlichen Entwicklung*, S. 189ff.

[49] Vgl. HIRSCHMANN, *Strategie der wirtschaftlichen Entwicklung*, S. 98ff.

[50] HIRSCHMANN, *Strategie der wirtschaftlichen Entwicklung*, S. 103.

optimistische Wachstumsstadien, da es auch zu wirtschaftlichem Wachstum entgegenlaufenden Entflechtungsprozessen kommen kann.

1.2 Modifizierungen der PORTER'schen Methodik

Obwohl PORTER seinen Diamanten im Hinblick auf die internationale Wettbewerbsfähigkeit im letzten Drittel des 20. Jahrhunderts formuliert hat, können dessen Bestimmungsfaktoren auch für die Zeit der Industrialisierung und auch die regionale Wettbewerbsfähigkeit als relevant bezeichnet werden. Am naheliegendsten ist dies hinsichtlich der Faktor- und Nachfragebedingungen, aber auch der Einfluss der Unternehmensorganisation oder unterstützender Branchen auf die Industrialisierung einzelner Zweige dürfen als unstrittig gelten. Übertragen auf einen früheren Untersuchungszeitraum heißt das beispielsweise, dass Industrialisierung einen spezifischen Diamanten voraussetzt. In Anbetracht der schwierigen Datenbasis[51] soll der Wettbewerbsvorteil im Folgenden soweit wie möglich an den Beschäftigtenanteilen gemessen werden; bei Bedarf können weitere, auch qualitative Gradmesser eingeführt werden. Auf die sich aus den Beschäftigtenanteilen im Vergleich zu den Produktions- oder Umsatzanteilen ergebenden Differenzen soll weiter unten eingegangen werden.[52]

Mit Hilfe der Daten zu Beschäftigten und Betrieben werden in einem ersten Schritt tendenziell dynamische Standorte, im Folgenden „Gewerbezentren" genannt, im mittleren Oberrheingebiet identifiziert, um im Anschluss hieran regionale *clusters* erkennen und dadurch Schlüsse auf intraregionales wirtschaftliches Integrationspotential ziehen zu können. Denn mit ihrer inneren, die Ansiedlung oder Entstehung branchenverwandter Firmen in der unmittelbaren Umgebung bewirkenden Dynamik wirkt der *cluster per se*, das heißt auch über natürliche und politische Grenzen hinweg, integrativ. Umgekehrt bedeutet das jedoch, dass ohne *cluster* auch kein regionales Integrationspotential vorhanden ist. Zwischen den *clusters* entsteht somit ein Branchenanhäufungen entbehrender Raum. Dieser ist durch Industrieansiedlungen gekennzeichnet, die im einzelnen über eine nicht unbeachtliche Größe verfügen können und für die einzelne Stadt oder ländliche Region Entlastung auf dem Arbeitsmarkt bedeuten. Dynamisches Potential im Sinne PORTERS vermögen sie jedoch in ihrer unmittelbaren Umgebung nicht zu entfalten.

PORTER selbst hat zwar die Übertragbarkeit seiner Theorie auf Regionen und sogar einzelne Städte betont, wodurch politische Einheiten und Landesgrenzen in den Hintergrund treten. Für den historischen Prozess bedeutet das im übrigen, dass wechselnden staatlichen Zugehörigkeiten einer Region nicht mehr die Relevanz zukommen kann, die ihnen zum Teil bis dato zugesprochen wird. Notwendig ist jedoch

---

[51] Vgl. hierzu insgesamt auch: FISCHER, Wolfram: *Der Staat und die Anfänge der Industrialisierung in Baden 1800-1850.* 1. Band: *Die staatliche Gewerbepolitik.* Berlin, 1962. S. 269-321. (Künftig zitiert: FISCHER, *Staat und Anfänge der Industrialisierung*). Zur diffizilen Datenbasis für Baden vgl. besonders: *150 Jahre Amtliche Statistik in Baden-Württemberg. Zum einhundertfünfzigjährigen Jubiläum hrsg. vom Statistischen Landesamt Baden-Württemberg.* Stuttgart, 1970. Hier vor allem S. 34-98 und 149-166.

[52] Siehe hierzu S. 77ff.

in Anbetracht des sich bis zur Frühindustrialisierung erstreckenden Untersuchungszeitraumes eine Modifikation PORTERs hinsichtlich der Wettbewerbsdimension, mit deren Darstellung zugleich die Auswahlkriterien und Vorgehensweisen der folgenden Analyse offengelegt werden. Es geht im Kern um die Frage, wie aus der Vielzahl für ein Stichjahr nachgewiesener Betriebe, unter denen sich auch zahlreiche unbedeutende Kleinstunternehmen befinden, *clusters* rekonstruiert werden können.

Die Auswahl der Betriebe im gewählten Mikrokosmos wurde auf der Grundlage folgender Prämissen vorgenommen; zur Demonstration sei exemplarisch auf die Industrie der Pfalz im Jahr 1874 (vgl. Tabelle 1) zurückgegriffen:

(1) In einem ersten Schritt findet eine Auswahlbegrenzung auf die wirtschaftlichen Führungssektoren der Industrialisierung statt, im Folgenden kurz Leitsektoren genannt, da der Diamant hier bereits eine gewisse Dynamik entfaltet hat. Nach der Anzahl der Unternehmen und der Beschäftigten[53] wären dies 1874 in der Pfalz die Bereiche Metall, Textil, Bau – Steine – Erden – Keramik sowie Chemie gewesen, gefolgt von Papier – Druck, Tabakwaren, Bier – Malz, Nahrungsmittel sowie Holz – Stroh – Rosshaar.[54] Im Folgenden stehen jedoch für 1874 die Metall-, Textil- und die chemische Industrie im Vordergrund des Interesses, da im wesentlichen faktorangestoßene Sektoren wie Bau – Steine – Erden, zu dem Ziegeleien und Steinbrüche ebenso wie Glas- und Porzellanfabriken gehören, weitestgehend aus der Analyse ausgeschlossen werden. Analoges gilt für die landwirtschaftlichen Sonderkulturen Tabak sowie Malz respektive Bier, sofern keine branchenverwandten Ansiedlungen erfolgten. Das führt beispielsweise zum Ausschluss von Oggersheim, in dem 1874 vornehmlich Zigarren- und Malzfabriken ansässig waren. Ausnahmen hiervon sollen im Fall bedeutender Industriebetriebe gemacht werden, deren Sonderstellung aus der Beschäftigtenzahl oder, für die frühe Zeit, aus der Unternehmensform (z.B. AG) bzw. einer spezifischen Produktpalette ableitbar ist. Deshalb wird beispielsweise St. Ingbert in die Analyse einbezogen, das 1874 über drei Glashütten, darunter eine Aktiengesellschaft, mit diversifizierter Produktpalette (Fenster- und Tafelglas, Mousselingläser und bunte Kirchenfenster) verfügte, obgleich diese Branche kein industriel-

---

[53] Die Konzentration auf Unternehmen und Beschäftigte erfolgte auch mangels anderer verfügbarer Daten. Vgl. hierzu unbedingt auch die Diskussion auf S. 77ff., Kapitel 3.1.1. Zu weiteren Indikatoren der regionalen Industrialisierung vgl. auch KIESEWETTER, *Erklärungshypothesen*, S. 309.

[54] Vgl. SCHMID, Wolfgang: *Industriekarte 1874. Fabriken und größere Gewerbebetriebe mit sozialen Einrichtungen*. In: *Pfalzatlas. Textband IV*. Im Auftrag der pfälzischen Gesellschaft zur Förderung der Wissenschaften hrsg. von Willi ALTER. Speyer, 1994. S. 1771-1799. S. 1797. (Künftig zitiert: SCHMID, *Industriekarte 1874*, sowie: *Pfalzatlas*). Vgl. demgegenüber jedoch die Zahlenangaben bei WYSOCKI, Josef: *Die pfälzische Wirtschaft von den Gründerjahren bis zum Ausbruch des Ersten Weltkrieges*. In: *Beiträge zur pfälzischen Wirtschaftsgeschichte*. Hrsg. von der Industrie- und Handelskammer für die Pfalz in Ludwigshafen am Rhein. Speyer, 1968. S. 209-251. (=Veröffentlichungen der Pfälzischen Gesellschaft zur Förderung der Wissenschaften in Speyer, Bd. 58). (Künftig zitiert: *Beiträge zur pfälzischen Wirtschaftsgeschichte*). WYSOCKI macht auf S. 235 quellen- und auswahlbedingt zunächst von SCHMID differierende und i.d.R. höhere Beschäftigtenangaben und kommt auf eine daraus folgende unterschiedliche Gewichtung der Leitsektoren für 1877. Auf S. 243ff. weist er jedoch gleichzeitig, wenn auch erst unter prozessualen Gesichtspunkten und für das Jahr 1913, hiervon differierende Bereiche als dynamische Branchen aus, darunter an erster Stelle die Metallindustrie, die Schuhindustrie und die chemische Industrie.

Tabelle 1: Industriestandorte der Pfalz, 1874

Standort	Firma	Branche/Erzeugnisse	Beschäftigte
Altleiningen	Gebr. Kuhn	Drahtzug	47
Dürkheim	J.G. Zumstein	Öle und Farben	49
Edenkoben	Nikolaus Doll	Mechanische Werkstätte	9
	Jakob Hinzler & Sohn	Damast	17
Eisenberg	Gebr. Gienanth	Eisenhüttenwerk	122
Erbach	?	Schienenbefestigungsmittel	140
Erfenbach	Grohe-Heinrich	Baumwollspinnerei & Weberei	590
Frankenthal	Gebr. Glossier	Dampfkessel	72
	Gebr. Göhring	Dampfkessel	78
	Velthusen & Comp.	Dampfkessel	60
	Albert & Comp.	Schnellpressen	31
	W. Christmann & Co.	Mechanische Werkstätte	20
	Andreas Hamm	Mechanische Werkstätte	56
	Phil. Horn Jun.	Mechanische Werkstätte	6
	Kühnle	Mechanische Werkstätte	120
Friesenheim	Saame & Comp.	Chemische Präparate	25
Gleisweiler	Ph. Unger	Mechanische Werkstätte	20
Hochstein	Gebr. Gienanth	Eisenhüttenwerk	103
Ixheim	Roth, Heck & Schwinn	Stifte, Ketten	219
Kaiserslautern	Aktien-Gießerei	Gießerei	37
	Eisenwerk Kaiserslautern	Eisenwerk	210
	Gebr. Gienanth	Stahlwerk	150
	Jacob Pfeiffer	Gießerei, Mechanische Werkstätte	124
	Schimper & Comp.	Mechanische Werkstätte	42
	Ludwigsbahn-Werkstätte	Bahnmaterial, -reparatur	283
	Kammgarnspinnerei	Kammgarn	649
	Heller & Weber	Baumwollzeug	104
	Gebr. Schöneberger	Baumwollzeug	55
	A. Orth Witwe	Kattun	150
	Gebr. Raab	Watte	32
	Ultramarinfabrik	Ultramarin	55
	Düngerfarben a. Aktien	Dünger	30
Kleinkarlbach	Spieß & Klunck	Farben	3

Standort	Firma	Branche/Erzeugnisse	Arbeitskräfte
Kusel	Daniel Zöllner	Strumpfwaren	30
Lambrecht	Gebr. Botzong	Tuche	27
	Haas & Botzon	Tuche	35
	J.J. Marx	Tuche	67
	I. Tuchfabrikgesellschaft	Tuche	48
	II. Tuchfabrikgesellschaft	Tuche	34
	III. Tuchfabrikgesellschaft	Tuche	27
	IV. Tuchfabrikgesellschaft	Tuche	34
	Wagner & Wurster	Tuche	60
Landau	Jooß Söhne & Comp.	Mechanische Werkstätte	50
Landstuhl	Muck & Benzino	Drahtzug, Stiften	28
Ludwigshafen	Gebr. Benkieser	Brückenbauwerkstätte	183
	Waggon-Fabrik	Waggons	325
	Kuhn & Adler	Kunstwolle	58
	BASF	Alkalien, Säuren, Farben	700
	Dr. Lorenz Giulini	Chemische Produkte	113
	Leim- + Düngerfabrik	Leim und Dünger	60
	Dr. F.R. Michel	Dünger	22
	Joh. Adam Benkieser	Weinsteinsäure	27
	Mechanische Baumwollspinnerei & Weberei Ludwigshafen	Baumwollspinnerei & Weberei	675
Neustadt	G + H Oehlert	Tuche	32
	Abraham Helffenstein	Hüte	35
	Ziegler's Nachfolger	Tricotagen	81
	Gasanstalt	Gas	10
Oggersheim	W. Bayer & Comp.	Eisenwerk	29
Otterberg	Leinen-Zwirnerei	Leinenzwirn	150
Rheingönnheim	Koch & Köhler	Dünger	20
Schönau	?	Hüttenwerk	92
Schopp	Raab, Karsch & Comp.	Pulver	12
Speyer	Eduard Strauß	Eisengießerei	10
	Lichtenberger & Comp	Garancine	48
	Städtische Gasfabrik	Gas	5
St. Ingbert	Gebr. Krämer	Eisenhüttenwerk	880
	Weylandt, Meuth & Co.	Mechanische Werkstätte	130

Standort	Firma	Branche/Erzeugnisse	Arbeitskräfte
Trippstadt	Gebr. Gienanth	Walzwerk	16
Weidenthal	Wagner & Wurster	Tuche	57
Wolfstein	Gebr. König	Baumwollzeug	21
Zweibrücken	Hitschler & Comp.	Mechanische Werkstätte	21
	Dingler	Pressen, Dampfmaschinen	320
	Aktien-Leinenzwirner.	Leinenzwirn	109
	Streichgarnspinnerei	Streichgarn	30
	Gebr. Excales	Seidenplüsch	150
	Heinrich Simon	Seidenplüsch	292
	Franz Lang	Kleider	15

Quelle:
SCHMID, Wolfgang: *Industriekarte 1874. Fabriken und größere Gewerbebetriebe mit sozialen Einrichtungen.* In: *Pfalzatlas. Textband IV.* Im Auftrag der pfälzischen Gesellschaft zur Förderung der Wissenschaften hrsg. von Willi ALTER. Speyer, 1994. S. 1771-1799. S. 1795ff.

ler Führungssektor war. Von Ausnahmen abgesehen, findet im Folgenden somit vornehmlich das verarbeitende Gewerbe Berücksichtigung.

(2) Um als Gewerbezentrum klassifiziert zu werden, muss an einem Standort eine Mindestzahl von vier, im 20. Jahrhundert von fünf Betrieben ansässig,

(3) ferner in mindestens einem den Leitsektoren angehörenden Betrieb eine größere Anzahl Beschäftigter nachweisbar sein. Diese Prämisse führt, um ein Beispiel zu nennen, zum Ausschluss von Edenkoben aus der Betrachtung für das Jahr 1874, obwohl dort vier Firmen ansässig waren, die im Falle der Sägemühle und der Möbelfabrik im weitesten Sinne auch verwandten Branchen angehörten, dessen Mechanische Werkstätte jedoch nur neun Arbeitskräfte beschäftigte. Für die zweite Hälfte des 20. Jahrhunderts gilt ein ortsansässiger, einem Leitsektor angehörender Großbetrieb mit mehr als 500 Beschäftigten als Voraussetzung für die Klassifizierung als Gewerbezentrum.

(4) Für die Zeit nach dem Zweiten Weltkrieg müssen an einem Standort mindestens 0,5% der Beschäftigten in den Leitsektoren tätig gewesen sein. Dies ist beispielsweise für Hauenstein der Fall, in dessen Schuhindustrie 1991 noch immer 0,59% der in den Leitsektoren Beschäftigten ihre Arbeitsplätze fanden. Im Gegensatz zu einer Vielzahl nicht aufgeführter kleiner Gewerbezentren[55] wurde demgegenüber Lambrecht infolge Tradition und Kontinuität auch in die Analyse des Jahres 1991

[55] 1991 waren dies: Waldfischbach-Burgalben, Rülzheim, Rodalben, Offenbach, Münchweiler, Herxheim, Hassloch, Grünstadt, Bellheim, Bad Dürkheim; 1964: Burgalben, Gersbach, Hinterweidenthal, Kandel, Münchweiler, Thaleischweiler, Winzeln, wobei Dahn mit 0,92% wegen der einseitigen Ausrichtung auf die Schuhindustrie nicht mit in die *Cluster*darstellung aufgenommen wurde.

einbezogen, obwohl zu diesem Zeitpunkt dort nur noch 0,43% der Arbeitnehmer besagter Bereiche Beschäftigung fanden.

Durch diese spezifische Vorgehensweise wird es zum Ausschluss des tertiären Sektors, also der öffentlichen und privatwirtschaftlichen Dienstleistungen kommen, da weder in der Pfalz, noch in Nordbaden als Ganzem Handel, Banken, Versicherungen etc. vorherrschen, auch wenn der Charakter einzelner Standorte einem Dienstleistungs- oder Verwaltungszentrum entspricht. Die hohe Beschäftigtenzahl im elsässischen Dienstleistungsbereich[56] brachte demgegenüber vor allem infolge dessen regionalen und gastronomischen Versorgungscharakters sowie der anhaltend starken zentralstaatlichen Strukturen kein Dienstleistungs*cluster* hervor. Wichtiger als die zusätzliche Betrachtung des tertiären Sektors wäre ohnehin die Analyse der strukturellen Verschiebungen innerhalb einer Branche bzw. einzelner Unternehmen, da „die klassischen Definitionen der Hauptwirtschaftsbereiche und die Abgrenzung der Wirtschaftszweige in mancher Beziehung überholt ist und die neueren Trends [...] im Rahmen der amtlichen Statistiken nur unzulänglich erkennen läßt. Längst schon hat sich innerhalb vieler Industriebetriebe eine personelle Verschiebung von der Fertigung zu Forschung, Verkauf, Management, Datenverarbeitung usw. vollzogen."[57] Von daher ist für das hier zu analysierende Gebiet eine stärkere Differenzierung der Angebotspalette der einzelnen Betriebe wichtiger als die vollständige Einbeziehung des Dienstleistungsbereiches.

Im Ergebnis können als Gewerbezentren der Pfalz im letzten Drittel des 19. Jahrhunderts Frankenthal, Kaiserslautern, Lambrecht, Ludwigshafen, St. Ingbert und Zweibrücken gelten. Alle diese sechs Städte verfügten 1874 über einen hohen Anteil an den Leitsektoren zurechenbaren Firmen: in Lambrecht gehörten 100% der Textilindustrie an, in Frankenthal 62% der Metallindustrie, in Ludwigshafen 89% vorwiegend der chemischen Industrie, in Kaiserslautern 77% der Metall-, Textil- und chemischen Industrie, und in Zweibrücken entfielen 70% auf die Textil- und die Metallindustrie. In St. Ingbert waren zwar nur 33% der Betriebe in der Metallindustrie konzentriert, gleichzeitig jedoch 3 Glashütten ansässig. Außer in Lambrecht waren in allen diesen Städten Aktiengesellschaften gegründet worden, sechs in Kaiserslautern, vier in Ludwigshafen, jeweils zwei in Frankenthal und Zweibrücken sowie eine in St. Ingbert. Speyer mit immerhin 13 Firmen findet sich laut vorgestellter spezifischer Definition nicht unter den gewerblichen Zentren, da dort keine einzige Aktiengesellschaft ansässig war und von den 13 Firmen nur eine einem Leitsektor angehörte (vgl. Tabelle 2). Die angeführten Standorte decken sich im wesentlichen mit den bei SCHMID für 1874 benannten räumlichen Schwerpunkten der Industrialisierung.[58]

---

[56] 1999: 54,4%. Vgl. „Total employment" in: http://www.strasbourg.cci.fr/english/cc_engl.htm (05.12. 2001).

[57] BORCHERDT, Christoph: *Baden-Württemberg. Eine geographische Landeskunde.* Darmstadt, 1991. S. 156. (=Wissenschaftliche Länderkunden, Bd. 8: Bundesrepublik Deutschland, Teil 5). (Künftig zitiert: BORCHERDT, *Baden-Württemberg*).

[58] Vgl. SCHMID, *Industriekarte 1874*, S. 1785f.

Tabelle 2: Gewerbestandorte der Pfalz, 1874

Industrie-standort	Firmen (gesamt)	davon in den Bereichen			Betriebe in Leitsektoren		Sonstiges	Anzahl AGs
		Metall	Textil	Chemie	(gesamt)	(in %)		
Frankenthal	13	8	0	0	8	62	-	2
Kaiserslautern	17	6	5	2	13	77	-	6
Lambrecht	8	0	8	0	8	100	-	0
Ludwigshafen	9	2	1	5	8	89	-	4
St. Ingbert	6	2	0	0	2	33	3 Glashütten	1
Zweibrücken	10	2	5	0	7	70	-	2
Speyer	13	1	0	0	1	8	3 Ziegeleien 4 Bier/Malz 2 Papier 3 Sonstige	0

Quelle:
Zusammengestellt nach: SCHMID, Wolfgang: *Industriekarte 1874. Fabriken und größere Gewerbebetriebe mit sozialen Einrichtungen.* In: *Pfalzatlas. Textband IV.* Im Auftrag der pfälzischen Gesellschaft zur Förderung der Wissenschaften hrsg. von Willi Walter. Speyer, 1994. S. 1771-1779. Tabelle 1, S. 1795ff.

Zur Identifizierung von *clusters* sollen neben der Beschaffenheit der Gewerbezentren, zum Beispiel hinsichtlich der Wettbewerber in verwandten Branchen, ergänzend und in Anlehnung an PORTER soweit wie möglich auch Fragen nach vorherrschenden Technologien, früher Branchengeschichte, inländischer und ausländischer Konkurrenz, den Strategien der Wettbewerber, dem Qualitätsgehalt der Inlandsnachfrage sowie der Verschiebung von Wettbewerbspositionen[59] Beachtung finden. So versuchten einige der hier in Frage kommenden Unternehmen der zum Teil hohen Fluktuation der Arbeitskräfte während der Phase der Hochindustrialisierung durch soziale Einrichtungen entgegenzutreten. Aus der Tabelle bei SCHMID wird bereits die Verbreitung von Kranken- und Unfallversicherung, von Ernährungs-, Wohnungs-, Heizungs- und Kleidungshilfen ersichtlich. Daneben wurden Sparkassen gegründet, die Beschäftigten am Gewinn beteiligt, verbilligte Fahrkarten ausgegeben oder ganze Arbeiterzüge eingerichtet. „Die mechanische Werkstätte Horn in Frankenthal stellte eine Bibliothek mit einer Sammlung von Zeichnungen zur Verfügung. [...] In Zweibrücken bezahlte die Maschinenfabrik Dingler ihren Lehrlingen das Schulgeld, die Zeichen- und Schreibmaterialien und prämierte besondere Leistungen. Die Maschinenfabrik Weyland in St. Ingbert besaß eine eigene Fabrikschule. Vor allem im Maschinenbau legten die Unternehmen großen Wert auf die Ausbildung ihrer Lehrlinge. Die Firma Weyland, Meuth & Co. besaß darüber hinaus einen Kindergarten, und Chevandier & Vopelius bezahlte Beiträge an eine Kleinkinderbewahranstalt."[60] Besonders im Bereich der Ausbildung kam es damit zur Ausprägung spezieller Faktoren, die unmittelbar dem Wettbewerbsvorteil dienen sollten.

---

[59] Vgl. PORTER, *Nationale Wettbewerbsvorteile*, beispielsweise S. 203-219.

[60] SCHMID, *Industriekarte 1874*, S. 1784. Für das Vorhergehende vgl. S. 1782ff. sowie S. 1795ff.

1.3 Die *Cluster*grafik

Um Branchenanhäufungen in die Tiefe gehend und mit allen ihren vertikalen Verbindungen sowie die hierdurch bedingten Wettbewerbsvorteile visualisiert darstellen zu können, bedient sich PORTER einer dreidimensionalen *Cluster*grafik[61]. Dabei orientiert sich die dreidimensionale Darstellung an einer Verortung der Bereiche in vorgelagerte Branchen, industrielle und unterstützende Funktionen sowie in dem Endverbrauch dienende Waren und Dienstleistungen (Schaubild 5). Innerhalb dieses Ordnungssystems bestehen wiederum alle eng definierten Branchen aus einer identischen Grundstruktur, die sich abgestuft aus den Kategorien Primärgüter, Produktionsmaschinen sowie besondere Quellen des Wettbewerbsvorteils zusammensetzt.

Schaubild 5: Die Grundstruktur einer PORTER'schen *Cluster*grafik

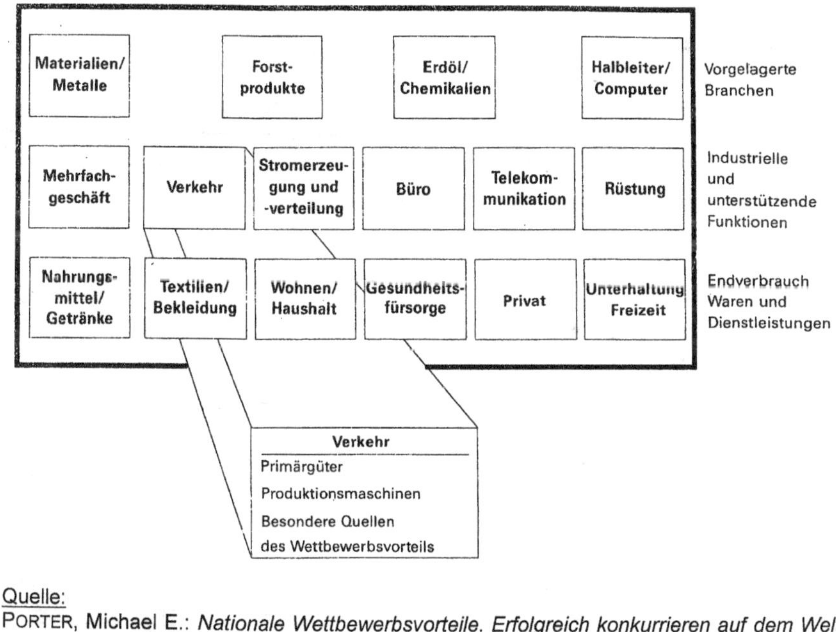

Quelle:
PORTER, Michael E.: *Nationale Wettbewerbsvorteile. Erfolgreich konkurrieren auf dem Weltmarkt.* Sonderausgabe. Wien, 1993. S. 311.

Zur Erstellung einer *Cluster*grafik sind, auf das Beispiel der Pfalz übertragen, drei analytische Schritte notwendig:

[61] Vgl. hierzu PORTER, *Nationale Wettbewerbsvorteile*, S. 308ff.

(1) Als erstes erfolgt eine Klassifizierung der (wachstums)stärksten Wirtschaftszweige. Wie bereits dargelegt, waren das in der Pfalz 1874 die Bereiche Metall, Textil und Chemie.

Indem die Ermittlung der Leitsektoren bereits in einem vorgelagerten Schritt erfolgte, kann an dieser Stelle auf die schier endlose Darstellung von zum Teil unerheblichen Daten verzichtet und damit eine übersichtlichere, zweidimensionale Darstellungsform vorgezogen werden. Eine sorgfältige qualitative Analyse wird darüber hinaus der Gefahr entgegenwirken, dass infolge kleiner Betriebseinheiten vertikale als auch horizontale Verbindungen innerhalb der regionalen Branchenanhäufung unbeachtet bleiben.

(2) Auf der Grundlage möglichst eng definierter Branchen erfolgt nun die Berechnung der in diesen Branchen Beschäftigten und deren Verteilung auf die einzelnen Standorte. Für 1874 wurde dafür beispielsweise der Sektor Metall in Eisengewinnung, Eisenverarbeitung, Eisen- und Stahlkonstruktionen, Armaturen, Maschinenbau sowie Sonstiges untergliedert (vgl. Tabelle 3).[62]

(3) In die ortsbezogene Ballungs- oder *Cluster*grafik werden schließlich die Branchen, aber auch einzelne Betriebe mit einer überdurchschnittlichen branchenüblichen Beschäftigtenzahl und spezifischen Wettbewerbsvorteilen aufgenommen. Die zunächst in enger Anlehnung an PORTER noch dreidimensionale *Cluster*grafik für Frankenthal stellt sich deshalb für das Jahr 1874 folgendermaßen dar:

<u>Schaubild 6:</u> (Dreidimensionale) *Cluster*grafik Frankenthal, 1874

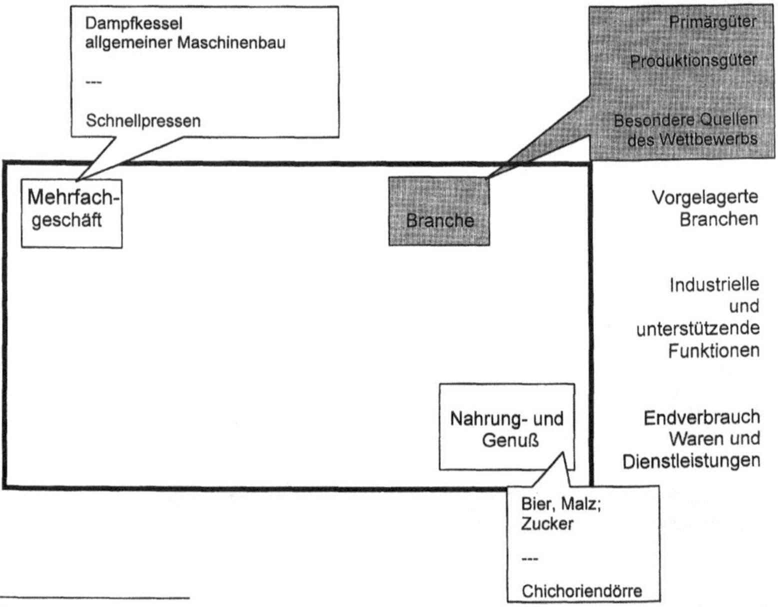

[62] Die vollständige Tabelle und alle weiteren Tabellen „Verteilung der Industrie nach Branchen und Orten" befinden sich auf der beiliegenden CD-ROM.

Tabelle 3: Verteilung der Industrie nach Branchen und Orten, Pfalz 1874 (Auszug)

Branche	evtl. Spezifizierung	Firma	Ort	Arbeits-kräfte	Anteile der in der Branche Beschäftigten in %:					
					Franken-thal	Kaisers-lautern	Lamb-recht	Ludwigs-hafen	St. Ingbert	Zwei-brücken
Eisengewinnung	Eisenhüttenwerk	Gebr. Gienanth	Eisenberg	122						
	Eisenhüttenwerk	Gebr. Gienanth	Hochstein	103						
	Eisenwerk	W. Bayer & Comp.	Oggersheim	29						
	Hüttenwerk	?	Schönau	92						
	Eisenhüttenwerk	Gebr. Krämer	St. Ingbert	880					72	
Eisenverarbeitung	Drahtzug	Gebr. Kuhn	Altleiningen	47						
	Stiften- u. Ketten	Roth, Heck & Schwinn	Ixheim	219						
	Gießerei	Aktien-Gießerei	Kaiserslautern	37						
	Eisenwerk	Eisenwerk K'lautern	Kaiserslautern	210						
	Stahlwerk	Gebr. Gienanth	Kaiserslautern	150						
	Gießerei	Jacob Pfeiffer	Kaiserslautern	62		59				
	Drahtzug, Stiften	Muck & Benzino	Landstuhl	28						
	Eisengießerei	Eduard Strauß	Speyer	10						
	Walzwerk	Gebr. Gienanth	Trippstadt	16						
Eisen- und Stahl-konstruktionen	Schienenbefestigungsmittel	?	Erbach	140						
	Brückenbauwerkstätte	Gebr. Benkieser	Ludwigshafen	183						
	Waggons	Waggon-Fabrik	Ludwigshafen	325				78		
Armaturen	Dampfkessel	Gebr. Glossier	Frankenthal	72						
	Dampfkessel	Gebr. Göhring	Frankenthal	78						
	Dampfkessel	Velthusen & Comp.	Frankenthal	60	100					
Maschinenbau	diversifizierter MB	Nikolaus Doll	Edenkoben	9						
	Schnellpressen	Albert & Comp.	Frankenthal	31						
	diversifizierter MB	W. Christmann & Co.	Frankenthal	20						
	diversifizierter MB	Andreas Hamm	Frankenthal	56						
	diversifizierter MB	Phil. Horn Jun.	Frankenthal	6						
	diversifizierter MB	Kühnle	Frankenthal	120	26					
	diversifizierter MB	Ph. Unger	Gleisweiler	20						
	diversifizierter MB	Jacob Pfeiffer	Kaiserslautern	62						
	diversifizierter MB	Schimper & Comp.	Kaiserslautern	42		12				
	diversifizierter MB	Jooß Söhne & Comp.	Landau	50						
	diversifizierter MB	Weylandt,Meuth&Co.	St. Ingbert	130					15	
	diversifizierter MB	Hitschler & Comp.	Zweibrücken	21						
	Pressen, Dampfmaschinen	Dingler	Zweibrücken	320						38
Sonstiges	Ludwigsbahn-Werkstätte		Kaiserslautern	283		100				

Die bevorzugte und im Fortgang verwendete zweidimensionale *Cluster*grafik hat für Frankenthal im Jahr 1874 schließlich folgendes Aussehen (Schaubild 7): in der linken Tabellenspalte finden sich nun die eine Branche strukturierenden Güterqualitäten wieder: die innerhalb einer Branche hergestellten primären Güter, die Maschinen und Anlagen sowie besondere Produktionsmittel, die oftmals die besonderen Quellen des Wettbewerbsvorteils darstellen, sowie die innerhalb einer Branche erbrachten Dienstleistungen. Die Branche selbst findet sich im Kopf der ersten Zeile, i.d.R. unterteilt in einzelne eng definierte Branchensegmente, denen sogleich die einzelnen zugeordneten Produkte folgen.

Der Bewertungsschlüssel zeigt schließlich die Verteilung der durchschnittlich Beschäftigten in der betreffenden Branche bzw. – farblich abgesetzt – eines einzelnen Betriebes an einem Standort. Ein mehr als 49%-iger Beschäftigtenanteil mehrerer Betriebe einer Branche ist dabei unter den von PORTER definierten Wettbewerbsbedingungen in jedem Fall höher zu bewerten als ein äquivalenter Beschäftigtenanteil eines einzelnen Betriebes.

Schaubild 7: *Cluster* wettbewerbsfähiger Branchen, Frankenthal 1874

Primärgüter	MEHRFACHGESCHÄFT ARMATUREN **Dampfkessel** MASCHINENBAU ***Allgemeiner Maschinenbau***	NAHRUNG – GENUSS Bier, Malz Zucker
Maschinen und Anlagen		
Besondere Produktionsmittel	Schnellpressen	Chichoriendörre
Dienstleistungen		

SCHLÜSSEL

Normal	19% - 1% der durchschnittlich in der Branche Beschäftigten.
Kursiv	49% - 20% der durchschnittlich in der Branche Beschäftigten.
Fett	100% - 50% der durchschnittlich in der Branche Beschäftigten.
schwarz	Beschäftigtenanteile örtlicher Betriebe an der Branche insgesamt. Beschäftigtenanteil einzelner Betriebe an den in der Branche Beschäftigten.

Bei der Übertragung der PORTER'schen Theorie auf einen relativ eng begrenzten Raum ergibt sich zunächst ein Quantifizierungsproblem, das an dieser Stelle erwähnt werden muss. Einerseits können die Branchen für den Mikrokosmos nicht so eng gefasst werden wie bei PORTER, da sich in einem solchen Fall kaum noch eine Betriebsanhäufung *innerhalb* einer Branche nachweisen ließe. Bei den infolge dessen umfangreicher gefassten Branchen besteht demgegenüber die Gefahr, dass Weltunternehmen wie die Kühnle, Kopp & Kausch AG in Frankenthal nur verhältnismäßig geringe Beschäftigtenanteile innerhalb einer Branche aufweisen und deshalb der Gefahr einer Unterbewertung ihrer Dynamik unterliegen. Auch dem kann wiederum nur eine qualitative Analyse entgegenwirken, da gerade im Metallbereich in der Frühzeit der allgemeine Maschinenbau mit diversifiziertem Produktionsprogramm überwog. Aus dieser Problematik resultiert auch die von PORTER abweichende Klassifizierung nach Größenklassen (Bewertungsschlüssel), die sich an einer 20 bzw. 50%-igen Kategorisierung der Beschäftigten orientiert. Um unnötige Unschärfen zu vermeiden, wurde zusätzlich farblich zwischen den Beschäftigtenanteilen einer Branche (schwarz) bzw. eines einzelnen Betriebes (grau) differenziert.

Die im 20. Jahrhundert relevante Branche „Verkehr" stellt schließlich eine Sammel- oder Restbranche dar, deren Anteile, unter Inkaufnahme von Unterbewertungen, ebenso gut auf andere Branchen hätten verteilt werden können. Da beide Verfahren Vor- und Nachteile zeigen, werden in Anlehnung an PORTER der Verkehrsbranche neben Leichtmetallfelgen und Reifen-Runderneuerungen z.B. auch Bagger, nicht jedoch Landmaschinen oder Mineralölraffinerien zugerechnet. Deshalb wird auch De Dietrich am Standort Reichshoffen als Maschinenbauunternehmen aufgeführt, obwohl das elsässische Unternehmen an seinem zunächst wichtigsten Standort zunehmend Waggons und Eisenbahnmaterial herstellte. Hierbei handelt es sich jedoch um einen bereits bei PORTER angelegten Anachronismus.

Zuordnungsprobleme ergeben sich auch im Detail immer wieder, zumal bereits die Quellen der drei Teilgebiete Pfalz, Nordbaden und Nordelsass des öfteren unterschiedliche Zuordnungen treffen. Wird ein Hersteller von Öfen und Heizungen beispielsweise im 19. Jahrhundert als Gießerei geführt, so ist davon auszugehen, dass es sich bei den Produkten tatsächlich um gusseiserne Öfen und Heizkörper handelte. Im 20. Jahrhundert schließlich zählen Hersteller von Heizungsanlagen zur Branche „Armaturen". Es handelt sich nun um ein komplexeres und technisch ausgereifteres Produkt, das in der Regel Teil einer diversifizierten Produktpalette ist, die die Einordnung wiederum erleichtert.

Kapitel 2
Die vorindustriellen Gewerbezentren am Oberrhein

2.1 Die frühen Gewerbezentren der Pfalz

Bevor *clusters* identifiziert werden, soll zunächst nach frühen Gewerbezentren, exemplarisch zunächst der Pfalz[1], gefragt werden, nach struktureller Kontinuität also, da sich aus jenen potentiell und zeitlich unabhängig *clusters* entwickeln können. Historiographisch sei einleitend angemerkt, dass die in insgesamt 44 Herrschaftsbereiche zersplitterte Pfalz, darunter die Kurpfalz, das Fürstentum Zweibrücken und das Fürstbistum Speyer, unter napoleonischer Herrschaft[2] von 1792/97 bis 1813/14[3] verwaltungsorganisatorisch[4] im *Département du Mont-Tonnerre*[5] zusammengefasst war. Nach der Niederlage und dem Abzug der Franzosen aus dem linksrheinischen Gebiet kam es in dem später an Bayern übergegangen und Rheinpfalz genannten Territorium zwischen dem 16. Juni 1814 und dem 1. Mai 1816 zu einer interimistischen Verwaltung durch eine gemeinschaftliche österreichisch-bayerische Landesadministrationskommission.[6] Mit dem Münchner Vertrag vom 14. April 1816 wurde die Pfalz zum achten Kreis des Königreiches Bayern, das den Rheinkreis von nun an weitestgehend nach altbayerischem Vorbild[7] verwaltete, bei der Übernahme aber die

---

[1] Vgl. hierzu auch die bis in das Mittelalter zurückgehende „Geschichte des Standortes der Industrie" bei: EHRENHEIM, Julius: *Die Industrie der Pfalz in ihren Standortsgrundlagen.* Diss. Frankfurt/Main, 1923. [Masch.] S. 4-17. (Künftig zitiert: EHRENHEIM, *Industrie der Pfalz*).

[2] Vgl. hierzu insgesamt: MOERSCH, Karl: *Geschichte der Pfalz. Von den Anfängen bis ins 19. Jahrhundert.* Landau, [3]1990. S. 438-465. (Künftig zitiert: MOERSCH, *Geschichte der Pfalz*); sowie: SPRINGER, Max: *Die Franzosenherrschaft in der Pfalz 1792-1814 (Département Donnersberg).* Stuttgart/Berlin/Leipzig, 1926. S. 16.

[3] 1792-1801: Zeit der Besatzung (mit Unterbrechung); 1797: im Frieden von Campo Formio bestätigt Österreich die linksrheinischen Machtverhältnisse; 1801-1814: Zeit der völkerrechtlich anerkannten Angliederung an Frankreich bis zum ersten Pariser Frieden.

[4] Vgl. hierzu insgesamt: STEINMETZ, Heinrich: *Das linksseitige Rheingebiet unter der Herrschaft der Franzosen 1792-1813. Unter besonderer Berücksichtigung des Donnersberg-Departements.* Alsenz, 1913.

[5] „Teile der Westpaflz kamen zum 'Departement Saar' mit dem Sitz in Trier, der größte Teil der Pfalz gehörte nun zum Departement Donnersberg (Mont Tonnère) mit Sitz in Mainz; die Kantone Landau, Dahn, Bergzabern, Kandel wurden als Teile des Departements Niederrhein ('Bas-Rhin') weiterhin von Straßburg aus verwaltet. Auch die Kantone Annweiler und Pirmasens, von denen einzelne Gemeinden schon 1791 an das Departement Niederrhein gelangt waren, trennte man vom Hauptteil der Pfalz." Das Département Mont-Tonnerre selbst wurde in vier Arrondissements mit Sitz in Mainz, Zweibrücken, Kaiserslautern und Speyer aufgeteilt. MOERSCH, *Geschichte der Pfalz*, S. 459 und 461.

[6] Vgl. hierzu insgesamt: SCHMITT, Friedrich: *Die provisorische Verwaltung des Gebietes zwischen Rhein, Mosel und französischer Grenze durch Österreich und Bayern in den Jahren 1814-1816.* Meisenheim am Glan, 1962.

[7] Vgl. GRUBER, Hansjörg: *Die Entwicklung der pfälzischen Wirtschaft 1816-1834 unter besonderer Berücksichtigung der Zollverhältnisse.* Diss. Berlin, 1961. S. 13f. (=Veröffentlichung des Instituts für Landeskunde des Saarlandes, Nr. 6). (Künftig zitiert: GRUBER, *Entwicklung der pfälzischen Wirtschaft*).

Beibehaltung der aus französischer Zeit stammenden Institutionen garantierte.[8] Immerhin waren in französischer Zeit die Leibeigenschaft aufgehoben und Feudallasten beseitigt worden, bestand Gewerbefreiheit, Gleichheit vor dem Gesetz, eine „geordnete“ Rechtspflege, Presse- und Vereinsfreiheit.[9]

Der an die Großherzogtümer Baden und Hessen-Darmstadt, an das Königreich Frankreich sowie an das preußische Großherzogtum Niederrhein grenzende Rheinkreis stand mit seinem Ausscheiden aus der französischen Volkswirtschaft vor unterschiedlichen wirtschaftlichen Herausforderungen.[10] Einerseits war Rheinbayern von Mautlinien deutscher Staaten umgeben, die selbst die Einfuhr in das altbayerische Gebiet dem dortigen Zoll unterwarfen, andererseits verfolgte Frankreich eine protektionistische Zollpolitik.[11] Hatte die aus dem Jahr 1811 stammende Zollverordnung noch moderate Sätze vorgesehen, dienten die 1819 gesetzlich eingeführten Zölle mit ihren hohen Gebühren vor allem bayerischen finanzpolitischen Zwecken. Zwar kam es 1824 infolge von Protesten für einige pfälzische Waren (weiße und rote Weine, Tabakblätter, Öl und Krapp, Eisenbleche, Eisendraht und Eisengusswaren) bei der Einfuhr in das rechtsrheinische Bayern zu einer Senkung der Zollsätze, Entscheidendes aber sollte sich erst mit dem Inkrafttreten des Deutschen Zollvereins am 1. Januar 1834 und dem Beitritt Badens im Mai 1835 ändern.[12] Bis dahin blieb der bayerische Rheinkreis wirtschaftspolitisches Opfer bei den althergebrachten Streitigkeiten zwischen Bayern und Baden, das als Grenzland auf niedrigen Zollsätzen bestand.[13] Infolge der gegen den Mitteldeutschen Handelsverein gerichteten Übereinkünfte zwischen Preußen-Hessen und Bayern-Württemberg, die Baden gleichzeitig zum Beitritt in ein gemeinsames Zollgebiet zwingen sollten,[14] war zwischenzeitlich

---

[8] Hierzu zählen die Beibehaltung des Code Civil, die spezifische Besetzung der Gerichte, die starke Stellung des Gemeinderates innerhalb der Gemeindeverwaltung, die im Code Civil zementierte Realteilung, das Recht auf freie Ansässigmachung und die Gewerbefreiheit. Zu den hieraus resultierenden Strukturproblemen vgl. FALTIN, Sigrid: *Die Auswanderung aus der Pfalz nach Nordamerika im 19. Jahrhundert. Unter besonderer Berücksichtigung des Landkommissariates Bergzabern.* Frankfurt am Main/Bern/New York, 1987. S. 62-76. (=Europäische Hochschulschriften, Reihe III, Bd. 293). Vgl. hierzu insgesamt auch MOERSCH, *Geschichte der Pfalz*, S. 469f.

[9] Vgl. HERZBERG, Wilhelm: *Das Hambacher Fest. Geschichte der revolutionären Bestrebungen in Rheinbayern um das Jahr 1832.* Ludwigshafen am Rhein, 1908. S. 8.

[10] Vgl. hierfür und für das Folgende auch: HAAN, Hainer: *Gründungsgeschichte der Industrie- und Handelskammer für die Pfalz im Spiegel der pfälzischen Wirtschaftsentwicklung (1800-1850).* In: *Beiträge zur pfälzischen Wirtschaftsgeschichte*, S. 177-207. S. 185f.

[11] Vgl. KOLB, Georg Friedrich: *Die thatsächlichen Ergebnisse der in Folge der französischen Revolution in der dermaligen Baierischen Pfalz eingeführten Institutionen.* In: Konstitutionelle Jahrbücher, 1. Jg. 1843. Bd. 3. S. 228-250. S. 248.

[12] Vgl. GRUBER, *Entwicklung der pfälzischen Wirtschaft*, S. 116 und 118.

[13] Vgl. GRUBER, *Entwicklung der pfälzischen Wirtschaft*, S. 124-164.

[14] Nachdem sich Bayern und Württemberg im Januar 1828 zum Süddeutschen Zollverein zusammengeschlossen hatten, vereinigten sich andererseits Preußen und Hessen in einem Zollverein, worauf sich im September 1828 Kurhessen, Bremen, Braunschweig, Frankfurt am Main, die Königreiche Sachsen und Hannover sowie die thüringischen Kleinstaaten zum Mitteldeutschen Handelsverein zusammenschlossen. Übereinkünfte zwischen Preußen-Hessen und dem Süddeutschen Zollverein ließen dann den Mitteldeutschen Handelsverein auseinanderbrechen und machten so den Weg für den Deutschen Zollverein frei.

sogar die unter diesen Mächten vereinbarte Zollfreiheit für den Rheinkreis ausgesetzt worden. Neben Wein und Tabakblättern, Holz und Vieh sowie Waren des täglichen Bedarfs waren hiervon besonders Hanf und Flachs betroffen gewesen.[15]

Bis 1918, als durch den Versailler Vertrag westpfälzische Gebiete an das Saargebiet fielen, besaß die Pfalz Steinkohlenbergewerke in der Gegend von St. Ingbert. Daneben stellten Steine und Erden (Tone, auch feuerfeste)[16] die einzigen nutzbaren Bodenschätze dar. Erst mit wachsender Bedeutung des Betons im 20. Jahrhundert gewannen schließlich auch die Sand- und Kiesgruben entlang des Rheins an Bedeutung.[17] „Eine wirtschaftsgeschichtliche Betrachtung der Pfalz für die Zeit des 19. Jahrhunderts müsste [daneben] eigentlich die Verhältnisse in der Landwirtschaft ins Zentrum stellen. Von ihr lebte die pfälzische Bevölkerung 1840 zu 68%, 1852 zu 67% und noch 1882 zu 54%. Erst 1907 war dann der Anteil auf 39% sehr deutlich abgesunken, lag aber immer noch über dem Reichsdurchschnitt. Der zweitwichtigste Wirtschaftsfaktor war in den beiden ersten Dritteln des 19. Jahrhunderts das Handwerk, während die Industrie nur eine untergeordnete Rolle spielte."[18] Dies erklärt auch statistische Ungenauigkeiten in der frühen Zeit, die sich bis zu Beginn des 20. Jahrhunderts in Form statistischer Unschärfen fortsetzen.[19]

Trotz Unsicherheiten[20] im Detail waren zu Beginn des 19. Jahrhunderts Textilindustrie und Eisenverarbeitung die wichtigsten Produktionszweige, gefolgt von

---

[15] Vgl. GRUBER, *Entwicklung der pfälzischen Wirtschaft*, S. 145.

[16] Vgl. hierzu auch: SCHÖN, Rudolf: *Die Industrie der Steine und Erden in der Pfalz. Zur Geschichte und Entwicklung dieses bedeutenden Industriezweiges.* In: *Pfälzisches Industrie- und Handelsblatt*, 26. Jg. 21 bzw. 22/1951. S. 487-490 bzw. 513-516.

[17] Vgl. ROLLER, Otto: *150 Jahre Wirtschaftsstandort Pfalz.* In: IHK-Magazin, 68. Jg. 6/1993. S. 22-28. S. 22.

[18] KERMANN, Joachim: *Die Industrialisierung der Pfalz im 19. Jahrhundert.* In: *Pfälzische Landeskunde. Beiträge zu Geographie, Biologie, Volkskunde und Geschichte.* Hrsg. von Michael GEIGER, Günter PREUß, Karl-Heinz ROTHENBERGER. Bd. 3. Landau, 1981. S. 280-304. S. 280.

[19] Vgl. BEYER, Rüdiger: *Die Wirtschaft der Pfalz im Spiegel der Statistik.* In: IHK-Magazin, 68. Jg. 6/1993. S. 50-53. S. 50.

[20] So zeigen die verfügbaren statistischen Quellenangaben für die französische Zeit, dass die Produktionszweige Textil und Eisen die bedeutendsten der Pfalz waren, gefolgt von Leder und Papier, obwohl die Quellen aus der spezifischen Interessenlage der Besatzer heraus oftmals einzelne Gewerbearten überbewerteten. So fanden für die Ausrüstung der Soldaten wichtige Güter wie Leder, Leinen und Tuch eine überproportionale Berücksichtigung, so dass ganz offensichtlich alle vorhandenen Gerbereien in der Gewerbestatistik vollständig erfasst wurden. Andererseits differieren einzelne Angaben sehr stark voneinander, die möglicherweise auch auf eine Verweigerungshaltung der befragten Betriebsinhaber zurückgehen. Vgl. hierzu beispielsweise: LA Speyer, G 6/386 I. „Tableau des objets qui se fabriquent dans le Département du Mont-Tonnerre"; G 6/386 I. „Etats de situation des fabriqueurs et manufacteurs de . . ."; G 6/423. „Liste des Manufacturiers & Fabricants les plus destinguér . . ."; G6/804 II. „Etat des exploitations des mines et carrières . . .".

<u>Tabelle 4:</u> Struktur pfälzischer Gewerbezentren, 1809

Altleiningen	Schmiede, Eisendrahtzug
Eisenberg	Hochofen und Eisenhammer
Frankenthal	Fayence- und Steingutfabrik
	Papierfabrik
	Wolltuche
	Seidenfabrikation
Grünstadt	Fayence- und Steingutfabrik
	Tuchfärberei
Hemschbach	Schmiede mit Eisenhammer
Homburg	Wollspinnerei und -weberei
	Baumwollspinnerei und -weberei
	Wolltuche
Kaiserslautern	Blechschmiede
	Wollspinnerei und -weberei
	Baumwollspinnerei und -weberei
	Wolltuche
Lambrecht	Kupferschmiede
	Wolltuche
Neustadt	Papierfabrik
	Wollweberei
	Baumwollweberei
Pirmasens	Wolltuche
Schönau	Hochofen und Eisenhammer
Speyer	Zuckerraffinerie
	Wollweberei
	Baumwollweberei
Trippstadt	Hochofen und Eisenhammer
Winnweiler	Hochofen und Eisenhammer
Zweibrücken	Fayence- und Steingutfabrik
	Wollspinnerei und -weberei
	Baumwollspinnerei und -weberei
	Wolltuche

<u>Quelle:</u>
BODMANN, Ferdinand: *Annuaire statistique du département du Mont-Tonnerre, pour l'an 1809*. Mayence, o.J. S. 185-240.

der Lederverarbeitung und Papierherstellung[21]. Werden Salinen, Quecksilber-, Eisen- und andere Minen, Steinbrüche (alle als Faktorstandorte), die zahlreichen Ölmühlen und Branntweinbrennereien sowie ähnliche vorindustrielle Kleinstgewerbe (wie beispielsweise Schmieden für Geräte des täglichen Bedarfs) außer Acht gelassen, verteilten sich die wichtigsten frühindustriellen Produktionszweige und deren bedeutendste Niederlassungen auf die in Tabelle 4 aufgeführten Standorte. Deutlich treten hier Frankenthal, Kaiserslautern und Zweibrücken von der Anzahl der dort ansässigen Gewerbe als auch durch deren relative Differenziertheit in den Vordergrund, gefolgt von Speyer und Neustadt. Homburg und Lambrecht – in der Aufstel-

[21] Vgl. LASpeyer, G 6/386 I. „Etats de situation des fabriqueurs et manufacteurs de . . ."; G 6/423. „Liste des Manufacturiers & Fabricants les plus destinguér . . ."; G6/804 II. „Etat des exploitations des mines et carrières . . .". Gestützt wird dies auch durch die (wenn auch umstrittenen) Forschungsergebnisse CROUZETs, der nachweisen konnte, dass die von der englischen und übrigen deutschen Konkurrenz befreite linksrheinische Industrie von dem wirtschaftlichen System Napoleons begünstigt wurde, vor allem aber die Baumwoll-, Woll-, Seiden- und Metallproduktion. Vgl. CROUZET, François: *Kriege, Kontinentalsperre und wirtschaftliche Veränderungen in Europa 1792 bis 1815*. In: SIEBURG, Heinz-Otto (Hrsg.): *Napoleon und Europa*. Köln, 1971. S. 231-250. S. 245. Vgl. hierzu jedoch auch: HAAN, *Industriekarte der Pfalz um 1820*. In: *Pfalzatlas*, S. 429-439, der die Gewichtung Eisen, Glas und Keramik, Papier, Textil usw., allerdings für den Zeitraum 1816-1826, vornimmt. (Künftig zitiert: HAAN, *Industriekarte der Pfalz um 1820*).

lung weniger gut zu erkennen – sind daneben klassische, wenn auch einseitig ausgerichtete Zentren der Textilindustrie.

Tabelle 5: Gewerbezentren der Pfalz, 1820

Altleiningen	Drahtfabrik
Dürkheim	Tabakfabrik
	Mechanische Werkstätte
Edenkoben	Damastweberei
Eisenberg	Hochofen
Frankenthal	2 Seidenweber
	15 Tuchwebereien
	Baumwollweber
	Essigsiederei
	Zuckerfabrik
	Fayence- und Steingutfabrik
Homburg	Baumwollverarbeitung
Imsbach	Hochofen
Kaiserslautern	1 Tuchweberei
	Essigsiederei
Kleinkarlbach	Baumwollspinnerei
Kusel	9 Tuchwebereien
Lambrecht	50 Tuchwebereien
	Kupferhammer
Landau	Tabakfabriken
	Essigsiederei
	Chemisches Laboratorium
Lemberg	2 Glashütten
Neustadt	Essigsiederei
	Chemisches Laboratorium
Obermoschel	Mechanische Werkstätte
Otterberg	10 Tuchwebereien
Schönau	Hochofen
Speyer	Schiffbaufabrik
	Tabakfabriken
	Essigsiederei
	Krappmühle
	Wachsfabrik
St. Ingbert	Tabakfabrik
	Hochofen
	Rußhütten
	2 Glashütten
	Alaun- und Bittersalzhütte
Trippstadt	Hochofen
Zweibrücken	Baumwollspinnerei und -weberei
	3 Tuchwebereien
	Tabakfabriken

Quelle:
Vortrag von J[oseph] v. UTZSCHNEIDER *über den Zustand der Gewerbe und der vorzüglicheren Industriezweige im bayerischen Rheinkreise.* In: *Kunst- und Gewerb-Blatt des polytechnischen Vereins für das Königreich Bayern.* 7. Jg. N° 8-10 und 24/1921. S. 29-32; 33-36; 37-39 und S. 93-104; HEUSER, E.: *Industrie und Gewerbe in der Pfalz um 1820. Nach gleichzeitigen Quellen.* In: *Pfälzisches Museum. Monatsschrift für heimatliche Literatur und Kunst, Geschichte und Volkskunde.* Jg. XXV, Heft 3/1908. S. 39-43.

1820, nach kurzer Zugehörigkeit zu Bayern, stellte sich die Lage wie in Tabelle 5 aufgeführt dar, auch hier wieder unter Nichtberücksichtigung von Minen, Steinbrüchen, Öl- und Papiermühlen, Branntweinbrennereien, Gerbereien, aber auch unter Ausschluss von Tabakfabriken und anderen faktorbedingten Gewerben. Der Vollständigkeit halber sei angemerkt, dass der These HAANS, die Eisen- und Papierfabrikation hätten um 1820 die wichtigsten Industriezweige der Pfalz gebildet, nicht gefolgt werden kann.[22] Archivalien als auch gedruckte Quellen vermitteln vielmehr den Eindruck einer bis dahin originären und kontinuierlichen Entwicklung von Eisenverarbeitung und Textilindustrie. Neben Frankenthal, Zweibrücken und Speyer ist nun besonders St. Ingbert mit einer diversifizierten Wirtschaftsstruktur zu nennen; Textilindustriezentren sind Kusel, Lambrecht und Otterberg. Zu verweisen ist daneben auch auf Dürkheim mit einer weithin bekannten mechanischen Werkstätte[23] sowie Landau und Neustadt mit „chemischen Laboratorien".

Deutlich lassen sich bei einem Vergleich der Daten von 1809 und 1820 bereits Tendenzen erkennen, die sich 1874 verfestigt haben: 1809 überwiegen in der Metallindustrie noch die traditionellen, faktorbedingten Produktionsstandorte (Eisenberg, Schönau, Trippstadt und Winnweiler), 1820 sind neben diese, an Wald-Wasser-Standorten angesiedelten, mit Holzkohle arbeitenden Eisenschmelzen und diese ergänzende Betriebe bereits erste mechanische Werkstätten getreten, die Pressen, Mühlen, Löschmaschinen, Turm- und Sanduhren etc. bauen.[24] Es ist der Beginn einer Entwicklung, die im Verlauf des 20. Jahrhunderts zu einer Vielzahl von wettbewerbsfähigen Unternehmen des Maschinenbaues führen sollte und sich spätestens dann durchzusetzen begann, als Eisen und Stahl im Ruhrgebiet und an der Saar billiger als in der Pfalz produziert werden konnten, während es sich dort wiederum als günstiger erwies, das vorhandene Arbeitskräftepotential zum Bau von Maschinen zu nutzen. Unterstützt wurde diese Entwicklung mit dem Beitritt Badens zum Deutschen Zollverein 1835, der dem bayerischen Rheinkreis endgültig ein ihn umgebendes einheitliches deutsches Wirtschaftsgebiet verschaffte. Infolge der hierdurch bedingten strukturellen Veränderungen konnten jedoch nur die Gusswerke in Eisenberg und Hochstein bis weit in das 20. Jahrhundert hinein fortbestehen,[25] andere faktorabhängige Standorte waren nun nicht mehr konkurrenzfähig. Friedrich von Gienanth nahm die sich von der Rohstoffgewinnung auf die Metallverarbeitung verlagernde und für die Industriellenfamilie unbequeme Entwicklung in einem Brief an seinen Vater vom Dezember 1834 bereits vorweg: „Die neue Gestaltung der Handelswelt hat den Zustand unserer Werke noch verschlimmert. Es ist keinerlei Hoffnung vorhanden, dass

---

[22] Vgl. HAAN, Heiner: *Die Anfänge der Industrialisierung in der Pfalz.* In: *Festschrift für Max Spindler zum 75. Geburtstag.* Hrsg. von Dieter ALBRECHT, Andreas KRAUS, Kurt REINDEL. München, 1969. S. 633-655. Offensichtlich resultieren die hohen Beschäftigtenzahlen in der Papierindustrie aus der Tatsache, dass HAAN im Falle nicht ermittelbarer Beschäftigtenzahlen einen Minimumwert von 10 Arbeitern einsetzt. Vgl. hierzu S. 635, Fußnote 6, sowie: Tabelle 1, S. 433 bei: DERS., *Industriekarte der Pfalz um 1820.* Obwohl HAAN sich auch auf UTZSCHNEIDER stützt, fehlen daneben in seinen Aufstellungen ohne Angaben von Gründen beispielsweise die 50 Tuchwebereien in Lambrecht mit insgesamt 325 Beschäftigten, so dass HAANS Bild unbedingt revidiert werden muß.

[23] Vgl. *Vortrag von J[oseph] v.* UTZSCHNEIDER *über den Zustand der Gewerbe und der vorzüglicheren Industriezweige im bayerischen Rheinkreise.* In: Kunst- und Gewerb-Blatt des polytechnischen Vereins für das Königreich Bayern. 7. Jg. N° 8, 9 und 24/1921. S. 29-39 und S. 93-104. S. 38. (Künftig zitiert: UTZSCHNEIDER, *Über den Zustand der Gewerbe*).

[24] Vgl. UTZSCHNEIDER, *Über den Zustand der Gewerbe*, S. 38.

[25] Vgl. SCHMID, *Industriekarte 1874*, S. 1775; sowie: SCHÖN, Rudolf: *Die Eisen- und Metall-Industrie in der Pfalz.* In: *Pfälzisches Industrie- und Handelsblatt*, 26. Jg. 9/1951. S. 199-201. S. 199.

bei den jetzigen Handelsverhältnissen je wieder mit Vorteil gearbeitet werden kann."[26]

Die Textilindustrie, die in der Pfalz eine bis in das Mittelalter zurückreichende Tradition hat und in der frühen Neuzeit wichtige Impulse durch vertriebene niederländische Protestanten besonders in Lambrecht, Frankenthal und Otterberg erhielt,[27] erfuhr während der französischen Zeit einen starken Aufschwung.[28] Zuvor waren bereits im 18. Jahrhundert Frankenthal, Kaiserslautern, Homburg und Zweibrücken zu wichtigen Orten der Textilindustrie geworden. Ein Umbruch erfolgte mit dem Ende der napoleonischen Kontinentalsperre und dem Übergang der Pfalz an Bayern, so dass auch hier das Jahr 1820 eine Scheidegrenze darstellt, die jedoch nur im längerfristigen Zeitverlauf richtig deutlich wird. „Im Unterschied zur Metallindustrie fanden die ersten großgewerblichen Gründungen in der Textilindustrie bereits im späten 18. Jahrhundert statt. Das Ende der Kontinentalsperre führte zu einem massiven konjunkturellen Einbruch, die meisten Unternehmen mußten schließen. Nach vereinzelten Versuchen setzte dann in den fünfziger und sechziger Jahren [des 19. Jahrhunderts – d.Verf.] eine industrielle Gründungswelle ein, die sich auch auf die kleineren Städte ausdehnte. In den achtziger und neunziger Jahren fand ein Konzentrationsprozeß statt, dem wiederum viele Betriebe zum Opfer fielen."[29]

Schließlich ist 1820 St. Ingbert als Gewerbezentrum in Ausbildung begriffen, das sich an der Grenze zum preußischen Saarrevier über politische Grenzen hinweg entwickelte. Ludwigshafen, das ebenfalls über politische Grenzen hinweg in Richtung Baden zum Bestandteil des Großraumes Mannheim-Ludwigshafen werden sollte, war 1820 allerdings noch nicht existent.[30] Erst zwei Jahre später erhielt der Speyrer Kaufmann und Weinhändler Johann Heinrich Scharpff die Erlaubnis, auf der Rheinschanze, einem ehemaligen, der Stadt Mannheim auf dem linken Rheinufer vorgelagerten Festungswerk, einen Lande- und Ladeplatz zu errichten. Es folgte der Bau eines Lagerhauses, die Errichtung eines Krans sowie der Abschluss von Schifffahrtsverträgen mit ausländischen Speditionsfirmen. Damit war die spätere Entwicklung Ludwigshafens als Handels- und Hafenstadt vorgezeichnet und mit ihr gleichzeitig der Niedergang der Plätze Speyer (Handelsverbindung mit Schwaben), Franken-

---

[26] WEDEMEYER, Burkhard: *Die Familie Gienanth. Ein Kapitel aus der Entwicklung der pfälzischen Eisenindustrie.* Phil. Diss. Göttingen, 1953. S. 239. (Künftig zitiert: WEDEMEYER, *Familie Gienanth*).

[27] Vgl. SCHMID, *Industriekarte 1874*, S. 1776, sowie: WEIDMANN, Werner: *Industriekarte 1910/13. Die Industriekonjunktur vor dem Ersten Weltkrieg.* In: *Pfalzatlas*, S. 1847-1870. S. 1854. (Künftig zitiert: WEIDMANN, *Industriekarte 1910/13*). Für Lambrecht hierzu ausführlich: *1000 Jahre Lambrecht. Chronik einer Stadt.* Im Auftrag des Rates und der Bürgerschaft hrsg. von Ernst COLLOFONG und Hans FELL. Lambrecht, 1978. S. 197-210.

[28] Vgl. HÄBERLE, *Entwicklung der Tuchindustrie in Lambrecht*, S. 178f. Vgl. hierzu beispielsweise auch: DUFRAISSE, Roger: *L'influence de la domination française sur l'économie du Palatinat.* In: DUFRAISSE, Roger: *L'Allemagne à l'époque Napoléonienne. Questions d'histoire politique, économique et sociale. Études de Roger Dufraisse réunies à l'occassion de son 70e anniversaire par l'Institut Historique Allemand de Paris.* Bonn/Berlin, 1992. S. 105-192. S. 176. (=Pariser Historische Studien, hrsg. vom Deutschen Historischen Institut Paris, Bd. 34).

[29] SCHMID, *Industriekarte 1874*, S. 1776.

[30] Vgl. SCHMID, *Industriekarte 1874*, S. 1777.

thal und Germersheim (Verladeplatz für elsässische Produkte)[31], was allerdings noch einige Zeit in Anspruch nehmen sollte.[32]

2.2 Von frühen Gewerbezentren zu *clusters*: zur Kontinuität gewerblicher Standorte und wirtschaftlicher Führungssektoren

Bisher wurde für den Beginn des 19. Jahrhunderts von „frühen Gewerbezentren" gesprochen. Unter einem Gewerbezentrum ist hier eine Anhäufung verschiedener, zu jener Zeit noch handwerklich betriebener Gewerbe unterschiedlichster Art zu verstehen, im Gegensatz zum *cluster*, der eine Anhäufung von Unternehmen einer oder mehrerer miteinander in Verbindung stehender Branchen darstellt. Während ein Gewerbezentrum relativ anfällig für externe Effekte ist und infolge mangelnder branchenbedingter Konkurrenz ständig von der wirtschaftsgeographischen Karte zu verschwinden droht, entfaltet der *cluster* lebenserhaltende dynamische Konkurrenz in seinem Inneren, das sich vor allem durch branchenverwandtschaftliche Beziehungen definiert. Im Gegensatz zum Gewerbezentrum ist der *cluster* i.d.R. also langlebiger, wenn auch möglicherweise mit unterschiedlichen Branchenschwerpunkten. Am eindrucksvollsten belegt dies die frühe Eisenindustrie, die im wesentlichen faktorangestoßen war und in der Pfalz größtenteils zum Imperium der Gienanths[33] gehörte. Altleiningen, Eisenberg, Trippstadt und Winnweiler blieben von Rohstoffvorkommen hervorgebrachte frühe Industriestandorte, die keine Anziehungskraft auf andere Gewerbe oder gar verwandte Branchen ausüben konnten. St. Ingbert dagegen konnte immerhin, wie sich noch zeigen wird, infolge spezifischer Branchenansiedlungen eine gewisse und längeranhaltende Dynamik entfalten.

Insofern kann aus einem Gewerbezentrum jederzeit ein *cluster* werden, ein *cluster* im Falle nachlassender Konkurrenz aber auch jederzeit wieder in das Stadium eines einfachen Gewerbezentrums, oder, besonders während der Frühindustrialisierung, sogar in das Stadium eines deindustrialisierten Raumes zurückfallen. Beispiel für eine solche Entwicklung ist Kusel, das 1820 über 9 Tuchwebereien verfügte, in dem 1874 jedoch (neben drei Steinbruchbetrieben) lediglich noch die Strumpfwarenfabrik Daniel Zöllner ansässig war.[34] Auch der monoindustrielle[35] Standort Lam-

---

[31] Vgl. GRUBER, *Entwicklung der pfälzischen Wirtschaft,* S. 75ff.

[32] Vgl. KUBE, Helga: *Die Industrieansiedlung in Ludwigshafen am Rhein bis 1892 (Chemie und Metallverarbeitung).* Diss. Heidelberg, 1962. S. 1ff. Zur Geschichte Ludwigshafens vgl. insgesamt auch: BREUNIG, Willi: *1820-1970: 150 Jahre Ludwigshafener Wirtschaftsgeschichte.* In: *Wirtschaftsstandort Ludwigshafen. Chancen und Perspektiven einer Stadt.* Hrsg.: MEDIA TEAM GmbH Stadt Ludwigshafen. Ludwigshafen, 1998. S. 104-117.

[33] Vgl. hierzu: WEIDMANN, Werner: *Die Eisenwerke Gienanth.* In: *Pfalzatlas*, S. 1888-1906; sowie insgesamt: WEDEMEYER, *Familie Gienanth*; aber auch: PFEIFFER, Hans: *Die Geschichte des Eisenberger Werkes der Firma Gebrüder Gienanth (von 1800 bis 1891).* Diplomarbeit Mannheim, 1956/57; sowie: HELLRIEGEL, Richard: *Dreihundert Jahre Gienanth'sche Eisenwerke.* In: *Pfälzisches Industrie- und Handelsblatt*, 31. Jg. 1956. S. 178f.

[34] Vgl. Tabelle 14, sowie: SCHMID, *Industriekarte 1874*, S. 1796.

[35] Zum Begriff „monoindustriell" vgl.: SCHUSTER, Ernst: *Monoindustrielle Agglomeration.* In: DERS., G. RITTIG, W. FEHRINGER, u.a.: *Monoindustrielle Agglomeration. Die Schuhindustriestadt Pirma-*

brecht ist ein Beispiel hierfür, obwohl sich Betriebe der Textilindustrie in dessen Umland bis in die neueste Zeit[36] nachweisen lassen. Dort konnten die langfristigen Bemühungen um Produktdiversifizierung angesichts des traditionellen Schwergewichtes bei Militärtuchen sowie Wettbewerbsvorteile durch die Gründung von Aktiengesellschaften und die Musterweberei bzw. spätere Webschule/Textilfachschule[37] den Trend zur Entflechtung bzw. monoindustriellen Ausrichtung nicht umkehren.[38] Lambrecht blieb dadurch noch bis in die zweite Hälfte des 20. Jahrhunderts hinein „fast reine Textilstadt“[39], die nur schwach auf verwandte Branchen auszustrahlen oder diese anzuziehen vermochte und bis in die Gegenwart gegen das Schicksal der deutschen Textilindustrie insgesamt, d.h. gegen den wirtschaftlichen Abstieg kämpft. Ähnliche Prozesse drohen im übrigen auch in der neuesten Zeit, besonders wenn sich Branchenführer wie Opel oder DaimlerChrysler und – diesen folgend – ausschließlich deren Zulieferer an einem Standort ansiedeln.[40] Der PORTER'sche *cluster* entwickelt sich ja gerade nicht infolge günstiger bzw. ungünstiger Standortfaktoren, sondern durch seine, branchenspezifische, dynamische Prozesse hervorbringende, Anziehungskraft.[41] Aus diesem Grund soll hier und im Folgenden auch kein Bezug auf die siedlungsfördernde Funktion der Industrie bzw. das durch die Industrialisierung besonders in der Pfalz hervorgerufene und in neuerer Zeit auf das benachbarte Elsass ausstrahlende Pendlerwesen genommen werden soll.

Gute Chancen, die Entwicklung von einem frühen Gewerbezentrum zu einem *cluster* zu nehmen, hatten demgegenüber ehemalige Residenzstädte, die noch dazu in merkantilistischer Zeit starke wirtschaftliche Förderung erfuhren. Offensichtlich war hier die wirtschaftliche Dynamik und Anpassungsfähigkeit aus den verschiedensten Gründen überdurchschnittlich groß und vielfältig wirksam. So bestanden bereits um 1775 in Frankenthal sechs Manufakturen mit mehr als 30 Beschäftigten, darunter die Porzellan-Manufaktur mit 54 Beschäftigten, eine Wollzeug- und Camelot-Manufaktur mit 513 Beschäftigten, „darunter 309 Spinner außerhalb der Stadt“, eine Seidenzeug-Manufaktur sowie eine Nadel-Manufaktur (38 bzw. 59 Beschäftigte). Insgesamt waren zu dieser Zeit 33 Gewerbetreibende in Frankenthal ansässig, darunter die „Cöllnische Schmier-Saifen-Fabrique“, die „Englische Feilen-Hauerey“ und ein Uhrma-

---

sens. Würzburg-Aumühle, 1940. (=Untersuchungen zur Wirtschaftsstruktur. Hrsg. von Ernst Schuster, Heft 9). S. 3-30.

[36] Vgl. KOCH, Remmert L: *Die Metall- und Elektro-Industrie der Pfalz 1958 und 1990.* In: *Pfalzatlas*, S. 2116-2120. S. 2119; sowie: HEINZ, Karl: *Lambrecht – Gestern und Heute. Stadtbild und Industriestandort sind geschichtlich bedingt.* In: Pfälzisches Industrie- und Handelsblatt, 36. Jg. 15/1961. S. 481-485. (Künftig zitiert: KOCH, *Metall- und Elektroindustrie der Pfalz*, bzw. HEINZ, *Lambrecht – Gestern und Heute*).

[37] Vgl. hierzu: BRENGEL, Lutz: *Die Textil-Fachschule zu Lambrecht.* In: *Pfälzisches Industrie- und Handelsblatt*, 26. Jg. 17/1951. S. 401f.

[38] Vgl. hierzu insgesamt: HÄBERLE, Daniel: *Die Entwicklung der Tuchindustrie in Lambrecht.* In: *Pfälzische Heimatkunde*, 11. Jg. 1915. Nr. 12. S. 177-180. S. 179f. (Künftig zitiert: HÄBERLE, *Entwicklung der Tuchindustrie in Lambrecht*).

[39] WEIDMANN, *Industriekarte 1910/13*, S. 1854.

[40] Vgl. KOCH, *Metall- und Elektroindustrie der Pfalz*, S. 2120.

[41] Zur Standortdebatte des frühen 20. Jahrhunderts und ihrer Auslegung im Hinblick auf die Industrie der Pfalz vgl. WEIDMANN, *Industriekarte 1910/13*, S. 1848f.

cher.[42] Trotz nachgewiesener Mängel der „Vierten General-Tabelle"[43] kann diese Frankenthal rund zehn Jahre später weiterhin als frühes „industrielles" Zentrum ausweisen,[44] das auch die politisch unsicheren Zeiten überleben sollte und anhaltend arbeits- und risikofreudige Menschen anzog, wenn diese auch nicht immer dem konventionellen Weltbild der Zeitgenossen und Geschichtsschreiber entsprachen.[45]

Im Folgenden wird sich für die Pfalz eine relative Kontinuität der gewerblichen Standorte konstatieren lassen, die von einer Kontinuität führender Gewerbezweige seit vorindustrieller Zeit getragen wird.[46] Bereits 1875 ist der größte Teil der Beschäftigten im verarbeitenden Gewerbe tätig und innerhalb dessen wiederum 42,8% im Bereich Leder – Textil – Bekleidung, gefolgt von 17,3% im Bereich Nahrung – Genuss, 6,2% im Bereich Eisen – Metall bzw. 3,8% im Bereich Chemie. 1907 haben sich die Gewichtungen zu verschieben begonnen; daneben hat die Beschäftigung im verarbeitenden Gewerbe um 7,1 Prozentpunkte zugenommen. Zu diesem Zeitpunkt entfallen nur noch 32,5% der Beschäftigten auf den Bereich Leder – Textil – Bekleidung, 21,4% aber bereits auf Eisen – Metall und nunmehr 16,2% auf Nahrung – Genuss bzw. 7,1% auf die Gruppe Chemie. Die höchste Zuwachsrate verzeichnete der Maschinen-, Instrumenten- und Apparatebau, der seinen Schwerpunkt zu dieser Zeit im Raum Kaiserslautern und Frankenthal hatte, während Ludwigshafen vor allem durch die dort ansässige und im Wachsen begriffene chemische Industrie aufzublühen begann.[47]

Die Entwicklung seit 1950 veranschaulicht das folgende Schaubild 8, in das zur Verdeutlichung auch noch die Nahrungs- und Genussmittelindustrie aufgenommen worden ist. In der Pfalz dürfte, analog der allgemeinen deutschen industriellen Entwicklung des 20. Jahrhunderts, „Anfang der [19]70er Jahre mit über 200.000 Industriebeschäftigten und 1.134 Unternehmen der Kulminationspunkt erreicht worden sein. Seitdem hat sich [...] bis heute ein kontinuierlicher Rückgang vollzogen, der [...] dem [...] Trend der gesamtwirtschaftlichen Strukturveränderungen folgt. Bis 1994 sank die Zahl der Industrieunternehmen gegenüber 1970 um 34% auf 753, die Industriebeschäftigten nahmen um rund 50.000 oder –24% auf 152.759 ab."[48] Unter

---

[42] Vgl. *Kurze Vorstellung der Industrie in denen drey Haupt-Städten und sämtlichen Ober-Aemteren der Churfürstlichen Pfalz rucksüchtlich auf die Manufacturen, die Gewerbschaften, und die Handlung*. Frankenthal, 1775. S. 144ff.

[43] Vgl. GLA KA, 77/6184.

[44] Vgl. hierzu insgesamt: KIRCHGÄSSNER, Bernhard: *Merkantilistische Wirtschaftspolitik und fürstliches Unternehmertum: Die dritte kurpfälzische Hauptstadt Frankenthal*. In: *Beiträge zur pfälzischen Wirtschaftsgeschichte*, S. 97-173. S. 101.

[45] Vgl. hierzu insgesamt: BRECHTEL, Arthur: *Die Entwicklung der Industrie von Frankenthal*. Diss. [Masch.] Heidelberg, 1926.

[46] Vgl. hierzu auch: BUCHHEIM, Christoph: *Einführung in die Wirtschaftsgeschichte*. München, 1997. S. 50.

[47] Vgl. hierzu insgesamt: BEYER, Rüdiger: *Die Wirtschaft der Pfalz im Spiegel der Statistik*. In: IHK-Magazin, 68. Jg. 6/1993. S. 50f. sowie Tabelle, S. 52. (Künftig zitiert: BEYER, *Wirtschaft der Pfalz im Spiegel der Statistik*).

[48] BEYER, Rüdiger: *Die Wirtschaft im Bezirk der Industrie- und Handelskammer für die Pfalz. Ein kommentiertes Zahlenbild der strukturellen Veränderungen, Entwicklungstrends und Perspektiven.*

Schaubild 8: Beschäftigtenanteile im verarbeitenden Gewerbe der Pfalz, 1950 – 1991

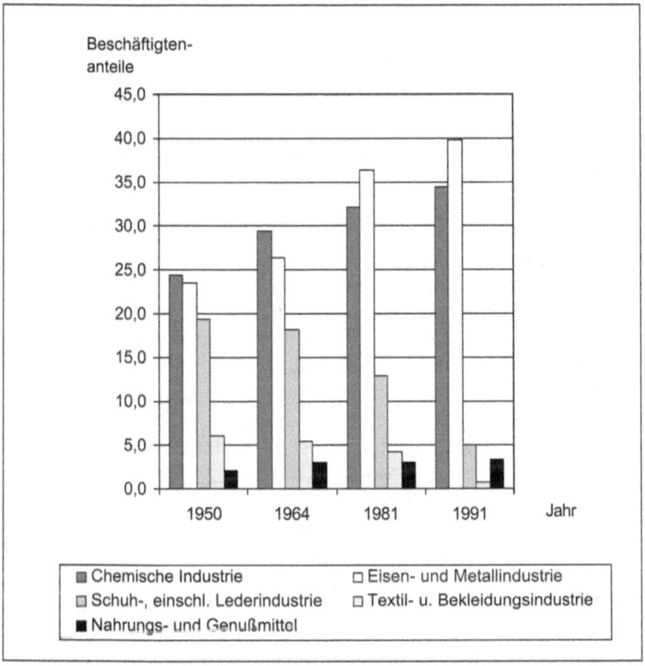

Quelle:
Zusammengestellt nach: *Pfälzisches Industrie- und Handelsblatt*, 26. Jg. 13/1951, S. 307; 40. Jg. 1965, S. 7; *IHK-Magazin*, 57. Jg. 5/1982, S. 12; sowie 67. Jg. 5/1992, S. 26; in Verbindung mit: BEYER, Rüdiger: *Die Wirtschaft im Bezirk der Industrie- und Handelskammer für die Pfalz. Ein kommentiertes Zahlenbild der strukturellen Veränderungen, Entwicklungstrends und Perspektiven.* Hrsg. von der Industrie- und Handelskammer für die Pfalz. Ludwigshafen, 1996. S. 23.

diesen Bedingungen entwickelte sich die chemische Industrie in der Pfalz bis 1970 zum größten Arbeitgeber im verarbeitenden Gewerbe. Erst bedeutende Unternehmen der Fahrzeugindustrie ließen anschließend die Beschäftigtenzahlen in der Metallindustrie über die der chemischen Industrie hinauswachsen, obwohl sich gleichzeitig die kunststoff- und gummiverarbeitende Industrie kontinuierlich entwickelte. Die Krise der Schuhindustrie seit Ende der sechziger Jahre führte dagegen zu einem massiven Betriebs- und Personalverlust, so dass die Beschäftigtenzahlen in der Großgruppe des Leder-, Textil- und Bekleidungsgewerbes zwischen 1970 und 1987

Hrsg. von der Industrie- und Handelskammer für die Pfalz. Ludwigshafen, 1996. S. 19. (Künftig zitiert: BEYER, *Wirtschaft im Bezirk der IHK*).

um mehr als die Hälfte schrumpften.[49] Dennoch blieben die führenden Industriezweige der Pfalz, Metall, Chemie, Schuh- und Textilindustrie, über die Zeit hinweg relativ konstant, spielte auch die Schuhindustrie als bedeutendste Branche der Verbrauchsgüterherstellung bis zum Ende des 20. Jahrhunderts eine anhaltend wichtige Rolle, weshalb sie neben der Textilindustrie in die folgende Analyse mit einbezogen wird.

2.3 Frühe Gewerbezentren und wirtschaftliche Führungssektoren im nördlichen Baden und Elsass

Eine völlig andere Entwicklung als in der Pfalz lässt sich in Baden beobachten. Markgraf Karl Friedrich von Baden konnte die 1771 vereinigten Markgrafschaften Baden-Baden und Baden-Durlach[50] durch die Revolutions- und die sich anschließende napoleonische Zeit nicht nur erhalten, vielmehr den Gebietsstand durch eine geschickte Politik um ein Vielfaches erweitern (vgl. Schaubild 9). Ende des 18., Anfang des 19. Jahrhunderts entstand so das bis 1952 fortbestehende Land Baden.[51] Das Ausbrechen aus der Koalition, der Wechsel an die Seite des revolutionären Frankreichs, brachte jedoch auch erhebliche Lasten. „Obwohl formell Freund und Bündnispartner, hatte das Land personelle und materielle Leistungen in Form von Soldaten und Geldzahlungen zu erbringen, die sich praktisch in nichts von dem unterschieden, was man einer eroberten und unterworfenen Provinz auferlegt hätte."[52] Dies und die Tatsache, dass die strukturell höchst unterschiedlichen Gebietsteile auch einen inneren Zusammenhalt benötigten, machte umfangreiche und tiefgreifende innere Reformen notwendig. Mittels Verkehrswesen, Rechtsreform, diverser Anreize und Begünstigungen zur Gründung erster industrieller Unternehmen ermöglichte der Staat den Aufschwung von Handel und Gewerbe.[53] Es folgten zu Beginn der 1830er Jahre die notwendige Neuordnung der Agrarverfassung sowie der Beitritt Badens zum Zollverein.[54]

---

[49] Vgl. BEYER, *Wirtschaft der Pfalz im Spiegel der Statistik*, S. 53.

[50] Vgl. hierzu: FISCHER, Joachim: *Territorialentwicklung Badens bis 1796* und: *Die Markgrafschaften Baden-Baden und Baden-Durlach bis zu ihrer Vereinigung 1771. Beiwort zu den Karten VI,1 und VI,1a.* In: *Historischer Atlas von Baden-Württemberg. Erläuterungen.* Stuttgart, 1974. (Künftig zitiert: *Historischer Atlas Baden-Württemberg*).

[51] Zum Landeserwerb im einzelnen vgl. SCHAAB, Meinrad; Hans HALLER: *Baden in napoleonischer Zeit. Beiwort zur Karte VII,1.* In: *Historischer Atlas Baden-Württemberg.*

[52] GALL, Lothar: *Gründung und politische Entwicklung des Großherzogtums bis 1848.* In: *Badische Geschichte. Vom Großherzogtum bis zur Gegenwart.* Hrsg. von der Landeszentrale für politische Bildung Baden-Württemberg. Stuttgart, ^{2}1987. S. 11-36. (Künftig zitiert: GALL, *Gründung und politische Entwicklung*).

[53] Zu den einzelnen, die Industrialisierung begünstigenden Maßnahmen vgl. insgesamt auch FISCHER, *Staat und Anfänge der Industrialisierung.*

[54] Vgl. hierzu insgesamt: GALL, *Gründung und politische Entwicklung*, S. 27 und 32.

Schaubild 9: Entstehung des Großherzogtums Baden

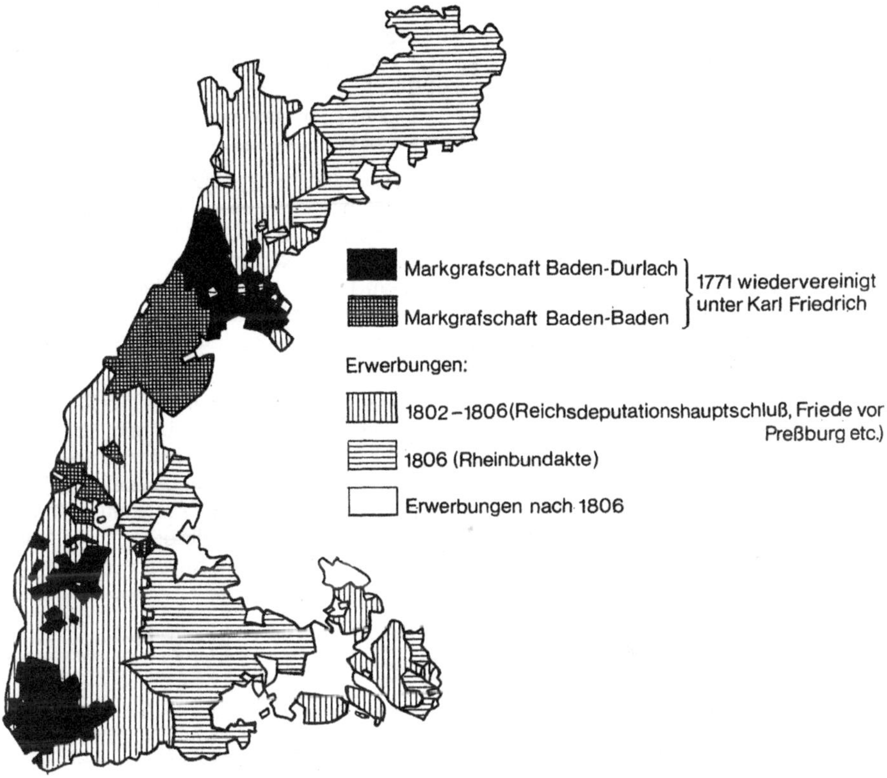

Quelle:
GALL, Lothar: *Gründung und politische Entwicklung des Großherzogtums bis 1848*. In: *Badische Geschichte. Vom Großherzogtum bis zur Gegenwart*. Hrsg. von der Landeszentrale für politische Bildung Baden-Württemberg. Stuttgart, [2]1987, S. 11-36, S. 17.

WOLFRAM FISCHER hat für Baden exemplarisch dargelegt, dass sich der Staat im 19. Jahrhundert nicht aus der aktiven Gewerbepolitik zurückgezogen, sich vielmehr die Form der staatlichen Tätigkeit seit dem 18. Jahrhundert verändert hatte. Ursprünglich landesherrliche Gewerbetätigkeit, wurde diese bald zu einer landesherrlichen Gewerbepolitik, die möglichst nur noch indirekt in die Gewerbetätigkeit eingriff und nicht mehr den einzelnen Industriellen, sondern die Industrie im ganzen zu fördern beabsichtigte. „Wo der badische Staat Industriegründungen anregt oder unterstützt, besonders in der napoleonischen Zeit, da geschieht es vor allem aus seiner Fürsorgepflicht gegenüber den Untertanen. Nicht die Unternehmung als solche interessiert die Behörden in erster Linie, sondern die Arbeitsgelegenheit. Es entspricht der vergrößerten ökonomischen Einsicht, dass die Landesherren jetzt nicht mehr wie früher jede beliebige Unternehmung für diesen Zweck inszenieren oder subventionieren, sondern nur diejenige, die Aussicht auf ständige Rentabilität hat."[55] So be- und entstehen in diesen Jahren nach Anzahl und Beschäftigtengröße weit mehr Betriebe in Nordbaden[56] als in der Pfalz, in der die staatliche, aber auch privatwirtschaftliche Initiative durch Besatzungs- und interimistische Zeit in Mitleidenschaft gezogen wurde.

Bereits die erste Gewerbezählung, die in Baden 1809 stattfindet, enthält ausschließlich Betriebe mit mehr als 20 Beschäftigten,[57] und auch in späterer Zeit bleiben Kleinst- und Kleinbetriebe in der badischen Statistik unberücksichtigt. Insofern wird bei der Rekonstruktion der *clusters* für die Teilgebiete Pfalz und das Nordelsass (alle im Handelsregister eingetragenen Firmen) bzw. Nordbaden (Handelsregister-Firmen mit 1925: 20, 1949: 10 bzw. 2000: 50 und mehr Beschäftigten) auf unterschiedliche Mindestgrößen zurückgegriffen, die auch Ausdruck unterschiedlicher regionaler Industrialisierungsmodelle sind.[58]

Die frühen Gewerbezentren in Baden treten deutlicher und früher hervor als in der Pfalz; die dort ansässigen Unternehmen sind zahlreicher, i.d.R. bereits Manufakturen und dadurch genau zu benennen sowie ihre Beschäftigtenzahlen präziser zu quantifizieren. Mitte bis Ende des 18. Jahrhunderts sind Mannheim, Heidelberg, Durlach, Karlsruhe, Pforzheim, Ettlingen, Lahr und Rastatt solche mit Frankenthal in der Pfalz vergleichbare Zentren.[59] Was die Leitsektoren der Industrialisierung[60] in Baden betrifft, so waren 1809 und 1829 im Bereich Nahrung – Genuss einschließlich Tabak

---

55 Hierfür und für das Vorhergehende: FISCHER, Wolfram: *Ansätze zur Industrialisierung in Baden 1770-1870*. In: *VSWG*, Bd. 47/1960. S. 186-231. S. 209f. (Künftig zitiert: FISCHER, *Ansätze zur Industrialisierung*).

56 Zu den Fabrikgründungen zu unterschiedlichen Zeitpunkten vgl. insgesamt: KAISER, Wilhelm: *Die Anfänge der fabrikmäßig organisierten Industrie in Baden*. In: *Zeitschrift für die Geschichte des Oberrheins*. N.F. Bd. 46/1933. S. 612-635. (Künftig zitiert: KAISER, *Fabrikmäßig organisierte Industrie*).

57 Vgl. FISCHER, *Staat und Anfänge der Industrialisierung*, S. 275.

58 Vgl. hierzu analoge Vorgänge hinsichtlich der räumlichen Differenzierung bei: BORCHERDT, *Baden-Württemberg*, S. 22. Allerdings stimmen die so für das Jahr 2000 gewonnenen Gewerbezentren weitestgehend mit den durch das Statistische Landesamt Baden-Württemberg kartierten Standorten des verarbeitenden Gewerbes 1986, bezogen auf Betriebe mit im allgemeinen 20 und mehr Beschäftigten, überein. Vgl. Karte *Standorte des verarbeitenden Gewerbes in Baden-Württemberg*. Beilage in: *IHK-Atlas Industrie-Ansiedlung. Daten und Fakten aus den 12 Kammerbezirken Baden-Württembergs*. Hrsg. von der Arbeitsgemeinschaft der Industrie- und Handelskammern in Baden-Württemberg. Stuttgart, 1989.

59 Vgl. KAISER, *Fabrikmäßig organisierte Industrie*, S. 617ff. Zu den Industriestandorten vgl. auch: GREES, Hermann: *Standort, Verkehr, Umwelt*. In: *Wege in die Welt. Die Industrie im deutschen Südwesten seit Ausgang des 18. Jahrhunderts*. Hrsg. von Otto BORST. Stuttgart, 1989. S. 129-174.

60 Vgl. REBMANN, Edmund; Eberhard GOTHEIN, Eugen v. JAGEMANN: *Das Großherzogtum Baden in allgemeiner, wirtschaftlicher und staatlicher Hinsicht dargestellt*. Karlsruhe, ²1912. Vgl. hierzu insgesamt auch: ARNS, Günter: *Über die Anfänge der Industrie in Baden und Württemberg*. Stuttgart, 1986.

die meisten Arbeitskräfte beschäftigt, gefolgt von den Branchen Metall einschließlich Schmuck sowie Textil. Für das Jahr 1809 sei hier auf die folgenden Tabellen 6 und 7, „Industriestandorte Nordbaden, 1809“ bzw. „Verteilung der Industrie nach Branchen und Orten, Nordbaden 1809“ verwiesen, die gleichzeitig exemplarisch die aufbereitete Datenbasis für die *Cluster*grafiken offen legen. Mittels Tabelle 6 lassen sich zunächst die Führungssektoren der Industrialisierung nach der Beschäftigtenzahl ermitteln, während die hierauf fußende Tabelle 7 die Verteilung der Industrie nach Branchen darstellt und damit die eigentliche Grundlage für die *Cluster*grafiken der einzelnen Standorte liefert. 1925 schließlich führt die Metallindustrie, gefolgt von Nahrung – Genuss und Textil, und erst 1949 haben Textil – Bekleidung der Chemiebranche den dritten Platz überlassen.[61] Ende des 20. Jahrhunderts tritt daneben die Branche Druck – Papier zu den wirtschaftlichen Leitsektoren hinzu, die sich zwar – ebenso wie die Tabakverarbeitung – infolge naturräumlicher Gegebenheiten entwickelte und damit als faktorinduziert gelten kann. Im Gegensatz zur Industrie der Steine und Erden führte sie jedoch zu einer regional konzentrierten Branchenballung mit Spezialisierung sowohl der Zellstoff-, Papier- und Pappeerzeugung als auch –verarbeitung.[62]

Insofern weisen in Nordbaden nicht nur die einzelnen Industriezweige, sondern auch die Leitsektoren der wirtschaftlichen Entwicklung die bereits von FISCHER festgestellte Konstanz auf.[63] So ist, neben originär merkantilistischen Produktionszweigen wie der Fayence-, Porzellan-, Schmuck- und Tapetenherstellung, der noch heute in Baden betriebene Tabakanbau und dessen industrielle Verarbeitung auf eine merkantilistische Empfehlung an die Bauern des badischen Unterlandes aus dem Jahr 1718 zurückzuführen. Demgegenüber hatte das faktorangestoßene Papier- und Druckgewerbe bereits Ende des 18. Jahrhunderts rund 80 Papiermühlen vor allem am oberen Neckar einschließlich Nebenflüssen hervorgebracht. Nach diesen, aber auch zahlreichen frühen privatwirtschaftlichen Unternehmensgründungen in den Bereichen Textil – Bekleidung, Nahrung – Genuss, Metall und Chemie kam es vor allem in der Zeit der Napoleonischen Kontinentalsperre sowie in Folge des Beitritts Badens zum Deutschen Zollverein zu weiteren, sich jedoch in das vorhandene Bild der Industrialisierung einfügenden Gründungswellen.[64]

---

[61] Vgl. hierzu die oftmals das gesamte Land Baden betreffenden Angaben bei: FISCHER, *Ansätze zur Industrialisierung*, S. 229ff.; *Gewerbskalender für das Jahr 1834*. Hrsg. von Dr. W. L. VOLZ. Karlsruhe, 1834. S. 28ff.; *Die Industrie in Baden im Jahr 1925 auf Grund amtlichen Materials mit 16 Karten*. Bearbeitet und herausgegeben vom Badischen Statistischen Landesamt. Karlsruhe, 1926. S. 5. (Künftig zitiert: *Industrie in Baden 1925*); *Die Industrie im Landesbezirk Baden*. Hrsg. vom Badischen Statistischen Landesamt Karlsruhe mit Unterstützung des Badischen Landesgewerbeamts Karlsruhe. Karlsruhe, 1949. S. 4. Den Daten Ende der 1940er Jahre fehlen Angaben zu den Landkreisen Rastatt und Ortenau (Lahr, Offenburg).

[62] Zu den Branchen Druck – Papier bzw. Tabak und deren Herausbildung, besonders auch in den Jahren 1961 und 1987, vgl. BORCHERDT, *Baden-Württemberg*, S. 241. Vgl. hierzu auch: *Industrie in Baden 1925*, S. 199ff. sowie 250ff.

[63] Vgl. FISCHER, *Ansätze zur Industrialisierung*, S. 230.

[64] Zur Herausbildung der Industrie und ihrer Wirtschaftsräume in Baden vgl. insgesamt: BORCHERDT, *Baden-Württemberg*, S. 17-20.

Tabelle 6: Industriestandorte Nordbaden, 1809

Standort	Firma	Branche	Arbeitskräfte
Gaggenau	Rindeschwender Erben	Glas	20
Heidelberg	Heddäus & Fries	Krapp	30
Karlsruhe	Theodor Öhlenheinz	Bijouterie	30
	Heinrich Reiß	Kutschen	38
	Griesbach	Tabak	27
Durlach	Joh. Benckiser	Fayence	47
Ettlingen	Buhl & Markgraf Louis	Papier	54
Rüppur	Reutlinger & Bielefeld	Rotfärberei	28
Lahr	Gebrüder Lotzbeck	Tabak	70
	Gebrüder Hugo	Tabak	30
	Daniel Völker	Zichorien	50
	Trampler	Zichorien	45
Heiligenzell b. Lahr	Hugo & Meister	Zichorien	25
Mannheim	Frh. V. Villiez	Chemie	50
	Roeder	Tabak	38
	Jakob Behagel	Tapeten	40
	D. Anton & Co.	Zichorien	60
Pforzheim	Bohnenberger	Bijouterie	69
	Dennig & Co.	Bijouterie	61
	Kühnle & Co.	Bijouterie	49
	Lenz & Sievert	Bijouterie	35
	Bujard & Co.	Bijouterie	29
	Borgnis & Co.	Bijouterie	25
	Haagen	Bijouterie	23
	Benckiser	Eisen- und Blechhammer	23
	Gülich & Finkenstein	Wolltücher	58
Rastatt	Gebrüder Schlaff	Kutschen	61
Rotenfels	Gräflin Hochberg	Fayence	22

Quelle:
FISCHER, Wolfram: *Der Staat und die Anfänge der Industrialisierung in Baden 1800-1850*. Erster Band: *Die staatliche Gewerbepolitik*. Berlin, 1962. S. 276

Tabelle 7: Verteilung der Industrie nach Branchen und Orten, Nordbaden 1809

Branche	Spezifizierung	Firma	Ort	Arbeitskräfte	Anteile der in der Branche Beschäftigten in %:			
					Karlsruhe	Lahr	Mannheim	Pforzheim
Nahrung, Genuß	Tabak	Griesbach	Karlsruhe	27	7,8			
	Tabak	Gebrüder Lotzbeck	Lahr	70				
	Tabak	Gebrüder Hugo	Lahr	30		29,0		
	Tabak	Roeder	Mannheim	38			11,0	
	Zichorien	Hugo & Meister	Heiligenzell	25				
	Zichorien	Daniel Völker	Lahr	50				
	Zichorien	Trampler	Lahr	45		34,8		
	Zichorien	D. Anton & Co.	Mannheim	60			17,4	
				Σ 345				
Eisenguß, -teile	Eisenhammer	Benckiser	Pforzheim	23				100
				Σ 23				
Materialveredelung	Bijouterie	Theodor Öhlenheinz	Karlsruhe	30	9,3			
	Bijouterie	Bohnenberger	Pforzheim	69				
	Bijouterie	Dennig & Co.	Pforzheim	61				
	Bijouterie	Kühnle & Co.	Pforzheim	49				
	Bijouterie	Lenz & Sievert	Pforzheim	35				
	Bijouterie	Bujard & Co.	Pforzheim	29				
	Bijouterie	Borgnis & Co.	Pforzheim	25				
	Bijouterie	Haagen	Pforzheim	23				90,7
				Σ 321				
Verkehr	Kutschen	Heinrich Reiß	Karlsruhe	38	38,4			
	Kutschen	Gebrüder Schlaff	Rastatt	61				
				Σ 99				
Textil	Krapp	Heddäus & Fries	Heidelberg	30				
	Rotfärberei	Reutlinger & Bielefeld	Rüppur	28	24,1			
	Wolltücher	Gülich & Finkenstein	Pforzheim	58				50,0
				Σ 116				
Papier	Papier	Buhl & Markgraf Louis	Ettlingen	54	57,4			
	Tapeten	Jakob Behagel	Mannheim	40			42,6	
				Σ 94				
Chemie		Frh. V. Villiez	Mannheim	50			100	
				Σ 50				
Glas, Keramik	Fayence	Joh. Benckiser	Durlach	47	52,8			
	Fayence	Gräflin Hochberg	Rotenfels	22				
	Glas	Rindeschwender Erben	Gaggenau	20				
				Σ 89				

Quelle:
FISCHER, Wolfram: *Der Staat und die Anfänge der Industrialisierung in Baden 1800-1850.* Erster Band: *Die staatliche Gewerbepolitik.* Berlin, 1962. S. 276.

Das *Département du Bas-Rhin*, die Gebietskörperschaft Niederrhein, die über das hier definierte Gebiet Nordelsass hinausgeht, entstand während der Französischen Revolution, auch wenn sich dessen Grenzen bis in das 20. Jahrhundert hinein noch mehrmals in geringerem Umfang ändern sollten.[65] Nach dem Dreißigjährigen Krieg hatte Frankreich begonnen, den Rhein als östliche Grenze zu etablieren und damit die verschiedenen Einzelherrschaften unter seinen Einfluss zu bringen. Wirtschaftlich wurde das Elsass[66] von der französischen Krone allerdings weiterhin als Ausland betrachtet. Solchermaßen integriert in eine Provinz „*'à l'instar de l'étranger effectif', la Basse Alsace et surtout Strasbourg commercent librement avec l'étranger, les barrières douanières étant fixées sur les Vosges.*"[67] Als jedoch Mühlhausen 1798 als letzte Stadt an Frankreich fiel und die Französische Revolution damit die letzten Reste der ehemaligen deutschen Reichsstädte beseitigte, wurde der Rhein auch zur Zollgrenze. Das Elsass allerdings „*maintient son caractère de morcellement territorial. Les anciennes seigneuries subsistent, les dix villes libres conservent leur antique constitution*".[68]

Obwohl sich durch die Verlegung der Zollgrenze an den Rhein unter anderem die Transportbedingungen verschlechterten, erlebte das Elsass[69] bis 1850 den bis dato stärksten industriellen Aufschwung seiner Geschichte. Insgesamt waren Zollpolitik und Kontinentalsperre Napoleons der Motor dieser wirtschaftlichen Entwicklung, wobei der napoleonische Protektionismus die wirtschaftliche Struktur auch deformierte. Im *Département du Bas-Rhin* konnte sich deshalb unter den Bedingungen der Kontinentalsperre keine dem *Haut-Rhin* vergleichbare wirtschaftliche Entwicklung vollziehen, die in erster Linie von der Mulhouser Textilindustrie getragen wurde. Im

---

[65] Vgl. *Le Bas-Rhin 1790-1990.* Edité par le Conseil Général du Bas-Rhin. O.O.u.J. S. 48-55. (Künftig zitiert: *Le Bas-Rhin*). Zur Entstehungsgeschichte des Départements siehe insgesamt auch Artikel *Bas-Rhin (département du),* in: *Encyclopédie de l'Alsace,* Tome 1, S. 513-515.

[66] Zur Geschichte des Elsaß allgemein vgl. beispielsweise: GRASSER, Jean-Paul: *Une histoire de l'Alsace.* Paris, 1998; *Histoire de l'Alsace.* Sous la direction de PHILIPPE DOLLINGER. Toulouse, 1991; *Histoire de l'Alsace rurale.* Sous la direction de JEAN-MICHEL BOEHLER, DOMINIQUE LERCH; JEAN VOGT. Strasbourg/Paris, 1983. (=Publications de la Société savante d'Alsace et des régions de l'Est, tome 24. Collection 'Grand Publications'.); VOGLER, BERNARD: *Histoire politique de l'Alsace.* Strasbourg, 1995; WAHL, ALFRED; JEAN-CLAUDE RICHEZ: *La vie quotidienne en Alsace entre France et Allemagne 1850-1950.* Paris, 1993.

[67] *Le Bas-Rhin*, S. 44.

[68] *Le Bas-Rhin*, S. 46. Vgl. hierzu insgesamt jedoch auch den kurzen historischen Überblick bei: LORY, ALAIN: *Die heutigen Probleme der elsässischen Wirtschaft.* Nürnberg, 1978. S. 22-40. (=Nürnberger Wirtschafts- und Sozialgeographische Arbeiten, Bd. 27).

[69] Deutschsprachige Literatur, besonders über die wirtschaftliche Entwicklung im Elsaß, stammt vorwiegend aus deutscher Zeit, besonders den frühen 1940er Jahren. Aus Gründen des dieser Literatur zugrunde liegenden spezifischen Erkenntnisinteresses wird im Folgenden kaum auf diese zurückgegriffen, weshalb hier jedoch einzelne wichtige Werke genannt werden sollen: BLEICHER, ALBERT: *Elsaß und Lothringen wirtschaftlich gesehen.* Potsdam/Berlin, 1942; *Das Elsass von 1870 – 1932.* Bd. 2.: *Geschichte der politischen Parteien und der Wirtschaft.* Hrsg. im Auftrage der Freunde des Abbé Dr. Haegy von J. ROSSÉ, M. STURMEL, A. BLEICHER, F. DEIBER, J. KEPPI. Colmar, 1936-1938; GLEY, WERNER: *Die elsässische Wirtschaft. Ein Überblick in Querschnitten.* In: *Das Elsaß. Deutsches Kern- und Grenzland.* Hrsg. von CHRISTIAN HALLIER. Frankfurt/Main, 1941. S. 197-216 ; METZ, FRIEDRICH (Hrsg.): Beiträge zur Oberrheinischen Landeskunde. Festschrift zum 22. Deutschen Geographentag dargeboten vom Ortsausschuß Karlsruhe. Breslau, 1927.

Bas-Rhin profitierte ausschließlich Strasbourg mit seinem Hafen vom nun stark expandierenden Handel auf dem Rhein. „*The legitimate Rhine trade of Strasbourg (Bas-Rhin) increased markedly after 1806, doubling and at peak periods possibly even quadrupling its pre-Blockade volume. Some contemporaries claimed that the city then handled as much as a third of the Empire's foreign trade.*"[70]

Konnte die Infrastruktur bis zur Mitte des 19. Jahrhunderts im südlichen *Bas-Rhin* verbessert werden, beispielsweise durch die Anbindung des Strasbourger Hafens an den Rhône-Rhein-Kanal im Jahr 1837, entstanden weiter nördlich durch die Rheinkorrektion zusätzliche Probleme.[71] So verbot die infolge der Flussbegradigung verstärkte Strömung den immer mächtiger werdenden Dampfschiffen mit ihrem entsprechenden Tiefgang die Nutzung der Wasserstraße südlich von Mannheim bis zur vollständigen Regulierung im Jahre 1923. „*Dès 1843, les bateaux cessent de remonter le Rhin au-delà de la capitale alsacienne.*"[72]

Entstand während des ersten industriellen Aufschwunges unter den genannten Bedingungen im *Département du Haut-Rhin* eine Großindustrie, ging in der Mitte des 19. Jahrhunderts die wirtschaftliche Dynamik im *Bas-Rhin* von der handwerklichen Kleinindustrie aus. „*Produisant avec des méthodes artisanales pour des marchés souvent éloignés, elle parvient à imposer ses produits en compensant le manque de capitaux par le travail familial et l'adaptation à la demande. Vers le milieu du XIXe siècle, elle emploie dans le Bas-Rhin autant de main-d'œuvre que la grande industrie dans le Haut-Rhin. [...] 'La petite industrie n'est pas le prologue de la révolution industrielle, mais plutôt une industrialisation sans révolution'. Ses productions sont très variées : travail du chanvre, distillerie, tannerie, amidonnerie, travail du bois, poterie, tricotage des chaussons de laine, fabrication de chapeaux de paille. Ses ateliers sont très dispersés et présents dans les moindres villages, en parenté avec le milieu agricole local : 'Fille d'une polyculture intensive, elle se modèle à son image en reproduisant avec fidélité sa diversité et son intensité'.*"[73] Während gegen 1848 im *Haut-Rhin* 60.000 Arbeiter beschäftigt wurden, waren es so im *Bas-Rhin* nur 19.000.[74]

[70] ELLIS, GEOFFREY: *Napoleon*. London/New York, 1997. S. 109. Vgl. hierzu insgesamt auch: DERS.: *Napoleon's continental blockade: The case of Alsace*. Oxford, 1981.

[71] Vgl. hierzu auch die Diskussion bei: HANSEN, FRANZ H.: *Die Rheinregulierung Mannheim-Straßburg und ihre Bedeutung für Elsaß-Lothringen*. In: *Die wirtschaftliche Entwicklung Elsaß-Lothringens 1871 bis 1918*. Hrsg. im Auftrage des wissenschaftlichen Instituts der Elsaß-Lothringer im Reich an der Universität Frankfurt von Dr. MAX SCHLENKER. Frankfurt/Main, 1931. S. 581-596.

[72] Vgl. hierzu insgesamt: VOGLER, Bernhard; Milchel HAU: *Histoire économique de l'Alsace. Croissance, crises, innovations: vingt siècles de développement régional*. Strasbourg, 1997. S. 125ff. Besonders S. 132f. (Künftig zitiert: VOGLER/HAU, *Histoire économique de l'Alsace*).

[73] VOGLER/HAU, *Histoire économique de l'Alsace*, S. 152f. mit Zitaten aus STOSKOPF, Nicolas: *La petite industrie dans le Bas-Rhin, 1810-1870*. Strasbourg, 1987. S. 219 und 217. Vgl. hierzu insgesamt auch STOSKOPF, NICOLAS: *La petite industrie dans le Bas-Rhin, 1810-1870*. Strasbourg, 1987. Positions de thèse hierzu in: *Revue d'Alsace*, tome 113/1987. S. 328-331.

[74] OBERLE, RAYMOND: *L'Histoire de l'Alsace. Du XVIe siècle à nos jours*. Colmar, 1985. S. 192. Vgl. hierzu und für das Folgende insgesamt auch: HAU, Michel: *L'industrialisation de l'Alsace (1803-1939)*. Strasbourg, 1987, sowie: DERS.: *Positions de Thèses: L'industrialisation de l'Alsace, 1803-1939*. In: *Revue d'Alsace*, tome 12/1986. S. 323-328.

Infolge der spezifischen Datenanforderungen lassen sich Aussagen über das Nordelsass nur für die Jahre 1825, 1895, 1919 sowie 2001 machen, obwohl die allgemeine Datenlage für die Zeit nach der Französischen Revolution für das *Département du Bas-Rhin* als überdurchschnittlich gut bezeichnet werden kann.[75] Allerdings weisen alle verfügbaren Daten auf ein weiteres Spezifikum im Nordelsass hin, nämlich die breite Diversifizierung der in den einzelnen Orten ansässigen Gewerbe, die sich bereits im Jahr 1825 erkennen lässt. Wichtigste Produktionszweige waren zu dieser Zeit die Tuchindustrie, Brennereien, Gerbereien, die Leimherstellung, Holzverarbeitung, ferner die Herstellung von Töpferwaren sowie von Wollschuhen und Strohhüten.[76] Dazu gesellten sich vor allem in den früh entwickelten Gewerbezentren wie Bischwiller und Strasbourg Stätten arbeitsteiliger Produktion, die Küchengeräte etc. herstellten, sowie vorindustrielle Eisenwerke und Glashütten. Die wichtigsten Standorte dieser Produktionsstätten zeigt Tabelle 8, in der regelmäßig weder Faktorstandorte noch Ziegelbrennereien, unterschiedliche Mühlen und andere vorindustrielle Kleinstgewerbe aufgeführt sind. Abgesehen von der Zentrale Strasbourg und dem Textilindustriestandort Bischwiller sind neben Niederbronn, Reichshoffen und Zinswiller als Standorte der Dietrich'schen Eisenwerke besonders Düppigheim als Produktionsort für Feuerspritzschläuche, Illkirch-Grafenstaden mit einer Stahlfabrik, Wasselonne und Wissembourg mit Pfannenschmied bzw. Geschirrherstellung sowie Mattstall bzw. Memmelshoffen mit Glashütten zu nennen. Als Faktorstandorte können Lampertsloch mit dem Hof Peschelbronn sowie Lobsann mit ihren Erdölvorkommen gelten.

Im letzten Viertel des 19. Jahrhunderts führte im *Bas-Rhin* die Textilindustrie weiterhin nach der Anzahl der Beschäftigten, allerdings hatte die wirtschaftliche Entwicklung nun dazu geführt, dass dieser als nächstes die Metallerzeugung und -verarbeitung, einschließlich Maschinen- und Apparatebau, folgte, im Anschluss daran Nahrung – Genuss, die Bauindustrie, Holzverarbeitung, Papier und Leder sowie die chemische Industrie.[77] Nach Ausschluss des primären (Gärtnerei, Fischerei, Bergbau) und tertiären Sektors (Handel, Banken, Dienstleistungen) sowie den vorwiegend im Kleingewerbe und in der Hausindustrie nachgegangenen Branchen (z.B. Steine – Erden, Holz- und Schnitzstoffe, Baugewerbe) ist für das Nordelsass im Jahr 1895 folgerichtig die Textilindustrie als Leitsektor zu identifizieren, gefolgt von der Metallbranche, Nahrung – Genuss und, mit weitem Abstand, von der Lederindustrie bzw. dem Bereich Chemie einschließlich Erdölgewinnung. Ohne die nach wie vor großen Anteile der hausindustriellen Produktion im Bereich Textil würden möglicher-

[75] Vgl. HAU, Michel; Nicolas STOSKOPF: *Histoire économique, industrielle, financière de l'Alsace*. In: *Revue d'Alsace*, tome 126/2000. S. 183-194. S. 183f.

[76] Vgl. VOGLER/HAU, *Histoire économique de l'Alsace*, S. 152.

[77] Vgl. für das Jahr 1875: GRAD, Charles: *Études statistiques sur l'industrie de l'Alsace*. 2 Tomes. Colmar/Strasbourg/Paris, 1880. Tome 2, S. 364ff.: "Établissements industriels et ouvriers occupés."

Tabelle 8: Gewerbezentren im Nordelsass, 1825

Bischwiller	Wolle, Tuche, Handschuhe, Leder, Lichter, Seifen, Öl, Küchengeräte, Töpferwaren, Krapp
Brumath	30 Hanfbereitereien, Hanfreiben, 2 Bleichen, Gerbereien
Düppigheim	Feuerspritzenschläuche, wasserdichte Feuereimer
Haguenau	Gerbereien, Bleichen, Färbereien
Illkirch (mit Grafenstaden)	Spinnerei, Bleicherei, Seiden- und Baumwollbänder, 1 Stahlfrabrik
Lampertheim	Krappdörren
Lampertsloch (mit Peschelbronn)	Schmiere, Öle, Fette, Buchdruckerschwärze
Lobsann	Asphaltgrube
Mattstall	1 Glashütte
Memmelshoffen	„einige" Glashütten
Niederbronn	Gerbereien, 3 Papiermühlen (ca. 1000 Beschäftigte), Dietrich'sche Eisenwerke (ca. 150 Beschäftigte)
Oberbetschdorf	1 Steingutkurg-Fabrik (mit 60 Beschäftigten), 1 Pechsiederei
Reichshoffen	1 Eisenwerk
Schiltigheim	Essig- und Stärke-Fabriken, 1 große Wachstuch-Manufaktur
Schweighouse	1 große Krappfabrik, 1 Bleiche, Gerbereien
Strasbourg	1 Tabakmanufaktur (ca. 200 Beschäftigte), 1 Zuckersiederei, 62 Brauereien, Chicorien- und gelbe Rüben-Verfertigung, Chocolat-Fabriken; 2 Baumwollspinnereien, 1 Siamoise-Fabrik, Seilereien, Tuchfabriken, Gerbereien, 1 Färberei; 1 Kanonen- und Mörsergießerei, 1 Kupferhammer, 1 Messerschmiede, 1 Stahlschmuck-Fabrik, 2 Goldschläger; 1 Fabrik mathematischer, physischer, optischer Instrumente, 1 Fabrik chirurgischer Werkzeuge, 1 Schnellwaagen-Fabrik, 1 Maschinenbaufabrik, Fabrik für Kutschen und Chassis, Fabriken musikalischer Instrumente; 1 Fabrik mineralischer Säuren, 1 Fabrik zur Herstellung von Bleiweiß und mineralischen Farben, 1 Werkstätte zur Glasierung eiserner Geschirre, 2 Zunder-Fabriken, 21 Lichtermacher, 15 Seifenfabrikanten, 2 Wachskerzenfabrikanten, 3 Leimsieder; 2 Tapetenmanufakturen, 2 Knopf-Fabriken, Fayence-Werkstätten
Wasselonne	Färbereien, Bleichen, Spinnereien, Strickereien, Pfannenschmiede, Töpfereien
Wissembourg	16 Gerbereien, Herstellung von Geschirr
Woerth	Gerbereien
Zinswiller	Eisenwerke, Hochöfen, Hämmer

Quelle:
AUFSCHLAGER, Johann Friedrich: *Das Elsaß. Neue historisch-topographische Beschreibung der beiden Rhein-Departemente.* Strasbourg, 1825. Teil 2: *Topographie des Ober- und niederrheinischen Departements.* S. 333ff.

weise bereits jetzt Metall sowie Nahrung – Genuss vor der Textilindustrie rangieren.[78] Wegen der vor allem in Strasbourg überproportional vertretenen Branche Druck – Papier wird allerdings auch diese noch in die Analyse mit einbezogen.

Bis in die 1970er Jahre hinein verschieben sich zwar die Gewichte der einzelnen Bereiche, die Leitsektoren bleiben jedoch – trotz kriegsbedingter Anomalitäten – im wesentlichen dieselben. Zu Beginn des 20. Jahrhunderts waren die Textilindustrie, Nahrung – Genuss, Metallverarbeitung einschließlich Elektrotechnik sowie die holzverarbeitende Industrie Leitsektoren,[79] wobei die Betriebszählung des Jahres 1919 nur Schlüsse auf die Metallindustrie, Verkehr sowie Druck – Papier zulässt.[80] 1977 führten dann die Bereiche Metall, Nahrung – Genuss, Chemie, Textil und Leder, nachdem die chemische Industrie sehr stark expandiert war.[81] Anfang der 1990er Jahre wurde nur der Bereich Leder (einschließlich Schuhen) von der Papier- und Kartonagenindustrie überrundet.[82]

---

[78] Vgl. hierzu insgesamt: *Das Reichsland Elsaß-Lothringen. Landes- und Ortsbeschreibung.* Hrsg. vom Statistischen Bureau des Ministeriums für Elsaß-Lothringen. *Erster Theil: Allgemeine Landesbeschreibung.* Strassburg, 1898-1901. S. 105-116. (Künftig zitiert: *Reichsland Elsaß-Lothringen*).

[79] Vgl. EUSTERBROCK, *Wirtschaftsregion Oberrhein*, S. 152; *Das Elsaß von 1870-1932.* Bd. 2: *Geschichte der politischen Parteien und der Wirtschaft.* Hrsg. im Auftrage der Freunde des Abbé Dr. HAEGY von J. ROSSÉ, M. STURMEL, A. BLEICHER, F. DEIBER, J. KEPPI. Colmar, 1936-1938. S. 306f., sowie: WITTICH, Werner: *L'Économie Alsacienne.* In: *L'Alsace depuis son retour*, S. 21-38.

[80] Vgl. Archives Départementale, AL 121 1468. *Service Industriel d'Alsace et de Lorraine, Détachement de Strasbourg (Département du Bas-Rhin).* Da sich in dieser Akte auch die Angaben zum Brennstoff-Handel bzw. städtischen Gas- und Elektrizitätswerken finden, erscheinen zwei Erklärungen für das Fehlen der Branchen Textil bzw. Nahrung – Genuss plausibel, ohne dass hier eine Erklärungsmöglichkeit favorisiert werden könnte: entweder erfolgte die erwähnte Betriebszählung, um alle wichtigen Brenn- bzw. Rohstoffvorräte zu erfassen, oder aber die Textil- und Nahrungsmittelindustrie als Ganzes war, bedingt durch den Ersten Weltkrieg, zu relativer Bedeutungslosigkeit geschrumpft. Für letzteres sprechen auch die Gewichtungen bei VOGLER/HAU, *Histoire économique de l'Alsace*, S. 273ff.

[81] Vgl. *Les départements français. 67 Bas-Rhin (Alsace). Notes et études documentaires.* Paris, 1978. S. 71. (=La documentation française).

[82] Vgl. RAUSCHMEYER, Felix: *Das Elsaß. Verwaltung, Wirtschaft, Umweltschutz und grenzüberschreitende Beziehungen aus deutscher Sicht.* Freiburg, 1993. S. 10ff. (=EURES discussion paper dp-22); sowie: *Wirtschaft und Gesellschaft am Oberrhein. Die Nordwestschweiz, das Elsaß, die Südpfalz und Baden: eine Region auf dem Weg nach Europa.* Eine Gemeinschaftsveröffentlichung der Statistischen Ämter. Stuttgart/Basel/Strasbourg, 1992. S. 47ff.

Kapitel 3
Industrie und *clusters* am Oberrhein

3.1 Räumliches Verteilungsmuster und industrielle Struktur am Oberrhein seit der Hochindustrialisierung

3.1.1 Die Industrie der Pfalz

Die nach der in Kapitel 1.3 beschriebenen Vorgehensweise erstellten *Cluster*grafiken für die Pfalz sind auf der beiliegenden CD-ROM alphabetisch nach Standorten und innerhalb dieser Struktur nach Jahren dargestellt. Den Grafiken liegen Angaben zu Beschäftigtenzahlen der Jahre 1874, 1910, 1964 und 1991/2000 zugrunde. Vor allem für die Zeit vor dem Ersten Weltkrieg zeigt sich eine Diskrepanz hinsichtlich der Leitsektoren, je nach dem, ob Beschäftigtenzahlen oder Wertschöpfung der einzelnen Branchen zugrunde gelegt werden. So können die Leitsektoren der Industrialisierung für 1910 nicht einfach aus der Anzahl der Unternehmen, kombiniert mit der Anzahl der Beschäftigen, ermittelt werden. Würde für die Vorkriegszeit der Anteil einzelner Gewerbegruppen an der Gesamtzahl der in der pfälzischen Industrie Beschäftigten gemessen (vgl. Tabelle 9), so stellten das Bekleidungsgewerbe, Maschinen, Instrumente und Apparate sowie die chemische Industrie die Leitsektoren, gefolgt von Nahrung – Genuss, Steine – Erden sowie dem Baugewerbe. Textilindustrie und Metallverarbeitung rangierten so auf den Plätzen sieben und acht.

Tabelle 9: Anteil der Gewerbegruppen an der Gesamtzahl der in der pfälzischen Industrie Beschäftigten, 1913

Bekleidungsgewerbe	15,4%
Maschinen, Instrumente und Apparate	14,5%
Chemische Industrie	11,8%
Nahrungs- und Genussmittel	10,3%
Steine und Erden	9,7%
Baugewerbe	8,3%
Textilindustrie	7,0%
Metallverarbeitung	6,8%
Bergbau, Hüttenwesen	5,4%
Holz und Schnitzstoffe	5,1%
Papierindustrie	2,2%
Polygraphisches Gewerbe	1,3%
Lederindustrie	1,0%
Seifen, Fette und Öle	0,3%
Reinigungsgewerbe	0,2%
Sonstige	0,7%

Quelle:
HESS, Hermann Otto: *Strukturwandlungen der Pfälzischen Industrie unter der Einwirkung der südwestlichen Gebietsverluste des Deutschen Reichs.* Speyer/Rhein, 1933. S. 21. (=Veröffentlichungen der Pfälzischen Gesellschaft zur Förderung der Wissenschaften, Bd. XXIII).

Schaubild 10: Produktions- bzw. Umsatzanteile im verarbeitenden Gewerbe der Pfalz, 1950 – 1991

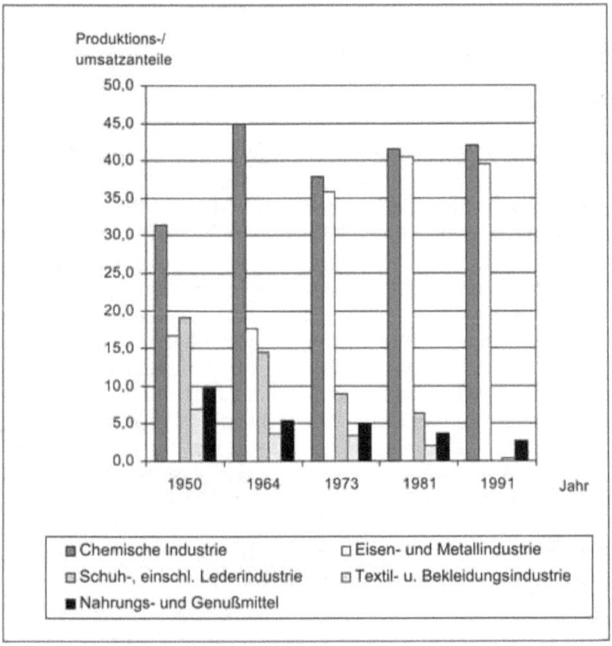

Quelle:
Pfälzisches Industrie- und Handelsblatt, 26. Jg. 13/1951, S. 306; 40. Jg. 1965, S. 8; *IHK-Magazin*, 57. Jg. 5/1982, S. 16; sowie 67. Jg. 5/1992, S. 22; in Verbindung mit: BEYER, Rüdiger: *Die Wirtschaft im Bezirk der Industrie- und Handelskammer für die Pfalz. Ein kommentiertes Zahlenbild der strukturellen Veränderungen, Entwicklungstrends und Perspektiven.* Hrsg. von der Industrie- und Handelskammer für die Pfalz. Ludwigshafen, 1996. S. 23. Für die Schuhindustrie liegen für das Jahr 1991 keine Angaben vor.

Abgesehen davon, dass bei weniger starker Untergliederung der Gewerbegruppen die Metallindustrie mit den Untergruppen Hüttenwesen, Metallverarbeitung sowie Industrie der Maschinen, Instrumente und Apparate die bedeutendste pfälzische Industrie darstellt, gefolgt von der Bekleidungsindustrie, die den zweiten Platz jedoch nur aufgrund der inzwischen stark gewachsenen, vor allem in Pirmasens ansässigen Schuhindustrie einnimmt,[1] zeigt die Gewerbestatistik im Hinblick auf die an dritter Stelle folgende chemische Industrie „bestimmte Mängel, die bei anderen Industrie-

[1] Vgl. HESS, Hermann Otto: *Strukturwandlungen der Pfälzischen Industrie unter der Einwirkung der südwestlichen Gebietsverluste des Deutschen Reichs.* Speyer/Rhein, 1933. S. 26ff. (=Veröffentlichungen der Pfälzischen Gesellschaft zur Förderung der Wissenschaften, Bd. XXIII). (Künftig zitiert: HESS, *Strukturwandlungen der Pfälzischen Industrie*).

gruppen weniger zu Tage treten. Da der Lohnanteil an der Produkteinheit viel geringer ist als bei allen anderen Gewerbegruppen und der Grad der Veredelung des Ausgangsstoffes meist viel größer, hat die chemische Industrie im Vergleich zu anderen Industrien eine weit größere Bedeutung, als etwa in ihren Arbeiterziffern zum Ausdruck kommt."[2] Eine Orientierung an der Wertschöpfung ergäbe von daher mit Blick auf die Rangfolge ein differierendes Bild, ohne dass sich jedoch die wirtschaftlichen Führungssektoren selbst ändern würden.[3] Auf diese Unterschiede verweist auch Schaubild 10 im Vergleich zu Schaubild 8: während die chemische Industrie nach Produktions- bzw. Umsatzanteilen in der zweiten Hälfte des 20. Jahrhunderts führt, nimmt die Eisen- und Metallindustrie nach Beschäftigtenanteilen im letzten Viertel die Führungsposition ein. Der Schrumpfungsprozess der übrigen Branchen schlägt sich demgegenüber relativ gleichmäßig in beiden Abbildungen nieder; einzig die Produktionsanteile der Schuhindustrie gehen stärker zurück als deren Beschäftigtenanteile.

Im Folgenden sollen deshalb für 1910/13 die Metallverarbeitung (ohne die beiden Betriebe des Hüttenwesens) mit der Industrie der Maschinen, Instrumente und Apparate, die Schuhindustrie sowie die chemische Industrie im Vordergrund des Interesses stehen. Nahrungs- und Genussmittelindustrie fallen aus der Betrachtung wegen ihrer durchschnittlich geringen Betriebsgröße und der sehr unterschiedlichen Zusammensetzung heraus, ebenso die Industrie der Steine – Erden in Folge des Faktoranstoßes[4]. Von den übrigen Branchen soll nur noch die Textilindustrie mit in die Betrachtung eingeschlossen werden, die 1913 immer noch aus relativ wenigen Großbetrieben bestand und infolge der soeben definierten Ausschlüsse an vierter Rangfolge steht (vgl. hierzu insgesamt auch Tabelle 10). Im übrigen sei auf die weiteren Schritte zur Identifizierung der Leitsektoren für das Jahr 1874 verwiesen.

Gemessen an den Beschäftigtenzahlen bildeten Mitte der 1930er Jahre die Bekleidungsindustrie einschließlich Textil-, Schuh- und Lederindustrie mit 32,6% der Beschäftigten, gefolgt von der chemischen und der Metallindustrie (19,7%) die industriellen Leitsektoren.[5] Die diesen Branchen angehörenden Industriebetriebe hatten ihre bevorzugten Standorte in Frankenthal, Kaiserslautern, Lambrecht, Landau, Ludwigshafen, Neustadt, Speyer, St. Ingbert und Zweibrücken sowie für die Schuh- und Lederindustrie in Hauenstein, Rodalben, Thaleischweiler und Pirmasens. St. Ingbert erscheint zu dieser Zeit als Industriestandort nicht sehr stark ausgeprägt, was an der besonderen historischen Situation sowie an dem zugrunde gelegten Datenmaterial

---

[2] HESS, *Strukturwandlungen der Pfälzischen Industrie*, S. 29.

[3] Vgl. hierzu auch die Kritik von HENTSCHEL, Volker: [Rezension zu] *Martin Gornig, Gesamtwirtschaftliche Leitsektoren und regionaler Strukturwandel. Eine theoretische und empirische Analyse der sektoralen und regionalen Wirtschaftsentwicklung in Deutschland 1895-1987. (Schriften zur Wirtschafts- und Sozialgeschichte, 59). Duncker & Humblot, Berlin 2000, 291 S. (5 Abb., 50 Tab.). DM 98,--.* In: VSWG, 88. Bd. 2001, Heft 4, S. 527f.

[4] Vgl. hierzu auch: HESS, *Strukturwandlungen der Pfälzischen Industrie*, S. 13ff.

[5] Vgl. WEIDMANN, Werner: *Industriekarte um 1935*. In: *Pfalzatlas*, S. 1871-1887. S. 1875 und 1879. (Künftig zitiert: WEIDMANN, *Industriekarte um 1935*).

Tabelle 10: Betriebe und Arbeitskräfte der Pfalz nach Gewerbegruppen, 1913

Gruppe bzw. Untergruppe	Betriebe	Beschäftigte	Durchschnittlich Beschäftigte/Betrieb
Metallindustrie	**510**	**27.150**	**53**
Hüttenwesen	2	2.250	
Metallverarbeitung	245	7.900	32
Maschinen, Instrumente, Anlagen	263	17.000	65
Bekleidungsgewerbe	**1.015**	**18.120**	**18**
Schuhindustrie	346	16.180	47
Kleider- und Wäschekonfektion	669	1.940	
Chemische Industrie	**104**	**14.239**	**137**
Chemische Industrie	52	13.845	266
Industrie der forstwirtschaftlichen Nebenprodukte, Leuchtstoffe, Seifen, Öle, Firnisse	52	394	
Ind. der Nahrungs- und Genussmittel	**979**	**11.457**	**12**
Nahrung- und Genuss	605	3.314	
Getreidemühlen	229	734	
Rohrzuckerfabriken, Zuckerraffinerien	3	1.806	
Zigarrenfabriken	142	5.603	
Industrie der Steine und Erden	**488**	**11.899**	**24**
Industrie der Steine und Erden	73	1.689	
Steinbrüche und Steinhauereien	217	4.337	
Unterird. Steinbrüche und Gräbereien	80	508	
Ziegeleien	113	4.331	
Glashütten, Glasschleifereien	5	1.034	
Textilindustrie	**33**	**7.900**	**239**
Seidenindustrie	1	200	
Wollindustrie	12	3.600	
Baumwollindustrie	13	3.200	
Wirkerei und Strickerei	3	600	
Filzherstellung	2	200	
Lumpen-Reißanstalten	2	100	
Industrie der Holz- und Schnitzstoffe	**6.000***)	**4.092****)	**1**
Sägewerke	1.400*)		
Bauteile- und Möbelfabriken	2.400*)		
Holzwaren- und Verpackungsmittelfabr.	1.200*)		
Bürsten- und Pinselfabriken	300*)		
Korkschneiderei- und Korkmehlfabriken	700*)		
Papierindustrie und Polygraphisches Gewerbe	**149**	**4.037**	**27**
Papierindustrie	39	2.575	
Polygraphisches Gewerbe	110	1.462	

*) Schätzwerte. **) Eigene Berechnung bei einer Gesamtbeschäftigtenzahl von 116.907 für 1913.

Quelle:
HESS, Hermann Otto: *Strukturwandlungen der Pfälzischen Industrie unter der Einwirkung der südwestlichen Gebietsverluste des Deutschen Reichs.* Speyer/Rhein, 1933. S. 21 bzw. 26-44. (=Veröffentlichungen der Pfälzischen Gesellschaft zur Förderung der Wissenschaften, Bd. XXIII).

liegen mag.[6] Da mit dem Versailler Vertrag das Saargebiet bis zu der für 1935 angesetzten Volksabstimmung Frankreich angegliedert war, wobei dem Saargebiet die westpfälzischen Kohlegruben um St. Ingbert und Homburg zugerechnet wurden, war die Region neben dem traditionellen Industriestandort St. Ingbert seinerzeit auch noch um das aufstrebende Homburg verkleinert.[7] Die Pfalz selbst unterlag laut Artikel 428 des Versailler Vertrages wie alle westlich des Rheins liegenden Gebiete für 15 Jahre der französischen Besatzung.[8]

Obwohl noch in den 1950er Jahren die Textilindustrie beispielsweise mit Lambrecht einen Schwerpunkt hat und andere, traditionell ansässige Branchen wie die Schuhindustrie weiterbestehen, beginnen chemische Industrie sowie Metall- und Elektroindustrie eine Spitzenstellung einzunehmen, die sie bis in die 1990er Jahre unangefochten beibehalten.[9] So gehörten von den 15 größten Produktionsunternehmen in der Pfalz (ohne Unternehmen, deren Muttergesellschaft außerhalb des Bundeslandes ansässig sind) Ende der 1990er Jahre jeweils drei Firmen der chemischen bzw. pharmazeutischen Branche, der Kunststoff-Sparte (einschließlich synthetischem Kautschuk) sowie der Metallbranche an.[10] Chemische und die dieser folgenden Metall- und Elektroindustrie vereinigten dabei 1990 zusammen gut die Hälfte aller in der Industrie Beschäftigten auf sich.[11] Gemessen an der Bruttowertschöpfung lag der Chemiestandort Ludwigshafen an der Spitze, gefolgt von den Maschinenbaustädten Kaiserslautern und Frankenthal, bzw. Pirmasens, Zweibrücken sowie dem jungen Standort Wörth. Dabei haben Ansiedlungen besonders der Automobil- und Automobilzuliefererindustrie die Metallindustrie gestärkt.[12]

Während von den traditionellen Branchen Gießereien, vor allem durch werkseigene Gießereien der Maschinenbaufabriken, weiterhin eine wichtige Rolle spielen, ist die Textilindustrie 1990 fast ganz verschwunden, andere traditionelle Branchen wie die Holz-, Schuh- und Papierindustrie bleiben weiterhin aktiv, haben allerdings stark

---

[6] *Was liefert und leistet die Pfälzische Industrie? Bezugsquellennachweis pfälzischer Industrieerzeugnisse.* Ausgabe Frühjahr 1934. O.O. u. J. (Künftig zitiert: *Bezugsquellennachweis 1934*). Der Eintrag in dieses Verzeichnis, offensichtlich einem für Werbezwecke aufbereiteten Produktverzeichnis, der ohne Beschäftigtenangaben erfolgte, dürfte freiwilliger Art gewesen sein, so dass offensichtlich Klein- und Kleinstbetriebe überproportional Berücksichtigung fanden, während sich gleichzeitig rund ein Dutzend reichsweit bekannte Groß- und Spezialfirmen, wie beispielsweise der Landmaschinenbau Heinrich Lanz AG, ehemals Christian Wery, nicht haben eintragen lassen.

[7] Vgl. WEIDMANN, *Industriekarte um 1935*, S. 1875.

[8] Vgl. WYSOCKI, Josef: *Zwischen zwei Weltkriegen, wirtschaftliche Probleme der Pfalz 1918-1939. In: Beiträge zur pfälzischen Wirtschaftsgeschichte*, S. 253-294. S. 257.

[9] Vgl. hierzu insgesamt: MEINZER, Lothar; Lutz STAEDTLER: *Die chemische Industrie in der Pfalz 1950 und 1990.* In: *Pfalzatlas*, S. 2121-2130. (Künftig zitiert: MEINZER/STAEDTLER, *Chemische Industrie in der Pfalz*); sowie: KOCH, *Metall- und Elektro-Industrie der Pfalz 1958 und 1990.* Vgl. hierzu auch: Statistisches Jahrbuch für Rheinland-Pfalz 1992/93. Hrsg.: Statistisches Landesamt Rheinland-Pfalz. Bad Ems, 1992. S. 278.

[10] Vgl. *Die 50 größten Produktionsunternehmen in Rheinland-Pfalz 1998.* In: *Die Rheinpfalz*, Nr. 207 vom 7. September 1999.

[11] Vgl. KOCH, *Metall- und Elektro-Industrie der Pfalz*, S. 2119.

[12] Vgl. KOCH, *Metall- und Elektro-Industrie der Pfalz*, S. 2117f.

Karte 4: **Städte und Gemeinden der Pfalz**

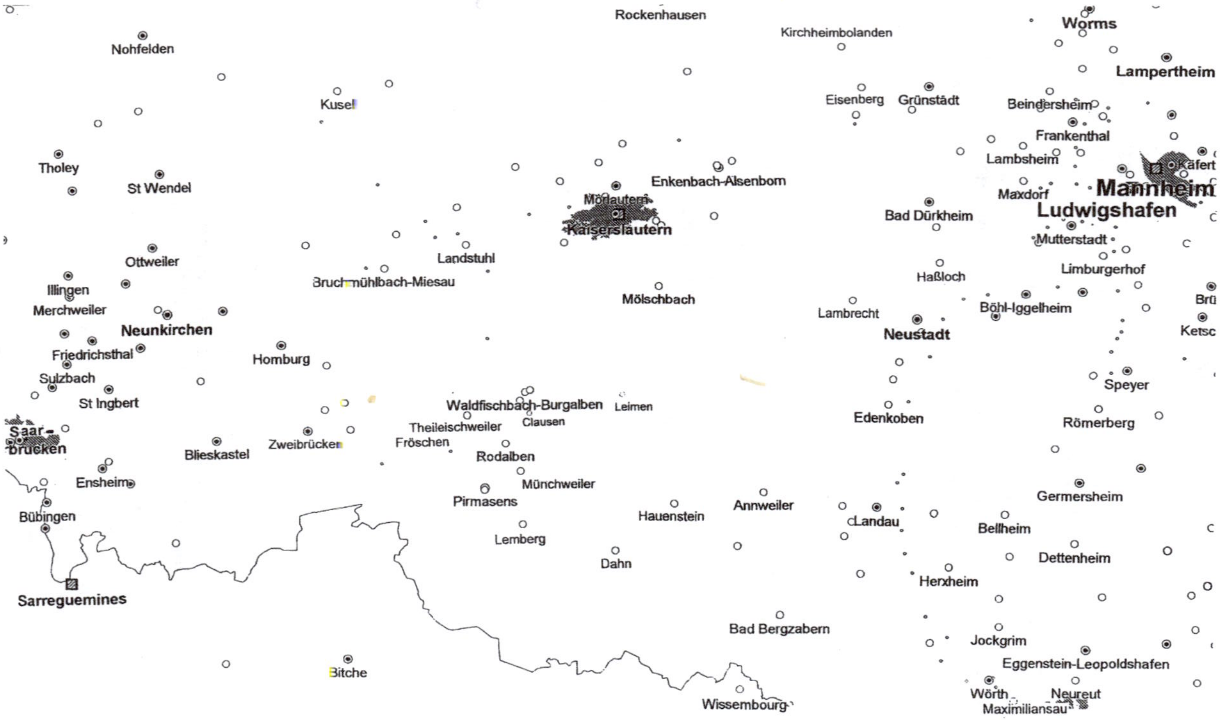

an Bedeutung verloren.[13] Im Folgenden sollen dennoch weiterhin chemische, Metall- und Elektroindustrie (fernmeldetechnische Geräte, Heiz- und Haushaltsgeräte, Schaltanlagen, Transformatoren, etc.) sowie Schuh- und Textilindustrie als Leitsektoren im Vordergrund der Analyse stehen, wobei dem Strukturwandel innerhalb der einzelnen Bereiche erhöhte Aufmerksamkeit gewidmet wird. Diesem besonderen Augenmerk dient in erster Linie auch die Untersuchung der beiden Stichjahre 1991 und 2000, die in der langfristigen Betrachtung als ein Fixpunkt gelten sollen.

So veränderte vor allem die Petrochemie die Struktur der chemischen Industrie seit den 1960er Jahren. War 1950 noch der weitaus größte Teil der Arbeitnehmer im Bereich der anorganischen und organischen Grundstoffe sowie der Industriechemikalien einschließlich Mineralölprodukte beschäftigt, galt dies 1990 für den Bereich der Kunststoffe, synthetischen Fasern und des Kautschuks, was sich für die Pfalz wegen der dominierenden Rolle der BASF, aber auch der Verteilung dieses Segmentes auf die Gruppen „Kunststoffe, Isolierungen", „Gummi" sowie „Kunststoff- und lederverarbeitende Industrie", nicht in dieser Schärfe nachweisen lässt. Im Zusammenhang mit der so gewandelten Struktur entstand außerdem die am Bedarf der chemischen Industrie ausgerichtete Erdölpipeline Marseille – Wörth, sowie in deren Gefolge wiederum die Raffinerie in Speyer (1964/65–1984) und in Wörth, die jedoch beide aufgrund von Überkapazitäten in diesem Marktsegment wieder geschlossen werden mussten; die 1967 in Wörth angesiedelte Raffinerie zuletzt Mitte der 1990er Jahre.[14]

Die *Cluster*grafiken auf dem beiliegenden elektronischen Medium, auf die an dieser Stelle verwiesen sei, zeigen zunächst deutlich die Unbeständigkeit einzelner Gewerbestandorte, deren wettbewerbsfähige Branchen der wirtschaftlichen Dynamik nicht zu jeder Zeit gewachsen waren. Hierdurch bedingt sind **Eisenberg**[15], **Haßloch**, **Herxheim**, **Kirchheimbolanden**, **Landstuhl**, **Rodalben**, aber auch **Wörth** in nur jeweils einem Jahr durch Merkmale eines Gewerbezentrums gekennzeichnet gewesen und entsprechend ausschließlich für das jeweilige Stichjahr graphisch dargestellt worden.

Obwohl sich **Lambrecht** seit Beginn der 1960er Jahre von einer reinen Textilstadt weg entwickelt hat (die folgende *Cluster*grafik für 1910, 1964 und 1991 veranschaulicht die Entwicklung der Produktpalette beim Mehrfachgeschäft),[16] ist die auf die Textilindustrie ausgerichtete Branchenanhäufung bis zu Beginn der 1990er Jahre erkennbar, gleichzeitig jedoch, beispielsweise hinsichtlich der Beschäftigtenanteile im Textilmaschinenbau, relativ schwach ausgeprägt. Für eine *cluster*ähnliche Dynamik

---

[13] Vgl. KOCH, *Metall- und Elektro-Industrie der Pfalz*, S. 2119ff.

[14] Vgl. hierzu auch: MEINZER/STAEDTLER, *Chemische Industrie in der Pfalz*, S. 2121ff.

[15] Weiterführend hierzu vgl. GRAF, Hermann: *1200 Jahre Eisenberg (Pfalz)*. Hrsg. von der Gemeinde anlässlich ihres 1200jährigen Jubiläums im Jahre 1963. Eisenberg, 1963. Eisenberg zählt zu den „unbeständigen" Gewerbestandorten, weil es nur 1991/2000 Merkmale eines solchen Zentrums aufwies.

[16] Vgl. hierzu auch: HEINZ, Karl: *Lambrecht – Gestern und Heute*. In: *Pfälzisches Industrie- und Handelsblatt*, 36. Jg. 15/1961. S. 481-485. Besonders S. 485; sowie insgesamt: *1000 Jahre Lambrecht. Chronik einer Stadt.* Im Auftrag des Rates und der Bürgerschaft herausgegeben von Dr. Ernst COLLOFONG und Hans FELL. Lambrecht, 1978.

Schaubild 11: ***Cluster*grafik Lambrecht, 1910, 1964 und 1991 (Auszüge)**

	1910		1964		1991	
Primärgüter	MEHRFACHGESCHÄFT	TEXTILIEN – BEKLEIDUNG GEWEBE **Tuche**	MEHRFACHGESCHÄFT ELEKTROTECHNIK Zähler-, Schalt-, Steueranlagen elektrische Regelschalter	TEXTILIEN – BEKLEIDUNG GEWEBE ***Bekleidungs-Lodenstoffe*** ***Tweed*** POLSTER-, STEPPWAREN Polsterwaren	MEHRFACHGESCHÄFT ELEKTROTECHNIK Wärmeträgeröl-Anlagen Computerteile, elektrische Steuerungen/ Spezialgeräte elektrotechnische Erzeugnisse	TEXTILIEN – BEKLEIDUNG KONFEKTIONEN, WÄSCHE Damenoberbekleidung
Maschinen / Anlagen		Färberei-, Bleichapparate		Textilveredelungsmaschinen		Textilindustiemaschinen
Besondere Produktionsmittel				Technische Filzwaren		***Technische Textilien, Kunstfasern***
Dienstleistungen						

SCHLÜSSEL

Normal	19% - 1% der durchschnittlich in der regionalen Branche Beschäftigten.
Kursiv	49% - 20% der durchschnittlich in der regionalen Branche Beschäftigten.
Fett	100% - 50% der durchschnittlich in der regionalen Branche Beschäftigten.
schwarz	Beschäftigtenanteile örtlicher Betriebe an der regionalen Branche insgesamt.
grau	Beschäftigtenanteil eines einzelnen Betriebes an den in der regionalen Branche Beschäftigten.

sprach bis dahin auch, dass hier seit Mitte der 1930er Jahre neben Tuchen Kunstwolle sowie Polsterfasern, -watte und Steppeinlagen produziert wurden, in jüngerer Zeit vor allem technische Textilien und Kunstfasern. Sinnbild dieses Wandels ist die seit 1585 bestehende J.J. Marx GmbH, die bereits zu Beginn der 1960er Jahre die Tuchherstellung nach Italien verlagerte und sich in Lambrecht zunächst auf Filztücher, schließlich auf synthetische Textilien für den technischen Bedarf spezialisierte.[17]

[17] Vgl. *Das Portrait: J.J. Marx GmbH in Lambrecht – der älteste Industriebetrieb der Pfalz*. In: *Pfälzisches Industrie- und Handelsblatt*, 44. Jg. 1969. S. 219.

Früh hatte sich so die Firma Philipp Welker auf Textilveredelungs-, Färberei- und Appreturmaschinen sowie Maschinen und Apparate für die Spinnerei und Weberei spezialisiert.[18] Bis 1923 war daneben die Firma Obermaier & Co. in Lambrecht ansässig. Der Gründer dieses Unternehmens hatte zunächst eine reine Lohnfärberei betrieben, erwarb dann aber verschiedene Patente zur maschinellen Ersetzung der Handfärberei und konzentrierte sich schließlich vollständig auf den Bau und die Konstruktion von Färberei- und Bleichmaschinen. Noch in den 1950er Jahren basierten weltweit alle Färbereiapparate auf dem von Otto Julius Obermaier entwickelten Grundprinzip.[19] Die Verlagerung des Standortes in das nahegelegene Neustadt erfolgte zufällig, „weil sich hier eine günstige Gelegenheit zur Vergrößerung bot. Den alten Stamm von Spezialarbeitern wußte sich die Firma durch die Übernahme derselben nach Neustadt zu sichern."[20] Dieses Textilveredelungsmaschinenunternehmen, mit einer infolge des Exportes in den 1960er Jahren nicht unbeträchtlichen Größe, ist auch gegenwärtig noch nachweisbar.

Die wirtschaftliche Struktur von **Neustadt an der Weinstraße** blieb lange Zeit von Land- und Forstwirtschaft, besonders dem Weinbau und dem Weinhandel, aber auch den Bodenschätzen (Hart- und Sandsteinbrüche) bestimmt.[21] Abgesehen von der historisch gewachsenen Tuch- und Papierindustrie vollzog sich die Frühindustrialisierung in Abhängigkeit vom primären Sektor, so dass Nahrungs- und Genussmittelfabrikation, Holzverarbeitung und die Fertigung von Weinbaubedarf dominierten. Erst zwischen Hochindustrialisierung und Erstem Weltkrieg gewann schließlich die Eisen- und Metallverarbeitung und in ihrer Folge die Investitionsgüterindustrie in Neustadt an Gewicht, die sich aber in analoger Abhängigkeit zur Land- und Forstwirtschaft bzw. den Steinbrüchen entwickelte wie die Konsumgüterindustrie zuvor (Eisenbeton, Baumaschinen, Weinbaumaschinen, Drahtgewebe und Metalltücher für die Papier- und Zellstoffindustrie). Bedeutung erlangte daneben die holzverarbeitende und Möbelindustrie sowie das Druckgewerbe.[22] Diese traditionell bedingten Strukturen, am augenfälligsten für das Jahr 1964 (vgl. Schaubild 12) nachweisbar, sind gegenwärtig weiterhin erkennbar, wenn auch zunehmend Unternehmen in den jüngeren Segmenten Verkehr und Elektrotechnik tätig werden. Das Schaubild zeigt daneben den geringen Beschäftigtenanteil in Neustadt an den jeweiligen Branchen sowie die breite Streuung der Gewerbe ohne stärker ausgebildete branchenverwandtschaftliche Beziehungen. Auffallend ist ferner die stark mittelständische Prägung der Wirtschaft, die einerseits eine kleinbetriebliche Struktur aufweist, andererseits weiterhin auf die regionalen Bedürfnisse konzentriert ist.

---

[18] Vgl. BRAUN, *Maschinenindustrie der Pfalz*, S. 21.

[19] Vgl. SCHÖN, Rudolf: *Die Wirtschaft des Stadt- und Landkreises Neustadt a.d. Weinstraße*. In: Pfälzisches Industrie- und Handelsblatt, 31. Jg. 1956, S. 283-289. S. 287. (Künftig zitiert: SCHÖN, *Wirtschaft des Stadt- und Landkreises Neustadt*).

[20] BRAUN, *Maschinenindustrie der Pfalz*, S. 35f.

[21] Vgl. SCHÖN, *Wirtschaft des Stadt- und Landkreises Neustadt*, S. 283f.

[22] Vgl. hierfür und für das vorhergehende: ZAPP, Hans Ulrich: *Die wirtschaftliche Entwicklung Neustadts seit der Mitte des 19. Jahrhunderts*. In: IHK-Magazin, 50. Jg. 7/1975. S. 20-21. S. 20. (Künftig zitiert: ZAPP, *Wirtschaftliche Entwicklung Neustadts*).

Schaubild 12: ***Cluster*grafik Neustadt an der Weinstraße, 1964**

	WERKSTOFFE - METALLE	MEHRFACH-GESCHÄFT	TEXTILIEN – BEKLEIDUNG	LAND-, FORST-WIRTSCHAFT NAHRUNG – GENUSS	VERKEHR
Primärgüter	VERARBEITET Blech-emballagen ANDERE MATERIALIEN Haus-, Küchengeräte aus Aluminium	APPARATE UND ANLAGEN Hydraulische Pressen ARMATUREN Heizungstechnische Anlagen EISEN- UND STAHLKONSTRUKTIONEN Stahlkonstruktionen, -schalung MASCHINENBAU Misch-, Verwiege-, Gesteinsaufbereitungsanlagen Textilveredlungsmaschinen SONSTIGES Kohlebürsten, Glühlampen	KONFEKTIONEN – WÄSCHE Unterwäsche HEIMTEXTILIEN Tisch-, Sesseldecken, Kissenhüllen		Akkumulatoren, Batterien
Maschinen und Anlagen				Geräte zur Schädlingsbekämpfung Landwirtschaftl. Pumpen Kellereimaschinen, -pumpen	
Besondere Produktionsmittel	Metalltücher für Papier- und Zellstoffindustrie				
Dienstleistungen			Färben und Ausrüsten von Wirkwaren	Tierkörperverwertung (Tierkörpermehl, -fett)	

SCHLÜSSEL

Normal	19% - 1% der durchschnittlich in der regionalen Branche Beschäftigten.
Kursiv	49% - 20% der durchschnittlich in der regionalen Branche Beschäftigten.
Fett	100% - 50% der durchschnittlich in der regionalen Branche Beschäftigten.
schwarz	Beschäftigtenanteile örtlicher Betriebe an der regionalen Branche insgesamt. Beschäftigtenanteil eines einzelnen Betriebes an den in der regionalen Branche Beschäftigten.

Darüber hinaus dominierte bereits 1925 der Dienstleistungssektor mit 49,3% der Beschäftigten die im primären bzw. sekundären Sektor Erwerbstätigen (4,8% bzw. 45,9%). „Die Tendenz des Bedeutungsverlusts der Land- und Forstwirtschaft und des produzierenden Gewerbes setzte sich auch während des Dritten Reiches mit 2,5 und 39,4% zugunsten des Dienstleistungsbereichs mit 58,1% der Erwerbstätigen fort und erreichte nach Beendigung des 2. Weltkrieges 1950 gar 63,3%, wobei der Anteil des produzierenden Gewerbes an den Beschäftigten auf nur 34,0% abgesunken war.“[23] Seit den 1950er Jahren schließlich ist Neustadt Sitz zahlreicher überörtlicher und überregionaler Behörden, Verwaltungen öffentlich-rechtlicher Körperschaften sowie Niederlassungen des Finanz- und Versicherungswesens, die dem Mittelzentrum den Charakter einer Behördenstadt verleihen, in der die Industrie nur eine unterstützende Funktion ohne Branchenschwerpunkt hat.[24]

Auch in **Landau** konnte sich kein industrieller Schwerpunkt herausbilden, der zu einer *Cluster*bildung hätte führen können. Die Pfalz[25] insgesamt ist vom Fremdenverkehr, Wein- und Tabakanbau geprägt, Landau selbst Zentrum der Dienstleistungen einschließlich des Handels (1995: 70% der Beschäftigtenanteile, $^{2}/_{3}$ der ökonomischen Leistungskraft). „Zurückzuführen ist dies auch auf die starke Präsenz der Verwaltungseinrichtungen der Stadt und des Landkreises SÜW [d.i. südliche Weinstraße – d. Verf.] sowie die Universität, die Justizbehörden, die Bundesvermögensverwaltung, die Landeszentralbank oder das Staatsbauamt.“[26] Die lange unter französischer Herrschaft stehende und in dieser Zeit zur Festung ausgebaute Stadt[27] begann erst um die Mitte des 20. Jahrhunderts ein Standort des produzierenden Gewerbes zu werden, nun jedoch mit einer ausgeprägt diversifizierten Branchenstruktur. Das einzige große und namhafte Unternehmen in Landau ist die im Jahr 1919 gegründete Gummi-Mayer KG, die sich von Anfang an der Reifenrunderneuerung widmete. Noch in den 1990er Jahren war der Produzent, Groß- und Einzelhändler der größte deutsche Reifenhändler mit über hundert Niederlassungen im gesamten Bundesgebiet.[28]

Die Bischofsstadt **Speyer** kann zwar bis in die Römerzeit auf eine historische, wirtschaftlich und kulturell rege Entwicklung vor allem als alter Handelsplatz zurück-

---

[23] ZAPP, *Wirtschaftliche Entwicklung Neustadts*, S. 21.

[24] Vgl. KARST, Theodor: *Neustadt an der Weinstraße als zentraler Ort in pfalzgräflich-kurpfälzischer Zeit.* In: IHK-Magazin, 50. Jg. 7/1975. S. 22-24. S. 22; MANSMANN, Alfons: *Neustadt – die Behördenstadt.* In: Pfälzisches Industrie- und Handelsblatt, 31. Jg. 1956. S. 289f. S. 289f; sowie: ZAPP, *Wirtschaftliche Entwicklung Neustadts*, S. 21, und: *Neustadt – ein Stück vom Herzen der Pfalz.* In: *Das große Pfalzbuch.* Neustadt, [6]1980. S. 347-353. (Künftig zitiert: *Großes Pfalzbuch*).

[25] Zur Wirtschaft der Südpfalz insgesamt und in den Stadt- und Landkreisen Landau, Germersheim und Bergzabern vgl.: SCHÖN, Rudolf: *Die Wirtschaft der Südpfalz.* In: *Pfälzisches Industrie- und Handelsblatt*, 31. Jg. 23/1956. S. 661-688.

[26] Hierfür und für das Vorhergehende vgl.: *Bunter Branchenmix in der Südpfalz. Wirtschaftsregion mit südlichem Flair.* In: *Wirtschaftsmagazin Pfalz*, 04/1997. S. 33-40. Für das Zitat S. 34.

[27] Zur Geschichte Landaus allgemein vgl. IMHOFF, Andreas: *Landau. Wirtschaft und Gesellschaft in einer Garnisonsstadt vom Ausgang des 17. bis zum Beginn des 19. Jahrhunderts.* Kaiserslautern, 1996. (=Beiträge zur pfälzischen Geschichte, Bd. 10).

[28] Vgl. WEINKOPF, in: *IHK-Magazin*, S. 16; sowie: STAMER, in: *Wirtschaftsmagazin Pfalz*, S. 19.

blicken, die jedoch mit dem Dreißigjährigen Krieg weitestgehend abbrach.[29] Obwohl die Ökonomie der Stadt nach dem Zweiten Weltkrieg an dem allgemein positiven wirtschaftlichen Trend partizipierte[30] und in diesem Zuge neue Firmen wie Löser[31] und Heinkel zuzogen bzw. Siemens & Halske seine Werke erweiterte, stellten die 1970er Jahre den Höhepunkt der jüngeren Entwicklung dar. „1970 betrug der Industrieumsatz knapp 368 Millionen Mark, 1980 rund 2,715 Milliarden Mark und 1985 etwa 909 Millionen Mark. Ursache für diese erheblichen Verluste war vor allem der Rückgang der Zahl von Industrieunternehmen und der Produktionsbetriebe in Speyer."[32] Ein Grund für diese Entwicklung findet sich auch in der nicht zum *cluster* ausgebildeten Wirtschaftsstruktur. So waren 1975 die Elektroindustrie, der Flugzeug-, Schiff- und Maschinenbau und die chemische Industrie einschließlich Mineralölverarbeitung die wichtigsten ansässigen Branchen,[33] aktuell sind es nur noch der Maschinen- und Fahrzeugbau sowie die Elektrotechnik, allerdings ohne größere Beschäftigtenanteile.[34] Hierzu trug auch die Schließung des Werkes Speyer der Vereinigten Flugtechnischen Werke Fokker GmbH bei, was die in Speyer heterogen, ohne brancheninternes Netzwerk ausgebildete Branche „Verkehr" zusätzlich schwächte. Zuvor war der Betrieb, ebenso wie die Heinkel-Werke[35], noch von der Messerschmitt-Bölkow-Blohm GmbH übernommen worden, die jedoch in den späten 1980er Jahren nur noch die Hubschrauber der Bundeswehr in den früheren Heinkel-Werkshallen wartete.[36] Zu dieser Zeit hatte die *Ashland Chemical Company* Rußfabrik bereits seit längerer Zeit geschlossen,[37] und die Siemens AG produzierte in Speyer nur noch auf Zeit bereits auslaufende Erzeugnisse.[38]

Wie viele andere Firmen, hatte die Hamburger Firma Johann Haltermann GmbH & Co. ihre Raffinerie in Speyer 1965 vor allem aus absatzstrategischen Gründen in Betrieb genommen. Der Standort Speyer mit seinem Hafengebiet bot sich wegen der

---

[29] Vgl. hierzu insgesamt: MENRATH, Dorothee: *Speyerer Wirtschaftsgeschichte. Streiflichter durch 2000 Jahre*. In: Speyer, 35. Jg. 2/1995. S. 1-8. (Künftig zitiert: MENRATH, *Speyerer Wirtschaftsgeschichte*).

[30] Vgl. hierzu beispielsweise: ROßKOPF, Christian: *Speyers Wirtschaft – Heute und morgen*. In: *IHK-Magazin*, 53. Jg. 1/1978. S. 22f.

[31] Vgl. hierzu insgesamt: *Portrait der Firma Ludwig Löser KG, Maschinenfabrik für Spezialmaschinen der Holz- und Metalllverarbeitung*. In: *IHK-Magazin*, 53. Jg. 1/1978. S. 30f.

[32] MENRATH, *Speyerer Wirtschaftsgeschichte*, S. 7.

[33] Vgl. MATZKER, Nikolaus: *Speyer – Ein beachtenswerter Industriestandort*. In: *IHK-Magazin*, 53. Jg. 1/1978. S. 24-27. S. 24f. (Künftig zitiert: MATZKER, *Beachtenswerter Industriestandort*).

[34] Vgl. http://www.speyer.de/de/wirtschaft/daten/einfuehrung. (10. August 2000).

[35] Zu Heinkel siehe auch: SIMSA, Paul: *Heinkel in Speyer*. In: *Bewegte Zeiten. Wir werden mobil 1945-1960*. Hrsg. von Ulrich LÖBER. Koblenz, 1997. S. 133-136. (=Veröffentlichung des Landesmuseums Koblenz. B. Einzelveröffentlichungen, 59).

[36] Vgl. *Geschichte der Stadt Speyer*. Hrsg. von der Stadt Speyer. Band 3, S. 79. Zum Flugzeugbau in Speyer allgemein vgl. MICHELS, Jürgen; Peter SEELINGER: *Luftfahrtgeschichte in und um Speyer*. Zweibrücken, 1998. (=Pfälzische Luftfahrtgeschichte. Buchreihe über die Entwicklungsgeschichte der pfälzischen Luftfahrttechnik. Herausgeber: Verein zur Förderung der Luftfahrthistorie der Pfalz Speyer am Rhein).

[37] Vgl. hierfür und für das Vorhergehende: MATZKER, *Beachtenswerter Industriestandort*, S. 26.

[38] Vgl. *Geschichte der Stadt Speyer*. Hrsg. von der Stadt Speyer. Band 3, S. 82.

kurzen Transportwege zu der überwiegend am Rhein gelegenen süddeutschen chemischen und mineralölverarbeitenden Industrie an, für die eine Vielzahl unterschiedlicher Produkte zum Teil in Lohnverarbeitung hergestellt wurden.[39] Gerade diese Faktoren lassen den Standort Speyer jedoch nach wie vor instabil erscheinen. So stellte die ehedem mit städtischer Unterstützung angesiedelte elf-Gelsenberg Erdölraffinerie 1984 nach rund 20 Jahren ihre Produktion wieder ein, und die Schiffswerft Josef Braun KG konnte für den Standort bis zur Gegenwart nur erhalten bleiben, indem die Stadt Speyer bereits 1976 ein zusätzliches Hafenbecken fertig stellte und zu den Baukosten noch die Mittel für die entsprechende Verlegung der Werft aufbrachte.[40]

Trotz einer traditionell relativ starken Stellung im Druckgewerbe kann somit auch im Falle Speyers von keinem *cluster* gesprochen werden. Hierzu ist die Wirtschaftsstruktur zu heterogen, zu stark von Kleinbetrieben[41] und auswärtigen Tochtergründungen bzw. Übernahmen durch Großunternehmen (Siemens AG, Haribo, Salamander AG, *Compagnie de St. Gobain*, Elopak AG)[42] geprägt, außerdem konnten sich in keinem der wichtigen Bereiche Branchenschwerpunkte herausbilden. Selbst die 1897 bis 1969 in Speyer ansässige und von der französischen *Rhône-Poulenc*-Gruppe übernommene Firma Franz Kirrmeier hatte mit ihrer Celluloid-Produktion keinen ausgeprägten Chemiestandort begründen können.[43] Hierin drückt sich nicht nur die geographische Randlage zum Verdichtungsraum Rhein-Neckar aus, sondern auch eine Bestätigung PORTERs, nach dem bedeutende Unternehmen der chemischen bzw. metallverarbeitenden Industrie bereits vorhandene *clusters* als bevorzugte Standorte aufsuchen. Die Wurzeln hierzu liegen aber bereits in früherer Zeit. Bis weit in das 20. Jahrhundert hinein dominierten in Speyer die unmittelbar auf die landwirtschaftliche Produktion des Umlandes gerichteten Gewerbe, während die wachstumsintensiven Branchen Maschinenbau und Chemie „erst spät und dann auch noch ungenügend vertreten waren“, so dass von ihnen keine Impulse auf Zubehör- und Folgeindustrien ausgingen.[44]

Viel stärker noch als in Speyer sind die Industrieansiedlungen in **Wörth am Rhein** Resultat einer planmäßigen staatlichen Förderung mit dem Ziel, in dem struk-

---

[39] Vgl. *Portrait der Raffinerie Speyer der Johann Haltermann GmbH & Co.* In: *IHK-Magazin*, 53. Jg. 1/1978. S. 32.

[40] Vgl. *Geschichte der Stadt Speyer.* Hrsg. von der Stadt Speyer. Band 3, S. 79

[41] Von den im Jahr 2000 ausgewiesenen 1.980 Arbeitsstätten haben nur 40 Betriebe mehr als 20 sozialversicherungspflichtige Arbeitnehmer beschäftigt. Siehe hierzu: http://www.speyer.de/de/wirtschaft/dagen/standortdaten.

[42] Vgl. *Geschichte der Stadt Speyer.* Hrsg. von der Stadt Speyer. Band 3, S. 81 und 76.

[43] Vgl. hierzu insgesamt die 3-teilige Artikel-Reihe über die Firma Franz Kirrmeier, in: *Speyerer Tagespost*, 46. Jg. 1997. N° 197 und 202ff.

[44] Vgl. hierzu insgesamt: KREYE, Dieter: *Speyer. Industrie und Industrieentwicklung einer pfälzischen Mittelstadt in der deutschen Kaiserzeit.* In: LENTZ, Sebastian; Rainer LUKHAUP, Christophe NEFF, Thomas OTT, Frank SWIACZNY (Hrsg.): *Beiträge zur geographischen Methode und Landeskunde II. Gedenkschrift für Rainer Joha Bender.* Mannheim, 1996. S. 33-53. S. 36 und 39ff. (=Mannheimer Geographische Arbeiten, Heft 44). (Sammelband künftig zitiert: *Beiträge zur geographischen Methode*).

turschwachen Gebiet der Südpfalz Entwicklungspole auf- und auszubauen.[45] Noch Ende der 1950er Jahre war Wörth durch seine vorwiegend kleinbäuerliche Struktur ein „idyllisches Dorf", das von ständigen Überschwemmungen des Rheines bedroht war. Ökonomischer Strukturwandel und das massenhafte Auspendeln der Bevölkerung in den Raum Karlsruhe ließen eine Industrieansiedlung wünschenswert erscheinen, die jedoch zuvor den Bau eines Dammes erforderte, um das für die Ansiedlung zur Verfügung stehende Gelände hochwasserfrei zu halten.[46] Zwar gelang dadurch 1965 mit der Mercedes-Benz AG die Ansiedlung des derzeit größten und modernsten LKW-Montagewerkes[47] in Europa, das Ende der 1990er Jahre rund 10.000 Mitarbeiter beschäftigte, die jährlich rund 80.000 LKW, davon 40% für den Export, herstellten.[48] Andererseits legte die Firma Mobil Oil ihre 1970 in Betrieb genommene Raffinerie bereits 1995 wieder still,[49] so dass vor allem die Zulieferbetriebe der DaimlerChrysler AG sowie die elektrotechnische Industrie an Gewicht und für den Standort an Bedeutung gewonnen haben. Diese Tendenzen werden sich weiterhin manifestieren, da die Stadt Wörth in Verbindung mit dem Landkreis Germersheim auch in Zukunft zugunsten der Automobilindustrie zu investieren beabsichtigt, beispielsweise in Form eines Industrieparks für die DaimlerChrysler AG und deren Zulieferbetriebe.[50]

Gerade die KFZ-Industrie hat sich in der Pfalz nach 1945 oftmals nur in Folge forcierter Industrieförderung angesiedelt. Zwischenzeitlich ist der Fahrzeugbau, einschließlich Flugzeug- und Schiffbau, sogar der zweitstärkste Industriezweig der Pfalz gewesen, nach der chemischen Industrie und noch vor dem Maschinenbau.[51] In diesem Zusammenhang ist neben den Werken von DaimlerChrysler in Wörth und Opel in Kaiserslautern auf die Kunststoff- und Ersatzteilefertigung der DaimlerChrysler AG in Germersheim sowie auf eine Vielzahl von Zuliefererbetrieben und Teilefertigern hinzuweisen: für Leichtmetallräder auf die ATS GmbH in Bad Dürkheim und die Centra Leichtmetall-Räder GmbH in Hassloch, die Keiper Recaro GmbH & Co.KG am Sitz in Rockenhausen für mechanische Karosserieteile (Sitzverstellungen, Fensterheber, Metallgerippe der Recaro-Sportsitze), die Gummi Mayer KG in Landau, die Schalldämpfer für Verbrennungsmotoren herstellende Heinrich Gillet KG in Eden-

---

[45] Vgl. EGGERS, *Grenzraum Nordelsaß-Südpfalz*, S. 56. Vgl. hierzu jedoch auch: BADER, Manfred; Albert RITTER, Albert SCHWARZ: *Wörth am Rhein. Ortschronik*. 2 Bde. Wörth am Rhein, 1983. Bd. 2, S. 1553-1607. (Künftig zitiert: *Wörth, Ortschronik*).

[46] Vgl. *Wörth, Ortschronik*, Bd. 2, S. 1553ff.

[47] Zum Werk Wörth der DaimlerChrysler AG siehe auch: *„Für die Zukunft geplant". Wörth – das größte Lastwagenwerk Westeuropas*. In: *IHK-Magazin*, 50. Jg. 9/1975. S. 32f. (Künftig zitiert: *Für die Zukunft geplant*).

[48] Vgl. *Fahrzeugindustrie ist Beschäftigungsmagnet – Kraftpakete aus Wörth*. In: *Wirtschaftsmagazin Pfalz*, 4/1997. S. 39f. S. 39.

[49] Vgl. http://www.mobil-oil.de/verie_4/jubi/index_jubi_chronik.htm bzw. http://www.esso.de/ueber_uns/umweltschutz/raffineriesanierung/ (21. Februar 2003).

[50] Vgl. *Landkreis baut „Industriepark" für Daimler. 22-Millionen-Projekt nicht unumstritten – 15 Zulieferbetriebe ziehen ins Lastwagenwerk Wörth*. In: *Die Rheinpfalz*, N° 50 vom 29. Februar 2000.

[51] Vgl. BEEGER, Helmut: *Die pfälzische Rheinebene als Wirtschafts- und Planungsraum*. In: *Der Rhein und die Pfälzische Rheinebene*. Hrsg. von Michael GEIGER, Günter PREUß, Karl-Heinz ROTHENBERGER. Landau, 1991. S. 246-271. S. 258.

koben, das Armaturenbretter und Karosserieteile gießende Unternehmen Alwo in Erfenstein, die LKW-Anhänger und Aufbauten produzierende August Graf KG in Neustadt, die Gebrüder Schwarz GmbH in Kaiserslautern sowie für Nutzfahrzeugaufbauten das Cargo Van Fahrzeugwerk GmbH in Kirchheimbolanden; schließlich sei auch noch der Autoradiohersteller Becker in Schaid erwähnt. Nicht zu vergessen ist daneben die Kühnle, Kopp & Kausch AG in Frankenthal, die kräftig durch ihre Turbolader-Sparte profitierte und infolge dessen das Zweigwerk für Turbolader in Kirchheimbolanden errichtete. Bereits Anfang der 1980er Jahre erwirtschaftete dieser Geschäftsbereich fast die Hälfte des gesamten Umsatzes der KKK AG.[52]

Über die Pfalz hinausgehend kommen das Mercedes-Omnibuswerk in Mannheim sowie jüngst die Produktion des Smart im lothringischen Hambach hinzu. Allerdings kann hier kaum von einem *cluster* „Verkehr" oder im engeren Sinne „KFZ" gesprochen werden, da die Werke der DaimlerChrysler AG und der Opel AG eine spezifische, vom Standort unabhängige Rolle hinsichtlich der innerbetrieblichen Arbeitsteilung spielen. Für Wörth als zentralem Montagewerk bedeutet dies beispielsweise, dass Aggregate für die LKW-Herstellung aus Mannheim, Gaggenau und Kassel angeliefert werden,[53] während das Opel-Werk in Kaiserslautern selbst Zulieferbetrieb für Motoren, Achsen, Karosserie- und Fahrwerksteile für die Werke Rüsselsheim, Bochum und Antwerpen ist.[54]

Im Gegensatz zu dem jungen Standort Wörth besitzt **Kaiserslautern**[55] eine lange industrielle Tradition. Dort herrschten bis in die zweite Hälfte des 20. Jahrhunderts hinein Eisen- und Metall- sowie Textil- und Holzindustrie vor und innerhalb dieser Branchen wiederum Nähmaschinen, Maschinen- und Fahrzeugbau, KFZ-Teile, Eisen- und Stahlverarbeitung sowie in jüngerer Zeit die Elektrotechnik; daneben aber auch weiterhin die Holzverarbeitung sowie im Textilbereich die Herstellung von Chemiefasern.[56] Die vergleichsweise breit angelegte industrielle Struktur Kaiserslauterns war und ist immer noch zu Teilen von ihrer physischen

---

[52] Vgl. hierzu insgesamt: WEINKOPF, in: *IHK-Magazin*; sowie: STAMER, Jochen: *Wirtschaftsfaktor Autoindustrie – Die Pfalz macht mobil.* In: *Wirtschaftsmagazin Pfalz*, 1/1996. S. 18f.

[53] Vgl. *Für die Zukunft geplant*, S. 32.

[54] Vgl. WEINKOPF, in: *IHK-Magazin*, S. 13.

[55] Zu Kaiserslautern insgesamt vgl.: CHRISTMANN, Ernst; Heinz FRIEDEL: *Kaiserslautern einst und jetzt. Beiträge zur Geschichte der Großstadt Kaiserslautern von der Vor- und Frühgeschichte bis zu den heutigen Flur- und Straßennamen.* Otterbach-Kaiserslautern, ^{2}1976. (=Schriften zur Geschichte von Stadt- und Landkreis Kaiserslautern, 12).

[56] Vgl. hierzu insgesamt: FREITAG, Willy: *Die Entwicklung der Kaiserslauterer Textilindustrie seit dem 18. Jahrhundert.* Diss. Mannheim, 1960. Besonders S. 68f., 86f., 105 und 127; WEIDMANN, Werner: *Streiflichter durch die Wirtschaftsgeschichte von Stadt und Landkreis Kaiserslautern und Umgebung.* Otterbach-Kaiserslautern, ^{2}1976; MUNZINGER, Albert: *Die Entwicklung der Industrie von Kaiserslautern.* Kaiserslautern, 1921. (Künftig zitiert: MUNZINGER, *Entwicklung der Industrie von Kaiserslautern*); SCHÖN, *Wirtschaft im Stadt- und Landkreis Frankenthal,* S. 295; *750 Jahre Stadt Kaiserslautern: Im Westen viel Neues.* In: IHK-Magazin, 51. Jg. 6/1976. S. 10-13. S. 12; *Universitätsstadt Kaiserslautern – Innovativer Wirtschaftsstandort auf Zukunft programmiert.* In: Wirtschaftsmagazin Pfalz, 11/1997. S. 43-46. S. 43. (Letzteres künftig zitiert: *Universitätsstadt Kaiserslautern – Innovativer Wirtschaftsstandort*); sowie: MÜLLER, Alfons: *Industrialisierung in Kaiserslautern.* In: *Die Rheinpfalz/Pfälzische Volkszeitung.* Nr. 45, 46, 50, 52, 58, 63, 115, 118, 135, 170, 213, 223, 270, 277 und 285 des 52. Jg. 1996.

Umgebung (Forst- und Landwirtschaft, i.w.S. auch Kiesvorkommen) geprägt. So wurden hier bis in den Zweiten Weltkrieg hinein Holz- und Korkschuhe gefertigt sowie durch die Maschinenfabrik Gebr. Pfeiffer, Barbarossawerke AG neben maschinellen Einrichtungen für die chemische Industrie bis zur Gegenwart auch Brech-, Schotter- und Mahlanlagen für die Stein- bzw. Bauindustrie[57] hergestellt. Eindrucksvoll belegt dies die Entwicklung der Zschokke-Werke AG. 1868 als einfaches Sägewerk gegründet, wurde bald die Fabrikation von Heurechen, Radfelgen, Holzschuhen etc. aufgenommen. 1890 ist mit dem Werk II eine Abteilung für Maschinenbau angegliedert worden, die Pumpen, Apparate und landwirtschaftliche Maschinen fertigte. Das anschließend errichtete Werk III befasste sich schließlich mit der künstlichen Holztrocknung, so dass die Zschokke-Werke bis in die 1930er Jahre streng genommen nur zu etwa $^{1}/_{3}$ der Maschinenbauindustrie zuzurechnen waren.[58] In den 1990er Jahren stellte das zu einem Kleinstbetrieb geschrumpfte Unternehmen Elektrofilter für Entstaubungsanlagen her.

Das bekannteste und traditionsreichste Kaiserslauterer Unternehmen ist auch heute noch die Firma G.M. Pfaff AG.[59] 1862 als Blasinstrumentenwerkstätte gegründet, gelangte der Gründer Georg Michael Pfaff auf Umwegen zur Fertigung von Nähmaschinen.[60] Die Firma konnte ihre Beschäftigtenzahlen von Anfang an, selbst während der Weltwirtschaftskrise der 1930er Jahre, kontinuierlich steigern, bis sie in den 1960er Jahren den höchsten Beschäftigungsstand verzeichnete. Hierbei half auch der Aufkauf weiterer Unternehmen, so der Nähmaschinenfabrik König & Co. in Kaiserslautern 1891 und der Gritzner-Kayser AG in Karlsruhe-Durlach im Jahr 1957.[61] Im Jahr zuvor hatte Pfaff die ELTE-Werke in Landstuhl zur Deckung des elektrotechnischen Bedarfs erworben, und in den 1960er/1970er Jahren folgte der Erwerb der Mehrheitsbeteiligung an der Eisele-Apparate- und Gerätebau GmbH sowie der Pfaff Pietzsch Industrieroboter GmbH.[62]

Möglich wurde dieser Erfolg, weil Pfaff bereits in den 1930er Jahren über ein voll ausgebildetes und bewährtes Ratenzahlungssystem sowie ein spezifisches Vertriebsnetz verfügte. „Die selbständigen Händlerfirmen der Pfaff-Erzeugnisse vertreiben die Pfaffmaschinen ganze Generationen hindurch und erwerben sich häufig das Alleinverkaufsrecht in einem bestimmten Bezirk unter der Bezeichnung ‚Pfaff-

---

[57] Vgl. BRAUN, *Maschinenindustrie der Pfalz*, S. 29, sowie: *Bezugsquellennachweis 1934*, S. 70.

[58] Vgl. BRAUN, *Maschinenindustrie der Pfalz*, S. 20.

[59] Zu Familie und Unternehmen G.M. Pfaff AG vgl. insgesamt: FRIEDEL, Heinz: *Geschichte und Wirken der Kaiserslauterer Industriellenfamilie Georg Michael Pfaff zum 125. Jubiläum der Firma G.M. Pfaff AG in Kaiserslautern.* In: *Jahrbuch zur Geschichte von Stadt- und Landkreis Kaiserslautern.* Bd. 24/25, 1986/87. S. 287-299; Abschnitt „Zwei bedeutende Wirtschaftspersönlichkeiten aus der Pfalz – Lina Pfaff (1854-1929)", bei: WEIDMANN, *Industriekarte um 1935*, S. 1886; sowie: KIEFFER, K.W.: *G.M. Pfaff AG – ein führendes Unternehmen der eisen- und metallverarbeitenden Industrie.* In: *Pfälzisches Industrie- und Handelsblatt*, 26. Jg. 11/1951. S. 248-249. (Künftig zitiert: KIEFFER, *G.M. Pfaff AG*). Vor allem zur jüngsten Entwicklung vgl. jedoch: http://www.pfaff-industrial.com/de/pfaffintern/historie.html (1. August 2000).

[60] Hierfür und für das Folgende vgl. insgesamt BRAUN, *Maschinenindustrie der Pfalz*, S. 24ff.

[61] Vgl. MÜLLER, Alfons: *Nähmaschinen aus Lautern gewinnen Weltruf. Fabrik der „Gebrüder Kayser" an der Barbarossastraße.* In: *Die Rheinpfalz/Pfälzische Volkszeitung*, Nr. 52 vom 1.9.1996.

[62] Vgl. http://www.pfaff-industrial.com/de/pfaffintern/historie.html (1. August 2000).

Nähmaschinen-Häuser'. Auf diese Weise bildet sich ein familiäres Verhältnis zur Händlerschaft, welches die beste Gewähr einer positiven Zusammenarbeit bietet."[63] Als weiterer spezieller Faktor kann daneben die Pfaff'sche Lehrlingsausbildung bezeichnet werden. Die vierjährige Ausbildungszeit begann traditionell sofort an originalen Werkstücken und war sowohl hinsichtlich praktischer Arbeiten als auch der Zeichen- und Berufskunde leistungsgerecht vergütet. Noch zu Beginn der 1950er Jahre erfolgte die Schulung von durchschnittlich 100 Auszubildenden in firmeneigenen Ausbildungsstätten,[64] weshalb 1957 ein neues Fortbildungswerk zur Aus- und Weiterbildung fertiggestellt wurde.[65]

Grundlage des betrieblichen Erfolgs waren neben der Produktion qualitativ anspruchsvoller Haushaltsnähmaschinen die Herstellung von Industrienähmaschinen, die die Firma den Marktbedingungen regelmäßig anzupassen verstand (Steppstich, Kettenstich, Automaten zur Knopflochanfertigung und zum Knopfannähen, drucköl-umlaufgeschmierte Industrie-Schnellnäher, später auch Schnellbügler, Schweißmaschinen, etc.) „Gerade die Nähe der deutschen ‚Schuhstadt' Pirmasens hat hier eine besonders eingehende Entwicklung der notwendigen Steppmaschinen für die Schuhherstellung ermöglicht"[66], und auch die nahe Bekleidungs- und Wäscheindustrie zeigte zur Zeit des deutschen Wirtschaftswunders Einfluss auf Technologie und Absatz. Obwohl Pfaff zur Bedienung von preisgünstigen Marktsegmenten bereits seit 1964 mit einem japanischen Nähmaschinenhersteller kooperierte und seit Ende der 1970er Jahre zunehmend im Ausland produzierte (Brasilien, China, zuletzt auch in Russland), wurde das Unternehmen in den 1990er Jahren durch die Globalisierung stark in Mitleidenschaft gezogen. Notwendige Restrukturierungen, die dem allgemeinen Trend der Fertigungsindustrie folgten („Konzentration auf die Kernkompetenzen und Nutzung einzelner Standortvorteile bei globaler Fertigungs- und Vertriebsorganisation"), das *outsourcing* lohnintensiver und technisch wenig anspruchsvoller Prozessabschnitte sowie die Übernahme der Aktienmehrheit durch Singer konnten jedoch die Anmeldung eines Insolvenzverfahrens im September 1999 nicht verhindern.[67] Das Konzept des vorläufigen Insolvenzverwalters sah schließlich einen massiven Personalabbau an den Standorten Kaiserslautern (Industriemaschinen Vertriebs-GmbH) und Karlsruhe (Pfaff & Singer Vertriebs-GmbH Haushalt einschließlich der Pfaff Innovations-GmbH) vor, um so langfristig 900 bis 1.000 bzw. 550 Arbeitsplätze erhalten zu können.[68] Mitte des Jahres 2000 schließlich wurde der Haushaltsnähmaschinenbereich in Karlsruhe durch *Viking Sewing Machines AB*, Schweden übernommen, während eine positive Geschäftsentwicklung den Neuanfang im Industriemaschinenbereich in Kaiserslautern ermöglichte. Bereits im Frühjahr hatte Pfaff nämlich auf der internationalen Schuhmaschinenmesse IMS in Pirmasens einen in nur wenigen Monaten entwickelten Großfeld-Nähautomaten vorgestellt, der in der Automobilzulieferindustrie sowie bei Produzenten für Klein- und Kunststoffartikel zum

[63] BRAUN, *Maschinenindustrie der Pfalz*, S. 27.

[64] Vgl. KIEFFER, *G.M. Pfaff AG*, S. 248.

[65] Vgl. http://www.pfaff-industrial.com/de/pfaffintern/historie.html (1. August 2000).

[66] KIEFFER, *G.M. Pfaff AG*, S. 249.

[67] Vgl. http://www.pfaff-industrial.com/de/pfaffintern/historie.html (1. August 2000).

[68] Vgl. http://www.pfaff-industrial.com/de/news/tagespresse.html (1. August 2000).

Einsatz kommen kann. Die den gesamten Prozessablauf des Nähautomaten steuernde Software war gemeinsam mit der Fachhochschule Kaiserslautern entwickelt worden. Im Zuge des Neubeginns wurden die Produktion der Industrie-Schnellnäher aus China nach Kaiserslautern zurückgeholt sowie weitere Zurückverlegungen diskutiert.[69]

Aber nicht nur die Fachhochschule Kaiserslautern, auch die 1970 gegründete technisch-naturwissenschaftliche Universität sowie zwei Frauenhofer-Institute wirken in unterschiedlicher Weise als wirtschaftlicher Motor.[70] Von Anfang an auf Technologietransfer ausgerichtet, bietet die Universität mit Hilfe einer Kontaktstelle für Innovations- und Technologieberatung wissenschaftliche Hilfe bei der Lösung praktischer Probleme an.[71] Das 1996 aus dem elf Jahre zuvor errichteten Technologie-Zentrum hervorgegangene *Business and Innovation Centre* bietet daneben jungen High-Tech-Unternehmen Gründungs- und Aufbauhilfe. Sowohl das Potential an hochqualifizierten Hochschulabsolventen als auch der von Beginn an initiierte projektbezogene Transfer von Forschungsergebnissen in die regionale Wirtschaft ließen eine Vielzahl von Firmen ihre Standortwahl auf Kaiserslautern bzw. das unmittelbare Umfeld der Universität fallen.[72] Im Rahmen eines Konversionsprojektes entstand schließlich 1997 der Plan des *Barbarossa Business Park*, der Dienstleistungen, Forschung, Technologie, Media, Handwerk, Handel, Freizeit und Wohnen zeitgemäß miteinander verbinden soll. Mit dem Gewerbepark werden Unternehmen aus ganz Europa in das Visier genommen, die das Stadtbild mit Angehörigen aus über 100 Nationen vervollständigen könnten. Noch immer beherbergt Kaiserslautern übrigens die größte amerikanische Militärgemeinde außerhalb der USA, sind die amerikanischen Streitkräfte nach wie vor einer der wichtigsten Arbeitgeber der Region.[73]

Größter industrieller Arbeitgeber der Stadt ist die Adam Opel AG in Kaiserslautern, in deren 1966 eröffneten Werk im Jahr 1995 rund 6.000 Beschäftigte der KFZ-Teilefertigung nachgingen. Das Werk ist ein Zulieferbetrieb vor allem für das Stammwerk Rüsselsheim und die Opel-Werke in Bochum und Antwerpen. Hergestellt werden im wesentlichen Diesel-Motoren, Karosserieteile, Achsen, Servolenkungen, Fahrwerks- sowie Kunststoffteile.[74]

In **Zweibrücken** dominieren traditionell Maschinenbau und Bekleidungsgewerbe einschließlich Schuhwaren, in jüngster Zeit kam die kunststoffverarbeitende Industrie hinzu. Die industrielle Entwicklung der ehemaligen Residenzstadt tangierten

---

[69] Vgl. http://www.pfaff-industrial.com/de/news/aktuell.html (1. August 2000).

[70] Vgl. *Universitätsstadt Kaiserslautern – Innovativer Wirtschaftsstandort*, S. 43 und 45.

[71] Vgl. zur Universität Kaiserslautern insgesamt auch: *Impulse für die heimische Wirtschaftsstruktur – Forschung und Lehre für die Praxis*. In: Wirtschaftsmagazin Pfalz, 10/1995. S. 8-10. (Künftig zitiert: *Forschung und Lehre für die Praxis*).

[72] Vgl. *Forschung und Lehre für die Praxis*, S. 8f.; sowie: KOCH, *Metall- und Elektro-Industrie der Pfalz*, S. 2119.

[73] Vgl. hierfür insgesamt: *Universitätsstadt Kaiserslautern – Innovativer Wirtschaftsstandort*, S. 45f.

[74] Vgl. WEINKOPF, Ruth: *Die Kraftfahrzeugindustrie in der Pfalz*. In: *IHK-Magazin*, 58. Jg. 4/1983. S. 12-24. S. 13f.; sowie: STAMER, Jochen: *Wirtschaftsfaktor Autoindustrie: Die Pfalz macht mobil*. In: *Wirtschaftsmagazin Pfalz*, 1/1998. S. 18f. S. 19. (Künftig zitiert: WEINKOPF, in: *IHK-Magazin*; sowie: STAMER, in: *Wirtschaftsmagazin Pfalz*).

immer wieder tiefgreifende politische Veränderungen, so auch nach den beiden Weltkriegen, in deren Folge das benachbarte Saargebiet jeweils für längere Zeit an Frankreich angliedert wurde (1919–1935 bzw. 1946/47–1956) und dementsprechend eine Zollgrenze die mit diesem Gebiet bestehenden engen Wirtschaftsbeziehungen beeinträchtigte. Dies wirkte sich insofern aus, als beispielsweise vor dem Ersten Weltkrieg 50% der Rohstoffe aus dem Saargebiet (Kohle) und Lothringen (Erze) kamen, während ein äquivalenter Anteil an Zweibrückener Fertigprodukten in diesen Gebieten abgesetzt wurde.[75] In jüngerer Zeit war es dann die – durch den Verlauf der Bundeslandgrenze bedingte – Auflösung des Landkreises Zweibrücken im Zuge der Gebietsreform von 1972, die nicht nur Landratsamt und Kreisverwaltung, sondern mit diesen auch eine Reihe weiterer Bereiche der öffentlichen Verwaltung in den nunmehr erweiterten Landkreis Pirmasens abwandern ließen.[76] Schließlich war die Stadt zu Beginn der 1990er Jahre durch den Abzug der amerikanischen Streitkräfte mit Konversionsproblemen größeren Ausmaßes konfrontiert, woraus unter anderem die Errichtung des Fachhochschulstandortes Zweibrücken resultierte.[77] Obwohl in südlicher Richtung, jenseits der französischen Grenze, nur ein wirtschaftlich bedeutungsloses, dünn besiedeltes Wald- und Agrargebiet liegt, konnte Zweibrücken jedoch seinen Status als Industriezentrum in Rheinland-Pfalz mit Schwerpunkt im produzierenden Bereich erhalten.[78]

1998 beschäftigten 23 Betriebe des verarbeitenden Gewerbes rund 4.500 Arbeitnehmer, darunter die größten Arbeitgeber Mannesmann Dematic Mobilkrane AG und die John Deere Werke.[79] Schon lange vor der Übernahme durch Mannesmann war das älteste Unternehmen Zweibrückens, die 1827 gegründete Dingler'sche Maschinenfabrik und spätere Dinglerwerke AG, auf den Bau von Hütten-Einrichtungen und Baumaschinen spezialisiert.[80] Ein 1863 von Christian Wery gegründetes Unternehmen fertigte landwirtschaftliche Maschinen und Geräte für die Heu-, Getreide- und Hackfrucht-Ernte. 1931 durch vollständigen Aktienerwerb zum Werk Zweibrücken der Heinrich Lanz AG Mannheim geworden, wurde diese selbst wiederum 1956 von dem amerikanischen Landmaschinenhersteller John Deere aufgekauft. Die John Deere Werke Zweibrücken[81] sind seitdem stark auf den Weltmarkt konzentriert und dementsprechend zu einem Entwicklungszentrum für konventionelle und künftige

---

[75] Vgl. SCHÖN, Rudolf: *Zweibrücken und seine Wirtschaft.* In: *Pfälzisches Industrie- und Handelsblatt*, 32. Jg. 32/1957. S. 661-668. S. 661. (Künftig zitiert: SCHÖN, *Zweibrücken und seine Wirtschaft*).

[76] Vgl. LAMBERT, Jürgen: *Zweibrücken am Beginn der achtziger Jahre.* In: *IHK-Magazin*, 55. Jg. 1/1980, S. 19-21. S. 20.

[77] Vgl. *In Zukunft investiert!* Hrsg. Stadtverwaltung Zweibrücken, Wirtschaftsförderung. Zweibrücken, 1998. S. 8f. und 12f. Auch in: http://www.weka-cityline.de/66482.html (9. August 2000). (Künftig zitiert: *In Zukunft investiert*).

[78] Vgl. ROTH, Walter: *Die Wirtschaft der Stadt Zweibrücken.* In: *IHK-Magazin*, 55. Jg. 1/1980. S. 22-25. S. 22. (Künftig zitiert: ROTH, *Wirtschaft der Stadt Zweibrücken*).

[79] Vgl. *In Zukunft investiert*, S.25f.

[80] Vgl. hierzu: SCHÖN, *Zweibrücken und seine Wirtschaft*, S. 663f.; ROTH, *Wirtschaft der Stadt Zweibrücken*, S. 23; sowie: *In Zukunft investiert*, S. 26.

[81] Vgl. hierzu insgesamt auch: *John Deere Werke Zweibrücken. Seit 1863 Erntemaschinen aus Zweibrücken.* Zweibrücken, o.J. [ca. 1985].

Ernte- und Bodenbearbeitungssysteme (Ertragsmessung und -kartierung via Satellit) geworden.[82]

Als weitere wichtige Unternehmen sind die Armaturenfabrik Pörringer & Schindler GmbH sowie die Zerkleinerungsmaschinen fertigende Pallmann Maschinenfabrik GmbH & Co. zu nennen.[83] Vor allem in jüngerer Zeit gab es erfolgreiche Versuche, weitere Baumaschinenproduzenten in Zweibrücken anzusiedeln.[84] So entschied sich die japanische KUBOTA Baumaschinen GmbH, ihre europäische Produktionsstätte für Kompaktbagger in Zweibrücken zu errichten, wofür unter anderem die Zuliefermöglichkeiten durch die ortsansässige Industrie ausschlaggebend waren. Seit 1992 schließlich stellt ein mittelständisches Unternehmen Abbruch- und Verschrottungsmaschinen in Zweibrücken her, das seit der Übernahme durch die amerikanische *Caterpillar Inc.* im Jahr 1996 als Caterpillar Vibra-Ram GmbH & Co.KG firmiert.[85] Ein nach wie vor bedeutendes Unternehmen der Konsumgüterindustrie ist daneben das Werk Zweibrücken der Schuh-Union AG. Damit sind sowohl gegenwärtiges Produktionsprogramm im weitesten Sinne als auch die ortsansässigen Branchenanhäufungen auf die unmittelbare geographische Umgebung der Stadt zurückführbar (Kohlegruben an der Saar, die neben Bergbaumaschinen und -geräten auch die Fertigung von Bau- und Zerkleinerungsmaschinen begünstigten, agrarisch geprägtes Umland, das den Bau von Landmaschinen förderte, Nähe zum Schuhzentrum Pirmasens).

Deutlicher noch als Zweibrücken ist das ehedem pfälzische **St. Ingbert**[86] mit dem Saargebiet verflochten. Dort ließ die Industrialisierung im 19. Jahrhundert um den traditionellen Montankern des Saarkohlenwaldes ein schwerindustrielles Ballungsgebiet im Raum Neunkirchen, St. Ingbert, Saarbrücken und Bous als Zentrum entstehen. Bereits ein Jahrhundert zuvor hatten dort Kohle, Eisen und Glas zu einer deutlichen Konzentration geführt, was wiederum chemische Fabriken, zu dieser Zeit Ruß, Alaun und Farben, anzog.[87] Neben Roheisen wurde in dem seit 1828 mit Stadtrechten ausgestatteten Marktflecken vor allem Glas hergestellt, wodurch St. Ingbert in jener Zeit zum überregionalen *cluster* der Glasindustrie zählen kann, die vorwiegend im oberen Sulzbachtal ansässig war. 1830 bestanden dort 16 Glashütten, 1842 kam als größte die Kristallglasfabrik von Villeroy, Boch, Karcher & Co. in Wadgassen hinzu. Die 1838 gegründete Maschinenfabrik Weyland-Lamarche & Schwarz, die 1852 bereits 120 Arbeiter beschäftigte, belieferte zunächst vor allem den Saarberg-

---

[82] Vgl. SCHÖN, *Zweibrücken und seine Wirtschaft*, S. 664; ROTH, *Wirtschaft der Stadt Zweibrücken*, S. 23; sowie: *In Zukunft investiert*, S. 30.

[83] Vgl. SCHÖN, *Zweibrücken und seine Wirtschaft*, S. 664f.; ROTH, *Wirtschaft der Stadt Zweibrücken*, S. 23; sowie: *In Zukunft investiert*, S. 26.

[84] Vgl. ROTH, *Wirtschaft der Stadt Zweibrücken*, S. 23.

[85] Vgl. *In Zukunft investiert*, S. 4 und 6.

[86] Vgl. hierzu auch: KRÄMER, Wolfgang: *Geschichte der Stadt St. Ingbert. Von den Anfängen bis zum Ende des Zweiten Weltkrieges. Eine Heimatkunde aufgrund archivalischer Quellen.* 2 Bde. St. Ingbert, ^{2}1955.

[87] Vgl. KLEIN, Hanns: *Die Saarlande im Zeitalter der Industrialisierung.* In: *Beiträge zur Geschichte von Gewerbe, Industrie und Verwaltung im Westrich und an der Saar. Für und mit Hanns Klein aus Anlaß seines 75. Geburtstages.* Hrsg. von Irmtraut EDER-STEIN, Fritz JACOBY, Wolfgang Hans STEIN und Claudia ULBRICH. St. Ingbert, 1995. S. 199-228. S. 227 und 201. (Künftig zitiert: KLEIN, *Saarlande im Zeitalter der Industrialisierung*).

bau mit Dampfmaschinen.[88] Insgesamt dominierten in der Metallverarbeitung infolge der saarländischen Kohlevorkommen und Eisenhütten lange die auf Gruben- und Hüttenbedarf ausgerichteten Hilfsgüterindustrien,[89] weshalb sich die Strukturkrise der Eisen- und Stahlindustrie in der zweiten Hälfte des 20. Jahrhunderts auch auf St. Ingbert auswirkte. Strukturell bedingt und in der Gegenwart verstärkt, heben sich so bereits zur Mitte des 19. Jahrhunderts die Konturen des SaarLorLux-Raumes ab.[90]

Hiermit deutet sich ein spezifisches Charakteristikum der Pfalz an, die zwar historischer Wirtschafts- und Lebensraum ist, aber sowohl räumlich als auch wirtschaftlich enge Verbindungen zum Saarland einerseits und zu Baden-Württemberg andererseits unterhält. Verstärkt wird diese „atomistische" durch eine polyzentrische Struktur. Denn spätestens mit dem gemeinsamen europäischen Binnenmarkt waren die politisch Verantwortlichen gezwungen, das Gebiet hinsichtlich der Bereiche Raumordnung bzw. regionale Entwicklung zunehmend in grenzüberschreitende Kooperationen einzubringen. Von daher ist die Westpfalz mit den Landkreisen Kaiserslautern und Pirmasens in der *Euregio* SaarLorLux integriert, die Südpfalz bildet neben Nordbaden und dem Nordelsass die Planungsregion PAMINA und schließlich gehören Teile der Vorderpfalz dem Verdichtungsraum Rhein-Neckar an.[91]

Dennoch übten bereits vor dem Ersten Weltkrieg einzelne pfälzische Industriestandorte, am augenfälligsten Pirmasens und Ludwigshafen, die im folgenden Kapitel ausführlich als *clusters* beschrieben werden, aufgrund ihrer Branchenanhäufungen eine besondere Anziehungskraft auf die auswärtige Industrie aus. So siedelte die Maschinen- und Metallwarenfabrik Carl Platz GmbH im Jahr 1900 von Deidesheim nach **Ludwigshafen** über, das einerseits bessere lokale Absatzmöglichkeiten versprach, Deidesheim aber vor allem „nicht mehr in der Lage [war], das dauernd sich vergrößernde Kontingent an Spezialarbeitern zu stellen."[92] 1888 hatte bereits die Maschinenfabrik Alex Geiger ihren Firmensitz von Stuttgart nach Ludwigshafen verlegt, außerdem war die Gründung des Ludwigshafener Werkes der Gebrüder Sulzer aus Winterthur (Schweiz) erfolgt.[93] Erwähnenswert ist in diesem Zusammenhang vor allem auch die Paul Schütze AG in Oggersheim, die mit der Produktion von Säurepumpen und Mischmaschinen ihr Programm eindeutig auf die chemische Industrie in Ludwigshafen ausrichtete.

Im Gegensatz zu den monoindustriell strukturierten Standorten **Hauenstein**, **Rodalben** und **Thaleischweiler** konnte **Pirmasens** über die Schuhindustrie bereits Mitte der 1930er Jahre insofern Dynamik entfalten, als sich diese auf Metall- (Schuhleisten, -spanner), Maschinen- und Werkzeugbau sowie chemische Industrie (chemi-

---

[88] Vgl. KLEIN, *Saarlande im Zeitalter der Industrialisierung*, S. 208 und 214.

[89] Vgl. hierzu insgesamt: SCHÖN, Rudolf: *Das Saarland und seine Industrie.* In: *Pfälzisches Industrie- und Handelsblatt*, 34. Jg. 14/1959. S. 425-429.

[90] Vgl. KLEIN, *Saarlande im Zeitalter der Industrialisierung*, S. 218.

[91] Vgl. hierzu insgesamt: ABSTEIN, Rainer: *Der Standort Pfalz im Härtetest.* In: *IHK-Magazin*, 5/92. S. 12-19. S. 18. BEYER, *Wirtschaft im Bezirk der IHK*, S. 5f.; sowie: KELLER, Kathrin: *Entwicklungsprojekte in der Süd- und Westpfalz. Grenzüberschreitende Zusammenarbeit.* In: *Wirtschaftsmagazin Pfalz* 10/94. S. 10-14.

[92] BRAUN, *Maschinenindustrie der Pfalz*, S. 81. Vgl. auch S. 31.

[93] Vgl. BRAUN, *Maschinenindustrie der Pfalz*, S. 31 und 33f.

sche Produkte für die Schuhindustrie) auszuwirken begann. Zu dieser Zeit ist Pirmasens bereits als ein typischer PORTER'scher *cluster* zu bezeichnen, in der eine große Anzahl von Betrieben der Schuhindustrie in Konkurrenz zueinander und mit der Lederindustrie und anderen Zulieferern, wie der Schuhbestandteile-Industrie, in Verbindung stehen. Auf die Wettbewerbssituation wirkte sich ebenso die räumliche Nähe zu Frankreich aus, waren immerhin „zwei Drittel der Pirmasens/Zweibrücker [Schuh-] Produktion, eine Einmaligkeit im Deutschen Reich, besonders der französischen Konkurrenz wegen dem ‚supermodischen' Damenschuh gewidmet."[94]

Hinsichtlich der Wettbewerbsstrategie ist daneben für das erste Drittel des 20. Jahrhunderts eine dem heute gängigen *outsourcing* entgegenlaufende Tendenz charakteristisch. So errichtete unter anderen die Baumaschinenfabrik Peschke in Zweibrücken im Jahr 1924 eine eigene Gießerei. Schwierigkeiten mit Zulieferungen führten vier Jahre nach Gründung des Stammwerkes Balke & Co. in Bochum zur Eröffnung des später als Maschinenbau AG Balke firmierenden Werkes in Frankenthal. „Die Apparate für die Kondensationsanlagen [der Balke & Co. in Bochum] wurden anfangs lediglich in eigenen Büros konstruiert, jedoch fremden Firmen zur Ausführung gegeben. Schwierigkeiten und Nachteile traten gar bald bei der Beschaffung der benötigten Pumpen ein, weil man auf die handelsüblichen und oft nicht ganz geeigneten Pumpentypen angewiesen war. Die Gründung einer eigenen Fabrik lag deshalb nahe. Julius Bettinger, ein früherer Direktor von Klein, Schanzlin & Becker, konnte im Jahre 1898 für eine Pumpenfabrik interessiert werden und damit entstand die Firma Bettinger & Balke GmbH, Pumpenfabrik Frankenthal, an der sich Balke & Co.KG als Gesellschafter beteiligte. Geplant war anfangs nur der Pumpenbau für die Kommanditgesellschaft Balke & Co. Jedoch durch die starke Nachfrage von Seiten der übrigen Industrie wurde der Absatz verallgemeinert, was eine rasche Entwicklung des jungen Unternehmens zur Folge hatte."[95] Allerdings kam es auch schon zu gegenteiligen Vorgängen. So entstand die Internationale Baumaschinen AG in Neustadt zu Beginn des 20. Jahrhunderts durch Zusammenlegung der Maschinenbauwerkstätte Velten in Stuttgart mit der Baumaschinenabteilung der Baufirma Wayß & Freytag in Neustadt. „Diese Maschinenwerkstätte wurde allmählich zur Belastung für die Firma, da sie zu groß geworden war und man nicht mehr wusste, ob Wayß & Freytag mehr eine Baufirma oder eine Maschinenfabrik war. Die Maschinenanlagen wurden abgetrennt und von Velten übernommen."[96]

Während sich die in relativer räumlicher Nähe konzentrierte brancheninterne Konkurrenz daneben an dem Beispiel der Aktiengesellschaften Sulzer, Klein, Schanzlin & Becker sowie Balcke und an drei weiteren Beispielen nachweisen lässt (je zwei Kellereimaschinenbaufabriken sowie Hersteller von Pressen und Pumpen in Neustadt, Müllereimaschinenfabriken in Ludwigshafen und Neustadt), sticht vor allem die Ausrichtung verschiedener, um Ludwigshafen angesiedelter Unternehmen des Maschinenbaus auf die Bedürfnisse der chemischen Industrie i.w.S. stärker hervor (Kühnle, Kopp & Kausch AG, Ph. Friedrich Breitling GmbH, Gebr. Pfeiffer, Barbarossawerke AG, Paul Schütze & Co. AG, Gottlieb Weinmann). Zur Verdeutlichung des-

---

[94] WEIDMANN, *Industriekarte um 1935*, S. 1877.

[95] BRAUN, *Maschinenindustrie der Pfalz*, S. 49. Für das Vorhergehende vgl. S. 42 und 49f.

[96] BRAUN, *Maschinenindustrie der Pfalz*, S. 51.

sen ist diese frühe Orientierung in der folgenden, BRAUN entnommenen Karte festgehalten.

Karte 5: Die Standorte der pfälzischen Maschinenindustrie und ihre Ausrichtung auf die chemische Industrie Ludwigshafens

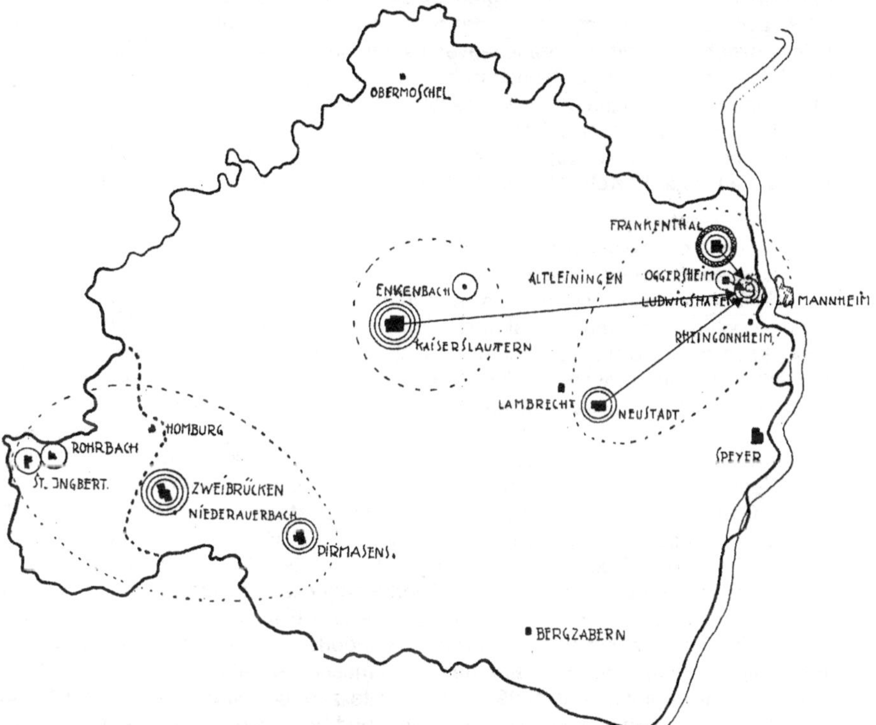

Quelle:
BRAUN, Willy Hans: *Die Maschinenindustrie der Pfalz. Eine historische, standortstheoretische und marktanalytische Untersuchung*. Diss. Ludwigshafen, 1937. S. 72.

3.1.2 Die Industrie in Nordbaden

Die Daten für Nordbaden zeigen deutlich die räumlich breit angelegte Tendenz zur Industrialisierung, die jedoch in Relation zu den zahlreichen Gewerbestandorten selten zur Herausbildung von auf einzelne Branchen spezialisierten Zentren führte. Besonders im Jahr 2000 haben sich kleinere Gemeinden zu arbeitsplatzanbietenden Standorten ohne eindeutigen Branchenschwerpunkt entwickelt. Die mehr als 20%-ige Konzentration von Beschäftigten in einem Branchensegment resultiert dabei i.d.R. aus der Ansiedlung eines oder mehrerer größerer Unternehmen, die jedoch keine Anziehungskraft auf branchenverwandte Unternehmen zu entfalten vermochten. Die hieraus folgende ökonomische Desintegration ist oftmals das Resultat vor allem jüngerer kommunaler Gewerbeansiedlungspolitik, die bis dato keine wirtschaftliche Dynamik im PORTER'schen Sinne zu entfalten im Stande war. Zu solchen Gewerbestandorten zählen **Achern**, der Kurort **Baden-Baden**, **Bühl**, **Eppelheim**, **Gaggenau**, **Gernsbach**, **Kehl**, **Mosbach**, **Niefern-Öschelbrunn** und **Oberkirch**.

Auch **Bretten** gehört in diese Kategorie, konnte es doch seinen temporären Schwerpunkt bei Haushalts- und Wirtschaftsherden nach dem Zweiten Weltkrieg nicht ausbauen, ebenso wie **Bruchsal**, das zwar als Gewerbestandort spätestens seit 1925 nachweisbar ist, dessen Branchendynamik dem wirtschaftlichen Wettbewerb jedoch nicht gewachsen ist. Im 45 km vom Mannheimer Traktorenwerk entfernten, „durch ausgezeichnete Verkehrsanschlüsse" mit diesem verbundenen Bruchsal ist 1980 ein Zuliefererwerk für das Mannheimer John Deere Werk errichtet worden, womit die Funktion dieser kleineren Gemeinde exemplarisch auf die rein innerbetrieblich-arbeitsteilige Standortfrage reduziert wird. „Die Fertigung der vollintegrierten SG2-Kabinen erfolgt nach modernsten Gesichtspunkten. Sie werden individuell gemäß Kundenauftrag ausgestattet. [...] Die Fertigung einer Fahrerkabine erfolgt parallel zur Getriebemontage in Mannheim. Computergesteuert steht die benötigte Fahrerkabine pünktlich am Traktoren-Endmontageband in Mannheim für den Aufbau auf den vorbestimmten Traktor bereit."[97] Inzwischen ist dem Kabinenwerk das Europäische Ersatzteilzentrum der John Deere Werke angegliedert worden. Zu den Standorten ohne führendes und damit Dynamik entfaltendes Branchensegment zählt ebenso **Wiesloch**, das zunächst zu einem zweiten Standort, im Laufe der Zeit jedoch zu dem Produktionsstandort der Heidelberger Druckmaschinen AG (seit 1957 weltgrößte Druckmaschinenfabrik, seit 1999 Welt-Ersatzteilzentrum) wurde, die in Heidelberg nur noch über Verwaltung sowie Forschungs- und Entwicklungsabteilungen verfügt.[98] Die in **Eberbach** beheimatete Gelatineerzeugung konnte ihren Beschäftigtenanteil zwar ausbauen, allerdings ohne Wirkung auf verwandte Branchen.

In **Schwetzingen** bildete sich keine wettbewerbsbestimmende Branche aus, da seine Wirtschaftsstruktur durch die Dynamik anderer *clusters* bestimmt wird:[99] einmal

---

[97] Firmenbroschüre *John Deere Werke Mannheim*. Mannheim, o. J. und Seitenangabe.

[98] Vgl. KRAUß, Martin: *Vom Glockenguß zum Offsetdruck. Geschichte der Heidelberger Druckmaschinen AG*. Ubstadt-Weiher, 2000. S. 121ff., besonders S. 125f. (Künftig zitiert: KRAUß, *Vom Glockenguß zum Offsetdruck*).

[99] Vgl. hierzu auch: http://www.Schwetzingen.de/steuerung/800x600/home_lo.htm. (5. Februar 2001).

Karte 6: Städte und Gemeinden Nordbadens

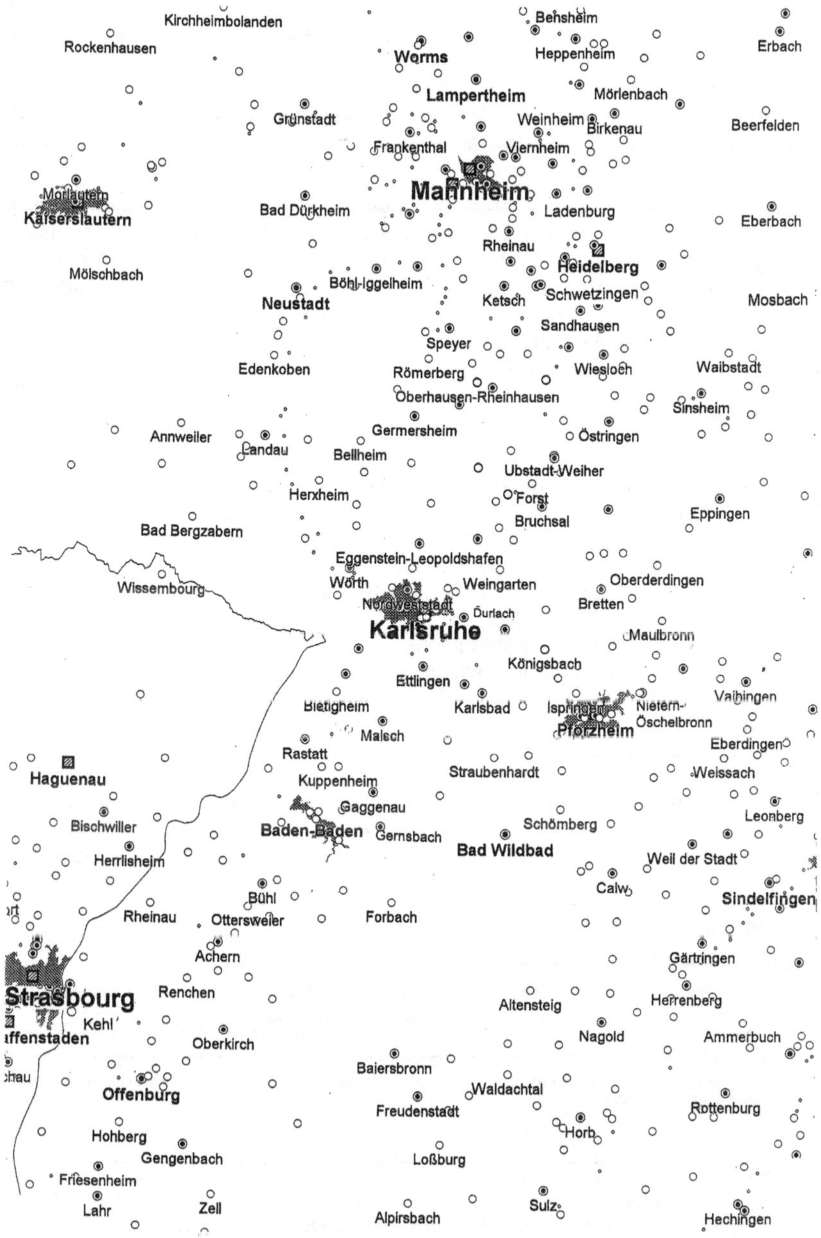

der chemischen Industrie im Ballungsgebiet Ludwigshafen – Mannheim (1949: Tanks, Behälter, Apparate aus emailliertem Stahl, pharmazeutische Präparate und Feinchemikalien, 2000: Rührwerks- und säurefeste Behälter für die chemisch-pharmazeutische Industrie), zum anderen der Branche Druck – Papier im Neckargebiet (Kartonagen, Pappe, Papierbeutel, Druckerzeugnisse, Kartondruck, Vertrieb von Druckerzeugnissen).[100] Sinnbild dessen ist auch der ortsansässige Regel- und Steuerungsgerätebau für Industrienähmaschinen in relativer Nähe zum Kaiserslauterer Industrienähmaschinenhersteller Pfaff.

Zur Charakteristik der räumlich dispersen Industrie kommt für Nordbaden die sich spätestens seit dem Ersten Weltkrieg verstärkende Branchenvielfalt, so dass bis zur Gegenwart „kein Industriezweig einen ausgesprochen dominierenden Faktor" bildet.[101] Dennoch kann auch für diese Region eine relative Kontinuität der wirtschaftlichen Führungssektoren konstatiert werden, die sich in den einzelnen Stichjahren jedoch in ihrer Rangfolge unterscheiden. Führte nach der Zahl der Beschäftigten 1925 der Bereich Metall, gefolgt von Textil und Chemie, folgten diesem 1949 Nahrung – Genuss, Chemie sowie Textil, und im Jahr 2000, in dem Metall weiterhin führte, die Bereiche Chemie, Druck – Papier, Nahrung – Genuss sowie Textil.[102]

Heidelberg[103], seit 1356 Residenzstadt und Zentrum der kurpfälzischen Verwaltung, erfuhr vor allem durch die Gründung der Universität 1386 sowie der Wahl des Kurfürsten Ruprecht III. zum deutschen König im Jahr 1400 weitere wirtschaftliche Impulse. Seine kulturelle, wirtschaftliche und bauliche Entwicklung nahmen erst durch den Dreißigjährigen Krieg und vor allem durch den Orléanischen Erbfolgekrieg ein Ende. Während 1720 die Residenz nach Mannheim verlegt wird, kommt es unter Kurfürst Karl Theodor (1743-1799) zu ersten Industrieansiedlungen: einer Kattun-, Wachs-, Krapp- sowie einer Tapetenfabrik. Mit der Abtretung der rechtsrheinischen Pfalz zu Beginn des 19. Jahrhunderts wird Heidelberg badisch, was sofort zu einer Neubegründung der Universität durch Markgraf Karl Friedrich führt. Wohn- und Universitätsbauten, Bahnhofsbau und die Errichtung eines Akademischen Krankenhauses machen Heidelberg bis zur Jahrhundertwende erneut zu einem Zentrum wirtschaftlichen und kulturellen Lebens, das zudem durch Eingemeindungen auch räumlich im Wachsen begriffen ist. „Die Entwicklung der Universität und der nun vehement einsetzende Fremdenverkehr machen Heidelberg zu einer wohlhabenden Stadt. Während Mannheim zu einer Industriestadt heranwächst, legt Heidelberg eher Wert

[100] Vgl. hierzu auch: BORCHERDT, *Baden-Württemberg*, S. 42.

[101] Vgl. BORCHERDT, *Baden-Württemberg*, S. 235.

[102] Vgl. hierzu insgesamt: *Die Industrie in Baden im Jahr 1925 auf Grund amtlichen Materials mit 16 Karten*. Bearbeitet und herausgegeben vom Badischen Statistischen Landesamt. Karlsruhe, 1926; *Die Industrie im Landesbezirk Baden*. Hrsg. Vom Badischen Statistischen Landesamt Karlsruhe mit Unterstützung des Badischen Landesgewerbeamts Karlsruhe. O.O.u.J. [Masch.], sowie: Firmenliste der Industrie- und Handelskammer Karlsruhe. Unveröffentlichte Datenabfrage, 2000.

[103] Vgl. hierzu insgesamt: *Heidelberg. Geschichte und Gestalt*. Hrsg. von Elmar MITTLER. Heidelberg, 1996. Hierin besonders: HAAS, Dieter: *Heidelberg, 1918-1995. Eine Chronik*; bzw.: FRICKE, Werner: *Stadt im Raum – Raum in der Stadt*. S. 496-517 bzw. 522-561; sowie: *Wirtschaftsstandort Heidelberg. Chancen und Perspektiven einer Stadt*. Heidelberg, 1999. (Künftig zitiert: FRICKE, *Stadt im Raum* sowie: *Wirtschaftsstandort Heidelberg*).

darauf, sein einmaliges Panorama nicht durch Ansiedlung von Betrieben mit rauchenden Schornsteinen zu gefährden."[104] Obwohl die vermeintliche Industriefeindlichkeit der Stadt in jüngster Zeit kritisch hinterfragt[105] wird und in den 1920er Jahren auch hier die Zeit kommunaler Industrieansiedlungspolitik begann, behält Heidelberg seinen Charakter als Universitäts- und Fremdenstadt[106], der im Laufe der Zeit durch Merkmale eines Dienstleistungszentrums ergänzt wird. So waren 1987 nur 25% der Beschäftigten im produzierenden Gewerbe tätig, bei rund 57% im Dienstleistungssektor.[107] Neben Universität, mit rund 10.000 Beschäftigten in den 1990er Jahren der größte Arbeitgeber in der Stadt, Deutschem Krebsforschungszentrum und Max-Planck-Instituten entwickelte sich die privatwirtschaftliche Forschung zu einem Standortfaktor und untermauerte damit den genannten Trend: 1983 wurde von Stadt und Universität der Technologie-Park gegründet, außerdem richteten ABB sowie IBM Forschungsabteilungen in Heidelberg ein.[108]

Unter diesen Rahmenbedingungen hat sich das produzierende Gewerbe ohne deutliche Schwerpunktbildung entwickelt. Im 19. Jahrhundert gegründete Traditionsfirmen wie die Tabakfabrik Landfried oder die Heinrich Fuchs Waggonfabrik AG konnten entweder den wirtschaftlichen Veränderungen nicht standhalten, oder verlegten relativ früh ihre Betriebsstätten in andere Gemeinden.[109] Zwar werden die zwischenzeitliche Produktion von Füllhaltern und Füllhalterfedern (vgl. Tabelle 11) ebenso wie die Existenz von rund 100 Verlagen mit der ortsansässigen Universität in Zusammenhang gebracht,[110] allerdings können beide Gewerbe in der Gegenwart keine größeren Beschäftigtenanteile auf sich vereinigen. Ebenso verhält es sich mit fast allen anderen Branchen, von denen einige jedoch von namhaften Unternehmen vertreten werden.

Am bekanntesten ist sicherlich die weltweit agierende Heidelberger Druckmaschinen AG[111]. Sie geht auf Andreas Hamm zurück, der 1850 Teilhaber an einer Glockengießerei und Maschinenfabrik in Frankenthal wurde und 1861 mit Andreas Albert Schnellpressen herzustellen begann, der wiederum bei Koenig & Bauer seine Lehre absolviert hatte. Nach der Trennung der beiden Geschäftspartner und dem Tod von Hamm 1894 ging die Firma an zwei in Heidelberg ansässige Druckmaschinenbauer über, die die A. Hamm OHG zunächst nach Heidelberg verlegten und sie

---

104 Hierfür und für das Vorhergehende siehe insgesamt: BLUM, Peter: *Von Heidelbergs Geschichte zeugen nicht nur Unterkiefer: Stumme Zeugen aus dem Stadtarchiv.* In: *Wirtschaftsstandort Heidelberg*, S. 104-113. Für das Zitat siehe S. 111.

105 Vgl. MUMM, Hans-Martin: *Heidelberg als Industriestandort um 1900. Zur These von der besonderen Industriefeindlichkeit Heidelbergs.* In: *Heidelberg. Jahrbuch zur Geschichte der Stadt*, 1. Jg. 1996. S. 37-59. (Künftig zitiert: MUMM, *Heidelberg als Industriestandort*).

106 Vgl. hierzu weitergehend: FRICKE, *Stadt im Raum*, S. 543f.

107 Vgl. FRICKE, *Stadt im Raum*, S. 546.

108 Vgl. FRICKE, *Stadt im Raum*, S. 541f.

109 Vgl. MUMM, *Heidelberg als Industriestandort*, S. 45-54.

110 Vgl. BLUM, Peter: *Pioniere aus Technik und Wirtschaft in Heidelberg.* In: *Wirtschaftsstandort Heidelberg*, S. 114-117. S. 116; sowie: FRICKE, *Stadt im Raum*, S. 541.

111 Vgl. für das Folgende insgesamt: KRAUß, *Vom Glockenguß zum Offsetdruck.*

Tabelle 11: Industriestandort Heidelberg, 1949

Name der Firma	Produktionsprogramm	Beschäftigte
H. Fuchs Waggongfabrik AG	PKW, Güter-, Kesselwagen	1280
Stotz-Kontakt GmbH.	Installations-Selbstschalter, Steckvorrichtungen	1070
Brown, Boverie u. Cie. AG	Installationen (Montagearbeiten)	300
H. Hebborn u. Co.	Füllhalter	140
C. Josef Lamy GmbH.	Füllhalter	95
Peter Rupp	Schreibfedern	54
weitere 10 Betriebe (Stadt HD)	Füllhalter, -bleistifte, -federn	211
weitere 8 Betriebe (Landkreis HD)	Füllhalter, -bleistifte, -federn	600
Helmreich u. Cie. KG	Drahtwaren, Federn, Ketten	180
Schnellpressenfabrik AG	Druckmaschinen	850
Enzinger-Union-Werke AG	Getränkeindustriemaschinen	550
Josef Chrobok GmbH	Spezialwerkzeuge	110
Graubremse GmbH	Druckluftbremsen	300
L. u. R. Maßholder	Anhänger	110
?	Fahrzeugbau	60
R. Jung AG	Mikrometer, Torsionswaagen	55
Köhler u. Co.	Medizinische Stühle, Instrumentenschränke	55
J. P. Landfried	Rauch-, Kautabak, Zigarren	700
Havilla Zigarrenfabriken GmbH	Zigarren, Stumpen, Zigarillos	560
Stockmann KG	Zigarren, Zigarillos	170
Martin Brinkmann KG	Zigarren	150
Arnold Böninger	Zigarren	100
Thiele & Co.	Stumpen	80
Fr. Reisig	Essig	100
Teroson-Werk Erich Roß	Kleb-, Dichtstoffe	180
Gebr. Hein KG	Metall-, Kunststoffschilder	250
Timmermann u. Wollet	Lederkoffer	130
?	Treibriemen aus Leder	9
Gustav Hoffmann GmbH	Schuhwaren	460
Hermann Wilz GmbH	Schuhwaren	100
Amalie Müller	Strickwaren	150
P. Lindhorst GmbH.	Kleider	40
Paul Pakleppa GmbH	Konfektionen	350
Josef Anzlinger	Kleider	80
Elco-Kleider GmbH.	Konfektionen	80
Neue Bekleidungswerkstatt GmbH	Herrenoberbekleidung	56
R. Schaedla	Färberei, chemische Reinigung, Wäscherei	180

Quelle:
Zusammengestellt nach: *Die Industrie im Landesbezirk Baden.* Hrsg. Vom Badischen Statistischen Landesamt Karlsruhe mit Unterstützung des Badischen Landesgewerbeamts Karlsruhe. O.O.u.J. [Masch.]

anschließend in eine Aktiengesellschaft umwandelten (vgl. hierzu auch Schaubild 13). Die „Schnellpressenfabrik AG Heidelberg" hielt dem Wettbewerb von nun an nicht nur mit ihren zahlreichen, weltweit Standards setzenden Produktinnovationen (z.B. Tiegeldruckautomat), sondern auch durch ihre gesamtbetriebliche Flexibilität stand. Hierzu gehörten der Aufbau eines weltweiten Verkaufs- und Kundendienstnetzes, ständige innere Umstrukturierungen, Fusionen und Betriebsübernahmen, die Einführung des Fließbandes 1926 zur Komplettierung der bereits vorhandenen Fließfertigung und ein ausgeklügeltes Marketing. Beispielsweise kam das Vorstandsmitglied Sternberg nach dem Ersten Weltkrieg auf die Idee, die neu entwickelte Tiegeldruckmaschine „auf Vorführwagen zu montieren, damit von Druckerei zu Druckerei zu fahren und sie arbeitend vorzustellen. Mit dem Angebot von Ratenzahlungen erleichterte er den Druckern die Entscheidung" zum Kauf, deren Interesse durch eine regelmäßig erscheinende Kundenzeitschrift geweckt wurde.[112]

Bedingt durch die neuen Medien, setzte bei dem traditionsreichen Druckmaschinenhersteller seit Mitte der 1990er Jahre eine Umstrukturierung vom reinen Maschinenbauer zum Systemanbieter für das graphische Gewerbe ein, die die Errichtung der *Print Media Academy* einschließt, einer im Jahr 2000 eröffneten Fortbildungs- und Diskussionsstätte. Die Akademie soll den Wandel zum Systemanbieter von der Druckvorstufe mit Scanner, Software und dergleichen bis zum Binden unterstützen und optimieren.[113] Die Entwicklung zum Systemanbieter wird neben dem Erwerb von vorgelagerten Produktanbietern durch die Zusammenarbeit mit Unternehmen der Softwarebranche wie Microsoft oder SAP verfolgt.[114]

Neben der Forschungsabteilung ist die *Asea Brown Boverie* AG weiterhin mit ihrer elektrischen Gebäude-Installationstechnik ABB Stotz-Kontakt GmbH, sind ferner die Kleb-, Dichtstoffe und Oberflächentechnik herstellende Henkel Teroson GmbH, die Mecano Rapid GmbH als europäischer Marktführer von Befestigungstechnik, die industrielle Wärmetechnik entwickelnde, produzierende und vertreibende Isopad GmbH sowie in der Branche „Verkehr" die Bundy GmbH und die Borg Warner Automotiv GmbH als Hersteller von Brems-, Kraftstoff- und Hydraulikleitungen bzw. Getriebekomponenten und -systemen als größere und oftmals auch jüngere Arbeitgeber in Heidelberg ansässig.[115]

---

[112] Vgl. hierzu insgesamt auch: http://www.heidelberg.com. Geschichte – Unternehmensgeschichte (12. Februar 2001), sowie: PORTER, *Nationale Wettbewerbsvorteile*, S. 203ff., besonders S. 209f.

[113] Vgl. *Heidelberg – ein Traditionsunternehmen ist fit für die Zukunft.* In: *Wirtschaftsstandort Heidelberg*, S. 16f.

[114] Vgl. http://wysiwyg://content_content.conte...ww.heidelberg.com/DE/88/44.html (12. Februar 2001).

[115] Siehe hierzu weiterführend: *Wirtschaftsstandort Heidelberg*, S. 16f., 43, 60f., 66, 72f. und S. 80.

Schaubild 13: **Stammbaum der Schnellpressenfabrik Heidelberg**

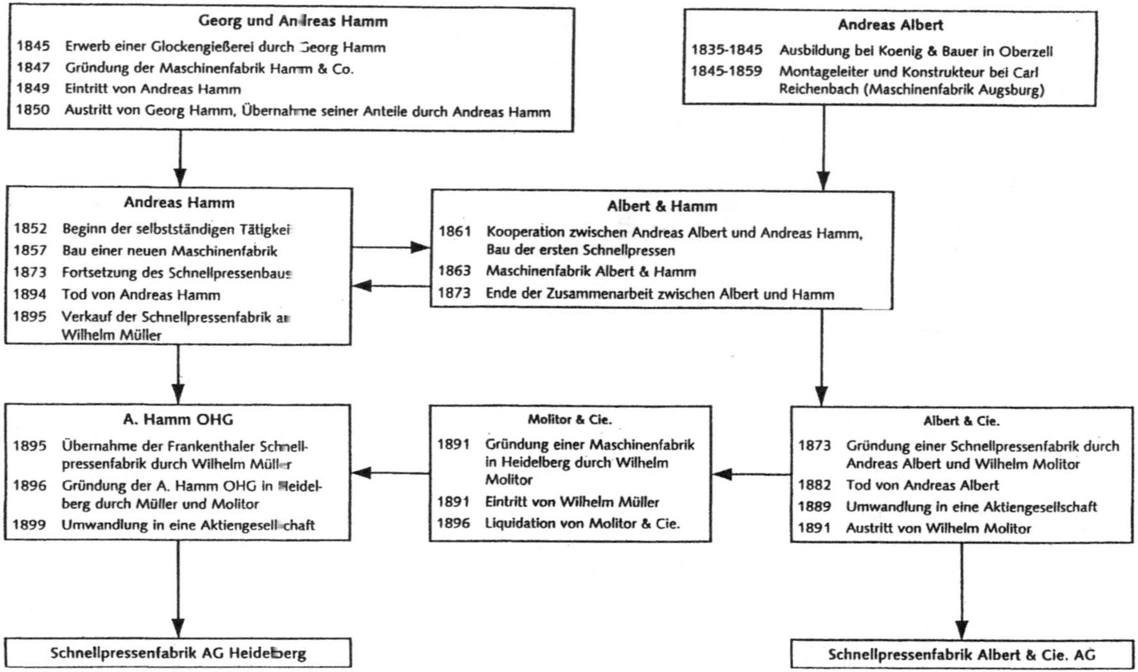

Quelle:
KREUß, Martin: *Vom Glockgenuß zum Offsetdruck. Geschichte der Heidelberger Druckmaschinen AG*. Ubstadt-Weiher, 2000. S. 36.

1606 von Kurfürst Friedrich IV. als Festung gegründet, wurde auch **Mannheim**[116] im Dreißigjährigen Krieg sowie abermals im Pfälzischen Erbfolgekrieg fast vollständig zerstört. Der Verlegung des kurfürstlichen Hofes und damit der Staatsverwaltung von Heidelberg nach Mannheim im Jahr 1720 folgte dann jedoch eine Blütezeit als Residenzstadt der Kurpfalz, die wiederum mit der Zerstörung großer Teile der Stadt in den Koalitionskriegen gegen Frankreich 1795 zu Ende ging. Mit dem Übergang an Baden 1802 entwickelte sich Mannheim zunächst zur Handelsstadt, was vor allem durch die Eröffnung des Freihafens[117] (1828), die Gründung des Deutschen Zollvereins und die Revision der Rheinschifffahrtsakte 1868 begünstigt wurde, die noch heute die Rechtsgrundlage der freien Rheinschifffahrt bildet. Wegen des unregelmäßigen Wasserstandes am Oberrhein war Mannheim bis Ende des 19. Jahrhunderts Endstation der Großschifffahrt. Während die Stadt mit dem laufend vergrößerten Hafen bis dahin „als Endpunkt der großen Rheinschiffahrt eine unangefochtene Position als Umschlagsplatz von Schiffs- auf Bahnversand für Südwestdeutschland hatte, wurde [dann] durch die Verbesserung der Fahrrinne die Fahrt mit großen Schiffen rheinaufwärts bis Karlsruhe, Kehl-Straßburg und schließlich bis Basel möglich. Auch die Kanalisierung des Neckars bis Heilbronn und Stuttgart stand bevor."[118] Dieser Entwicklung folgte wiederum der Bau eines Industriehafens, in dem sich zunächst vor allem die Mühlen- und Lebensmittelindustrie niederließ, womit sie einen Standort in der Nähe des Haupteinfuhrhafens und Handelsplatzes für Getreide wählte und damit gleichzeitig der Konzentration sowie den damit einhergehenden industriellen Fertigungsmethoden auch in dieser Branche Vorschub leistete. „In der Gruppe Ernährung spielen die im Industriehaften angesiedelten Großmühlen [bis zur Gegenwart – d.Verf.] eine wichtige Rolle. Hier sind auch die Ölmühlen und die Union Deutsche Lebensmittel-Werke-GmbH [...] zu nennen."[119]

Im Vergleich zum Handel war Mannheims Entwicklung als Industriestandort weniger ausgeprägt. „Aus der kurpfälzischen Zeit waren wenig Grundlagen vorhanden, die eine Basis für die Weiterentwicklung hätten bilden können, von der Tabakverarbeitung vielleicht abgesehen."[120] Erste Industrieunternehmen waren deshalb die

[116] Für das Folgende vgl. insgesamt: *Mannheimer Stadtgeschichte. Daten und Fakten.* Bearbeitet von Michael CAROLI. Hrsg. vom Amt für Rats- und Öffentlichkeitsarbeit und Stadtarchiv Mannheim. Mannheim, 1998. (Künftig zitiert: *Mannheimer Stadtgeschichte*); *Mannheim in Vergangenheit und Gegenwart.* 3 Bde. Mannheim, 1907. Besonders Band 3: *Mannheim seit der Gründung des Reiches 1871-1907*, S. 330-352. (Künftig zitiert: *Mannheim in Vergangenheit und Gegenwart*); *Mannheim. Das Kultur- und Wirtschaftszentrum Südwestdeutschlands.* Mit Beiträgen von Helmut BARTSCH, Arthur BLAUSTEIN, Anton FENDRICH u.a. Mannheim, 1928; *Mannheim ehemals, gestern und heute. Das Bild der Stadt im Wandel der letzten 100 Jahre.* Text und Bilderauswahl von Ingeborg RIEGL und Michael CAROLI. Hrsg. von Jörg SCHADT. Mannheim, [3]1992. S. 9-27. (=Sonderveröffentlichung des Stadtarchivs Mannheim, Nr. 16); *Mannheimer Stadtkunde.* Hrsg. von der Stadt Mannheim. Mannheim, 1982. (Künftig zitiert: *Mannheimer Stadtkunde*).

[117] Zur Geschichte des Mannheimer Hafens vgl. insgesamt: *Rhein-Neckar-Hafen Mannheim. Einblick in die Entwicklung eines Binnenhafens.* Hrsg. von der Staatlichen Rhein-Neckar-Hafengesellschaft Mannheim mbH – HGM. Mannheim, 1997.

[118] *Mannheimer Stadtkunde*, S. 150.

[119] *Mannheimer Stadtkunde*, S. 155f.; vgl. hierzu auch: *Mannheim in Vergangenheit und Gegenwart*, Bd. 3, S. 344f.

[120] *Mannheimer Stadtkunde*, S. 147.

1834 von Johann Conrad Reihlen gegründete und 1867 in eine Aktiengesellschaft umgewandelte Zuckerfabrik, die heutige Südzucker AG, die aus einer Schmiedewerkstatt hervorgegangene, 1836 gegründete Joseph Vögele AG sowie die französische Spiegelmanufaktur, die heutige VEGLA (Vereinigte Glaswerke GmbH Werk Mannheim-Waldhof), die 1854 auf dem Waldhof ihre Produktion aufnahm. Heinrich Lanz sollte zunächst nur, nachdem er 1859 in das Geschäft seines Vaters eingetreten war, landwirtschaftliche Maschinen importieren. „Er lieferte alle Maschinen zum Fabrikpreis, berechnete zusätzlich nichts als die Barauslagen für Verpackung, Transport und Zoll. Eigener Gewinn war vorläufig nur der Rabatt, den er als Großabnehmer vom Fabrikanten erhielt. Mit Rundschreiben und Katalogen, die er selbst verfasste [...], trieb er Propaganda und Aufklärung und suchte den Bauern von der Wirtschaftlichkeit der ‚neumodischen' Maschinen zu überzeugen."[121] Bereits ein Jahr später begann Lanz, reparaturbedürftige importierte Maschinen in einer von ihm errichteten Reparaturwerkstatt mit zwei Arbeitern instandzusetzen. Aus dieser Reparaturwerkstatt, in der seit 1867 eigene landwirtschaftliche Maschinen hergestellt wurden, entstand die spätere Maschinenfabrik Heinrich Lanz AG, die seit dem Zusammenschluss mit Deere im Jahr 1960 unter John Deere Werke Mannheim firmiert. Die Mannheimer chemische Industrie hat ihre Wurzeln in einer Filiale der italienischen Drogenhandlung der Brüder Giulini, die sich bald auf die einträglichere Herstellung von Schwefelsäure beschränkten und sich seit 1851 als Gesellschaft Chemische Fabrik Wohlgelegen bezeichneten. Allerdings verlegte die 1865 gegründete Badische Anilin- und Soda-Fabrik ihren Sitz – wie noch ausführlich zu zeigen sein wird – wegen unbefriedigten Raumbedarfs schon kurz nach ihrer Gründung in die Nachbarstadt Ludwigshafen.[122]

Nach der Reichsgründung 1871 kam es verstärkt zu Unternehmensgründungen, hierunter der des Ingenieurs Carl Reuther und des Schlossermeisters Karl Bopp (heute Maschinenfabrik Bopp & Reuther AG). 1872 verlegte Christian Friedrich Boehringer seine Arzneimittelfabrik von Stuttgart nach Mannheim, die 1997 von dem Pharmakonzern Hoffmann-La Roche übernommen wurde und seitdem als Roche Diagnostics GmbH firmiert. 1899 folgte die Gründung der *Sunlight*-Seifenfabrik Aktiengesellschaft, heute *DiverseyLever* GmbH. Die von Friedrich Julius Bensinger 1873 eröffnete Rheinische Hartgummiwaren-Fabrik ging später in der heutigen Braas GmbH auf, während die im gleichen Jahr gegründete Chemische Fabrik Rheinau 1912 zum Teil von der Th. Goldschmidt AG übernommen wurde. 1883 ließ sich die Benz & Co. Rheinische Gasmotorenfabrik, heute Teil der DaimlerChrysler AG, in Mannheim nieder. Und schließlich ist seit 1900, als die *Brown, Boverie & Cie.* KG ihre deutsche Niederlassung nach Mannheim verlegte, der inzwischen mit der schwedischen ASEA zu ABB fusionierte Konzern mit unterschiedlichen Betriebsstätten in Mannheim ansässig.[123]

---

[121] *75 Jahre Bulldogs und Traktoren aus Mannheim: Geschichte der John Deere Werke Mannheim.* Mannheim, 1996. S. 6.

[122] Vgl. hierzu insgesamt: *Mannheimer Stadtgeschichte*, 1827-1870; *Mannheim in Vergangenheit und Gegenwart*, Bd. 2: *Geschichte Mannheims vom Übergang an Baden (1802) bis zur Gründung des Reiches*, S. 512ff.; sowie: Bd. 3, S. 346.

[123] Vgl. *Mannheimer Stadtgeschichte*, 1871ff.

Vor allem zur Zeit der Hochindustrialisierung waren in Mannheim Ansätze zu einer *Cluster*bildung vorhanden, die sich jedoch im Laufe der Zeit nicht durchsetzen oder verstärken konnten. So spezialisierte sich die Mannheimer Maschinenfabrik Mohr & Federhaff u.a. auf die Herstellung von Kränen sowie Verladevorrichtungen für Industrie und Häfen, und die Mainzer Schiffs- und Maschinenbau-Aktiengesellschaft verlegte ihren Sitz 1893 nach Mannheim, wo sie zusätzlich eine Schiffswerft erwarb. Von Beginn an erzeugte die Mannheimer Eisengießerei- und Maschinenbau-Aktien-Gesellschaft neben Maschinen zur Zerkleinerung harter Stoffe auch emaillierte Gefäße für die chemische Industrie, das Stahlwerk Mannheim Stahlformguss- und Schmiedestücke für die chemische und elektrische Industrie, während sich die Draiswerke GmbH erst nach Absatzschwierigkeiten bei Fahrrädern der Produktion von Farbmühlen, Knet- und Mischmaschinen für die chemische und Nahrungsmittelindustrie zuwandte. Vor allem in der frühen Gummi- und chemischen Industrie finden sich für eine *Cluster*bildung typische Merkmale: so gründeten ehemalige Mitarbeiter der ortsansässigen US-amerikanischen Gummifabrik *Hutchinson* 1896 die Mannheimer Gummistofffabrik Rode & Schwalenberg, die sich auf die Produktion gummierter Stoffe spezialisierte, und der Sohn des BASF-Gründers Engelhorn übernahm 1892 die chemische Fabrik C. F. Böhringer.[124] Erwähnt sei vor allem noch die Zellstofffabrik Waldhof, die sich 1884 wegen der Gunst der Lage (schiffbarer Strom, ausreichendes Betriebswasser, günstige Bezugsmöglichkeit von Holz und Kohle, Schwefelkies sowie Kalk für die Lauge, kostengünstiger Versand der Produkte und Produktionsrückstände) in Mannheim niedergelassen hatte und zu Beginn des 20. Jahrhunderts „das größte überhaupt bestehende Unternehmen dieser Art [war], dessen Erzeugnisse in allen Kulturländern einen Markt“ fanden.[125]

In Anbetracht der anhaltend starken Stellung des Hafens und der darauf basierenden Dienstleistungsunternehmen (Speditionen, Lagergeschäft) sowie dem Handel, Versicherungswesen und ortsansässigen Kreditinstituten beschäftigt die Mannheimer Industrie auch gegenwärtig erst nach dem tertiären Sektor die meisten Arbeitnehmer.[126] Gemessen am Umsatz stand zu Beginn der 1980er Jahre die Elektroindustrie an der Spitze, gefolgt von Maschinen- und Fahrzeugbau sowie der Chemiebranche, nach Beschäftigtenanteilen folgt dem Maschinen- und Fahrzeugbau die Elektro- und die chemische Industrie. Allerdings überwiegen im Maschinen- und Fahrzeugbau als auch in der Elektroindustrie die Großbetriebe.[127] So entfielen Ende der 1980er Jahre auf die vier größten Industrieunternehmen rund 50% der im verarbeitenden Gewerbe oder $^1/_5$ aller in Mannheim Beschäftigten, was als nicht unproblematisch begriffen wird.[128] Diese Tendenzen spiegeln sich auch in Schaubild 14 wider, das auf eine mittelstarke Wettbewerbsposition im Bereich Druck – Papier sowie bei Apparaten und Anlagen, Farbstoffen – Lacken, Gummi, Reinigungs- und Pflegemitteln, auf eine starke Position im Sektor Verkehr und durch ein Unternehmen auch

[124] Vgl. *Mannheim in Vergangenheit und Gegenwart*, Bd. 3, S. 334, 338ff., 341 und 346.

[125] Vgl. *Mannheim in Vergangenheit und Gegenwart*, Bd. 3, S. 351.

[126] Vgl. http://www.Mannheim.de/buerger_und_stadt/wirtschaft/index.html (15. Februar 2001).

[127] Vgl. hierzu insgesamt: *Mannheimer Stadtkunde*, S. 154f. sowie S. 149.

[128] Vgl. HAASIS, Hans-Arthur: *Industriestände im Wandel: Der Fall Mannheim*. Baden-Baden, 1989. S. 25. (=Studien zur gesellschaftlichen Entwicklung, Bd. 2).

Schaubild 14: ***Cluster*grafik Mannheim, 2000**

Primär-güter	MATERIALIEN – METALLE	MEHRFACHGESCHÄFT	VERKEHR	ERDÖL – CHEMIE	TEXTILIEN – BEKLEIDUNG	NAHRUNG – GENUSS	DRUCK – PAPIER
	EISEN & STAHL Kupferlegierungen, Formguss METALLERZEUGUNG, -BEARBEITUNG Press-, Stanz-, Ziehteile aus Stahl Bearbeitung von Betonstahl MATERIAL-VEREDELUNG Oberflächen-veredelung, Galvanisierung VERARBEITET Metallprofile	APPARATE UND ANLAGEN ***Dampfkraftwerke, Turbinen, Generatoren Krane*** ***Aufzüge, Fahrtreppen*** ARMATUREN Kessel, Behälter Absperrarmaturen, Zahnradpumpen Wärmetauscher, Filter, Ölanlagen Kälte-, Klimaanlagen Kühlzellen, Wärme-pumpen Baustellensicherungs-anlagen Leittechnik für Gebäude EISEN- UND STAHLKON-STRUKTIONEN Stahlhallen, -pavillons, -häuschen MASCHINENBAU Gießereimaschinen Bauindustriemaschinen ELEKTROTECHNIK Spezial-Elektromotoren Trenn-, Umschalter, Schaltkästen	**Dieselmotoren, -aggregate für Industrie und Nutzfahrzeuge,** **Kompressoren** **Ackerschlepper** **Busse** **Fahrerkabinen, -sitze für Transportsysteme** **Bremsen für Nutzfahrzeuge**	ANORG. UND ORG. GRUND-STOFFE, CHEMIKALIEN, MINERALÖLPRODUKTE Schmierstoffe Anorg. Grundchemikalien Organ. chem. Rohstoffe Industriechemikalien FARBSTOFFE, LACKE ***Lacke, Farben, Verdünner, Lösungen, Bitumenemulsion*** KLEBSTOFFE Polymerpulver, Schmelz-kleber, Textilhilfsmittel KUNSTSTOFFE, ISOLIERUNGEN Kunststoffbahnen Techn. Kunststoffteile GUMMI ***Latex, Synthesekautschuk, Additive*** ***Technische Gummiwaren*** PHARMAZIE Diagnostica, Therapeutica, Biochemie	KONFEKTIONEN WÄSCHE Badeanzüge, Dessous	ALKOHOL. GETRÄNKE *Bier* GETRÄNKE Mineralwasser, Limonaden MILCH, MILCHPRODUKTE Milchprodukte VORPRODUKTE Speiseöle, -fette, Rohwaren Gewürze, Nüsse, Nährmittel Schokoladen-massen, Kuvertüren, Glassuren, Streusel NAHRUNGSMITTEL ***Nahrungs-, Genussmittel*** ***Verbrauchs-zucker, Zucker-rübenschnitzel***	PAPIER, PAPPE, KARTON, VERPACKUNGEN ***Papier-, Pappe-verarbeitung*** ***Kartonagen*** ***Verpackungen*** VERLAGS-GEWERBE ***Verlag*** ***Wörterbuch-, Lexika-Verlag*** ***Zeitungsverlag***

(Fortsetzung:) **Primärgüter**	MATERIALIEN – METALLE	MEHRFACHGESCHÄFT	VERKEHR	ERDÖL – CHEMIE	TEXTILIEN – BEKLEIDUNG	NAHRUNG – GENUSS	DRUCK – PAPIER
		(Fortsetzung:) ELEKTROTECHNIK Isolierte Kabel, Drähte, Leitungen Telekommunikations-, Videoinformationssysteme Leittechnik für Kraftwerke, Müllverbrennungsanlagen MEDIZINISCHE GERÄTE Blutdruck-, Blutzuckermessgeräte		PUTZ-, PFLEGE- UND WASCHMITTEL ***Reinigungs-, Pflegemittel***			
Maschinen und Anlagen				Raffinerie-Ölfilter Mess-, Regelsysteme für Chemie- und Verfahrenstechnik Sicherheitsventile für Kraftwerke u. Chemie-Anlagen Misch- und Knetmaschinen für chemische Industrie			
Besondere Produktionsmittel							***Hygienepapiere***
Dienstleistungen		Verkauf u. Abrechnung von Heizkostenverteilern u. Wasserzählern					

SCHLÜSSEL

Normal 19% - 1% der durchschnittlich in der regionalen Branche Beschäftigten.
Kursiv 49% - 20% der durchschnittlich in der regionalen Branche Beschäftigten.
Fett 100% - 50% der durchschnittlich in der regionalen Branche Beschäftigten.

schwarz Beschäftigtenanteile örtlicher Betriebe an der regionalen Branche.
grau Beschäftigtenanteil eines einzelnen Betriebes an den in der regionalen Branche Beschäftigten.

in der Pharmazie verweist. Ansätze zur *Cluster*bildung sind dementsprechend schwach ausgeprägt, sie lassen sich am ehesten noch in der Branche „Verkehr", abgeschwächt auch im Sektor Druck – Papier und sehr schwach bei den für chemische Prozesse relevanten Armaturen und Maschinen nachweisen.

Das zwischen Mannheim und Heidelberg am Neckar gelegene **Ladenburg**[129] wurde erstmals von den Kelten besiedelt, denen schließlich Römer, Alemannen und Franken folgten. Nach über 1000 Jahren unter der Herrschaft des Bischofs von Worms wurde Ladenburg 1705 kurpfälzische Amtsstadt, bis es schließlich 1803 dem Großherzogtum Baden zugeschlagen wurde. Obwohl Carl Benz von 1904 bis zu seinem Tode 1929 in der Stadt wohnte und hier Kraftfahrzeuge bauen ließ, hat sich der KFZ-Bau in Ladenburg nicht etabliert. Einzig chemische und elektrotechnische Industrie konnten sich in jüngster Vergangenheit etwas entfalten, was durch die geographische Nähe zum Rhein-Neckar-Gebiet mit seiner chemischen Industrie und die Standortverlegung namhafter Unternehmen wie Benckiser, Benckiser-Knappsack und Grünzweig & Hartmann nach Ladenburg bedingt ist. Äußerst schwache Ansätze zu einer *Cluster*bildung finden sich noch am ehesten im Segment der Gefahrenmelde- und -beseitigungsanlagen: von unterschiedlichen Unternehmen, unter anderem der *Asea Brown Boverie* AG, werden hier elektronische Gefahrenmeldeanlagen, Feuerlöschgeräte sowie Feuerlöschmittel und Brandelektronik hergestellt.

Das nördlich von Mannheim, an der Bergstraße gelegene **Weinheim**[130] hatte bereits im Jahre 1000 das Marktrecht verliehen bekommen und 65 Jahre später das Münzrecht erhalten. Zunächst von den Römern, später von den Alemannen und Franken besiedelt, kam es 773 in den Besitz des Klosters Lorsch. Nach einer Zeit umstrittener politischer Zugehörigkeit wurde der Ort 1264 erstmals urkundlich als Stadt bezeichnet und gleichzeitig Teile derselben Pfalzgraf Ludwig II. zugesprochen. Erst nach 1308 konnte sich jedoch aus verschiedenen Siedlungskernen eine Stadt entwickeln. Der jahrhundertelangen Zugehörigkeit zur rechtsrheinischen Pfalz folgte schließlich 1799 die Zuteilung zum neugeschaffenen badischen Kurfürstentum, dem späteren Großherzogtum Baden, worauf Weinheim zur Amtsstadt wurde.

Neben Ackerbau, Handel und traditionellen Gewerben wie der Müllerei prägten vor allem Gerbereien von alters her das wirtschaftliche Bild der verkehrsgünstig gelegenen Stadt,[131] die auf örtliche Wasservorkommen sowie – zur Gewinnung der

---

[129] Für Ladenburg liegt weder eine Stadt-, noch eine Wirtschaftsgeschichte vor. Spärliche Informationen zur Geschichte finden sich in: *Historisches Ladenburg. Ein Führer zu den Sehenswürdigkeiten der Altstadt und der näheren Umgebung.* Schwetzingen, 1998; sowie unter: http://www.Ladenburg.de/chrono_d.htm (15. Januar 2001).

[130] Für das Folgende vgl. insgesamt: MÜLLER, Ferdinand: *Weinheim.* Weinheim, ^{2}2000. S. 5-38. (Künftig zitiert: MÜLLER, *Weinheim*); FUCHS, Peter; Ferdinand MÜLLER, Carsten LUCAS: *Weinheim. Zweiburgen-Stadt an der Bergstraße.* Weinheim, 1997. (Künftig zitiert: FUCHS, MÜLLER, LUCAS, *Weinheim*). Zur politischen Geschichte, insbesondere auch seit 1800, siehe: FRESIN, Josef: *Die Geschichte der Stadt Weinheim.* Korrigierter Nachdruck der 1962 von der Stadtverwaltung Weinheim an der Bergstraße herausgegebenen Ausgabe. Weinheim, 1982. Besonders S. 196-215. (Künftig zitiert: FRESIN, *Geschichte der Stadt Weinheim*).

[131] Zur Wirtschaftsgeschichte Weinheims bis zum Beginn des 20. Jahrhunderts vgl. WEIß, J. G.: *Geschichte der Stadt Weinheim an der Bergstraße.* Weinheim, 1911. (Künftig zitiert: WEIß, *Geschichte der Stadt Weinheim*).

Gerbsäure aus Eichenrinden – auf den Odenwald angewiesen waren.[132] In diesem Bereich erfolgte auch der Übergang zur industriellen Fertigung. 1849 übernahmen Carl Freudenberg und Heinrich Heintze eine bereits 20 Jahre zuvor gegründete Lederfabrik, die von nun an beständig expandierte. Seit 1874 führte Freudenberg das Unternehmen alleine weiter, in dem um die Jahrhundertwende rund 1.700 Menschen beschäftigt waren. Früh bemühte sich Freudenberg um eine Produktdiversifizierung, die die Krisenfestigkeit seines Unternehmens erhöhen sollte, indem er Abteilungen aufbaute, die Produkte ohne Lederbestandteile fertigten.[133] Gegenwärtig „gibt es neben dem Weinheimer Stammwerk [...] fünf Außenwerke in der Bundesrepublik, und die Unternehmensgruppe ist mit 180 Gesellschaften in 32 Ländern vertreten. Die Produktion ist weit über die anfängliche Gerberei hinausgewachsen. Schuhe und Schuhmaterial, Faser- und Spinnvliesstoffe, Bodenbeläge und Haushaltsartikel, technische Produkte wie Dichtungen und Präzisionsdrehteile für den Automobil- und Maschinenbau, auch Öle, Fette und Trockenschmierstoffe gehören zum Produktionsprogramm.“[134]

Die Industrialisierung brachte daneben die Maschinenfabrik Badenia AG, 1834 von Wilhelm Platz gegründet und seit 1890 von den Nachkommen als Aktiengesellschaft geführt,[135] eine Feilen-, Seifen-, Bürsten- und Gewehrschäftefabrik sowie holzverarbeitende Unternehmen und die Weinheimer Gummiwerke in die Stadt, die jedoch am Ende des 20. Jahrhunderts alle nicht mehr existierten. Demgegenüber besteht noch heute die 1884 gegründete „Erste badische Teigwarenfabrik Wilhelm Hensel“ mit ihrer Marke „3-Glocken“ sowie das Anfang der 1930er Jahre gegründete Naturin-Werk, das Hautfaser- und inzwischen auch Kunstdärme herstellt. Außerdem siedelten sich nach 1949 zwei renommierte Fachverlage für wissenschaftliche Literatur in Weinheim an, der ursprünglich aus Berlin kommende Verlag Chemie (VCH) sowie der Beltz-Verlag aus der sowjetischen Besatzungszone.[136]

Die sich in der ersten Hälfte des 19. Jahrhunderts herausgebildete Wirtschaftsstruktur hatte demnach auch während der Phase der Hochindustrialisierung Bestand. So waren nach WEIß 1895 36,2% der Arbeitnehmer in der Lederindustrie beschäftigt, 18,4% im Bereich Nahrung – Genuss, 14,5% in der Textil- und Bekleidungsindustrie, 14,4% in der Metallverarbeitung, 8,4% im Maschinen-, Instrumenten- und Apparatebau, 2,2% in der chemischen Industrie (einschließlich forstwirtschaftliche Nebenprodukte, Leuchtstoffe, Seifen, Fette, Öle, etc.) und 1,5% in der Papierindustrie und dem polygraphischen Gewerbe.[137] Diese breite Diversifizierung lässt sich auch über die Jahre 1925 und 1949 hinaus und, mit geringfügigen Verschiebungen, bis zur Gegenwart nachweisen. So waren im Jahr 2000 weiterhin die Produktion von Leder, Hautfaser- und Kunststoffdärmen dominierend, allerdings jeweils nur durch ein orts-

[132] Vgl. MÜLLER, *Weinheim*, S. 10f.

[133] Vgl. FRESIN, *Geschichte der Stadt Weinheim*, S. 180f.

[134] FUCHS, MÜLLER, LUCAS, *Weinheim*, S. 14.

[135] Vgl. WEIß, *Geschichte der Stadt Weinheim*, S. 415.

[136] Vgl. FUCHS, MÜLLER, LUCAS, *Weinheim*, S. 15f.; sowie: FRESIN, *Geschichte der Stadt Weinheim*, S. 182f.

[137] Eigene Berechnungen nach: WEIß, *Geschichte der Stadt Weinheim*, S. 408f.

ansässiges Unternehmen. Das heißt, diese Firmen haben bis dato nicht *cluster*bildend gewirkt, ebenso wenig wie die in Weinheim, gemessen an den Anteilen in Nordbaden, vergleichsweise schwach vertretene Branche Druck – Papier. Einzig die Herstellung technischer Spinnvlies- und die von Faservliesstoffen sowie die Produktion von KFZ-Teilen durch die Freudenberg-Gruppe erfolgt mit mehr als 50 bzw. 20% der durchschnittlich in der jeweiligen Branche Beschäftigten. Damit dürfte auch die Wirtschaft Weinheims zum überwiegenden Teil durch überregionale Strukturen und Dynamik definiert sein.

Das 1715 von Markgraf Karl Wilhelm von Baden-Durlach mit dem Bau des Schlosses gegründete **Karlsruhe**[138] ist an einem willkürlich ausgewählten Ort, abseits wichtiger Verkehrsverbindungen, entstanden. Zunächst als reine Residenz geplant, wurde es bereits zwei Jahre später durch die Verlegung des Regierungssitzes von Durlach nach Karlsruhe zur Residenz- und Hauptstadt der Markgrafschaft. Aber erst die etappenweise Vergrößerung des badischen Gebietes und der Aufstieg zum Großherzogtum seit 1806 ließen die Bedeutung der Hauptstadt wachsen, was sich in einem Bevölkerungszuwachs und entsprechender Bautätigkeit niederschlug. Waren ursprünglich nur die Gewerbetreibenden vor Ort gewesen, die den Hof mit gehobenen und Luxuswaren versorgten, wandelte sich Karlsruhe infolge seines Zentralitätsgewinnes von einer Gewerbe- zu einer Beamtenstadt.[139] „Im Jahre 1815 war die Zusammensetzung der Karlsruher Bevölkerung [...] folgende: 23% Staats- und Hofbedienstete samt ihren Familien, 23% Militärpersonen, 18% Dienstleute und 36% die übrige und eigentliche Bürgerschaft."[140]

In den folgenden Jahren entwickelte sich Karlsruhe zwar zu einem politischen Zentrum, das 1901 mit 100.000 Einwohnern zur Großstadt avancierte und dabei gleichzeitig Industrie anzuziehen vermochte. Eine wesentliche Rolle hierbei spielte die 1825 gegründete Polytechnische Schule, die spätere Technische Hochschule,[141]

---

[138] Vgl. hierzu insgesamt: ASCHE, Susanne; Ernst Otto BRÄUNCHE, Manfred KOCH u.a.: *Karlsruhe. Die Stadtgeschichte*. Karlsruhe, 1998. (Künftig zitiert: ASCHE, *Stadtgeschichte*); BORCHERDT, *Baden-Württemberg*, S. 43-46; DENGEL, Heinz Werner: *Karlsruhe und seine Entwicklung von der Residenz zur Industriestadt. Eine wirtschafts- und siedlungsgeographische Untersuchung des Stadtraumes*. Diss. Freiburg [Masch.], 1956; FECHT, Karl Gustav: *Geschichte der Haupt- und Residenzstadt Karlsruhe*. Karlsruhe, 1887; GOLDFARB, Otto: *Die kommerzielle und industrielle Entwicklung der Stadt Karlsruhe. Ein Beispiel aus der Geschichte der merkantilistischen Industrie- und Städtegründungen*. Diss. Frankfurt am Main [Masch.], 1924; KOCH, Manfred: *Karlsruher Chronik. Stadtgeschichte in Daten, Bildern, Analysen*. Karlsruhe, 1992. (=Veröffentlichungen des Karlsruher Stadtarchivs, Bd. 14). (Künftig zitiert: KOCH, *Karlsruher Chronik*); ZIER, Hans Georg: *Die Industrialisierung des Karlsruher Raumes. Ein Beitrag zur Wirtschaftsgeschichte Badens*. In: *Oberrheinische Studien, Bd. II. Neue Forschungen zu Grundproblemen der badischen Geschichte im 19. und 20. Jahrhundert*. Bretten, 1973. S. 335-372. Besonders S. 338f.

[139] Vgl. KOCH, *Karlsruher Chronik*, S. 16ff. sowie S. 138: „Während der ersten Auf- und Ausbauphase Karlsruhes hatte die Stadt im 18. Jahrhundert noch am ehesten den Charakter einer vom Schloß abhängigen Gewerbestadt. [...] Bis in die zweite Hälfte des 19. Jahrhunderts bestimmten nun Hofstaat, Militär und Beamtenschaft das Leben der Stadt".

[140] BORCHERDT, *Baden-Württemberg*, S. 44.

[141] Vgl. hierzu: HOEPKE, Klaus-Peter: *Von der Polytechnischen Schule zur Technischen Hochschule*, in: KOCH, *Karlsruher Chronik*, S. 104. Zum gewerblichen Schulwesen in Karlsruhe allgemein vgl. *Karlsruhe – Wirtschaftszentrum am Oberrhein*. Hrsg. von der Industrie- und Handelskammer Karlsruhe. Karlsruhe, 1953.

der Bau der Eisenbahnlinie Heidelberg – Basel, an der Karlsruhe zu einem wichtigen Verkehrsknotenpunkt mit oberster Eisenbahnbehörde und wichtigen Eisenbahnwerkstätten wurde, und schließlich die Tulla'sche Rheinkorrektion[142] seit 1817, in deren Folge die Stadt eine Anbindung an den Rhein erhielt. Verkehrsinfrastruktur und der Beitritt Badens zum Zollverein im Jahr 1836 ließen Stadt und Umland auch als Industriestandort interessant werden: noch im Beitrittsjahr zum Zollverein wurde die Gesellschaft für Spinnerei und Weberei Ettlingen, die Badische Gesellschaft für Zuckerfabrikation in Waghäusel sowie die Maschinenfabrik von Emil Kessler in Karlsruhe gegründet. Bald folgten weitere Gründungen, vor allem in der seit 1860 kontinuierlich dominierenden Metall- und Maschinenbauindustrie, während sich gleichzeitig kleinere Betriebe, wie die aus einem Friseursalon hervorgegangene Parfümeriefabrik Wolff & Sohn, zu Weltunternehmen („Kaloderma") entwickelten.[143]

Trotz der bis zur Gegenwart das verarbeitende Gewerbe dominierenden Metall-, einschließlich Elektroindustrie, der Ansiedlung der beiden Großraffinierien ESSO und DEA entlang der Pipeline Marseille – Straßburg – Karlsruhe und des Kernforschungszentrums[144] ist Karlsruhe eine Stadt mit überwiegend im Dienstleistungsbereich (öffentliche Dienstleistungen, Handel, Banken und Versicherungen) Beschäftigten geblieben.[145] Hierzu trug nach 1945 sowohl der Erhalt als auch die Ansiedlung neuer Landes- bzw. Bundeseinrichtungen bei. „Dazu zählten u.a. das Regierungspräsidium Nordbaden, der Landesrechnungshof, die Oberfinanzdirektion, die Versorgungsanstalt des Bundes und der Länder, technische Bundesanstalten, vor allem aber die beiden höchsten deutschen Bundesgerichte."[146] Städtetypologisch zählt Karlsruhe damit eindeutig zu den Dienstleistungsstädten,[147] zumal der Prozess der Tertiärisierung der Wirtschaft infolge Zunahme moderner, unternehmensnaher Dienstleistungsangebote anhält. Trotz jüngster Veränderungen vor allem im Bereich der Metallverarbeitung und Elektrotechnik, aber auch durch den Zusammenschluss der beiden Raffinerien zur Mineralölraffinerie Oberrhein (MiRO), verfügt Karlsruhe jedoch weiterhin über eine vielfältige, mittelständisch geprägte Wirtschaftsstruktur und bedeutendes Forschungspotential.[148] Der Stadt fehlt allerdings eine industrielle Struktur mit deutlichem Branchenschwerpunkt, der nur ansatzweise und dazu

---

142 Vgl. hierzu: SCHMITT, Heinz: *Die Rheinkorrektion und ihre Folgen*. In: ASCHE, *Stadtgeschichte*, S. 57-59.

143 Vgl. weitergehend hierzu: KOCH, *Karlsruher Chronik*, S. 25ff.; BORCHERDT, *Baden-Württemberg*, S. 44ff.; sowie: ASCHE, Susanne: *Vom zünftigen zum kapitalistischen Gewerbe – wirtschaftliche und soziale Veränderungen* bzw. *Industrialisierung und Arbeitsmarkt*. In: ASCHE, *Stadtgeschichte*, S. 251-254 bzw. 303 300.

144 Vgl. GLEISMANN, Rolf-Jürgen: *Karlsruhe wird Reaktorstandort*, in: KOCH, *Karlsruher Chronik*, S. 200f.

145 Vgl. BORCHERDT, *Baden-Württemberg*, S. 45f.; sowie: KOCH, *Karlsruher Chronik*, S. 37.

146 KOCH, *Karlsruher Chronik*, S. 33. Zur Ansiedlung von Bundesverfassungsgericht und Bundesgerichtshof vgl. dort auch S. 193f.: „Karlsruhe wird ‚Residenz des Rechts'."

147 Vgl. KOCH, Manfred: *Industrie- oder Beamtenstadt Karlsruhe?* In: ASCHE, *Stadtgeschichte*, S. 618-623. S. 620ff. Zu den neuesten Daten der Erwerbsstruktur siehe: www.ihk.de/karlsruhe/ihk 0011.html (8. Dezember 2000).

148 Zum Strukturwandel der Gegenwart vgl. insgesamt: KOCH, Manfred: *Strukturwandel der Wirtschaft*. In: ASCHE, *Stadtgeschichte*, S. 655-657.

schwach mit Potential im Sektor Verkehr und, für die Zukunft, möglicherweise auch in den neuen Technologien[149] zu erkennen ist.

Der Aufstieg Karlsruhes zur Residenzstadt und die damit verbundene wirtschaftliche Entwicklung leitete gleichzeitig den wirtschaftlichen Niedergang der einstmals blühenden Residenzstadt **Durlach**[150] zu einer Ackerbürgerstadt ein. Zur Kompensation, und um der neuen Residenz moderne Produktionsstätten zu ersparen, ermöglichte der Markgraf besonders seit den 1760er Jahren die Errichtung von Manufakturen in Durlach, bis in das 19. Jahrhundert hinein insgesamt 14. Hierunter befanden sich die Seidenkompagnie und die Fayence, die meisten aber „existierten nur wenige Jahre und blieben klein und unbedeutend“, wie die Leinwandbleiche, die Baumwollspinnerei, die Färberei und Kattundruckerei, die Silberaffinage, die Saffian-, Tabak-, Stecknadel-, Seifen- und Lichter- sowie die Krappfabrik, so dass die Stadt lange durch Landwirtschaft und Handwerk geprägt blieb.[151] Erst in der zweiten Hälfte des 19. Jahrhunderts kam es dann zu einer weitergehenden Industrialisierung, mit Anteilen vor allem in der eisenverarbeitenden Industrie sowie der Lebensmittel- und Tabakproduktion. Die bedeutendsten Betriebe waren die – Spezialmaschinen für Brauereien, die Zuckerindustrie, für Mühlen und Gießereien herstellende – Badische Maschinenfabrik und Eisengießerei AG, die 1995 nach Tschechien verlegt wurde, die 1957 von Pfaff in Kaiserslautern übernommene Näh-, Strickmaschinen und Fahrräder produzierende Gritzner AG, sowie die in den 1920er Jahren angesiedelte, 1995 in Konkurs gegangene Dental-Ritter AG. Zwar waren in Durlach in der Folge immer wieder die verschiedensten verarbeitenden Gewerbe ansässig, allerdings blieb der Standort ohne Branchenschwerpunkt, so dass Firmen immer wieder geschlossen, verkauft, oder in Städte der Umgebung bzw. in jüngster Zeit vor allem in das Ausland verlagert worden sind. Hierdurch scheint der seit der Gründerzeit vorherrschende Charakter als Industriestadt nach rund 100 Jahren wieder verloren zu gehen.[152]

Auch das nur sieben Kilometer südlich von Karlsruhe gelegene **Ettlingen**[153] ist ohne Branchenschwerpunkt und damit in seiner industriellen Struktur Karlsruhe und dem diesen 1938 eingemeindeten Durlach ähnlich. Seit 965 Marktort, wurde Ettlingen bereits 1192 zur Stadt erhoben. Dank seiner verkehrsgünstigen Lage und ver-

---

[149] Vgl. hierzu beispielsweise: *Die TechnologieRegion*. Hrsg.: TechnologieRegion Karlsruhe GbR Karlsruhe, o. J. [2000].

[150] Vgl. hierzu insgesamt: ASCHE, Susanne; Olivia HOCHSTRASSER: *Durlach. Staufergründung – Fürstenresidenz – Bürgerstadt*. Karlsruhe, 1996. (=Veröffentlichungen des Karlsruher Stadtarchivs, Bd. 17). (Künftig zitiert: ASCHE/HOCHSTRASSER, *Durlach*); VESTNER, Dieter: *Durlach. Seine Geschichte – seine Straßen – seine Wirtschaften – seine Vereine*. Karlsruhe, 1993; FECHT, Karl Gustav: *Geschichte der Stadt Durlach*. Heidelberg, 1869; sowie: ROLLER, Otto Konrad: *Die Einwohnerschaft der Stadt Durlach im 18. Jahrhundert in ihren wirtschaftlichen und kulturgeschichtlichen Verhältnissen dargestellt aus ihren Stammtafeln*. Karlsruhe, 1907.

[151] Vgl. ASCHE/HOCHSTRASSER, *Durlach*, S. 178-185.

[152] Vgl. hierzu insgesamt: ASCHE/HOCHSTRASSER, *Durlach*, S. 298-304, 363f., 366f. sowie S. 443.

[153] Vgl. hierzu insgesamt: LORCH, Wolfgang: *Ettlingen im Wandel der Geschichte*. Ettlingen, ²1986. (Künftig zitiert: LORCH, *Ettlingen im Wandel*); DERS.: *Ettlingen. Gesichter einer Stadt*. Karlsruhe, 1988. (Künftig zitiert: LORCH, *Gesichter einer Stadt*); SCHWARZ, Benedikt: *Geschichte der Stadt Ettlingen*. Ettlingen, 1900. (Künftig zitiert: SCHWARZ, *Geschichte der Stadt Ettlingen*).

schiedenster ortsansässiger Mühlen[154] hatte es bereits im Mittelalter eine regionale Mittelpunktfunktion inne, die es jedoch durch die neue Residenz Karlsruhe verlor und nicht mehr wiederzuerlangen vermochte.[155] Erst in Napoleonischer Zeit setzte ein wirtschaftlicher Wiederaufstieg ein, der auf alten, bis heute wirkenden Traditionen basierte. Aus der um 1450 vom Markgrafen errichteten ersten Papiermühle Badens ging 1828 die erste Papierfabrik des Landes hervor, in deren erweiterten Räumen eine Spinnerei und Weberei, die spätere Badische Gesellschaft für Spinnerei und Weberei AG Ettlingen[156], angesiedelt wurde. Bereits in der Mitte des 19. Jahrhunderts beschäftigte die Spinnerei und Weberei mehr als 1.600 Arbeitskräfte, die aus Ettlingen und den umliegenden Dörfern, aber auch aus Südbaden, Schwaben, dem Kraichgau sowie der Pfalz und dem Elsass kamen. Sowohl für die Textil- als auch für die Papierproduktion war das Wasser der Alb standortbestimmend, so dass die Industrie Ettlingens im 19. Jahrhundert durch weitere Papier- und Textilbetriebe in ihrer Tiefe, infolge der Maschinenfabrik Lorenz[157] sowie weiterer metallverarbeitender Betreibe auch in ihrer Breite eine Erweiterung erfuhr.[158] Die genannten Branchenschwerpunkte, und mit ihnen die traditionsreichen, sich mit den Wettbewerbsbedingungen strukturell gewandelten Firmen, sind weiterhin existent, wenn auch nur schwach ausgeprägt, da die Gemeinde nach dem Zweiten Weltkrieg bei ihrer Ansiedlungspolitik eine Branchendiversifizierung verfolgte und daneben über einen relativ breiten Dienstleistungssektor verfügt.[159]

Mit der Vereinigung der Markgrafschaften Baden-Baden und Baden-Durlach verlor auch das ehedem durch Ackerbau, Viehzucht, Fischerei und Handel geprägte **Rastatt**[160] 1771 seinen Status als Residenz. Zur Kompensation dessen förderte Markgraf Karl Friedrich eine Stahlfabrik, die neben mathematischen und physikalischen Apparaten Kutschen, Feuerspritzen, Pressen, Gewehre und Waffen sowie silberne Metallwaren herstellte. Die merkantilistische Unternehmung musste allerdings 1828 den Betrieb einstellen. Infolge seiner Funktion als Festung begann die Industrialisierung in Rastatt trotz verkehrsgünstiger Anbindung (Bahnlinie Metz – Strasbourg – München) im letzten Drittel des 19. Jahrhunderts nur zögerlich. Von den drei wäh-

[154] Vgl. hierzu besonders: SCHWARZ, *Geschichte der Stadt Ettlingen*, S. 162-172.

[155] Vgl. ZOLLNER, Hans Leopold: *100 Jahre Gewerbeverein Ettlingen (1881-1981). Ein Beitrag zur Wirtschaftsgeschichte der Stadt Ettlingen.* Ettlingen, 1981. S. 1f.

[156] Zur Gesellschaft für Spinnerei und Weberei AG Ettlingen vgl. insgesamt: NOLTZE, Katja: *Die Spinnerei und Weberei Ettlingen. Ein kunsthistorischer Beitrag zur industriearchäologischen Forschung.* Karlsruhe, 1994. (=Beiträge zur Geschichte der Stadt Ettlingen, Bd. 12), sowie: SCHMIEDER, Ludwig: *Chronik der Gesellschaft für Spinnerei und Weberei Ettlingen. Ein Beitrag zur Wirtschaftsgeschichte des Albtales und zur Geschichte der badischen Textilindustrie 1836-1936.* Karlsruhe, 1936.

[157] Vgl. hierzu detailliert: STEPHAN, Heinz: *Werksgeschichte der Maschinenfabrik Lorenz im Zeitgeschehen von 1890 bis 1990.* Ettlingen, 1996.

[158] Vgl. LORCH, *Ettlingen im Wandel*, S. 70ff.

[159] Vgl. LORCH, *Gesichter einer Stadt*, S. 128.

[160] Zur folgenden wirtschaftlichen Entwicklung vgl. vor allem: NEININGER, Albert: *Rastatt. Als Residenz, Garnison und Festung.* Rastatt, 1961. S. 154-159; sowie: BLOSS, Hans A.: *Rastatt. Dokumentation zur Stadtgeschichte I.* Karlsruhe, 1984. S. 89-95. (Künftig zitiert: BLOSS, *Rastatt Dokumentation*).

rend der Zeit der Hochindustrialisierung in Rastatt produzierenden Herdfabriken konnten zwei nicht einmal die ersten Jahrzehnte des 20. Jahrhunderts, die dritte das Jahr 1953 nicht überstehen.

In Anbetracht dieser Entwicklung und der nach Abzug der Garnison vorhandenen, ehemals militärisch genutzten Gebäude entschloss sich die Stadtverwaltung zu einer bis in die Gegenwart fortdauernden aktiven Industrieansiedlungspolitik[161], mit der sie die unterschiedlichsten Firmen in die Stadt zog, so das Schusswaffen produzierende Dianawerk, heute Mayer & Grammelspacher GmbH & Co.KG, eine Waggonfabrik, die Eisengießerei Lehmann, eine Fournier- sowie eine Möbefabrik. Bis 1914 folgten eine Werkzeugfabrik, die Rechenmaschinenfabrik Thaleswerke, eine Schuhfabrik sowie eine Kupferhütte. Nach 1923 ließen sich noch heute ansässige Firmen, wie die BERGA-Akkumulatorenwerke bzw. die Krepp- und Buntpapierfabrik Werola, in Rastatt nieder. Obwohl die meisten der nach 1919 gegründeten Betriebe die Weltwirtschaftskrise nicht überstanden, konnten verschiedene Gießereien und Werkzeugfabriken in Rastatt erhalten bleiben, zu denen nach dem Zweiten Weltkrieg zunächst noch das Odinwerk und Schaub-Lorenz sowie zwei Druck- und Verlagshäuser hinzutraten. Vor allem BLOSS gibt einen Überblick über die im Laufe der Zeit angesiedelten unterschiedlichsten Betriebe, von denen jedoch gegenwärtig nur noch die wenigsten bestehen.[162] Erhalten geblieben ist Rastatt allerdings die breit diversifizierte Branchenstruktur, mit Schwerpunkten in den Bereichen Metall, Chemie und Druck – Papier, die jedoch bei weniger als 19% der durchschnittlich in den jeweiligen Branchen Beschäftigten keinen *cluster* hervorbrachte. Auch der größte ortsansässige Arbeitgeber DaimlerChrysler mit rund 5.000 Beschäftigten und weiteren rund 500 Arbeitsplätzen im angrenzenden Industriepark konnte diesbezüglich keine Wirkung entfalten. Demgegenüber werden einzelne Schwerpunkte mit mehr als 50% der Beschäftigten bei der Medizintechnik (Maquet AG) bzw. bei Batterien und Akkumulatoren nur durch jeweils einen ortsansässigen Betrieb hervorgerufen.

Auch dem nördlich von Lahr gelegenen **Offenburg**[163] fehlt eine *Cluster*struktur. Die ehemalige Reichsstadt war eine verarmte Ackerbürgerstadt, bis sich der Handel Ende des 18. Jahrhunderts etwas zu entwickeln begann. Obwohl die frühen Fabriken in der ersten Hälfte des 19. Jahrhunderts von Kaufleuten gegründet wurden und sich i.d.R. aus kleinen Werkstätten entwickelten, setzte die Industrialisierung vor allem nach 1850 ein. Ähnlich wie in Lahr, spielte auch in Offenburg die Tabak-, besonders die Zigarren- sowie die mit ihr in Verbindung stehende Kartonagenindustrie zu dieser Zeit eine besondere Rolle. Ansonsten wurde die für die Frühindustrialisierung typi-

---

[161] Die Schwierigkeiten dieser Politik vor allem zwischen den beiden Weltkriegen beschreibt: STAMM, Irmgard: *Leben an der Grenze. Auswirkungen der Grenzlage zum Elsaß auf die Bewohner von Rastatt und Umgebung zwischen 1918 und 1945.* Frankfurt am Main/Berlin/Bern/New York/Paris/Wien, 1997. S. 165-181. (=Stadtgeschichtliche Reihe der Stadt Rastatt, Bd. 3).

[162] Vgl. BLOSS, *Rastatt Dokumentation*, S. 93f. in Kombination mit: *Unternehmen in Rastatt*, in: http://www.Rastatt.de (6. Februar 2001).

[163] Vgl. hierzu insgesamt: KÄHNI, Otto: *Offenburg und die Ortenau. Die Geschichte einer Stadt und ihrer Landschaft.* Offenburg, 1976. (Künftig zitiert: KÄHNI, *Offenburg und die Ortenau*); sowie: KÖHLER, Werner: *Offenburg nach 1945. Neubeginn und Wiederaufbau in Politik und Gesellschaft.* Freiburg i.Br., 1993. (=Alltag & Provinz, Bd. 5).

sche Wirtschaftsstruktur nur noch durch Glas- und Emailplakatfabriken ergänzt.[164] Allerdings verweist gegenwärtig nur noch der mit zwei Firmen ortsansässige Nahrungs- und Tabakverarbeitungsmaschinenbau auf die frühere Bedeutung der Tabakindustrie für Offenburg, die vor allem in Lahr und in der Ortenau vertreten ist.

Einen traditionellen Schwerpunkt hat die Stadt demgegenüber auch heute noch im Druckereigewerbe, dessen Anfänge im frühen 19. Jahrhundert in der heutigen Firma A. Reiff & Cie. KG liegen und dessen bedeutendste Vertreterin die 1908 gegründete Burda GmbH ist. Der Sohn des Gründers, Dr. Franz Burda, machte schon vor dem Zweiten Weltkrieg „aus dem kleinen Unternehmen durch seine Qualitätsarbeit in ein- und mehrfarbigem Kupfertief- und Offsetdruck den universalsten graphischen Großbetrieb Südwestdeutschlands."[165] Der Aufstieg und die Expansion zum weltweit agierenden Unternehmen setzte sich nach 1945 fort, indem das Druck- und Verlagshaus nicht nur führende Zeitschriften herstellte und steigende Industrieaufträge befriedigte, sondern auch die Entwicklung des Mehrfarben-Rotations-Tiefdrucks voranbrachte.[166]

Ansonsten wird die relative Häufung von Beschäftigten in unterschiedlichen Branchen vor allem durch einzelne Betriebe definiert, die nach 1945 entstanden oder nach Offenburg umsiedelten. Hier sind die Tesa-Werke GmbH zu nennen, die aus einem Zweigbetrieb der Beiersdorf AG entstanden, sowie die Schwarzwaldmilch GmbH. Bereits nach dem Ersten Weltkrieg hatte die Pfefferminzkomprimate produzierende VIVIL A. Müller GmbH & Co.KG ihren Sitz von Strasbourg nach Offenburg verlegt.[167] Insgesamt lässt sich damit für Nordbaden nur Pforzheim als echter PORTER'scher *cluster* nachweisen, der von diesem auch explizit benannt wird (vgl. Karte 9) und in Kapitel 3.2 genauer dargestellt werden soll.

3.1.3 Die Industrie im nördlichen Elsass

Bis Mitte des 20. Jahrhunderts war es der elsässischen Industrie infolge der Zollgrenzen von 1790 und des deutsch-französischen Konfliktes um das Elsass nicht möglich, von der Lage an der Rheinachse zu profitieren.[168] Obwohl die Region bis 1870 von der Aufhebung der Zölle und dem nun geltenden Freihandel ebenso profitierte wie von der Baisse der Transportpreise, hervorgerufen durch die Inbetriebnah-

---

[164] Vgl. hierzu insgesamt KÄHNI, *Offenburg und die Ortenau*, der jedoch die Glas- und Emaile-Industrie überbetont.

[165] KÄHNI, *Offenburg und die Ortenau*, S. 221. Für das Vorhergehende vgl. S. 219ff.

[166] Vgl. KÄHNI, *Offenburg und die Ortenau*, S. 245. Zur Verlegerfamilie insgesamt vgl. auch: KÖPF, Peter: *Die Burdas*. Hamburg, 2002.

[167] Vgl. KÄHNI, *Offenburg und die Ortenau*, S. 248 und 217.

[168] Vgl. hierzu beispielsweise: *L'Alsace depuis son retour à la France 1918 – 1933*. Ed. par le Comité alsacien d'études et d'informations. Strasbourg, 1933. (Künftig zitiert: *L'Alsace depuis son retour*); HEINZ, IRIS: *Les problèmes de la reconversion économique en Alsace 1918-1926. Problèmes industriels et financiers*. Strasbourg, 1975; BELTRAN, A.; R. FRANK, H. ROUSSO: *La vie des entreprises sous l'Occupation. Une enquête à l'échelle locale*. Paris, 1994; PETER, ALAIN: *Les entreprises en Alsace durant la 2e guerre mondiale*. Strasbourg, 1988.

Karte 7: **Städte und Gemeinden des nördlichen Elsass**

me der Eisenbahnstrecke Paris – Strasbourg im Jahr 1852, konnte ihre exponierte Lage erst durch die Einigung Europas zu einem wichtigen Faktor der Industrialisierung im *Département du Bas-Rhin* werden, in dem man – wie im gesamten Elsass – „*le plus grand pourcentage d'ingénieurs multilingues*" findet.[169] Bis dahin war das Elsass durch die wechselnden Annexionen immer wieder gezwungen, sich einem unterschiedlichen Wirtschaftsraum anzupassen: nach 1871 bzw. 1939 dem deutschen, 1919 und nach 1945 dem französischen. Trotz der damit verbundenen Schwierigkeiten und Friktionen sprechen VOGLER/HAU nur von einem modifizierten Entwicklungsweg, nicht etwa von einer differierenden ökonomischen Realität,[170] da sich die jeweilige Wirtschaftspolitik Frankreichs und Deutschlands im Bezug auf diesen Raum nicht wesentlich voneinander unterschied.[171]

Schaubild 15: *Cluster*grafik Bischwiller, 1895

	WERKSTOFFE - METALLE	MEHRFACH-GESCHÄFT	CHEMIE	TEXTILIEN – BEKLEIDUNG	NAHRUNG – GENUSS
Primärgüter			SONSTIGES	GEWEBE **Tuche** SONSTIGES	
Maschinen und Anlagen					
Besondere Produktionsmittel					
Dienstleistungen					

SCHLÜSSEL

Normal	19% - 1% der durchschnittlich in der regionalen Branche Beschäftigten.
Kursiv	49% - 20% der durchschnittlich in der regionalen Branche Beschäftigten.
Fett	100% - 50% der durchschnittlich in der regionalen Branche Beschäftigten.
schwarz	Beschäftigtenanteile örtlicher Betriebe an der regionalen Branche insgesamt.
[illegible]	Beschäftigtenanteil eines einzelnen Betriebes an den in der regionalen Branche Beschäftigten.

Hierfür spricht auch die anhand der *Cluster*grafiken nachweisbare Kontinuität der Branchen seit dem 19. Jahrhundert ebenso wie die einzelner Betriebe und Wirtschaftsstandorte. „*Les industries qui déclinent complètement, parce qu'elles ne par-*

[169] Vgl. *Le Bas-Rhin*, S. 154 und 161.

[170] Vgl. VOGLER/HAU, *Histoire économique de l'Alsace*, S. 201.

[171] Vgl. EUSTERBROCK, *Wirtschaftsregion Oberrhein*, S. 150.

viennent pas à s'adapter à une mode différente ni à trouver de nouveaux déboués dans d'autres pays, sont rares. Tel est le cas, cependant, de la draperie de Bischwiller. [...] Plutôt que de tenter une reconversion dans un autre type de fabrication, la plupart des patrons et des ouvriers de la draperie de Bischwiller décident de quitter leur ville. Ils vont faire bénéficier de leurs talents les autres centres français de l'industrie drapière."[172] Um 1815, als in **Bischwiller** die ersten Spinnmaschinen in Betrieb genommen wurden, hatte sich die Zahl der Fabriken auf 56 mit insgesamt 1.100 Arbeitern belaufen, die Tuche größtenteils für die Truppen herstellten, wobei der Ort rund zehn Jahre später bereits über mehr als 100 Fabriken, 10 Spinn-Etablissements und 300 Webstühle verfügte.[173] Durch die einzigartige Flucht nach der deutschen Annexion verlor Bischwiller bis 1874 bereits ein Drittel seiner Einwohner, nicht ganz die Hälfte seiner Arbeiter und fast drei Viertel seiner ortsansässigen Fabriken. Dennoch blieb die durch Calvinisten Mitte des 18. Jahrhunderts in die Stadt gebrachte Textilindustrie bis zum Ersten Weltkrieg die wichtigste Branche (vgl. Schaubild 15), angeführt von Leinen-, Wolltuchen und Strumpfwaren. Und trotz der Krise in der Textilindustrie zwischen 1955 und 1965 konnte sich die Bischwiller Industrie insgesamt erneuern und damit den sinkenden Trend der Einwohnerzahl umkehren: obwohl Mitte der 1970er Jahre nur noch 8,8% der Beschäftigten in der Textilindustrie arbeiteten, lagen diese Arbeitsplätze im sekundären Sektor weiterhin an der Spitze, gefolgt von der Metallverarbeitung bzw. dem Baugewerbe.[174] Zu diesem Wandel hat vor allem das innerhalb der Textilindustrie wichtigste Unternehmen beigetragen. Die 1966 von Strasbourg nach Bischwiller umgezogene Vestra-Union[175] übernahm die Gebäude der 1961 liquidierten *Société alsacienne de filature et tissage du jute* und wurde durch ihr modernes Konfektionskonzept zu einer national führenden Unternehmensgruppe: „*transmission des mesures par Minitel, conception assistée par ordinateur, coupe au laser et automates de fabrication, ce qui lui permet de résister à la concurrence des pays à bas coût de main-d'œuvre.*"[176]

Inzwischen hat ein weiteres Unternehmen, *Alsavet Industries S.A.*, den traditionellen Textilstandort Bischwiller gestärkt. Die Schaubilder 15 und 16 zeigen jedoch, dass bis zur Gegenwart von diesem Sektor keine Anstöße zu einer *Cluster*bildung ausgingen. Vielmehr erfolgte eine Branchendiversifizierung (Maschinenbau, Werkzeugmaschinen und -ausrüstungen, Kunststoffteile u.a.) ohne weitergehende Konzentration in einem Segment. Mit seinem nicht unerheblichen Arbeitsplatzangebot

---

[172] VOGLER/HAU, *Histoire économique de l'Alsace*, S. 206.

[173] Vgl. CULMANN, Friedrich-Wilhelm: *Geschichte von Bischweiler, nebst einer statistischen Darstellung des heutigen Zustandes dieses Ortes. Ein Beitrag zur Geschichte des Elsasses*. Strasbourg, 1826. S. 129f. (Künftig zitiert: CULMANN, *Geschichte von Bischweiler*).

[174] Vgl. hierzu insgesamt: Artikel *Bischwiller*, in: *Encyclopédie de l'Alsace*, Tome 2, S. 684-687. S. 684f. Weitergehend hierzu auch: http://www.bischwiller.com/histoire/4chistoi.html (28. Januar 2002).

[175] Vgl. hierzu auch: http://www.vestra.fr (28. Januar 2002).

[176] VOGLER/HAU, *Histoire économique de l'Alsace*, S. 354. Für das Vorhergehende vgl. auch S. 323f. sowie insgesamt: RINCKENBERGER, Walter: *Bischwiller 1870 – 1988. Destins et facettes d'une Cité industrielle*. Bischwiller, 1990. S. 15ff. und S. 119ff.

Schaubild 16: ***Cluster*grafik Bischwiller, 2001**

Primärgüter	WERKSTOFFE - METALLE VERARBEITET Gasflaschen	MEHRFACH-GESCHÄFT MASCHINENBAU Allgemeiner Maschinenbau	ERDÖL - CHEMIE KUNSTSTOFFTEILE, -WAREN Technische Kunststoffteile	TEXTILIEN – BEKLEIDUNG KONFEKTIONEN – WÄSCHE ***Herrenunterwäsche***	LAND-, FORST-WIRTSCHAFT NAHRUNG – GENUSS MÖBEL Möbel BACKWAREN Back-, Konditoreiwaren NAHRUNGSMITTEL Geflügelfleisch	DRUCK – PAPIER PAPIER, PAPPE, KARTON, VERPACKUNGEN Wellpappe
Maschinen und Anlagen						
Besondere Produktionsmittel					Werkzeugmaschinen zur Holzbearbeitung	
Dienstleistungen						

SCHLÜSSEL

Normal 19% - 1% der durchschnittlich in der Branche Beschäftigten.
Kursiv 49% - 20% der durchschnittlich in der Branche Beschäftigten.
Fett 100% - 50% der durchschnittlich in der Branche Beschäftigten.

schwarz Beschäftigtenanteile örtlicher Betriebe an der Branche insgesamt.
grau Beschäftigtenanteil einzelner Betriebe an den in der Branche Beschäftigten.

gehört Bischwiller am Ende des 20. Jahrhunderts infolge dessen zur Gruppe arbeitsplatzanbietender Standorte ohne eindeutigen Branchenschwerpunkt. Eine in solchen Orten oftmals vorhandene, mehr als 20%-ige Konzentration von Beschäftigten in einem Branchensegment resultiert regelmäßig aus der Ansiedlung eines bzw. maximal zweier größerer, oftmals international agierender oder auch ausländischer Unternehmen, die durch ihre spezifischen Standortentscheidungen bis dato keine Anziehungskraft auf branchenverwandte Unternehmen zu entfalten vermochten. Zu diesen Standorten zählen neben Bischwiller **Betschdorf**, **Bischheim**, **Bouxwiller**, **Eckbolsheim**, **Erstein**, **Geispolsheim**, **Hoerdt**, **Ingwiller**, **Lingolsheim**, **Schirmeck** und **Soultz sous Forêts**. Eindrucksvoll belegt vor allem die *Cluster*grafik von **Fegersheim**[177] (Schaubild 17) die in diesen Orten konstatierte breite Diversifizierung bei durch einzelne Unternehmen hervorgerufenen Beschäftigtenhäufungen in den unterschiedlichsten Branchen: so sind alleine im Pharmazie-Unternehmen *Lilly France* 72% der in dieser Branche im nördlichen Elsass Beschäftigten tätig, 22,8% aller in der Papier- bzw. Pappeherstellung Beschäftigten stellen in Fegersheim Kartonagen bzw. 24,0 % das bekannte Erfrischungsgetränk *Orangina* her.

Zunächst und unmittelbar waren vor allem die elsässischen Industriezweige und Betriebe Gewinner der Annexion von 1870, die ihre Produktion der schnellen Urbanisierung, der um sich greifenden Elektrifizierung, Motorisierung und Chemisierung im Deutschen Reich anpassen konnten. Im *Bas-Rhin* waren dies vor allem Brauereien, Mälzereien, Mühlenbetriebe und andere Hersteller von Lebensmitteln, Produzenten von Konfektionen und Ledersohlen, aber auch Hersteller von Haushaltsartikeln wie De Dietrich.[178] De Dietrich war zunächst ein vorindustrielles, metallurgisches Familienunternehmen in ländlicher Umgebung gewesen, dessen Produktionsstandorte in Jaegerthal, Rauschendwasser, Reichshoffen, Niederbronn und Zinswiller von traditionellen Standortfaktoren, also von Wasserläufen, Wäldern sowie kleinen Eisenerzvorkommen bestimmt wurden. Die mit Holzkohle arbeitenden Hochöfen und Schmieden De Dietrichs, dem größten elsässischen Grundbesitzer, kamen während der Französischen Revolution in starke Bedrängnis: die ehemals feudalherrschaftlich verwalteten Wälder waren nun *domaine public* und die Interventionen des Staates im Hinblick auf ihre Ausbeutung nahmen den Charakter eines *guerre ruineuse* zwischen dem neuen Staat und der Familie an, die hierdurch 1795 am Rande des Konkurses stand. Erst 1811 erreichte die Produktion wieder das vorrevolutionäre Niveau und dem Niedergang folgte der Wiederaufstieg.[179]

---

[177] Zur Geschichte Fegersheims vgl. LIENARD, Robert: *Chronologie historique de Fegersheim/Ohnheim*. In: Annuaire de la Société d'histoire des quatre cantons, 16/1998. S. 69-84.

[178] Vgl. VOGLER/HAU, *Histoire économique de l'Alsace*, S. 208f. sowie S. 215ff.

[179] Vgl. hierzu insgesamt: HAU, Michel: *Naufrage et redressement d'une grande entreprise métallurgique: De Dietrich*. In: *Histoire, économie et société*, 1993. S. 77-92; sowie: ARON-CASTAING, Gaby: *Une grande entreprise en milieu rural: De Dietrich au XIXe siècle. La grande période des forges*. In: *Saisons d'Alsace*, N° 91/1986. S. 97-122. (Künftig zitiert: ARON-CASTAING, *De Dietrich – La grande période des forges*).

Schaubild 17: ***Cluster*****grafik Fegersheim, 2001**

	WERKSTOFFE - METALLE	MEHRFACH-GESCHÄFT	VERKEHR	ERDÖL – CHEMIE	TEXTILIEN – BEKLEIDUNG	LAND-, FORST-WIRTSCHAFT NAHRUNG – GENUSS	DRUCK – PAPIER
Primärgüter	VERARBEITET Röhren	APPARATE UND ANLAGEN Mühlen ELEKTROTECHNIK Haushaltselektrogeräte MASCHINENBAU Allgemeiner Maschinenbau	KFZ-Karosserien	PHARMAZIE Pharmazeutische Produkte		MÖBEL Wohnungseinrichtungen GETRÄNKE Erfrischungsgetränke	PAPIER, PAPPE, KARTON, VERPACKUNGEN Kartonagen
Maschinen und Anlagen						Werkzeugmaschinen zur Holzbearbeitung	
Besondere Produktionsmittel							
Dienstleistungen							

SCHLÜSSEL

Normal 19% - 1% der durchschnittlich in der Branche Beschäftigten.
Kursiv 49% - 20% der durchschnittlich in der Branche Beschäftigten.
Fett 100% - 50% der durchschnittlich in der Branche Beschäftigten.

schwarz Beschäftigtenanteile örtlicher Betriebe an der Branche insgesamt.
grau Beschäftigtenanteil einzelner Betriebe an den in der Branche Beschäftigten.

Entwickelte sich die gesamte eisenverarbeitende Industrie Frankreichs zunächst noch in Abhängigkeit von der Textilindustrie, begann diese sich um 1838, mit der krisenhaften Entwicklung in der Textilbranche, auch auf den Eisenbahnbau zu konzentrieren. Unter den solchermaßen agierenden Unternehmen, aus denen oftmals große Firmenimperien hervorgingen, befindet sich auch De Dietrich im *Bas-Rhin*. 1837 entstand so die Maschinenfabrik in Reichshoffen, die „*construit alors des machines à vapeur, mais aussi des machines-outils, des turbines, des roues hydrauliques, diverses pièces de matériel de chemin de fer. Il [l'atelier – d.Verf.] construit également des bateaux à vapeur*“ und 1844 jene in Mouterhouse. Mit dem Erwerb des Werkes in Mouterhouse gelang die „*élimination d'un concurrent et concentration de tous les établissements métallurgiques de la région entre les mains des De Dietrich*“ [180] und die Transformation in ein kapitalistisches, auf den Eisenbahnbau sowie Industrieausrüstungen spezialisiertes, technologisch[181] führendes Unternehmen.[182] Neben dem sozialen Engagement der Familie ist mit Blick auf die Wettbewerbsvorteile besonders auf das traditionelle betriebliche Ausbildungswesen De Dietrichs hinzuweisen, das aus den Problemen mit einer mangelhaften bzw. fehlenden Qualifikation der ländlichen Arbeiterschaft erwuchs[183] und aus dessen Tradition heraus das private Berufsgymnasium De Dietrichs bis heute in Kesselbau und Produktionstechnik ausbildet.[184]

Kennzeichen für das Familienimperium De Dietrich ist auch im weiteren Verlauf des 19. und 20. Jahrhunderts die sich immer wieder vollziehende ökonomische Anpassungsfähigkeit an – auch durch die wechselnden politischen Verhältnisse erzwungene – veränderte Marktbedingungen. So profitierte De Dietrich zwischen 1871 und 1918 von der Nachfrage nach metallischen Haushaltswaren auf dem innerdeutschen Markt, wie beispielsweise der Kaffeemühle, die noch zu Beginn des 19. Jahrhunderts als Luxusartikel galt, infolge ihrer massenhaften Verbreitung um die Jahrhundertwende schließlich jedoch in Serie produziert wurde. Insgesamt beschleunigte sich die Diversifikation der Produktpalette De Dietrichs, zu der seit 1871 besonders auch säureresistente und hitzebeständige emaillierte Ausrüstungen für die chemische Industrie zählten. Umgekehrt profitierte das Unternehmen 1918, nach der Wiedereingliederung des Elsass in den französischen Markt, durch den Bedarf an Ausrüstungsgütern der Kali-Industrie im *Département du Haut-Rhin*.[185]

Nach 1945 blieb De Dietrich *la grande entreprise de la région*. Weiterhin war es der Transportbereich, in dem das Unternehmen national führte und durch seine Spe-

---

[180] ARON-CASTAING, *De Dietrich – La grande période des forges*, S. 119.

[181] Zur Einführung neuer Technologien durch De Dietrich siehe insgesamt: HAU, Michel: *Avance technique et profit chez De Dietrich au XIXe siècle*. In: Saisons d'Alsace, N° 91/1986. S. 156-164.

[182] Vgl. hierzu insgesamt: ARON-CASTAING, Gaby: *Une grande entreprise en milieu rural: La reconversion de l'entreprise*. In: *Saisons d'Alsace*, N° 91/1986. S. 123-150. Hier besonders S. 124-129. (Künftig zitiert: ARON-CASTAING, *La reconversion de l'entreprise*).

[183] Vgl. hierzu weiterführend die Seiten 140-148, besonders S. 142f. bei: ARON-CASTAING, *La reconversion de l'entreprise*.

[184] Vgl. http://www.dedietrich.com/deutsch/kultur/beruf.htm (28.11.2001)

[185] Vgl. VOGLER/HAU, *Histoire économique de l'Alsace*, S. 208f., 216f. und S. 273ff. Zum Engagement des Unternehmens im Automobilbau vgl. S. 284ff.

zialisierung im Eisenbahnbau auch den internationalen Markt eroberte. „*Si certains appareils sont quasiment identiques à ceux construits pour les réseaux français, d'autres sont spécialement adaptés aux conditions climatiques et de trafic, à l'exemple de ceux livrés aux chemins de fer tunisiens, ou aux chemins de fer du Maroc.*“[186] Mit der Produktion von speziell behandelten stählernen Ausrüstungsgegenständen für die chemische Industrie am Standort Zinswiller, die alle großen Chemiebetriebe entlang des Rheines nachfragten, avancierte das Unternehmen in dieser Sparte zunächst zum europäischen, in den 1970er Jahren schließlich zum weltweiten Branchenführer mit einem Zweigwerk in den Vereinigten Staaten von Amerika. Auch gegenwärtig zählt De Dietrich – nach diversen Umstrukturierungen, Veräußerungen und Erwerbungen – zu den führenden Herstellern in den Bereichen Heiztechnik, Gleisanlagen und chemischer Apparatebau, wobei sich die Firma selbst seit Juli 2001 im Besitz der *Société Industrielle du Hanau* befindet.[187]

Durch die spezifisch elsässische Industriestruktur werden die Standorte De Dietrichs jedoch ausschließlich von dessen Werken dominiert, ohne dass sich dort weitere Industrie angesiedelt hätte. Dies trifft nachweislich für **Mertzwiller**, **Zinswiller**, **Niederbronn** und **Reichshoffen** Ende des 19., Anfang des 20. Jahrhunderts zu, aber auch für **Mutzig** und **Graffenstaden**, in denen sich andere Unternehmen des Maschinen-, Apparate- und Anlagenbaues niedergelassen hatten, die jedoch genauso wenig auf spezialisierte Zulieferer in unmittelbarer Umgebung angewiesen waren wie De Dietrich an seinen Standorten.[188] Alle diese Orte waren im übrigen der wirtschaftlichen Dynamik an der Schwelle vom 20. zum 21. Jahrhundert nicht mehr gewachsen und verfügen dadurch im Jahr 2001 nicht mehr über die Merkmale eines Gewerbezentrums.

Neben einer Vielzahl elsässischer Orte, die nur in einem Jahr den festgelegten Kriterien eines Gewerbezentrums entsprachen, wie **Barr**, **Gambsheim**, **Gresswiller**, **Obernai** und **Weiler**, von denen die Mehrzahl wiederum auf das Jahr 2001 entfallen (**Duttlenheim**, **Gundershoffen**, **Hangenbieten**, **Herrlisheim**, **La Walck**, **La Wantzenau**, **Merlenheim**, **Marmoutier**, **Monswiller**, **Mundolsheim**, **Ostwald**), ist an dieser Stelle auch auf eine größere Anzahl weiterer Orte aufmerksam zu machen, die keinerlei Branchenschwerpunkte aufweisen, wie **Brumath**, **Duppigheim**, **Wasselonne** oder **Wissembourg**[189], oder einen solchen im Laufe der Zeit verloren. So wurde der Standort **Schweighouse**[190] bis zu Beginn des 20. Jahrhunderts von den *Papeteries du Bas-Rhin* dominiert, um dann in Anbetracht fehlender *Cluster*strukturen, also feh-

---

[186] Vgl. VOGLER/HAU, *Histoire économique de l'Alsace*, S. 334f. Für das Folgende vgl. S. 354f.

[187] Vgl. http://www.dedietrich.com/deutsch/vorstellung/vorst.htm bzw. http://www.dedietrich.com/deutsch/kultur/histo.htm (28.11.2001).

[188] Die Dominanz der einzelnen Unternehmen in den genannten Orten drückt sich auch in den entsprechenden Artikeln der *Encyclopédie de l'Alsace* aus: für *Mertzwiller* siehe Tome 8, S. 5062; für *Mutzig* Tome 9, S. 5442-5449; *Niederbronn* Tome 9, S. 5534; *Reichshoffen* Tome 10, S. 6296; *Zinswiller* Tome 12, S. 7827, sowie für *Graffenstaden* unter *Illkirch-Graffenstaden*, Tome 7, S. 4180-4193.

[189] Zur Geschichte Wissembourgs vgl. WEIGEL, Bernard: *Wissembourg*. In: *Le Département du Bas-Rhin: 1790 – 1998*. Illkirch, 1998. S. 69-72. (Künftig zitiert: *Le Département du Bas-Rhin*).

[190] Zur Geschichte dieser Stadt vgl. insgesamt: *Schweighouse – Thann. Village natal de la baronne d'Oberkirch*. Strasbourg, 1987. S. 15ff.

lender Wettbewerbsfähigkeit, auch seinen Schwerpunkt bei der Papier- bzw. Pappenproduktion zu verlieren.

Die wirtschaftliche Struktur des Elsass war und ist also durch das Vorherrschen einzelner Großbetriebe in kleineren Gemeinden geprägt, sie fand darüber hinaus lange Zeit auch noch im weit verbreiteten hausindustriellen Sektor sowie im Kleingewerbe ihren Ausdruck. Abweichend von den bisher getroffenen Auswahlkriterien[191] wurde deshalb für das Teilgebiet Nordelsass ein Standort dann als dynamisches Zentrum klassifiziert, wenn *entweder* eine Mindestzahl von vier bzw. im 20. Jahrhundert von fünf Betrieben ansässig, *oder* aber mindestens 0,5% der in den Leitsektoren Beschäftigten in einem einzelnen Unternehmen angestellt waren.

Im letzten Viertel des 19. Jahrhunderts führte im *Bas-Rhin* die Textilindustrie weiterhin nach der Anzahl der Beschäftigten, allerdings hatte die wirtschaftliche Entwicklung nun dazu geführt, dass dieser als nächstes die Metallerzeugung und -verarbeitung, einschließlich Maschinen- und Apparatebau folgte, anschließend Nahrung – Genuss, die Bauindustrie, Holzverarbeitung, Papier und Leder sowie die chemische Industrie.[192] Nach Ausschluss des primären (Gärtnerei, Fischerei, Bergbau) und tertiären Sektors (Handel, Banken, Dienstleistungen) sowie den vorwiegend im Kleingewerbe und in der Hausindustrie nachgegangenen Branchen (z.B. Steine – Erden, Holz- und Schnitzstoffe, Baugewerbe) ist für das Nordelsass im Jahr 1895 folgerichtig die Textilindustrie als Leitsektor zu identifizieren, gefolgt von der Metallbranche, Nahrung – Genuss und, mit weitem Abstand, der Lederindustrie und der Branche Chemie einschließlich Erdölgewinnung. Ohne die nach wie vor großen Anteile der hausindustriellen Produktion im Bereich Textil würden möglicherweise bereits jetzt Metall sowie Nahrung – Genuss vor der Textilindustrie rangieren.[193] Wegen der in Strasbourg überproportional vertretenen Branche Druck – Papier wird diese zusätzlich berücksichtigt, da dieses Segment vor allem in Verbindung mit dem unmittelbaren Umland einen *cluster* erkennen lässt.

Die Elektrifizierung in Frankreich brachte schließlich zu Beginn der 1920er Jahre zahlreiche kleinere Unternehmen der elektrotechnischen Industrie hervor. Daneben waren verschiedene chemische und pharmazeutische Unternehmen vor allem in Strasbourg ansässig. Allerdings verhinderten die ersten Sitzgewinne der Nationalsozialisten im Reichstag 1930 die in Strasbourg geplante Errichtung einer Raffinerie als Mittelpunkt einer Chemie-Plattform; bevorzugte Standorte hierfür wurden nun Nantes sowie die Normandie und Belgien. Die 1963 in Betrieb genommene Pipeline Marseille – Karlsruhe über Strasbourg bot eine vergleichbare Möglichkeit. Noch im selben Jahr errichtete ein Konsortium aus drei petrochemischen Unternehmen die *Raffinerie de Strasbourg* in der nördlich von Strasbourg gelegenen Gemarkung Drusenheim-Herrlisheim. Neben der direkten Versorgung des Elsass mit

---

[191] Vgl. Kapitel 1.2, S. 42ff.

[192] Vgl. für das Jahr 1875: GRAD, Charles: *Études statistiques sur l'industrie de l'Alsace*. 2 Tomes. Colmar/Strasbourg/Paris, 1880. Tome 2, S. 364ff.: "Établissements industriels et ouvriers occupés."

[193] Vgl. hierzu insgesamt: *Das Reichsland Elsaß-Lothringen. Landes- und Ortsbeschreibung*. Hrsg. vom Statistischen Bureau des Ministeriums für Elsaß-Lothringen. *Erster Theil: Allgemeine Landesbeschreibung*. Strassburg, 1898-1901. S. 105-116.

Brennstoffen erwarteten die Verantwortlichen der Region eine damit verbundene weitergehende wirtschaftliche Entwicklung in vor- und nachgelagerten Bereichen, *„une impulsion au développement ultérieur de l'industrie chimique dans le Nord du Bas-Rhin.“*[194] Tatsächlich ließ sich eine weitere Raffinerie in Reichstett nieder, ferner die synthetischen Kautschuk produzierende kanadische *Polysar* in *La Wantzenau* sowie *Dow Chemical*. Mitte der 1970er Jahre arbeiteten rund 40 Firmen mit 200 Beschäftigten in direkter produktionstechnischer Verbindung mit der *Raffinerie de Strasbourg* zusammen, die meisten darunter im geographischen Umfeld von Drusenheim und Herrlisheim. Insgesamt fast 400 Personen bezogen damit ihre Einkünfte aus dem weiteren Umfeld dieser petrochemischen Ansiedlungen. Trotz des bereits in Strasbourg ansässigen *Centre de recherches sur les macromolécules* und der *École d'application des hauts polymères* konnte jedoch abermals kein *cluster* initiiert werden. *„Sur le plan régional le bilan est plus nuancé. Certes, la Raffinerie de Strasbourg, comme celle de Reichstett, participe efficacement à l'approvisionnement en énergie de la région. [...] Mais, l'industrie chimique qui aurait dû se greffer sur cette activité de raffinage et qui aurait pu bouleverser profondément l'économie du Nord de l'Alsace n'a pas suivi.“*[195]

Ebenso wenig brachten die bereits im späten 15. Jahrhundert als Quelle bzw. ölhaltiger Sand in der Umgebung von **Pechelbronn** nachgewiesenen Erdölverkommen eine wettbewerbsfähige Branchenanhäufung hervor. Nach VOGLER/HAU beeinflussten vor allem die quantitativ zu vernachlässigenden Ölschiefer die elsässische Industrie nicht nachhaltig genug. 1928 deckte die Pechelbronner Förderung gerade einmal 4% des französischen Verbrauches, so dass in der Umgebung keine weiterverarbeitende petrochemische Industrie entstand.[196] Die Quelle von Pechelbronn *„ajoute que les gens du pays se servent de cette source depuis le Moyen Age pour couvrir leurs besoins en huile de graissage pour les voitures, parfois aussi à des fins thérapeutiques.“*[197] Wurden die ätherischen Extrakte von dem ersten Konzessionär um 1627 dann vor allem für medizinische Zwecke verwendet, veranlasste die Industrialisierung die Familie Le Bel, sich 1889 als Privatbesitzerin zugunsten einer Gesellschaftsform (Pechelbronner Oelbergwerke) aus der Führung des Unternehmens zurückzuziehen. Grund hierfür waren Probebohrungen im Jahr 1882 gewesen, die auf größere vorhandene Ölquellen schließen ließen und zur Gründung verschiedener Aktiengesellschaften führten.

Die allgemeine Zurückdrängung der *entreprises à capital familial* und die horizontale wie vertikale Konzentration mündeten schließlich um die Jahrhundertwende in einer systematischen Ausbeutung und der Erschließung neuer Ölfelder unter deutscher Regie. So sicherte sich zwar die Deutsche Tiefbohr-Aktiengesellschaft 1906 die Förderrechte und den Vertrieb über die Vereinigten Pechelbronner Oelbergwerke, allerdings partizipierten auch die elsässischen Aktionäre an dem Erdölunter-

194 Vgl. hierfür und für das Folgende insgesamt: GEORG, Norbert: *La place de la Raffinerie de Strasbourg dans la societe et l'économie alsacienne*. In: *Revue d'Alsace*, tome 106/1980. S. 173-184. Hier: S. 173 et 183. (Künftig zitiert: GEORG, *Place de la Raffinerie de Strasbourg*).

195 GEORG, *Place de la Raffinerie de Strasbourg*, S. 183.

196 Vgl. VOGLER/HAU, *Histoire économique de l'Alsace*, S. 275f.

197 Artikel *Pechelbronn*, in: *Encyclopédie de l'Alsace*, Tome 9, S. 5896-5900. S. 5897.

nehmen. Mit dem Ende des Ersten Weltkrieges entstand aus der Deutschen Tiefbohr-Aktiengesellschaft die SAEM (*Société anonyme d'exploitations minières*) unter Beteiligung des französischen Staates, die die Ausbeute und die Erschließung neuer Felder bis Mitte des 20. Jahrhunderts forcierte. Unter dem Eindruck einer krisenhaften betriebswirtschaftlichen Entwicklung und stärker werdender ausländischer Konkurrenz beschloss die Gesellschaft 1950 die sukzessive Aufgabe ihres Geschäftes, der in der Folge rund 2.600 Beschäftigte zum Opfer fielen. 1956 wurde die Erdölförderung in Pechelbronn endgültig aufgegeben.[198] Auch durch die infolge dessen ohne weitergehenden räumlichen Schwerpunkt ausgebildete Chemiebranche blieb die Industrie im *Bas-Rhin* weiterhin stark diversifiziert und vorwiegend von kleinen Unternehmen bestimmt. Mit dem krisenhaften Ende der Vorherrschaft der Textilindustrie seit den 1960er Jahren, die allerdings sehr viel stärker im *Haut-Rhin* ansässig gewesen war, bildete die Industrie ein „*mosaïque sans couleur dominante*".[199]

Drei Besonderheiten kennzeichnen zusammenfassend die wirtschaftliche Struktur im nördlichen elsässischen Untersuchungsgebiet im Gegensatz zur deutschen Seite. Zum einen wurde bereits die industrielle Entwicklung im 19. Jahrhundert von kleinen und unabhängigen Unternehmen getragen, „*la production d'objets fabriqués y est réalisée presque exclusivement par des ateliers ne dépassant pas cinq ouvriers.*"[200] Auch gegenwärtig gehen 76,5% der Beschäftigten ihrer Tätigkeit in Betrieben mit bis zu fünf Beschäftigen nach, 88,2% in Betrieben mit bis zu zehn Beschäftigten.[201] Die zweite, der Entwicklung in der Pfalz und in Nordbaden entgegenlaufende Tendenz ist der stark ausgeprägte tertiäre Sektor. Wenngleich das Elsass selbst in den krisengeschüttelten 1970er Jahren die Beschäftigtenzahlen in der Industrie vergrößern konnte, waren 1996 im tertiären Sektor knapp 400.000 gegenüber rund 170.000 Personen im sekundären Sektor beschäftigt. Hierzu haben besonders der Tourismus sowie die Finanz- und Unternehmensdienstleistungen beigetragen. So ist Strasbourg nach Paris der zweite französische Dienstleistungsplatz, an dem zehn französische und neun ausländische Banken ansässig sind.[202] Tabelle 12 zeigt die Beschäftigten in den einzelnen Wirtschaftsbereichen nach dem Zensus von 1999.

---

[198] Vgl. hierzu insgesamt Artikel *Pechelbronn*, in: *Encyclopédie de l'Alsace*, Tom 9, S. 5896ff.; VOGLER/HAU, *Histoire économique de l'Alsace*, S. 230f. und S. 330; JAHNS, Heinrich: *Der Erdölbergbau.* In: SCHLENKER, Max: *Die wirtschaftliche Entwicklung Elsaß-Lothringens 1871 bis 1918.* Hrsg. im Auftrage des wissenschaftlichen Instituts der Elsaß-Lothringer im Reich an der Universität Frankfurt. Frankfurt/Main, 1931. S. 125-133, sowie: SCHNEIDER, Henri: *Chronik von Merkweiler/Chronique de Merkwiller-Pechelbronn.* Strasbourg, 1985. S. 163ff. (=Urbanisme et Sciences Sociales, 5).

[199] Vgl. VOGLER/HAU, *Histoire économique de l'Alsace*, S. 279, 290, 318f. und 337.

[200] *Le Bas-Rhin*, S. 154.

[201] Vgl. „Industry, trade and services" in: http://www.strasbourg.cci.fr/english/cc_engl.htm (05.12.2001).

[202] Vgl. VOGLER/HAU, *Histoire économique de l'Alsace*, S. 349f.

Tabelle 12: Anteile der Beschäftigten nach Wirtschaftsbereichen im *Bas-Rhin*, 1999

Bereich	**Beschäftigtenanteile**
Landwirtschaft	2,0%
Industrie, einschl. Bau	29,9%
Handel	13,7%
Dienstleistungen	54,4%

Quelle:
„Total employment" in: http://www.strasbourg.cci.fr/english/cc_engl.htm (05.12.2001).

Dabei hat der Dienstleistungssektor vor allem in der zweiten Hälfte des 20. Jahrhunderts seine starke Ausweitung erfahren. So waren 1882 im Reichsland Elsass-Lothringen nur 9,26% der Beschäftigten im tertiären Sektor tätig, allerdings bereits mit steigender Tendenz (1907: 12,16%).[203] Während der Dienstleistungsbereich kontinuierlich zunahm (vgl. Tabelle 13), fielen gleichzeitig die Anteile für das gesamte Elsass im primären Sektor von 36,8% im Jahr 1921 auf 11,0% in 1968, während sich der sekundäre Sektor 1968 auf einen 45,3%-igen Anteil eingependelt hatte (1921: 35,9%).[204]

Neben den allgemeinen, für Frankreich feststellbaren Tendenzen, wie dem Wachstum der Branchen Transport und Handel, ging die starke Zunahme des Dienstleistungsbereichs im Elsass in den 1960er Jahren vor allem auch auf die Ausweitung des regionalen Banken- und Versicherungswesens zurück, sowie zuletzt allgemein auf Dienstleistungen im Hochtechnologiebereich.[205] Schließlich schlägt sich im tertiären Sektor auch die zentralstaatliche Struktur nieder, die, abgestuft nach Arrondissements und Cantonen, viel stärker als in einem föderalen System zentrale Orte mit Verwaltungsaufgaben und öffentlichen Diensten entstehen lässt. Hierzu zählen Haguenau, die zweitgrößte Stadt des *Bas-Rhin* nach Strasbourg, als *centre administratif et scolaire* mit einer *domaine culturel*, Lauterbourg als *chef-lieu* des gleichnamigen Cantons, mit *banques, perception, collège, syndicat des eaux, centre médico-social, maison de jeunes*, sowie Obernai und Saverne mit entsprechenden Funk-

203 Vgl. WOLFRAM, Georg; Werner GLEY (Hrsg.): *Erläuterungsband zum elsass-lothringischen Atlas. Landeskunde, Geschichte, Kultur und Wirtschaft Elsaß-Lothringens.* Frankfurt/Main, 1931. S. 166. (=Veröffentlichungen des wissenschaftlichen Instituts der Elsaß-Lothringer im Reich an der Universität Frankfurt).

204 Vgl. KLEINSCHMAGER, Richard: *L'Économie Alsacienne en question.* Colmar, 1974. S. 44. (Künftig zitiert: KLEINSCHMAGER, *Économie Alsacienne en question*).

205 Vgl. KLEINSCHMAGER, *Économie Alsacienne en question*, S. 52f., sowie: HAENSCH, Günther; Hans J. TÜMMERS: *Frankreich. Politik, Gesellschaft, Wirtschaft.* München, [2]1993. S. 349ff.

tionen als jeweiliger *chef-lieu de canton.*[206] Bei genauerer Betrachtung zeigt sich jedoch, dass gerade diese zentralen Orte weiterhin den größten Beschäftigtenanteil im industriellen Sektor aufweisen.

Tabelle 13: Beschäftigtenanteile im tertiären Sektor im Elsass

Jahr	Beschäftigtenanteile im tertiären Sektor
1921	27,3%
1926	27,8%
1931	29,1%
1936	32,4%
1954	33,7%
1962	38,8%
1968	43,7%

Quelle:
KLEINSCHMAGER, Richard: *L'Économie Alsacienne en question.* Colmar, 1974. S. 44.

Die öffentlichen Dienstleistungen, die Gastronomie, aber auch Banken und Versicherungen sollen auch in der folgenden Analyse weiterhin ausgeschlossen bleiben, da sie i.d.R. öffentlichen und regionalen Versorgungscharakter besitzen und von daher nicht zur *Cluster*bildung beitragen können. Gegensätzliches kann nur für den internationalen Banken- und Versicherungsplatz Strasbourg gelten. Aber auch der regelmäßig in der Umgebung von Hauptorten sich ballende Handel unterliegt dieser Beschränkung, sind doch die meisten und größten der *Hyper-* bzw. *Supermarchés* in suburbanen, von den Kommunen speziell ausgewiesenen *Centres Commerciales* oder *Zones Industrielles* ansässig. Eventuell *cluster* konstituierende Investitionsentscheidungen werden zudem von den führenden, auch international agierenden Konzernen zentral getroffen.[207]

Seit Jahrhunderten kulturelles und wirtschaftliches Zentrum des rein agrarisch geprägten oberrheinischen Landes, entwickelte sich **Strasbourg**[208] seit Mitte des 19.

---

[206] Vgl. hierzu die entsprechenden Artikel in: *Encyclopédie de l'Alsace*, Tome 6, S. 3656ff.; Tome 8, S. 4672ff.;Tome 9, S. 5615ff. et Tome 11, S. 6682ff.

[207] Speziell zu den Strukturen im Einzelhandel vgl. beispielsweise: PLETSCH, Alfred: *Frankreich.* Darmstadt, 1997. S. 236-240. (=Wissenschaftliche Länderkunden).

[208] Zur Geschichte Strasbourgs insgesamt siehe beispielsweise: REUSS, Rodolphe: *Histoire de Strasbourg depuis ses origines jusqu'a nos jours.* Marseille, 1981. [Réimpression de l'édition de Paris, 1922]; PERILLON, Marie-Christine: *Histoire de la ville de Strasbourg.* Roanne, 1980; MARIOTTE, Jean-Yves: *Strasbourg.* In: Le Département du Bas-Rhin, S. 86-90. (Künftig zitiert:

Jahrhunderts innerhalb kurzer Zeit zur Industriestadt. Vor allem um die Jahrhundertwende kam es zu einer Konzentration der ehedem kleinen, lokal orientierten Unternehmen und zu Kapitalzuflüssen zuvorderst aus Mulhouse, dann aus ganz Frankreich, Deutschland und der Schweiz. Der wirtschaftliche Aufschwung vollzog sich dabei in den unterschiedlichsten Branchen, wie der Nahrungs- und Genussmittelindustrie, der Lederindustrie, im Bereich der Metallverarbeitung bzw. der Holz-, Energie-, Bau- und chemischen Industrie. Noch heute ist Strasbourg die wichtigste elsässische Stadt „*par ses fonctions économiques, sociales et culturelles, par l'ampleur de sa zone d'influence comme d'attraction de sa main d'oeuvre*“[209], aber auch infolge der dort ansässigen öffentlichen Verwaltungen und Einrichtungen (*Chambres consulaires*, *Bourse de commerce*, *Port autonome*, *Conseil de l'Europe*, *Parlement européen*, etc.), privaten Handels- und Dienstleistungsunternehmen, Forschungseinrichtungen sowie als wichtiger Banken- und Finanzplatz.[210]

Die anhaltend breite industrielle Diversifizierung verhinderte in Strasbourg zwar keine Schwerpunktbildung, allerdings unterlagen die wettbewerbsfähigen Strukturen immer wieder Wandlungen, in deren Folge es bis heute zu keiner *Cluster*bildung kommen konnte.[211] So hatte Strasbourg 1895 nennenswerte, das heißt i.d.R. mehr als 50%-tige Anteile an den Beschäftigten in der Elektrotechnik (Akkumulatorenbau), bei chirurgischen Instrumenten und Apparaten, Turmuhren, aber auch im Schiffbau sowie bei der Herstellung von chemisch-pharmazeutischen Präparaten, Schuhen, bei der Bierproduktion und der Tabakverarbeitung. Einzig innerhalb der Branche Druck – Papier aber dominierten sowohl Druckereien als auch ein Produzent für Schreib- und Druckpapier.[212] Auch nach dem Ersten Weltkrieg konnte Strasbourg in diesem Bereich seine dominierende Rolle aufrecht erhalten. Hier verfügte die Stadt über mehr als 50% der Beschäftigten der Region in verschiedenen Druckereien, bei der Papier- und Kartonagenproduktion, als auch bei der Herstellung von Papiersäcken, -tüten, -tüchern und -heften. Diese Anhäufung war immerhin so ausgeprägt, dass zwei kleinere Maschinenbauunternehmen (mit 10 bzw. 17 Beschäftigten) Druckmaschinen bzw. Papiermaschinen herzustellen begannen. Wie schwach diese potentiell *cluster*bildenden Strukturen in Ausbildung begriffen waren, zeigt die auf Müllereimaschinen spezialisierte Schneider, Jacquet & Cie., die im Vergleich dazu selbst in der unmittelbaren Nachkriegszeit über 287 Beschäftigte verfügte. Daneben konnten nennenswerte Beschäftigtenanteile im Bereich Verkehr erhalten (Schiffbau) bzw. gewonnen werden (Kraftfahrzeugbau und -reparatur) und auch die Elektrotechnik als Schwerpunkt mit mehr als 50%-Anteilen erhalten bleiben. Vor allem wirkte sich nun auch die führende Rolle der Nahrungsmittelindustrie aus: ein Unternehmen der Metallverarbeitung stellte u.a. Konservendosen her, ferner lieferte die ebenfalls nennenswerte Ar-

---

MARIOTTE, *Strasbourg*); sowie: LIVET, Georges; Francis RAPP (Direction): *Histoire de Strasbourg*. Toulouse, 1987. (Künftig zitiert: LIVET/RAPP, *Histoire de Strasbourg*).

209 Artikel *Strasbourg*, in: *Encyclopédie de l'Alsace*, Tome 11, S. 7046-7152. S. 7046. Zur Geschichte Strasbourgs insgesamt vgl. S. 7118ff.

210 Zur Ökonomie Strasbourgs insgesamt vgl. LIVET/RAPP, *Histoire de Strasbourg*, S. 461ff.

211 Zur nicht vorhandenen *Cluster* in Strasbourg vgl. auch Abschnitt „*Une industrie diversifiée, mais au poids encore insuffisant*“, in: LIVET/RAPP, *Histoire de Strasbourg*, S. 464f.

212 Eigene Berechnungen nach: *Reichsland Elsass-Lothringen*, Erster Theil, S. 105-116.

Schaubild 18: ***Cluster*grafik Strasbourg 2001**

Primärgüter	WERKSTOFFE – METALLE	MEHRFACH-GESCHÄFT	VERKEHR	ERDÖL – CHEMIE	TEXTILIEN – BEKLEIDUNG	LAND-, FORST-WIRTSCHAFT NAHRUNG – GENUSS	DRUCK – PAPIER
	EISEN & STAHL *Eisenguß* VERARBEITET Metallbearbeitung Metallwaren Schlösser, Metallbeschläge Schlosserarbeiten Technische Geräte Blechwaren Formstahl SONSTIGES ***Musik-instrumente*** Sportartikel	APPARATE UND ANLAGEN Fahrstühle, Lastzüge, Rolltreppen Transmissionen Werkzeug-maschinen ARMATUREN Armaturen Industrielle Klima- und Kälteanlagen MASCHINENBAU Allgemeiner Maschinenbau ELEKTROTECHNIK Elektrotechnisches Zubehör Überwachungs-anlagen MEDIZINISCHE GERÄTE ***Dentaltechnik*** ***Orthopädische Geräte***	***Eisenbahn-material*** ***KFZ-Teile und Ausrüstungen***	ANORG. UND ORG. GRUNDSTOFFE, CHEMIKALIEN, MINERALÖL-PRODUKTE Industriegase FARBSTOFFE, LACKE Farben, Lacke KUNSTSTOFFTEILE, -WAREN ***Kunststoff-erzeugung*** ***Kunststoffteile*** ***Technische Kunststoffteile*** PHARMAZIE Pharmazeutische Produkte PUTZ-, PFLEGE-, WASCHMITTEL Parfüm, Toilettenartikel SONSTIGES *Ätherische Öle*	KONFEKTIONEN/ WÄSCHE Arbeitsbekleidung Bekleidung Textilwaren STRICKWAREN Pullover	HOLZVERARBEITUNG Holzplatten Holzverpackungen MÖBEL *Büro-, Lagermöbel* ALKOHOL. GETRÄNKE *Bier* BACKWAREN ***Back-, Konditorei-waren*** ***Brot, Kuchen (Ind.)*** NAHRUNGSMITTEL Schlachtfleisch Fleischverarbeitung Nahrungsmittel Schneckenverarbeitung SÜßWAREN *Schokolade, Konfekt* TABAK Tabakerzeugnisse VORPRODUKTE ***Malz*** ***Öle, Fette*** ***Kaffeeverarbeitung***	DRUCKEREIGEWERBE ***Druckerzeugnisse*** ***Graphische Arbei-ten*** PAPIER, PAPPE, KARTON, VERPACKUNGEN ***Papier*** ***Kartonagen*** VERLAGSGEWERBE **Verlag** **Zeitungsverlag**

(Fort-setzung:) **Primärgüter**	WERKSTOFFE – METALLE	MEHRFACH-GESCHÄFT	VERKEHR	ERDÖL – CHEMIE	TEXTILIEN – BEKLEIDUNG	LAND-, FORST-WIRTSCHAFT NAHRUNG – GENUSS (Fortsetzung:) VORPRODUKTE ***Rohteig*** ***Getreideverarbeitung*** ***Müllereiprodukte*** ***Nahrungsmittelzusätze*** FUTTERMITTEL *Tierfutter*	DRUCK – PAPIER
Maschinen und Anlagen						Lebensmittel-industriemaschinen	Maschinen für Papier- und Karto-nagenindustrie
Besondere Produktions-mittel							***Druckformen***
Dienst-leistungen	**Metall-Recycling**			Nicht-Metall-Recycling			

SCHLÜSSEL

Normal 19% - 1% der durchschnittlich in der Branche Beschäftigten.
Kursiv 49% - 20% der durchschnittlich in der Branche Beschäftigten.
Fett 100% - 50% der durchschnittlich in der Branche Beschäftigten.

schwarz Beschäftigtenanteile örtlicher Betriebe an der Branche insgesamt.
grau Beschäftigtenanteil einzelner Betriebe an den in der Branche Beschäftigten.

maturenindustrie neben Gas- und Dampfarmaturen Ausrüstungen für Brauereien, Weinkellereien sowie landwirtschaftliche Maschinenteile.[213]

Erhalten hat sich bis zur Gegenwart (vgl. Schaubild 18) zwar der Schwerpunkt im Druckerei- und Verlagsgewerbe einschließlich der Papier- und Kartonherstellung, allerdings sind in dem damit in Verbindung stehenden Spezialmaschinenbau nur 55 Personen beschäftigt. Starke Anteile hat demgegenüber der Druckformenbau gewonnen. Auch die klassische Strasbourger Branche Nahrung – Genuss konnte ihre führende Rolle ausbauen, mit überproportionalen Anteilen bei der Bierproduktion, Back- und Süßwaren, Tabak sowie Vorprodukten (z.B. Malz, Fette, Rohteig, Nahrungsmittelzusätze), und auch hier sind gegenwärtig 35 Personen mit der Herstellung von Maschinen für die Lebensmittelindustrie beschäftigt. Erhalten wurde daneben der Wettbewerbsvorteil im Sektor Verkehr mit Eisenbahnmaterial und KFZ-Ausrüstungen bzw. -Teilen sowie bei den medizinischen Geräten. Hinzugekommen ist innerhalb der Branche Erdöl – Chemie die Kunststofferzeugung und das Kunststoff-Recycling.[214] Das Schaubild zeigt daneben den geringen Beschäftigtenanteil in allen anderen Branchen, die breite Streuung der Gewerbe und – mit Ausnahme der genannten – die fehlenden branchenverwandtschaftlichen Beziehungen. Auch in Strasbourg fällt daneben, wie im gesamten Elsass, die stark mittelständische Prägung der Wirtschaft auf, mit nur sechs Unternehmen mit mehr als 500 Beschäftigten, von denen wiederum nur zwei mehr als 1.000 Beschäftigte zählen (*Industrial Johnson Controls Roth*, Hersteller technischer Kunststoffteile mit 1250 sowie *General Motors Strasbourg* mit 2131 Beschäftigten).[215]

Das im Süden an Strasbourg angrenzende **Illkirch-Graffenstaden**[216] zählt zu den früh industrialisierten Städten des Elsass. Die in der Umgebung vorherrschenden landwirtschaftlichen Produkte wie Hanf und Tabak wurden hier weiterverarbeitet, bis schließlich Zuckerrüben und Gerste für die nahen Brauereien den Hanf verdrängten. „*Deux moulins exploitèrent la force hydraulique locale, écrasant le grain, mais autrefois aussi traitant le chanvre (rotières) et le tabac (foulons)*“ in der zweiten Hälfte des 19. Jahrhunderts.[217] Spätestens seit 1838 jedoch wurde die S.A.C.M. zum dominierenden Unternehmen Graffenstadens.

---

[213] Eigene Berechnungen nach: Archives départementales du Bas-Rhin, AL 121 1468. *Service industriel d'Alsace et de Lorraine, Détachement de Strasbourg (Département du Bas-Rhin).*

[214] Eigene Berechnungen nach: *Entreprises du Bas-Rhin de 10 à 49 salariés* bzw. *Entreprises du Bas-Rhin de 50 salariés et plus. Information économique.* Edité par CCI – Info Fichiers. Strasbourg, 2001. (Künftig zitiert: *Entreprises du Bas-Rhin.*) Zur Entwicklung einzelner Unternehmen vgl. insgesamt Artikel *Strasbourg*, in: *Encyclopédie de l'Alsace*, Tome 11, S. 7050f.

[215] Vgl. hierzu insgesamt: *Entreprises du Bas-Rhin de 50 salariés et plus. Information économique.* Edité par CCI – Info Fichiers. Strasbourg, 2001.

[216] Einen kurzen Überblick über die Geschichte Illkirch-Graffenstadens bietet MEYER, Roger: *Illkirch-Graffenstaden – aperçu historique.* In: Courrier de Schiltigheim, Nr. 67. 18. Jg. 1983.

[217] Artikel *Illkirch-Graffenstaden*, in: *Encyclopédie de l'Alsace*, Tome 7, S. 4180-4193. S. 4180.

Die *Société Alsacienne de Constructions Mécaniques* (*SACM*) ging aus einer vorindustriellen Gründung des Jahres 1825 hervor, die ihrerseits bereits eine Konstruktionswerkstätte aus dem 18. Jahrhundert ersetzt hatte.[218] Unter verschiedenen Teilhabern wurden zunächst Waagen, Hebevorrichtungen wie Winden und Kräne, Schrauben, Spindeln und Wasserspritzen hergestellt, bis 1838/39 die Kapitalgesellschaft *Établissement de Constructions Mécaniques de Strasbourg* entstand. Zum Produktionsprogramm kamen nun Räder, Radreifen für Eisenbahnwaggons, Maschinenteile und Dampfmaschinen hinzu, was eine Umstrukturierung der Fabrik in Graffenstaden und die Einstellung weiterer Arbeitskräfte erzwang.[219] Zur Ausbildung letzterer sahen sich die Direktoren gezwungen, entsprechende Theoriekurse auf dem Werksgelände anzubieten. Jacob Messmer, Teilhaber und ehedem Professor am Polytechnikum in Karlsruhe, errichtete hierzu „*en 1850 une véritable école professionelle dans l'établissement, qui accueillait plus de cent élèves la première année. À la fin des études primaires, les apprentis, dont la plupart venaient des villages des environs, suivaient des cours théoriques de dessin et de mécanique et des cours pratiques aux ateliers.*"[220] Es folgten nach 1865 neben sozialen Einrichtungen (Speisesaal, medizinische Betreuung, Pensionskasse) die Eröffnung eines Casinos für die Beschäftigten, in dem eine Bibliothek mit technischen Zeitschriften untergebracht wurde.[221]

Zwischen 1845 und 1847 fertigte die Gesellschaft – ebenso wie De Dietrich in Reichshoffen – in zunehmendem Maße Eisenbahnmaterial, also Räder, Achsen, Kohlenwagen, Lokomotiven, Weichen und komplette Wagen, dazu kamen schließlich Eisenkonstruktionen und -brücken, hydraulische Kräne etc. Die Jahre nach 1855 standen dann ganz im Zeichen der Konstruktion von Lokomotiven.[222] Die deutsche Annexion des Elsass und die sich hierdurch zunächst ergebenden Anpassungsschwierigkeiten bewirkten anschließend das Zusammengehen der *Usine de Graffenstaden*, die inzwischen als *Société des ateliers de construction de Graffenstaden* firmierte, mit dem zweiten großen elsässischen Maschinenbaukonstrukteur, der 1826 gegründeten *André Koechlin et Cie.* in Mulhouse, die neben Maschinenteilen und Lokomotiven vor allem Textilmaschinen herstellte. Die 1872 hieraus hervorgegangene Aktiengesellschaft SACM behielt jedoch die vorhandenen Strukturen in den beiden Niederlassungen zunächst bei, die sich beide weiterhin auf ihren jeweils angestammten Märkten betätigten, bis seit 1889 in Mulhouse nur noch Maschinen und Maschinenteile für die Textilindustrie hergestellt worden sind. Durch die Fusion wurde nur der Lokomotivenbau, die einzige gemeinsame Produktionssparte der beiden

---

[218] Vgl. hierfür und für das Folgende insgesamt: BERNARD, François: *L'usine de Graffenstaden et la Société Alsacienne de Constructions Mécaniques 1838-1965.* Mémoire de D.E.A. d'Histoire contemporaine. Strasbourg [Masch.], 1991. S. 4-18. (Künftig zitiert: BERNARD, *L'usine de Graffenstaden*).

[219] Vgl. hierzu auch das gesamte Kapitel II, „Au Temps des Chemins de Fer (1838-1870) bei: BERNARD, François: *L'Alsacienne de Constructions Mécaniques des origines à 1965.* Strasbourg, 2000. S. 37-63. (Künftig zitiert: BERNARD, *L'Alsacienne de Constructions Mécaniques*).

[220] BERNARD, *L'usine de Graffenstaden*, S. 17.

[221] Vgl. BERNARD, *L'usine de Graffenstaden*, S. 23f.

[222] Vgl. BERNARD, *L'usine de Graffenstaden*, S. 18-28.

Standorte, umstrukturiert, so dass die Fusion neben dem Übergang vom *capitalisme familial* zum *capitalisme public* auch eine Konzentration der Produktion darstellte.[223]

Den Bau von Lokomotiven für den zollgeschützten französischen Markt übernahm ab 1878 ein extra hierfür errichtetes Zweigwerk der SACM in Belfort, während Graffenstaden die Lokomotiven für die übrigen Märkte produzierte. Die dort zu Beginn des 20. Jahrhunderts fast 1.200 Beschäftigten stellten schließlich zunehmend Produkte für die neuen Industrien, wie den Großmaschinenbau, die chemische Industrie und die Lebensmittelindustrie her.[224] Bis nach dem Zweiten Weltkrieg hielt die SACM in Graffenstaden an ihrer hergebrachten Produktionspalette fest, ergänzt um die Herstellung von Telefonausrüstungen, obwohl die französische Eisenbahngesellschaft bereits 1949 die Bestellung von Dampflokomotiven eingestellt hatte. Die SACM belieferte daraufhin die Märkte in Afrika und Asien mit diesen Lokomotiven, litt aber anhaltend unter dem Niedergang der Textil- sowie der Eisenindustrie. „*Les dernières locomotives de Graffenstaden, livrées à l'État égyptien en 1955, juste avant la crise de Suez, ne seront jamais payées.*"[225] Lokomotiven mit Dieselantrieb verließen anschließend nur noch das Mulhouser Werk.

Das Engagement im Bereich der Nuklearenergie Ende der 1950er, Anfang der 1960er Jahre brachte starke finanzielle Verluste und wenig vorzeigbare Erfolge, während sich im Bereich der Maschinenwerkzeuge die amerikanische Konkurrenz bemerkbar machte. Hinzu kamen Verluste aus anderweitigen Beteiligungen (*Rhénaméca*). 1964 wurde die Telekommunikations- und Elektroniksparte der SACM in die *Société alsacienne de constructions atomiques, de télécommunications et d'électronique (Alcatel)* eingebracht, die schließlich auf Umwegen in die zwischenzeitlich nicht mehr existente *CIT-Alcatel (Compagnie industrielle des télécommunications)* der *Groupe CGE (Compagnie générale d'électricité)* mündete. In diesem Unternehmen stellte das Werk in Graffenstaden nicht mehr als eine physikalisch-mechanische Abteilung dar, spezialisiert auf Getriebe und Maschinenwerkzeuge, das es auch nach der Verstaatlichung im Jahre 1984 blieb, mit nur noch einem Bruchteil der ehemals Beschäftigten.[226]

Am zunächst anhaltenden Wachstum der SACM hatten weitere Unternehmen partizipiert, so zwei Bauunternehmen, eine industrielle Holzverarbeitung, ein Maschinenbauunternehmen für Holzverarbeitungsmaschinen bzw. eine Seifenfabrik. Nach dem Ersten Weltkrieg ließ sich in Graffenstaden eine Brillenglasfertigung sowie ein Unternehmen der Nahrungsmittelindustrie (Konserven, Salami, Schinken, Pasteten, Sauerkraut, Konfitüren) nieder. Spätestens seit 1945 begann sich die Industrie infolge der räumlichen Nähe zu Strasbourg und des Gemeindezusammenschlusses mit Illkirch weiter zu diversifizieren. So ist heute die Feinmechanik, die Lebensmittel-, Spielwaren-, die chemische, Elektro-, Möbel- und Verpackungsmittelindustrie in Ill-

223 Vgl. BERNARD, *L'Alsacienne de Constructions Mécaniques*, S. 80ff. sowie DERS., *L'usine de Graffenstaden*, S. 29-36.

224 Vgl. VOGLER/HAU, *Histoire économique de l'Alsace*, S. 215f.

225 VOGLER/HAU, *Histoire économique de l'Alsace*, S. 326.

226 Vgl. hierzu insgesamt: VOGLER/HAU, *Histoire économique de l'Alsace*, S. 326-330 und S. 347f. sowie BERNARD, *L'Alsacienne de Constructions Mécaniques*, S. 337ff.

kirch-Graffenstaden vertreten.[227] Nach den Beschäftigtenanteilen ist gegenwärtig vor allem durch ALCATEL (ALCATEL *Business Systems* mit 1.700, ALCATEL *Reseaux Entreprise* mit 46 Beschäftigten) der Telefonanlagenbau dominierend. Außer einer Brillenfabrik sowie jeweils einem Hersteller von Büro- und Lagermöbeln bzw. Druckformen sind schließlich alle weiteren Branchen durch geringe Beschäftigtenanteile gekennzeichnet, die neben ihrer breiten Streuung keine branchenverwandtschaftlichen Beziehungen aufweisen.[228]

Auch das nördlich an die elsässische Metropole angrenzende **Schiltigheim**[229], das spätestens seit Mitte des 19. Jahrhunderts am Strasbourger Wachstum partizipierte, ist inzwischen in seiner wirtschaftlichen Struktur breit diversifiziert und mit Ausnahme der ortsansässigen Brauerei-Branche ohne Schwerpunktbildung bei den Beschäftigtenanteilen. Dabei kamen die modernen Brauereien zunächst aus Strasbourg und zogen branchenverwandte Unternehmen nach sich. „*Avec l'équipement des transports modernes, l'élargissement des transports modernes, l'élargissement des marchés, les concentrations d'entreprises et le passage à des productions plus massives, s'opèrent des transformations dont Schiltigheim bénéficie. Le loess et la terrasse rhénane qui y dominent Strasbourg attirent l'installation des brasseries désireuses de réaliser de grandes caves à l'abri de la nappe phréatique en même temps qu'elles s'agrandissent et se modernisent*".[230] So verlegte *Le Pêcheur* (*Brasserie* Fischer) 1854 seinen Standort nach Schiltigheim und verleibte sich in den folgenden 50 Jahren 14 kleinere Brauereien ein. Bis zum Ersten Weltkrieg ließen sich weiterhin acht Mälzereien in der Stadt nieder, sowie 1862 aus Strasbourg kommend die Brauerei Kleinknecht, 1860 *l'Espérance* und 1866 Schutzenberger, während die Brauerei Adelshoffen (später zu Heineken gehörend) eine Gründung *Schilikois* des Jahres 1864 darstellt.

Zu den klassischen Zulieferern und Ausrüstern der Brauereien (Mälzereien, Holzfasshersteller, Kesselschmiede) kamen bald spezialisierte Industriebetriebe wie Quiri, der bereits um 1875 Kühlmaschinen produzierte, die nun auch das Bierbrauen im Sommer erlaubten, sowie F. Mock, der seit 1887 in Schiltigheim neben Dampfkesselanlagen Geräte und Apparate für Brauereien, Brennereien, Mälzereien und die chemische Industrie herstellte.[231] „*Schiltigheim se transforme en ville industrielle dans la seconde moitié du XIXe siècle avec l'arrivée des brasseries et l'implantation*

---

[227] Vgl. Artikel *Illkirch-Graffenstaden*, in: *Encyclopédie de l'Alsace*, Tome 7, S. 4181.

[228] Eigene Berechnungen nach: *Entreprises du Bas-Rhin*.

[229] Zur Geschichte Schiltigheims vgl. insgesamt: *Schiltigheim. La Cité des Brasseurs d'Alsace*. Strasbourg, 2000. (Künftig zitiert: *Cité des Brasseurs*); GEORGES, Pierre: *Schiltigheim du Moyen-Age à 1918*. Strasbourg, 2000. (Künftig zitiert: GEORGES, *Schiltigheim à 1918*); LOMAZZI, Marc; Jean-Marie HERRMANN: *Industrialisation, Urbanisation et politiques municipales Schiltigheim, 1850 – 1939*. Memoire de Maîtrise, Strasbourg [Masch.], 1984; sowie: BERNHARD, Joseph: *Schiltigheim et son Canton à travers les siècles*. Strasbourg, 1961. (Künftig zitiert: BERNHARD, *Schiltigheim et son Canton*).

[230] Artikel *Schiltigheim*, in: *Encyclopédie de l'Alsace*, Tome 11, S. 6729-6738. S. 6731. Siehe hierzu auch: GEORGES, *Schiltigheim à 1918*, S. 137ff. sowie zur Geschichte der Brauereien in Schiltigheim insgesamt und ausführlich: *Cité des Brasseurs*, S. 172ff.

[231] Vgl. hierzu beispielsweise „Les industries liées à la bière" bei: GEORGES, *Schiltigheim à 1918*, S. 147ff.

d'industries annexes: malterie, tonnellerie, chaudronnerie, équipement frigorifique".[232] Auch durch das Traditionshaus Ungemach (Elsässische Konservenfabrik und Import-Gesellschaft), einem Großhändler, Konservendosenfabrikanten, Kaffeeröster, Pralinenhersteller und Kolonialwarenhändler, der nach 1918 „*ajoute à sa production les champignons (cultivés dans les anciennes caves à bière [!]) et les escargots*",[233] einer Essigfabrik, mehreren Destillerien, Zigarren- bzw. Zigarettenfabriken und einer Schaumweinfabrik überwog zunächst die Branche Nahrung – Genuss.[234] Vor allem aber nach dem Zweiten Weltkrieg, seit 1982 nicht zuletzt infolge aktiver städtischer Industrieansiedlungspolitik,[235] veränderte sich diese wirtschaftliche Ausrichtung hin zu stärkerer Branchenspreizung, wenn auch Nahrung – Genuss (mit derzeit vier Großbrauereien) in Schiltigheim weiterhin die meisten Beschäftigten auf sich vereinen.[236]

Das südwestlich von Strasbourg in Weinbergen gelegene **Molsheim**[237], in dem von alters her Handel getrieben wurde, zählte im Jahr 1801 47 Werkstätten, 1866 53, von denen elf zur Textilindustrie gehörten. Besonders nach 1817 entstanden hier industrielle Fertigungsmethoden durch die Werkzeug- und Küchengeräteherstellung des Jacques Coulaux, der in Mutzig die königliche Waffenmanufaktur und in Klingenthal eine weitere Waffenfabrik betrieb. „*Cette fabrique devint célèbre dans tout l'Europe par la qualité des faux qu'on y fabriquait. En 1866, 2000 personnes (sur 3500) vivent de l'industrie et de l'artisanat à Molsheim.*"[238] Nach einer Periode des Niederganges, bedingt durch die wirtschaftlichen Schwierigkeiten Coulaux', ließ sich 1910 Ettore Bugatti[239] in Molsheim nieder, um Automobile und Maschinenwerkzeuge zu bauen. In den 1930er Jahren beschäftigte dieser dort zwischen 1.200 und 1.500 Personen, gegenwärtig bauen bei Messier–Bugatti 750 Beschäftigte Luftfahrzeugzellen. Gleichzeitig aber blieb die wirtschaftliche Struktur der 19 Kilometer von Strasbourg entfernten Stadt eine gemischte, mit Tabakmanufakturen, Gerberei, Textil- und anderen Betrieben, von denen einige, wie die Glühlampenfabrik (heute Osram SAS), bis zur Gegenwart bestehen. Gerade auch der Blick auf Unternehmen mit Tradition unterstreicht die sich in Schaubild 19 niederschlagende diversifizierte Struktur: *Muller Outils* (Werkzeuge) und die *Fonderie Heinrich SA* (Eisenguss), aber auch der Ma-

---

[232] GEORGES, *Schiltigheim à 1918*, S. 127.

[233] Hierzu und zum Haus Ungemach insgesamt siehe: GEORGES, *Schiltigheim à 1918*, S. 152; *Cité des Brasseurs*, S. 193f. sowie: BERNHARD, *Schiltigheim et son Canton*, S. 94.

[234] Vgl. PETER, Daniel: *Schiltigheim*. In: *Le Département du Bas-Rhin*, S. 83-85. S. 84, sowie: Artikel *Schiltigheim*, in: *Encyclopédie de l'Alsace*, Tome 11, S. 6731.

[235] Vgl. Kapitel „Le développement économique" in: *Cité des Brasseurs*, S. 127ff.

[236] Ausführlich zu den einzelnen Betrieben in Schiltigheim siehe auch: LAMBOLEY, Christian; René METZ: *Schiltigheim – une ville, une vie*. Strasbourg, 1990. S. 18ff. und S. 25ff.

[237] Zu Molsheim allgemein vgl. auch: SCHLAEFLI, Louis: *Molsheim*. In: *Le Département du Bas-Rhin*, S. 80-82.

[238] Artikel *Molsheim*, in: *Encyclopédie de l'Alsace*, Tome 9, S. 5209-5217. S. 5211.

[239] Zur Person Bugattis, seinen Konstruktionen sowie verschiedenen Betriebsgründungen vgl. insgesamt: CORNWAY, Hugh G.; Maurice SAUZAY: *Bugatti*. Stuttgart, 1989.

Schaubild 19: ***Cluster*****grafik Molsheim, 2001**

Primärgüter	WERKSTOFFE – METALLE	MEHRFACH-GESCHÄFT	VERKEHR	ERDÖL – CHEMIE	TEXTILIEN – BEKLEIDUNG	LAND-, FORSTWIRTSCHAFT NAHRUNG – GENUSS	DRUCK – PAPIER
	EISEN & STAHL Eisenguß VERARBEITET Metallbearbeitung Blechwaren	APPARATE UND ANLAGEN Handwerkzeuge Wasch-, Förderanlagen MASCHINENBAU Allgemeiner Maschinenbau ELEKTROTECHNIK Glühbirnen MEDIZINISCHE GERÄTE Dentaltechnik	KFZ-Karosserien Luftfahrzeugzellen		LEDER/ LEDERWAREN Reise-, Lederwaren	HOLZVERARBEITUNG Holzverpackungen MÖBEL Möbel BACKWAREN Back-, Konditoreiwaren FUTTERMITTEL *Tierfutter* NAHRUNGSMITTEL ***Fischverarbeitung*** ***Fleischverarbeitung*** ***Nahrungsmittel*** SÜßWAREN Schokolade, Konfekt	
Maschinen und Anlagen							
Besondere Produktionsmittel							Maschinen für Papier- und Kartonagenindustrie
Dienstleistungen							

SCHLÜSSEL
Normal 19% - 1% der durchschnittlich in der Branche Beschäftigten.
Kursiv 49% - 20% der durchschnittlich in der Branche Beschäftigten.
Fett 100% - 50% der durchschnittlich in der Branche Beschäftigten.

schwarz Beschäftigtenanteile örtlicher Betriebe an der Branche insgesamt.
grau Beschäftigtenanteil einzelner Betriebe an den in der Branche Beschäftigten.

schinenbauer *Millipore SA* mit fast 500 beschäftigten Personen schlägt sich in der auf Beschäftigtenanteilen beruhenden *Cluster*grafik nicht nieder. Hierzu haben auch die Niederlassungen ausländischer Unternehmen wie Mercedes-Benz zur Fertigung von KFZ-Karosserien beigetragen. Einzig im Bereich der Holzverarbeitung (Holzverpackungen, im weiteren Sinne auch der Maschinenbau für Papier- und Kartonagenindustrie) und der Branche Nahrung – Genuss deutet sich eine leichte Schwerpunktbildung an, die jedoch noch keine Anziehungskraft auf branchenverwandte Unternehmen ausstrahlt und dementsprechend keinen *cluster* hervorgebracht hat.

Haguenau *„vivait en symbiose avec l'agriculture"* bis Mitte des 20. Jahrhunderts (vgl. auch Schaubild 20).[240] Das bedeutete in Anbetracht des schlechten Bodens einerseits eine regelmäßige Selbstversorgung einschließlich Kleintierhaltung der Bewohner, andererseits die Spezialisierung auf landwirtschaftliche, den Bodenverhältnissen angepasste Sonderkulturen. Neben dem Tabakanbau war dies der bis in das Mittelalter zurückgehende Anbau von Krapprot, der im 18. Jahrhundert seinen Höhepunkt erreichte, später jedoch der chemischen Farbenindustrie zum Opfer fallen sollte. Zuvor aber hatte der Hopfen[241], 1802 von einem Haguenauer Brauer eingeführt, das Krapprot als Hauptanbauprodukt abgelöst. *„De nombreux bourgeois financent alors l'installation d'un houblonnière que les paysans mettent en valeur. C'est à partir de ce moment seulement que cette culture va se répandre et déborder largement le cadre haguenovien jusqu'en 1867, année qui marque un sommet de la production."*[242] Daneben wurde die Garnisonsstadt[243] Haguenau ein Ort großer Jahr- bzw. regelmäßiger landwirtschaftlicher Spezialmärkte. Trotz dieses Schwerpunktes aber vermerkt das „Adressbuch von Haguenau und Umgebung" für das Jahr 1911 gerade einmal drei Händler landwirtschaftlicher Maschinen; darüber hinaus waren bis zum Ausbruch des Ersten Weltkrieges nicht einmal 500 Beschäftigte in der Industrie zu verzeichnen.[244] Die Anfänge städtischer Industrialisierungspolitik nach dem Ersten Weltkrieg brachten zwar einige Ansiedlungserfolge (Vincent Wasserzähler, Peugeot Fahrräder, Elsässische Teppichmanufaktur, Keramik-Fabrik), die jedoch durch die Weltwirtschaftskrise und die sich anschließende „Glacis"-Politik Frankreichs sehr schnell wieder zunichte gemacht wurden.[245]

---

[240] Zur Geschichte Haguenaus vgl. insgesamt auch: GRASSER, Jean-Paul; Gérard TRABAND: *Histoire de Haguenau des origines à nos jours*. Illkirch-Graffenstaden, 2000. (Künftig zitiert: GRASSER/ TRABAND: *Histoire de Haguenau*).

[241] Zum Hopfenanbau in Haguenau und im Elsaß insgesamt vgl. GLEISSLER, Paul: *Haguenau – une histoire et un guide*. Strasbourg, 1982. S. 56.

[242] Artikel *Haguenau*, in: *Encyclopédie de l'Alsace*, Tome 6, S. 3651-3680. S. 3656. Vgl. Hierzu insgesamt auch: MULL, Charles: *Haguenau de 1789 à 1914*. In: Saisons d'Alsace, N.S. 21. Jg. 1976. Nr. 58. S. 110-135. Besonders S. 116ff. (Künftig zitiert: MULL, *Haguenau de 1789 à 1914*).

[243] Vgl. hierzu insgesamt: *Haguenau et sa garnison. Huit siècles de défense et de présence militaire à Haguenau*. Illkirch, 1999. (=Etudes Haguenoviennes, N.S. Tome XXV, 1999).

[244] Vgl. MULL, *Haguenau de 1789 à 1914*, S. 132ff., sowie Artikel *Haguenau*, in: *Encyclopédie de l'Alsace*, Tome 6, S. 3657f.

[245] Vgl. Artikel *Haguenau*, in: *Encyclopédie de l'Alsace*, Tome 6, S. 3658; GRASSER, Jean-Paul; Gérard TRABAND: *Haguenau*. In: *Le Département du Bas-Rhin*, S. 73-76; sowie, ausführlich zu einzelnen Betrieben, auch: DIES., *Histoire de Haguenau*, S. 252ff.

Schaubild 20: ***Cluster*****grafik Haguenau, 1895**

Primärgüter	MATERIALIEN – METALLE	MEHRFACH-GESCHÄFT	CHEMIE	TEXTILIEN – BEKLEIDUNG	NAHRUNG – GENUß
			FARBEN Krapp	GEWEBE Damenkleiderstoffe	VORPRODUKTE Gedörrter Hopfen
Maschinen und Anlagen					
Besondere Produktionsmittel					
Dienstleistungen					

SCHLÜSSEL

Normal	19% - 1% der durchschnittlich in der regionalen Branche Beschäftigten.
Kursiv	49% - 20% der durchschnittlich in der regionalen Branche Beschäftigten.
Fett	100% - 50% der durchschnittlich in der regionalen Branche Beschäftigten.
schwarz	Beschäftigtenanteile örtlicher Betriebe an der regionalen Branche insgesamt.
grau	Beschäftigtenanteil eines einzelnen Betriebes an den in der regionalen Branche Beschäftigten.

Der Abschluss der Wiederaufbauarbeiten nach dem Zweiten Weltkrieg brachte schließlich eine Krise in der Bauindustrie hervor, der bis 1968 das Schrumpfen der Textilindustrie folgte. In dieser Zeit schlossen acht von elf Haguenauer Textilbetriebe, entfielen 63% der 887 Arbeitsplätze in der Textilindustrie. Dennoch konnte die städtische Ökonomie gleichzeitig ein allgemeines Wachstum verzeichnen, das zusätzliche Beschäftigung ermöglichte. Dieses Wachstum ist vor allem auf die mechanische Industrie zurückzuführen, die rund 80% der über 2.000 Arbeitsplätze schuf, während die restlichen industriellen Unternehmungen in ihrer Struktur stark diversifiziert sind. Vor allem seit 1960 ließen sich schließlich ausländische Unternehmen wie Siemens oder INA in Haguenau nieder.[246] Diese Unternehmen sind es auch gegenwärtig, die mit ihren hohen Beschäftigtenzahlen die breite Diversifizierung, die sich regelmäßig durch bis zu 19%-ige Beschäftigtenanteile an den regional führenden Branchen ausdrückt, durchbrechen. So lässt sich vor allem durch *INA Roulements* mit 2.400 Beschäftigen im Jahr 2001 sowie durch *Siemens Production Automatisation* (365 Beschäftigte) eine leichte Schwerpunktbildung im Bereich Metallkonstruktionen – Rollen – technische Geräte konstatieren. Die vorwiegend durch geringe Beschäftigtenanteile geprägte wirtschaftliche Struktur wird schließlich nur noch durch den amerikanischen Süßwarenkonzern *Masterfoods* (Mars) sowie zwei mittelgroße chemische Unternehmen (Farben, Lacke bzw. Klebstoffe) modifiziert (vgl. Schaubild 21).

---

[246] Vgl. GRASSER/TRABAND: *Histoire de Haguenau*, S. 296ff., sowie: Artikel *Haguenau*, in: *Encyclopédie de l'Alsace*, Tome 6, S. 3658f.

Schaubild 21: ***Cluster*grafik Haguenau 2001**

Primärgüter	WERKSTOFFE – METALLE	MEHRFACHGESCHÄFT	VERKEHR	ERDÖL – CHEMIE	TEXTILIEN – BEKLEIDUNG	LAND-, FORST-WIRTSCHAFT NAHRUNG – GENUSS	DRUCK – PAPIER
	VERARBEITET ***Metall-konstruktionen*** ***Metallwaren*** ***Rollen*** ***Technische Geräte***	APPARATE UND ANLAGEN Prozesskontrollgeräte Werkzeugausrüstungen, -maschinen ARMATUREN Industrielle Klima- und Kälteanlagen MASCHINENBAU Allgem. Maschinenbau Baumaschinen Lebensmittel-industriemaschinen ELEKTROTECHNIK Elektrotechn. Zubehör Haushaltselektrogeräte Motoren, Generatoren, Transformatoren	Eisenbahn-material	FARBSTOFFE, LACKE *Farben, Lacke* KLEBSTOFFE *Klebstoffe* KUNSTSTOFFTEILE, -WAREN Kunststoffteile Technische Kunststoffteile	KONFEKTIONEN/ WÄSCHE Bettwäsche	HOLZVERARBEITUNG Holzplatten BACKWAREN Konditoreiwaren NAHRUNGSMITTEL Schlachtfleisch SÜßWAREN ***Schokolade, Konfekt***	DRUCKEREI-GEWERBE Druck-erzeugnisse
Maschinen und Anlagen							
Besondere Produktionsmittel							
Dienstleistungen							

SCHLÜSSEL

Normal 19% - 1% der durchschnittlich in der Branche Beschäftigten.
Kursiv 49% - 20% der durchschnittlich in der Branche Beschäftigten.
Fett 100% - 50% der durchschnittlich in der Branche Beschäftigten.

schwarz Beschäftigtenanteile örtlicher Betriebe an der Branche insgesamt.
grau Beschäftigtenanteil einzelner Betriebe an den in der Branche Beschäftigten.

Das am westlichen Rand des Untersuchungsgebietes, an der 410 Meter hohen, nach der kleinen Industrie- und Handelsstadt benannten Vogesensteige liegende **Saverne**[247] war traditionell ein wichtiger Verkehrsknotenpunkt. Durch den relativ unbedeutenden landwirtschaftlichen Sektor und seine Rolle als *Chef-lieu* des *Cantons* und *Arrondissements* dominieren neben der Industrie vor allem Handel, Dienstleistungen und Freie Berufe die ökonomische Struktur Savernes, in jüngerer Zeit auch der Tourismus.[248] Die vorindustrielle Struktur des 18. Jahrhunderts mit Textilmanufakturen, Brauereien, Seifen- und Kerzenfabrikation, die die Aktivitäten in den Steinbrüchen, Töpfereien, Müllereien etc. weiterbestehen ließ, bildete bald einen Schwerpunkt im Metallsektor aus (Schmelzhütten, Metallsägen, usw.). Den Höhepunkt dieser Entwicklung bildete 1837 die Ansiedlung der Werkzeugmanufaktur Goldenberg in Zornhoff, die 1892 bereits 952 Arbeiter und 1907 bis zu 1.240 Personen beschäftigte. Le Zornhoff, ein ehemaliger bischhöflicher Besitz, hatte infolge des Verkaufs der Nationalgüter mehrmals seine Besitzer gewechselt. Die Transformation des ehemaligen „Sägewerkes mit Nebengebäuden und Gemüsegarten" zu einer Stahlwarenfabrik war bereits von Baron Chouard eingeleitet worden, der Le Zornhoff 1822 erworben hatte und die Umwandlung unter protektionistischem Schutz in einer Region ohne jegliche metallurgische Tradition betrieb. Erst unter M.M. Goldenberg & Cie. jedoch, die Le Zornhoff 1837 erwarb, wurde der Betrieb unwiederbringlich zu einer metallurgischen Werkstätte.[249] *„Vers 1850, la firme emploie 600 ouvriers. En 1837, Guillaume Goldenberg, qui a quitté l'entreprise de Jacques Coulaux, rachète une manufacture d'outillage fondée dix ans auparavant à Zornhoff, près de Saverne, par Chouard avec des ouvriers de Remscheid. Les produits de cette entreprise acquièrent vite une réputation internationale."*[250]

Zu den 200 verschiedenen Produkten zählten bereits zu dieser Zeit Dreh- und andere Werkzeuge, Feilen, Sägen, sowie mit dem Walzwerk hergestellte Artikel, deren Qualität auf den Pariser Industrieausstellungen mehrfach prämiert worden sind. Neben der umsichtigen Geschäfts- und Finanzpolitik Gustave Goldenbergs trug vor allem die steigende Nachfrage nach Werkzeugen auch auf dem französischen Markt zu dem Erfolg Le Zornhoffs bei. Schließlich ersetzte die Herstellung von Kaffeemühlen bald die der Waffenproduktion – *„humble objet d'une consommation de luxe qui se banalise au cours du siècle."*[251] Trotz wirtschaftlicher Krisen vor allem in den 1860er Jahren verzeichnete Le Zornhoff einen wirtschaftlichen Aufstieg, der Investiti-

[247] Zur Geschichte Savernes insgesamt siehe: BACHMEYER, Léon: *Pages d'histoire de Saverne.* Edité par la Société d'histoire et d'archéologie de Saverne et Environs. Saverne, 1965; sowie: HEITZ, Henri: *Saverne.* In: *Le Département du Bas-Rhin*, S. 77-79.

[248] Vgl. Artikel *Saverne*, in: *Encyclopédie de l'Alsace*, Tome 11, S. 6682-6698. S. 6682ff.

[249] Vgl. hierzu insgesamt: VONAU, Pierre: *Le Zornhoff de 1789 à 1837.* In: *Monswiller – Zornhof. Étude historique d'un site industriel. Première Partie jusqu'en 1837.* Saverne, 1985. S. 43-59. (=*Pays d'Alsace*, N° 131/1985).

[250] VOGLER/HAU, *Histoire économique de l'Alsace*, S. 150.

[251] Vgl. VONAU, Pierre: *Les débuts de la nouvelle direction.* In: *Le Zornhoff 2e Partie. Gustave Goldenberg 1837 – 1871.* Saverne, 1988. S. 51-54. (=*Pays d'Alsace*, N° 143-144/1988); sowie: VOGLER/HAU, *Histoire économique de l'Alsace*, S. 208f.

onen, den Einsatz moderner Technologien[252] sowie eine Dezentralisation der Produktionsstätten unter Beibehaltung des Mutterwerkes bei Saverne ermöglichte.[253]

Mit dem Tode Alfred Goldenbergs 1899 fand eine Reorganisation des Kapitals und die Umbenennung der nunmehr deutschen Aktiengesellschaft in „Elsässische Werkzeugfabrik Zornhoff" statt. Zuvor waren die anfänglichen Schwierigkeiten, die sich aus der Integration in den deutschen Markt ergeben hatten, vor allem durch den weltweiten Export überwunden worden.[254] *„Les fabriques d'outillage et de matériel agricole se développent beaucoup à la fin du XIXe siècle: à la veille de la Première Guerre mondiale, la Manufacture alsacienne d'outils du Zornhoff, près de Saverne, emploie 1364 ouvriers et celle de Mutzig-Framont 450.*"[255]

Zwei weitere Traditionsunternehmen in Saverne sind der landwirtschaftliche Maschinenhersteller Kuhn SA sowie der Transportgerätehersteller Haemmerlin SA.[256] Erst in den 1920er Jahren setzte die dann allerdings bis in die Gegenwart anhaltende Diversifikation der wirtschaftlichen Struktur mit der Ansiedlung von *SAIT Mining* (elektrotechnisches Zubehör) bzw. *Vedette Industries* (Uhren) ein. Hierdurch ist auch gegenwärtig ein deutlicher Produktionsschwerpunkt im Metallbereich zu konstatieren, mit überdurchschnittlichen Beschäftigtenzahlen in der Uhrenindustrie und durch Kuhn im Maschinenbau. Allerdings verteilen sich die Beschäftigten insgesamt auch über die Branchen Verkehr, Erdöl – Chemie, Textil – Bekleidung, Land- und Forstwirtschaft einschließlich Nahrung – Genuss sowie Druck – Papier, ohne über einen 20%-igen Beschäftigtenanteil an diesen regional führenden Bereichen heranzureichen. Eine Ausnahme hiervon stellt einzig der Sportschuhhersteller Adidas mit seiner Niederlassung in Saverne dar, der bei den Schuhwaren mehr als 50% der in diesem Segment Beschäftigten auf sich vereinigt.[257]

Die 1815 mit dem Verlauf der Lauter etablierte Grenzziehung beeinträchtigte das wirtschaftliche Leben des heutigen, im äußersten Nord-Osten Frankreichs gelegenen Grenzstädtchens **Lauterbourg** in erster Linie durch die Gebietsverluste. Seit römischer Zeit ein Ort mit militärischer Funktion, ein Marktflecken mit Jahrmärkten und verschiedenen Verwaltungssitzen, beschränkten sich die wirtschaftlichen Aktivitäten nun auf den bescheidenen Anbau von Kartoffeln, Mais, Hanf, Rübsamen und – im Hinblick auf die weiterhin ansässige Garnison – reichlich Futter. Da Lauterbourg weder über Bodenschätze, noch eine nennenswerte Industrie verfügte, darüber hinaus nun auch die Jahrmärkte durch das zum Teil verlustig gegangene Hinterland im Niedergang begriffen waren, emigrierten viele Bewohner in die Vereinigten Staaten

[252] Vgl. hierzu insgesamt: HEITZ, Henri: *L'usine du Zornhoff.* In: *Le Zornhoff 2^e^ Partie. Gustave Goldenberg 1837 – 1871.* Saverne, 1988. S. 73-78. (=*Pays d'Alsace*, N° 143-144/1988).

[253] Vgl. hierzu insgesamt: VONAU, Pierre: *Le Zornhoff et la conjoncture.* In: *Le Zornhoff 2e Partie. Gustave Goldenberg 1837 – 1871.* Saverne, 1988. S. 55-62. S. 58. (=*Pays d'Alsace*, N° 143-144/1988).

[254] Vgl. VONAU, Pierre: *Elsässische Werkeugfabrik Zornhoff 1899-1923.* In: *Pay d'Alsace*, N° 176/1996. S. 47-50. S. 48.

[255] VOGLER/HAU, *Histoire économique de l'Alsace*, S. 219.

[256] Vgl. hierzu beispielsweise: WOLLBRETT, Alphonse: *Il y a 100 ans: Saverne en 1885.* In: Pays d'Alsace, 134/1986. S. 25-30. S. 28ff.

[257] Vgl. hierzu insgesamt Artikel *Saverne*, in: *Encyclopédie de l'Alsace*, Tome 11, S. 6685f.

von Amerika. Nur in deutscher Zeit konnte der enklavenhafte Zustand temporär überwunden werden. In dieser Phase wurde der Ort auch an die Eisenbahnstrecke nach Strasbourg angebunden (1876) und der vergrößerte, 1884 an die Bahnstrecke angebundene Hafen[258] zu einem wichtigen Umschlagplatz für Kohle.[259]

Schaubild 22: ***Cluster*grafik Lauterbourg, 2001**

Primärgüter	WERKSTOFFE – METALLE VERARBEITET Metallkonstruktionen	ERDÖL – CHEMIE ANORG. UND ORG. GRUNDSTOFFE, CHEMIKALIEN, MINERALÖLPRODUKTE **Anorganische chem. Produkte** **Organische chem. Produkte** **Industriechemikalien**
Maschinen und Anlagen		
Besondere Produktionsmittel		
Dienstleistungen		

SCHLÜSSEL

Normal	19% - 1% der durchschnittlich in der regionalen Branche Beschäftigten.
Kursiv	49% - 20% der durchschnittlich in der regionalen Branche Beschäftigten.
Fett	100% - 50% der durchschnittlich in der regionalen Branche Beschäftigten.
schwarz	Beschäftigtenanteile örtlicher Betriebe an der regionalen Branche insgesamt.
grau	Beschäftigtenanteil eines einzelnen Betriebes an den in der regionalen Branche Beschäftigten.

Erst nach dem Zweiten Weltkrieg bildete sich die heutige Industriestruktur Lauterbourgs (vgl. Schaubild 22) mit zwei dominierenden Unternehmen aus: der *Cie. Eifel Construction Metallique* im Metallsektor und der amerikanischen Niederlassung *Rohm and Haas France S.A.S.* Seit der Gründung im Jahr 1958 produziert *Rohm and Haas* in seinem Werk Lauterbourg Ionenaustauscher, Acrylemulsionen, Kunststoffadditive sowie Fungizide für die Landwirtschaft. Allerdings wurde die Agrochemie-Sparte (Biotechnologie und Pflanzenschutz) im Jahr 2001 an die nun auch in Lauterbourg ansässige *Dow Chemical* Tochter *Dow Agro Sciences* verkauft.[260] Neben *Rohm and Haas* bzw. *Dow AgroSciences* ist weiterhin *RohMax France* auf dem am Rhein gelegenen Areal ansässig. 1996 von der deutschen Röhm GmbH und

[258] Zur Geschichte des Lauterbourger Hafens vgl. Insgesamt: THUMANN, Jean-Marie: *Le port de Lauterbourg. Son histoire mouvementée et ses heures de gloire.* In: *L'Outre-Forêt. Revue d'histoire de l'Alsace du Nord.* 57/1987. S. 48-54.

[259] Vgl. hierzu insgesamt Artikel *Lauterbourg*, in: *Encyclopédie de l'Alsace*, Tome 8, S. 4672-4675.

[260] Vgl. Artikel *Identité*, in: *Rive Rhin. Le Journal d'une entreprise ouverte sur la vie.* Lauterbourg, 1/2001. S. 4f.

Rohm and Haas gegründet, ist *RohMax Additives*, ein Produzent von Additiven für die Petrochemie, seit 1998 eine zur Chemiegruppe der Degussa gehörende deutsche Gesellschaft.[261] Infolge der Dominanz von *Rohm and Haas* sowohl bei den Beschäftigtenanteilen, als auch hinsichtlich der Aktivitäten des *outsourcing*, vor allem aber durch die fehlenden branchenverwandtschaftlichen Verbindungen kann jedoch auch im Falle Lauterbourgs, dessen Standort eher einem Industriepark der chemischen Industrie gleicht, nicht von einem *cluster* gesprochen werden.

3.2 Die *clusters* Pirmasens, Ludwigshafen, Pforzheim und die *Communauté Urbaine de Strasbourg*

Die vorangegangenen Ausführungen zeigen für das Nordelsass eine – analog zu Nordbaden – räumlich breiter angelegte Industrialisierung, die jedoch zu keiner Herausbildung von durch einzelne Branchen dominierten Zentren führte. Diese Feststellung kann allerdings dann revidiert werden, wenn der Ballungsraum Strasbourg als Einheit einer Analyse unterzogen wird. So fällt bereits der Strasbourger Schwerpunkt bei den Brauereien, bei der Nahrungsmittelherstellung sowie im Druckereigewerbe durch den Einschluss Schiltigheims in die Untersuchung sehr viel deutlicher aus. Wird schließlich noch das ebenfalls an Strasbourg angrenzende Illkirch-Graffenstaden in die Betrachtung einbezogen, summiert sich der Beschäftigtenanteil bei den Druckereien auf 65,2%, bei der Papier- und Pappeherstellung auf 43,4% und bei den Druckformen auf 62,2%. Alle anderen Segmente verzeichnen im Falle einer stadtübergreifenden Analyse teilweise überproportionale Anteile (z.B. die Büro- und Lagermöbelindustrie mit 70,2%), ohne jedoch branchenverwandtschaftliche Beziehungen hervorgebracht zu haben. Die gesamte ***Communauté Urbaine de Strasbourg*** schließlich (Strasbourg einschließlich Ilkirch-Graffenstaden, Schiltigheim, Geispolsheim, Ostwald, Fegersheim, u.a.)[262] hat PORTER'sche Wettbewerbsvorteile in den Segmenten Druckereien, Papier- und Pappeherstellung sowie Druckformen ausgebildet.[263] Deutlicher lassen sich demgegenüber infolge ihrer stärkeren Ausbildung und längeren Tradition die beiden pfälzischen *clusters* Pirmasens und Ludwigshafen bzw. der badische *cluster* Pforzheim identifizieren.

1736 hatte Landgraf Ludwig IX. von Hessen seine Residenz einschließlich Husaren und Grenadier-Regiment nach **Pirmasens** verlegt, wodurch Söldner samt Familien nach Pirmasens übersiedelten. Infolge des geringen Solds begannen die Soldatenfrauen, Pantoffeln aus abgetragenen Uniformen und Stoffabfällen herzustellen. Als nach dem Tode des Landgrafen 1790 der Nachfolger den Hof nach Darmstadt zurückverlegte, sahen sich die Grenadiere in Pirmasens mit der blanken Überlebens-

---

[261] Vgl. *Rapport: Environnement – Santé – Sécurité 2000. Rohm and Haas, site de Lauterbourg*. Lauterbourg, 2001. S. 3, sowie: Artikel *Identité*, in: *Rive Rhin. Le Journal d'une entreprise ouverte sur la vie*. Lauterbourg, 2/2001. S. 2.

[262] „*La création en 1968 d'une communauté urbaine associant à Strasbourg 26 communes limitrophes donne à la métropole alsacienne le poids réel des 400 000 habitants participant à ses activités, Strasbourg ville comptant 252 274 habitants en 1990.*" MARIOTTE, *Strasbourg*, S. 88. Zur *Communauté Urbaine de Strasbourg* siehe auch LIVET/RAPP, *Histoire de Strasbourg*, S. 468.

[263] Eigene Berechnungen nach: *Entreprises du Bas-Rhin*.

frage konfrontiert. Die Tradition von Hausiererhandel, ansässiger Woll- und Tuchindustrie sowie der Herstellung von Wollschuhen durch die Grenadiersfrauen in Verbindung mit der 1802 eingeführten Gewerbefreiheit ließ damit gleichsam aus wirtschaftlicher Not heraus die Schuhindustrie in Pirmasens entstehen, die bereits um 1800 zur Produktion von Schuhen mit Ledersohlen überging.[264] In den zwanziger Jahren des 19. Jahrhunderts setzte sich allmählich eine Art Verlagssystem durch, bei dem der Verleger in der Produktion mitarbeitet, wobei die Heimarbeit noch lange Zeit als besonderer Faktor der Schuhindustrie im Pirmasenser Raum galt.[265] Seit Mitte der 1850er Jahre expandierte das Manufakturwesen, daneben ermöglichten Steppmaschine, Lederwalze und Handstanze seit 1857 die Produktion von Lederschuhwerk.[266]

Waren 1818 bereits 70 Schuster, 28 Weber und 5 Gerber in Pirmasens ansässig, zählte man 1844 schon 195 selbständige Schuster.[267] „Nach dem Handelskammerbericht von 1877 gab es in Pirmasens 23 größere und 55 kleinere Betriebe der Schuhindustrie [...]. Nach der Berufszählung [ein Jahr zuvor] gab es 12 größere und 39 kleinere Schuhfabriken und 843 ‚Schuhmacher', die selbständige Heimarbeiter mit den sonstigen Unternehmen vermischt. Die Zahl der Arbeiter im Jahre 1877 betrug 3000".[268] Um diese Zeit musste bereits auf Leder außerhalb des Pirmasenser Raumes zurückgegriffen werden, da die Lederfabrikation der lokalen Nachfrage nicht mehr nachkam.[269] GÖLTER hat für die „geringe Ausdehnung der Lederfabrikation am Orte großen Lederverbrauches" nicht zuletzt den aus arbeitshygienischen Gründen resultierenden Arbeitskräftemangel verantwortlich gemacht.[270] ZWICK ermittelte laut Adressbuch für das Jahr 1911 folgende Aufstellung der in Pirmasens ansässigen und im engeren Sinne der Schuhindustrie zugehörigen Firmen:[271]

[264] Vgl. ZWICK, Albert: *Die Pirmasenser Schuhindustrie. Eine volkswirtschaftliche, privatwirtschaftliche und sozialpolitische Monographie.* Diss. Karlsruhe, 1918. S. 4ff. (Künftig zitiert: ZWICK, *Pirmasenser Schuhindustrie*). Zur Geschichte von Pirmasens insgesamt vgl.: *200 Jahre Stadt Pirmasens 1763-1963. Eine Festschrift zur 200-Jahrfeier am 12. Juli 1963.* Hrsg. von der Stadt Pirmasens. Pirmasens, 1963.

[265] Vgl. hierzu insgesamt: GIRO, Philipp: *Die Heimarbeit in der Pirmasenser Schuhindustrie nach dem Kriege.* Waldfischbach, 1932; KREUTER, Martha: *Die Heimarbeit in der Pfalz.* Diss. Oggersheim, 1927. Nach GÖLTER, Ernst: *Der Pirmasenser Wirtschaftsbezirk. Geschichte und Struktur.* Diss. Rockenhausen, 1928. S. 82, waren 1872 85% der in den 12 größeren Betrieben Beschäftigten Heimarbeiter. (Künftig zitiert: GÖLTER, *Pirmasenser Wirtschaftsbezirk*).

[266] Vgl. hierzu insgesamt auch: BUCHHOLZ, Artur: *Geschichte der Pirmasenser Schuhindustrie.* In: *Pfälzisches Industrie- und Handelsblatt*, 28. Jg. 1953. S. 522-525. S. 522. (Künftig zitiert: BUCHHOLZ, *Geschichte der Pirmasenser Schuhindustrie*).

[267] Vgl. ZWICK, *Pirmasenser Schuhindustrie*, S. 17 und 23.

[268] ZWICK, *Pirmasenser Schuhindustrie*, S. 51f. Vgl. hierzu auch: GÖLTER, *Pirmasenser Wirtschaftsbezirk*, S. 84.

[269] Vgl. ZWICK, *Pirmasenser Schuhindustrie*, S. 65.

[270] Vgl. GÖLTER, *Pirmasenser Wirtschaftsbezirk*, S. 107f.

[271] Vgl. ZWICK, *Pirmasenser Schuhindustrie*, S. 82.

Schuhindustrie im engeren Sinne
140 Schuhfabriken
27 Schuhmachermeister
21 Schuhausputzereien
20 Schuhnähereien

Schuhmaschinenindustrie
5 Schuhmaschinenfabriken
8 Vertretungen auswärtiger Schuhmaschinenfabriken
4 Agenturen für Maschinen

Dienstleister, Zulieferer
14 Absatzfabriken
13 Abfallsortiergeschäfte
10 Kartonagenfabriken
9 Lederzurichtereien
8 Knopflochnähereien
8 Stoßkappenfabriken
3 Schuhrosettenfabriken
5 Schuhbesatzfabriken
4 Lederfabriken
2 Leistenfabriken
2 Modelleure
2 Schärfereien
1 Absatzstifterei

Agenturen, Makler und Händler
95 Agenturen für Ausputz-, Schuhbedarfsartikel, Leisten, Rohmaterialien
37 Handlungen für Leder und sonstige Rohmaterialien
36 Schuhhandlungen en gros
28 Handlungen in Schuhmacherbedarfsartikeln
25 Schuhhandlungen en detail
14 Schuhmakler
7 Lederabfallhandlungen
5 Lederkleinhandlungen
5 Agenturen für Schuhe
3 Häutehandlungen.

Nach wie vor sticht die geringe Anzahl von vier Lederfabriken hervor, ebenso wie die offensichtlich unbedeutende Schuhmaschinenindustrie, von der vor dem Ersten Weltkrieg keine mehr als 30 Arbeitskräfte beschäftigte.[272] Schon für 1857 hatte ZWICK darüber berichtet, dass durch die verzögerte technisch-organisatorische Entwicklung in Pirmasens der erste Manufakturgründer eine Sohlenstanzmaschine aus

[272] Bei mehr als 30 Beschäftigten hätte die entsprechende Firma Aufnahme bei WEIDMANN, *Industriekarte 1910/13*, gefunden.

Paris mitgebracht hatte, „die bald von einem Maschinenfabrikanten Unger in Gleisweiler nachgeahmt und in der Folge an die Pirmasenser Fabrikanten geliefert wurde[...]. In Pirmasens selbst gab es [...] noch keine Maschinenfabrik, die Gleiches hätte tun können".[273] Anschließend beherrschten amerikanische Schuhmaschinen den Pirmasenser Markt, und zwar einerseits aufgrund ihrer technologischen Überlegenheit, andererseits infolge eines auch im Deutschen Reich angewandten *Leasing*systems. „Der Hauptgrund für die überlegene Stellung beruhte auf dem Mietsystem, das in Pirmasens von der Deutsch-Vereinigten Schuhmaschinengesellschaft (einer Tochtergesellschaft der *United Shoe Machinery Co.* in Beverly bei Boston [sic!]) in zahlreichen Fällen angewendet wurde. [...] Jedenfalls war es so auch den gerade in Pirmasens zahlreichen kapitalarmen Unternehmern möglich, sich die Vorteile der Benutzung moderner Arbeitsmaschinen zu sichern, zumal die alten Maschinen ausgetauscht wurden, sobald eine neue Erfindung von der Firma herausgebracht worden war."[274] In den 1920er Jahren begannen jedoch die deutschen Schuhmaschinenhersteller, ihren zwischenzeitlich auf rund 60% angewachsenen Marktanteil in Pirmasens zu vergrößern, den sich vor allem die Maschinenfabrik Moenus, Keats-Maschinengesellschaft und die Gemeinschaft Deutscher Schuhmaschinenfabrikanten in Frankfurt am Main, die Maschinenbaugesellschaft in Karlsruhe, Pfaff in Kaiserslautern sowie die Atlaswerke Poehler & Co. in Leipzig untereinander aufteilten. „In Pirmasens selbst entstanden im Laufe der Jahre ebenfalls einzelne Schuhmaschinenfabriken, die aber nur verhältnismäßig einfache Maschinen herstellen."[275]

Die der Pirmasenser vergleichbare Struktur **Hauensteins** ist durch die ländlichen Heimarbeiter angestoßen worden. Als in den 1870er Jahren vermehrt Hauensteiner Arbeiter in ihren Heimatort zurückkehrten, die zum Erlernen des Schuhhandwerks in Pirmasens gelebt hatten, konnte sich 1888/89 auch dort eine erste Fabrik mit 10 Fabrikschustern und 10 Arbeitern etablieren. 1910 waren es schließlich 13 Betriebe, die 1.106 Arbeiter beschäftigten und zunächst ihre gesamte Ware nach Pirmasens lieferten. Auf ähnliche Weise wurde die Schuhfabrikation in den gesamten Landkreis Pirmasens, unter anderem nach **Clausen**, **Dahn**, **Fröschen**, **Lelmen**, **Lemberg**, **Münchweiler**, **Rodalben**, **Thaleischweiler** und **Waldfischbach**[276] getragen.[277] Dadurch gab es 1912 in 33 Orten um Pirmasens herum 123 Schuhfabriken, 11 Ausputzereien, 6 Lederhandlungen, 2 Gerbereien, 30 Schuhgeschäfte, 8 Schuhbedarfsartikelgeschäfte sowie 2 Häutehandlungen.[278]

---

[273] ZWICK, *Pirmasenser Schuhindustrie*, S. 39.

[274] GÖLTER, *Pirmasenser Wirtschaftsbezirk*, S. 100. (Hervorhebung des englischen Namens nicht im Original). Die Deutsch-Vereinigte Schuhmaschinengesellschaft errichtete 1902 eine Filiale in Pirmasens.

[275] Vgl. hierfür und für das Vorhergehende: WEIß, Paul: *Die Entwicklung der Pirmasenser Schuhindustrie mit besonderer Berücksichtigung der Kriegs- und Nachkriegsjahre*. Diss. Borna-Leipzig, 1927. S. 20-22. (Künftig zitiert: WEIß, *Entwicklung der Pirmasenser Schuhindustrie*).

[276] Zur Geschichte Waldfischbachs vgl. insgesamt: *Waldfischbach 1182-1982. Heimatbuch zur 800-Jahrfeier.* Hrsg. von der Ortsgemeinde Waldfischbach-Burgalben durch den Arbeitskreis Festschrift. Waldfischbach, 1982.

[277] Vgl. ZWICK, *Pirmasenser Schuhindustrie*, S. 85f.; sowie: BUCHHOLZ, *Geschichte der Pirmasenser Schuhindustrie*, S. 523.

[278] Vgl. ZWICK, *Pirmasenser Schuhindustrie*, S. 89.

Erster und Zweiter Weltkrieg sowie die Zwischenkriegszeit konnten den Status von Pirmasens einschließlich dessen Umgebung als führendes Schuhindustriezentrum Deutschlands nur kurz in Frage stellen. Bereits 1953 produzierten im Pirmasenser Raum wieder 500 Schuhfabriken mit rund 25.000 Beschäftigten und einem Anteil von 30% an der bundesdeutschen Gesamtproduktion.[279] Führend wurde im 20. Jahrhundert auch der Pirmasenser Schuhmaschinenbau mit den Traditionsfirmen Ferdinand Schäfer Söhne und J. Sandt AG, die ursprünglich Maschinen für Böden, Absätze und Finish entwickelten und bauten, während Zwickerei-, Stepp- und Nähmaschinen weiterhin aus dem Ausland bezogen wurden. Daneben produzierten die Firmen Raab bzw. Schön & Cie. seit 1900 noch Ausputz- bzw. Bügelmaschinen, während sich kleinere Werkstätten der Instandhaltung, Montage sowie Fertigung von Stanzmessern und anderen Einzelteilen widmeten. „Wichtig wurden für die Schuhindustrie auch die Firma G.M. Pfaff [...] und die Firma Kayser in Kaiserslautern. Die Firma Pfaff entwickelte als besondere Spezialität neben ihren Nähmaschinen auch Steppmaschinen für die Schaftbearbeitung. Es folgten weitere Spezialmaschinen. [...] Nach dem Ersten Weltkrieg entstanden weitere Schuhmaschinenfabriken und zahlreiche mechanische Werkstätten, die sich zum Teil spezialisierten. Neuentwicklungen und Maschinenverbesserungen bewirkten, dass die Fachwelt des In- und Auslandes bald der Pirmasenser Maschinenindustrie große Beachtung schenkte."[280] In den 1950er Jahren war der Pirmasenser Schuhmaschinenbau dann bereits ein führender Hersteller von Spezialtypen mit einer Exportquote von 30 – 40%, Mitte bis Ende der 1970er Jahre von 60% bis 78%,[281] auf den rund 34% des Produktionswertes der bundesdeutschen Schuhmaschinenindustrie entfielen.[282] Ausdruck dessen ist die 1996 infolge Übernahme der J. Sandt AG durch die Schön OHG entstandene Schön & Sandt AG. Schön war bereits zuvor ein weltweit agierendes Unternehmen mit Niederlassungen in Frankreich, eigenem Vertrieb in den USA, Japan und Bangkok gewesen, das in den 1990er Jahren stark in Osteuropa (Russland, Ungarn) expandierte und bereits 1989 die *American Shoe Machinery Corp.* in Danvers/Massachusetts in den USA übernommen hatte.[283]

Vor allem aber entwickelte sich im Pirmasenser Raum neben weiteren verschiedenen Hilfsindustrien[284] für die Schuhherstellung eine lokale chemische Indu-

---

279 Vgl. BUCHHOLZ, *Geschichte der Pirmasenser Schuhindustrie*, S. 526.

280 Hierfür und für das Vorhergehende: SCHÄFER, Ferdinand: *Die Bedeutung der pfälzischen Schuhmaschinen-Industrie*. In: *Pfälzisches Industrie- und Handelsblatt*, 28. Jg. 1953. S. 531f. S. 531. (Künftig zitiert: SCHÄFER, *Bedeutung der pfälzischen Schuhmaschinen-Industrie*).

281 Vgl. MATZKER, Nikolaus: *Die Wirtschaft im Stadt- und Landkreis Pirmasens*. In: *IHK-Magazin*, 51. Jg. 4/1976. S. 25-29. S. 29; sowie: LICKTEIG, Klaus: *Exportintensive deutsche Schuh- und Ledermaschinenindustrie vertraut auf freien Welthandel*. In: *IHK-Magazin*, 55. Jg. 3/1980. S. 26f. S. 26. (Ersterer künftig zitiert: MATZKER, *Wirtschaft im Stadt- und Landkreis Pirmasens*).

282 Vgl. SCHÄFER, *Bedeutung der pfälzischen Schuhmaschinen-Industrie*, S. 532. Detailliert zum Schuhmaschinenbau vgl. auch: HAMM, Walter: *Pirmasenser Schuhmaschinen in der Welt führend*. In: *Pfälzisches Industrie- und Handelsblatt*, 30. Jg. 1955. S. 477-480.

283 Vgl. http://www3.pirmasens.de/firmen/details.php3 (8. August 2000).

284 Vgl. u.a.: MÖLLER, Fritz: *Der Leistungsstand der Hinterkappen-Industrie*; sowie: DÖRLER, Theo: *Die Hilfsbetriebe im Gefüge der Pirmasenser Schuhindustrie*. Beides in: *Pfälzisches Industrie und Handelsblatt*, 28. Jg. 1953. S. 533f. bzw. 534f.

strie, die zunächst nur die örtliche Schuhindustrie mit Klebstoffen, Ausputzmitteln etc. belieferte. „Als Folge der außerordentlichen Konzentration von Betrieben der Schuhindustrie siedelten sich im Laufe der Zeit auch immer mehr Unternehmen der Zulieferindustrie an. Durch Änderung der Produktionsprogramme haben sich aus diesen Unternehmen nach und nach leistungsfähige, stark expandierende chemische und kunststoffverarbeitende Betriebe sowie Maschinenfabriken von bedeutendem Ruf entwickelt. Diese Betriebe sind heute bereits zum Teil von der Schuhindustrie, die auf jede Konjunkturschwankung reagiert, unabhängig."[285] Nach dem Zweiten Weltkrieg waren es dann die Neoprene, auf deren Basis die Firma Kömmerling Chemische Fabrik GmbH & Co. einen revolutionierenden Klebstofftyp herstellte, später die Entwicklung der geschäumten PUR-Werkstoffe, die das Unternehmen zunächst den gesamten bundesdeutschen, schließlich den europäischen Markt erobern ließen.[286] Gegenwärtig ist die Kömmerling-Gruppe mit mehr als 20 Unternehmen und 2.350 Beschäftigten weltweit tätig, von denen weiterhin ca. 1.700 am Hauptstandort Pirmasens beschäftigt sind.[287]

Die *Cluster*bildung in Pirmasens wird durch die 1927 eröffnete, international anerkannte Schuhfachschule, die spätere Deutsche Schuhfachschule Pirmasens[288], die Fachschule des Schuheinzelhandels, die nach dem Zweiten Weltkrieg etablierte Pirmasenser Fachmesse für die Schuh- und Lederbranche, die Internationale Schuh-, Leder- und Maschinenschau[289] sowie das Prüf- und Forschungsinstitut für die Schuhherstellung (PFI), das sich mit der Entwicklung von Maschinen und Materialien für die Schuhindustrie beschäftigt,[290] abgerundet. Trotz der *Cluster*bildung wurde jedoch schon immer die hinsichtlich des Arbeitsmarktes einseitige wirtschaftliche Ausrichtung in Pirmasens und Umgebung diskutiert und vor allem in der zweiten Hälfte des 20. Jahrhunderts über strukturpolitische Maßnahmen nachgedacht.[291]

[285] RHEINWALT, Karl: *Pirmasens: Deutsche Schuhmetropole – Internationale Messestadt.* In: *IHK-Magazin*, 51. Jg. 4/1976. S. 15-18. S. 16f. (Künftig zitiert: RHEINWALT, *Pirmasens: Deutsche Schuhmetropole – Internationale Messestadt*).

[286] Vgl. ECKELL, Johannes: *Chemie und Schuh.* In: *Pfälzisches Industrie und Handelsblatt*, 28. Jg. 1953. S. 523f.; sowie: VEITH, Friedrich: *Die Entwicklung der schuh-chemischen Industrie.* In: *Pfälzisches Industrie und Handelsblatt*, 30. Jg. 1955. S. 485f.

[287] Vgl. http://www3.pirmasens.de/firmen/details.php3 (8. August 2000).

[288] Vgl. hierzu: STADLER, Franz: *Die Deutsche Schuhfachschule Pirmasens.* In: *Pfälzisches Industrie- und Handelsblatt*, 28. Jg. 1953. S. 536f.

[289] Vgl. GRUBER, Heinrich: *25 Jahre Pirmasenser Messen.* In: *IHK-Magazin*, 51. Jg. 4/1976. S. 15-40.

[290] Vgl. hierzu insgesamt: FISCHER, Wilhelm: *Fortschritt für die Schuhindustrie.* In: *IHK-Magazin*, 51. Jg. 4/1976. S. 33-35; DERS.: *Forschung und Entwicklung im Bereich der Schuhindustrie.* In: *IHK-Magazin*, 55. Jg. 3/1980. S. 22-25; sowie insgesamt auch unter: http://www.pfi-ps.de. (8. August 2000).

[291] Vgl. beispielsweise: HARTH, Lorenz: *Produktions- und Betriebsprobleme der Schuhindustrie im Arbeitsmarktbezirk Pirmasens.* Diss. Heidelberg, o. J. [1938]; HARTMANN, Hans: *Die Pirmasenser Schuhindustrie in der Kriegs- und Nachkriegszeit.* München, 1935; RITTIG, Gisbert: *Zur Struktur des monoindustriellen Wirtschaftsraumes Pirmasens.* In: *Monoindustrielle Agglomeration. Die Schuhindustriestadt Pirmasens.* Von Ernst SCHUSTER, G. RITTIG, W. FEHRINGER u.a. Würzburg-Aumühle, 1940. (=Untersuchungen zur Wirtschaftsstruktur. Hrsg. von Ernst Schuster, Heft 9). S. 31-80; WEIß, *Entwicklung der Pirmasenser Schuhindustrie*; sowie: DINGES, K.: *Ein Strukturbild des Pirmasenser Wirtschaftsraumes.* In: *Pfälzisches Industrie- und Handelsblatt*, 30. Jg. 1955. S. 474-477. S. 476.

Beispielsweise sank die Zahl der Schuhhersteller in Pirmasens in einem ersten Schrumpfungsprozess von 1962 bis 1975 um 36,5% und die der Beschäftigten um 40,4%, während der Umsatz um knapp 28%, der Auslandsumsatz um 720% gesteigert werden konnte.[292] Seit Ende der 1960er Jahre zeichnet sich der anhaltende Strukturwandel in erster Linie durch einen Abbau der innerbetrieblichen Produktionstiefe aus, so dass die Betriebe der Schuhindustrie gegenwärtig vorwiegend als Montagewerke der einzelnen, vor allem aus dem Ausland zugelieferten Komponenten fungieren. Hierdurch verringerten sich Arbeitsstätten- und Beschäftigtenzahl im Raum Pirmasens-Zweibrücken zwischen 1970 und 1987 nochmals von 812 auf 187 bzw. 25.252 auf 10.732; „waren im Arbeitsamtsbezirk Pirmasens 1990 noch 9.664 Beschäftigte in der Leder- und Schuhindustrie tätig, so sind es zum Ende des 1. Quartals 1995 nur noch 6.041 (-37,5%).“[293]

Zunehmend waren Billigimporte aus Fernost, Italien, Spanien und dem osteuropäischen Raum zur Konkurrenz geworden,[294] so dass auch einzelne Innovationen die flächendeckende Schrumpfung der Schuhindustrie nicht aufhalten konnten. Zum Beispiel vermarktet ein Unternehmen in Thaleischweiler seit Anfang der 1980er Jahre erfolgreich Schuhe per Versand. „Durch jährliche Zuwachsraten in unerwarteter Höhe wurde Reno innerhalb kürzester Zeit zum Marktführer im Spezialversand. [...] Bis heute ist die Firma Reno mit 20 Schuhzentren im ganzen Bundesgebiet vertreten. Daneben gehört zu Reno noch eine SB-Filial-Vertriebskette, vornehmlich im Ruhrgebiet. Hinzu kommen noch Geschäfte in Österreich, in der Schweiz und Frankreich, wobei in diesen Ländern auch ein Versand existiert [...]. In der Zentrale in Thaleischweiler werden zur Zeit [d.h. 1987 – d. Verf.] 600 Mitarbeiter beschäftigt, in den Schuhzentren und SB-Filialien insgesamt 400.“[295]

Mit dem Schrumpfungsprozess innerhalb der Schuhbranche und der hierdurch bewirkten überdurchschnittlich hohen Arbeitslosigkeit nahmen seit Mitte der 1970er Jahre die Überlegungen zu, die Schuhindustrie zu stützen und das monoindustrielle Pirmasens gleichzeitig durch eine Diversifizierung der ansässigen Branchen zu entlasten.[296] „Ein Beispiel für gelungenen Strukturwandel in der Region ist die Ergo-Fit GmbH + Co.KG [...]. Die ehemalige Schuhmaschinenfabrik baut Geräte für Medizin und Sport. Heute zählt die Firma zu den größten Ergometerherstellern in Deutschland.“[297] In der jüngsten Vergangenheit konnte die Stadt Pirmasens auch einige An-

---

[292] Eigene Berechnungen nach: MATZKER, *Wirtschaft im Stadt- und Landkreis Pirmasens*, S. 28.

[293] Hierfür und für das Vorhergehende siehe: LUKHAUP, Rainer: *Die Westpfalz – eine ländlich geprägte Region im Strukturwandel*. In: *Beiträge zur geographischen Methode*, S. 83-118. S. 109ff.

[294] Vgl. NAGEL, Rolf: *Die Entwicklung der Schuhindustrie*. In: *Festbuch zur 750-Jahr-Feier der Ortsgemeinde Thaleischweiler-Fröschen*. Hrsg.: Ortsgemeinde Thaleischweiler-Fröschen. Pirmasens, 1987. S. 404-408. S. 408.

[295] Banken, Gewerbe, Handel und Betriebe. In: *Festbuch zur 750-Jahr-Feier der Ortsgemeinde Thaleischweiler-Fröschen*. Hrsg.: Ortsgemeinde Thaleischweiler-Fröschen. Pirmasens, 1987. S. 536-554. S. 553f.

[296] Vgl. beispielsweise: RHEINWALT, *Pirmasens: Deutsche Schuhmetropole – Internationale Messestadt*, S. 15; sowie: DUPPRÉ, Hans Jörg: *Strukturelle Probleme und Aufgaben des Landkreises Pirmasens*. In: *IHK-Magazin*, 55. Jg. 3/1980. S. 18.

[297] Vgl. *Neue Perspektiven. Auf den Standpunkt kommt es an*. Hrsg.: Arbeitskreis Region Pirmasens/Zweibrücken e.V. Pirmasens, o. J. [1992]. Ohne Seitenzählung. S. 4.

siedlungserfolge auf dem ehemaligen US-Areal Husterhöhe verzeichnen, auf dem sich neben DaimlerChrysler Firmen der Elektro- und Steuerungstechnik niedergelassen haben.[298] Daneben sind weiterhin, wenn auch in anhaltend schrumpfendem Maße, Firmen der Schuhindustrie in Pirmasens (zum Vergleich: 1962: 96; 1975: 61; 1999: 32)[299] neben (Schuh-)Maschinenbaubetrieben und Firmen der chemischen und kunststoffverarbeitenden Industrie ansässig, die von der anhaltenden Dynamik des *clusters* profitieren und entsprechend innovativ sind.[300] So hat die sich inzwischen auf Marktnischen spezialisierte Schuhindustrie (Baby- und Kinderschuhe, Schuhe mit Sympatex- und Goretex-Oberteilen, Damenschuhe mit Mehrweite, Hochzeits- und Trachtenschuhe) zwar weiter Beschäftigte verloren, gleichzeitig konnte jedoch der Beschäftigtenanteil für die Herstellung von Schuhbestandteilen, chemischen Hilfsmitteln und Klebstoffen zwischen 1991 und 2000 absolut konstant gehalten, infolge schwacher Konjunktur sogar relativ erhöht werden.

Analog zu Pirmasens, beruht auch die Entwicklung **Ludwigshafens** zum *cluster* auf historischem Zufall. Als die der Stadt Mannheim vorgelagerte Feste Friedrichsburg mit den Friedensregelungen des Wiener Kongresses ihre Funktion verloren hatte und geschleift worden war, erwarb das Handelshaus Scharpff & Lichtenberger einen dort gelegenen Schiffsanlegeplatz. 1843 erwarb Bayern das Hafengelände, zehn Jahre später wurde das ehemalige Schanzengelände mit weiteren Gemarkungen zur selbständigen Gemeinde Ludwigshafen zusammengeschlossen, die schließlich 1859 die Stadtrechte erhielt.[301] Bereits zuvor hatten sich zwei chemische Betriebe an diesem Platz niedergelassen: 1851 die aus Mannheim kommenden Gebrüder Giulini, 1855 die Weinsteinsäurefabrik Jakob Levino aus Grünstadt, die 1858 von der aus Pforzheim kommenden Leim- und Düngerfabrik Joh. A. Benckiser[302] übernommen wurde. Es folgte 1865 die Verlegung der Badischen Anilin- und Soda-Fabrik nach Ludwigshafen, 1878 die Gründung der Grünzweig & Hartmann AG (Isoliermittel), 1886 die der Knoll-AG (Arzneimittel) und die Niederlassung der Dr. Friedrich Raschig GmbH[303] zwischen Ludwigshafen und Mundenheim, deren Eigentümer aus Heidelberg stammte und die sich auf die Teerdestillation spezialisiert hatte.[304] Hielt Lud-

---

[298] Vgl. http://www.pirmasens.de/Husterhoehe/HH.htm (8. August 2000).

[299] Vgl. MATZKER, *Wirtschaft im Stadt- und Landkreis Pirmasens*, S. 28, sowie: Firmendatenbank Pirmasens unter http://www3.pirmasens.de/firmen/ (6. August 2000).

[300] Vgl. hierzu beispielsweise „Gabor und Gore-Tex – Zusammenarbeit der beiden Firmen." Unter: http://www.pfi-ps.de/aktuell/schuhindustrie/0201gore.html (8. August 2000).

[301] Vgl. MANN, Georg: *100 Jahre Stadt Ludwigshafen am Rhein. Eine junge Stadt macht Geschichte.* In: *Pfälzisches Industrie- und Handelsblatt*, 34. Jg. 22/1959. S. 657-666. S. 657; sowie: SCHÖN, Rudolf: *Ludwigshafen – Industriemetropole der Pfalz.* In: *Pfälzisches Industrie- und Handelsblatt*, 34. Jg. 1959. S. 303-306. S. 303. (Ersterer künftig zitiert: MANN, *Junge Stadt macht Geschichte*).

[302] Siehe hierzu auch: *Benckiser – 125 Jahre in Ludwigshafen.* In: *IHK-Magazin*, 58. Jg. 10/1983. S. 44-46.

[303] Siehe hierzu auch: *Firmenportrait: 90 Jahre Raschig GmbH. Weitgespanntes Produktionsprogramm – Tochtergesellschaften im In- und Ausland.* In: *IHK-Magazin*, 56. Jg. 9/1981. S. 30f.

[304] Vgl. FRANK, Berthold: *Die BASF und die Stadt am Rhein*; sowie: FAUCK, Siegfried: *Von der Rheinschanze zur Industriestadt.* Beides in: IHK-Magazin, 53. Jg. 6/1978. S. 16-19 bzw. 20-24. S. 16 bzw. 21. (Künftig zitiert: FRANK, *BASF und die Stadt am Rhein* bzw. FAUCK, *Von der Rheinschanze zur Industriestadt*).

wigshafen zunächst noch erschließbares und preisgünstiges Industriegelände bereit, mussten bald schon Eingemeindungen den notwendigen zusätzlichen Raum schaffen. Mundenheim und Friesenheim machten um 1900 den Anfang, 1938 folgten Oppau, Oggersheim, Rheingönheim und Maudach.[305]

Obwohl die genannten Traditionsfirmen bis in die Gegenwart in Ludwigshafen und Umgebung ansässig sind, ist vor allem die Geschichte der BASF AG[306] eng mit der Geschichte Ludwighafens und der Stadtentwicklung verbunden. So wirkte sich deren Präsenz von Anfang an auf den öffentlichen Personennahverkehr, den Bau von Rheinbrücken, den Ausbau des Binnenhafens, den Wohnungsbau sowie auf soziale Einrichtungen aus, blieben auch das Aus- und Weiterbildungswesen hiervon nicht unberührt, erfolgte 1877 schließlich sogar die Verlegung der Geschäftsstelle der pfälzischen Industrie- und Handelskammer von Kaiserslautern nach Ludwigshafen.[307] Friedrich Engelhorn hatte die Badische Anilin- und Soda-Fabrik 1865 ursprünglich in seiner Heimatstadt Mannheim gegründet. Er wich erst nach Ludwigshafen als Standort für sein Unternehmen aus, als ihm in Mannheim der Erwerb eines größeren Fabrikgeländes untersagt blieb. Die moderne Hochdruckchemie beschleunigte bald die Expansion von Unternehmen und Stadt, wobei die BASF zunächst Teerfarben, Düngemittel und chemikalische Grundstoffe, wie flüssiges Chlor, Schwefelsäure und Ammoniak, herstellte.[308] 1853 besaß Ludwigshafen 1.520 Einwohner, 1865 um 3.700, 1875 12.000, um 1900 waren es bereits rund 62.000, 1921 um 100.000 Einwohner. Beschäftigte Engelhorn zunächst 30 Mitarbeiter, wuchs deren Zahl bis 1875 auf 835 und bis zur Jahrhundertwende auf fast 7.000 an. 1970 beschäftigte die BASF 50.000 Menschen.[309] „Schon vor dem Ersten Weltkrieg waren Stadt und Werk ein zusammenhängender Komplex geworden. Die eigenen Werksiedlungen [...] waren das Bindeglied zwischen Werkkomplex und Stadt."[310] Bis in die Gegenwart bestimmt die BASF daneben als bedeutender Lieferant chemischer Vorprodukte und Kunststofferzeuger die Standortwahl zahlreicher, vor allem chemischer und kunststoffverarbeitender Unternehmen in Ludwigshafen bzw. im gesamten Rhein-Neckar-Gebiet.

---

[305] Vgl. MANN, *Junge Stadt macht Geschichte*, S. 658f.

[306] Zur interdependenten Geschichte Ludwigshafens und der BASF vgl. insgesamt: MANN, Georg: *Ludwigshafen und die „Fabrik"*. In: *Pfälzisches Industrie- und Handelsblatt*, 34. Jg. 22/1959. S. 664-666; FAUCK, *Von der Rheinschanze zur Industriestadt,* sowie für die Zeit nach den beiden Weltkriegen: LUDWIG, *Probleme lösen*. (Ersteres künftig zitiert: MANN, *Ludwigshafen und die „Fabrik"*).

[307] Vgl. hierzu insgesamt: FRANK, *BASF und die Stadt am Rhein*. Zur Geschichte der Industrie- und Handelskammer siehe: *Die Anfänge der pfälzischen Handelskammer*. In: *IHK-Magazin*, 53. Jg. 6/1978. S. 25-29.

[308] Vgl. Abschnitt „Die chemische Industrie der Pfalz." in: *Pfälzer Wirtschaft. Jubiläumsnummer der Pfälzischen Rundschau*. Ludwigshafen, September 1924. Ohne Seitenzählung.

[309] Vgl. FRANK, *BASF und die Stadt am Rhein*, S. 21. Vgl. hierzu insgesamt auch: MEINZER, Lothar: *Das Werk Ludwigshafen der BASF AG (Badische Anilin- und Soda-Fabrik). Die Wohnorte der Mitarbeiter der BASF Aktiengesellschaft in Ludwigshafen (Stand: 31.12.1990)*. In: *Pfalzatlas*, Textband IV, S. 2005-2015.

[310] MANN, *Ludwigshafen und die „Fabrik"*, S. 666.

Ludwigshafen war somit von Anfang an ein Zentrum der chemischen Industrie, auch wenn sich bereits bis Mitte des 20. Jahrhunderts Unternehmen der Metallindustrie niedergelassen hatten, die in keiner direkten produktionstechnischen Verbindung zur chemischen Industrie standen. Eine Ausnahme hiervon stellt nachweislich die 1893 in Oggersheim gegründete Maschinenfabrik Paul Schütze AG dar, die Mitte der 1930er Jahre rund 250 Arbeitskräfte beschäftigte und durch ihre Säurepumpen, Rührwerke, Mischmaschinen, homogen verbleiten und feuerbeständig emaillierten Apparate und Kessel einen „erheblichen" Umsatz mit der IG Farben AG erzielte.[311] Aber auch die von Deidesheim nach Ludwigshafen übergesiedelte Carl Platz GmbH, zu dieser Zeit die größte Spezialfabrik für Maschinen und Apparate zur Schädlingsbekämpfung im Wein-, Obst-, Hopfen- und Ackerbau, sowie die Maschinenfabrik Alex Geiger, die bereits 1888 ihren Sitz nach Ludwigshafen verlegt hatte und neben Fräs-, Kopier-, Buttermaschinen und Rührwerken für die Leimproduktion vor allem Holzbearbeitungsmaschinen produzierte,[312] dürften die Nähe zur chemischen Industrie Ludwigshafens gesucht haben.

Das Ludwigshafener Zweigwerk der Gebrüder Sulzer AG in Winterthur/Schweiz war ursprünglich in der Absicht errichtet worden, am Endpunkt der seinerzeitigen Rheinschifffahrt eine Werft aufzubauen und in dem durch Zölle geschützten deutschen Markt präsent zu sein. Über Dampfmaschinenteile und den schließlich vollständig von der Schweiz nach Deutschland verlegten kompletten Dampfmaschinenbau gelangte das Unternehmen allmählich zu einem umfassend diversifizierten Produktionsprogramm, das neben Dampfmaschinen Dieselmotoren, Zentrifugal- und andere Pumpen der verschiedensten Systeme, Ventilatoren, Schiffsmaschinen, usw. umfasste. Bereits 1914 war die Heizungsinstallation in die Sulzer-Zentralheizungen GmbH mit Sitz in Mannheim eingebracht worden. Vor allem aber durch den auf die chemische Industrie ausgerichteten Bau von Zentrifugalpumpen stand Sulzer in unmittelbarer Konkurrenz zu den Frankenthaler Unternehmen Klein, Schanzlin & Becker bzw. Balke, außerdem gibt es Anzeichen einer gegenseitigen Befruchtung von chemischer und Maschinenindustrie bzw. Apparate- und Anlagenbau: „Ein weiteres besonderes Tätigkeitsgebiet der Firma ist die Konstruktion von Zentrifugalpumpen. In Ludwigshafen konnte die schwierige Aufgabe der Förderung eines Gemisches von Salpeter- und Schwefelsäure durch den Bau einer Spezialpumpe aus V.2.A. Stahl gelöst werden."[313] Auch Brechtel produzierte neben Tiefbohrgeräten Pumpen, während sich Hessenmüller & Wolpert auf den Bau von Werkstoffprüfmaschinen zu spezialisieren begann.[314]

Interessant ist daneben noch die Müllereimaschinenfabrik J. Engelsmann AG, eine Kombination von Maschinen- (Schrot- und andere Mühlen, Mahlgänge, Spülmaschinen, Entstaubungsanlagen, Mischmaschinen, etc.) und chemischer Fabrik. „Die Firma wollte die Erfahrungen, die sie bei der jahrelangen Produktion ihrer Müllereimaschinen gesammelt hatte, selbst auswerten. Die chemischen Erzeugnisse sind aufs engste mit der Produktion der Müllereimaschinen verquickt. So wird als chemi-

[311] Vgl. BRAUN, *Maschinenindustrie der Pfalz*, S. 38 und 79.

[312] Vgl. BRAUN, *Maschinenindustrie der Pfalz*, S. 31f.

[313] Vgl. hierzu insgesamt BRAUN, *Maschinenindustrie der Pfalz*, S. 33ff.

[314] Vgl. BRAUN, *Maschinenindustrie der Pfalz*, S. 36f.

Schaubild 23: Clustergrafik Ludwigshafen, 1964

Primärgüter	MATERIALIEN – METALLE	MEHRFACHGESCHÄFT	ERDÖL – CHEMIE	TEXTILIEN – BEKLEIDUNG	VERKEHR
	EISEN & STAHL Maschinen-, Bearbeitungsguß Armaturen-, Metallguß Grau-, Werkzeug-maschinenguß VERARBEITET Stahltore, -türen, -fenster Klemmringe Stahldrahtmatratzen Druckgußteilveredelung	APPARATE UND ANLAGEN Zahnräder, Getriebe Allgemeiner Apparatebau ARMATUREN ***Zentralheizungen*** ***Heizung, Lüftung*** EISEN- UND STAHLKONSTRUKTIONEN **Stahl(hoch)bau** MASCHINENBAU Müllereimaschinen Holzbearbeitungsmaschinen Betoneisen-Biege- und -Schneidemaschinen Werkstoffprüfmaschinen ELEKTROTECHNIK Transformatoren	ANORG. UND ORG. GRUNDSTOFFE, CHEMIKALIEN, MINERALÖLPRODUKTE Chemische Roh-, Farb-, Kunststoffe, Zwischenprodukte, synthetische Stoffe **Wein-, Zitronensäure, phosphorsaure Salze** **Schwefelsaure Tonerde, Düngemittel, Gasreinigungsmasse** **Gelöstes Acetylen** **Kaltasphalt, -bitumen, -teer** **Steinkohlenteerprodukte** FARBSTOFFE, LACKE, SCHUHINDUSTRIE-HILFSMITTEL Lacke, Imprägnierungen Anstrichstoffe Schuhindustrie-Hilfsmittel KLEBSTOFFE Harzleihme, Wachs-Parrafin-Leime Pflanzen-, Dextrinleime KUNSTSTOFFE *Isoliermaterialien* PHARMAZIE Dentalprodukte Pharmazeutische Produkte und Chemikalien	KONFEKTIONEN – WÄSCHE ***Damenoberbekleidung*** ***Damenbekleidung*** ***Herrenhemden,*** ***Pyjamas*** ***Miederwaren***	Reifenrund-erneuerungen Bagger Eimerkettenbagger

(Fortsetzung:) **Primärgüter**	MATERIALIEN – METALLE	MEHRFACHGESCHÄFT	ERDÖL – CHEMIE	TEXTILIEN – BEKLEIDUNG	VERKEHR
			PUTZ-, PFLEGE-, WASCHMITTEL Spezial-Waschmittel Bodenpflegemittel SONSTIGES Wasserglas		
Maschinen und Anlagen			Lufttechnische Anlagen Apparate, Behälter, Kesselgehäuse, Rohrleitungen Luftbefeuchtungs-, -reinigungsapparate Pressluft-, Hydraulikanlagen Leitungsbau, Maschinen- und Anlagen für chemische Industrie Förderanlagen, Mischmaschinen *Pumpen* ***Regelarmaturen*** ***Wassermesser***		
Besondere Produktionsmittel		Waagen		Putzwolle, -lappen, Maschinenputz-, Scheuertücher	
Dienstleistungen		Tiefbohrungen Apparatemontage, -fertigung Heizungsanlagenmontage Lohnarbeiten (Armaturen)			Tauchen, Verschrottung, Spezialtransporte

SCHLÜSSEL

Normal	19% - 1% der durchschnittlich in der regionalen Branche Beschäftigten.	schwarz	Beschäftigtenanteile örtlicher Betriebe an der regionalen Branche insgesamt.
Kursiv	49% - 20% der durchschnittlich in der regionalen Branche Beschäftigten.	grau	Beschäftigtenanteil eines einzelnen Betriebes an den in der regionalen Branche Beschäftigten.
Fett	100% - 50% der durchschnittlich in der regionalen Branche Beschäftigten.		

sches Produkt vor allem Puder für die Zigarrenindustrie durch einen feinen Zerreibungsprozess mit Spezialmaschinen der Firma hergestellt, ferner Fleischereisalze und Konservierungsmittel. Auf dem Gebiete des Zigarrenpuders ist die Firma marktbeherrschend."[315] Engelsmann, ebenso wie die Maschinenfabrik Hermann Conrad im Nahe gelegenen Neustadt, baute überdies in einer Region Mühlen und andere Müllereimaschinen, in der sich bereits vor dem Ersten Weltkrieg (Ludwigshafen, Mannheim) die industrielle Großmühlenindustrie auszubilden begonnen hatte. Mit der Ludwigshafener Walzmühle fand hier für die Pfalz der Konzentrationsprozess hinsichtlich Kapazität, Beschäftigten und industrieller Produktionsform statt.[316] Für die Dynamik innerhalb Ludwigshafens spricht auch, dass sich der Verkehrssektor mit unterschiedlichen Segmenten (Wagenbau, Benzin) relativ früh auszubilden begann.

Zu einem *cluster* PORTER'schen Typs aber wird der Chemiestandort Ludwigshafen vor allem durch die Einbeziehung des traditionellen Produktionszentrums **Frankenthal**.[317] Die Stadt, die der wirtschaftlichen Einflusssphäre des Rhein-Neckar-Raumes zugerechnet werden kann, liegt relativ verkehrsgünstig an einer wichtigen, bereits zu römischer Zeit bestehenden, über Strasbourg und Mainz führenden Nord-Süd-Verbindung, die in jüngerer Zeit durch eine Brücke über den Rhein und damit eine Ost-Verbindung ergänzt wurde. Eine erste wirtschaftliche Blüte erlebte Frankenthal durch das hoch entwickelte Handwerk und Gewerbe niederländischer Einwanderer im 16. Jahrhundert, eine zweite im 18. Jahrhundert durch die Herstellung des Frankenthaler Porzellans. Trotz Dreißigjährigem Krieg, Pfälzischem Erbfolgekrieg, Französischer Revolution und Besatzung sind diese frühen Gewerbe bereits als Fundament der späteren industriellen Entwicklung bezeichnet worden.[318] Die Industrialisierung Frankenthals, die Mitte des 19. Jahrhunderts einsetzte und von Maschinenbauunternehmen getragen wurde, erhielt ihre wichtigsten Impulse durch die sich dynamisch entwickelnde chemische Industrie im benachbarten Ludwigshafen.[319] Mit Beginn der Industrialisierung war damit die Eisen- und Metallindustrie der wichtigste Wirtschaftszweig, innerhalb dieser besonders der Maschinen- und Apparatebau, wobei der Maschinenbau seit dem Zweiten Weltkrieg nach den Beschäftigtenanteilen führend blieb, „während im Landkreis die Ton- und Chamotte-Industrie und die Nahrungsmittelindustrie den Schwerpunkt der industriellen Produktion" bildeten.[320] Nach dem Umsatz der Industrie lag Frankenthal 1956 hinter Ludwigshafen,

---

[315] BRAUN, *Maschinenindustrie der Pfalz*, S. 42.

[316] Vgl. WEIDMANN, *Industriekarte 1910/13*, S. 1859, sowie: DERS.: *Industriekarte um 1935*, S. 1883.

[317] Vgl. beispielsweise: *Die Wirtschaft vor Ort: Gründstadt – Frankenthal.* In: *Wirtschaftsmagazin Pfalz*, 03/1997. S. 26-32. S. 26. (Künftig zitiert: *Wirtschaft vor Ort*, in: *Wirtschaftsmagazin Pfalz*, 03/1997).

[318] Vgl. SCHÖN, Rudolf: *Die Wirtschaft im Stadt- und Landkreis Frankenthal*; sowie: KRAUS, Emil: *Frankenthal – Vergangenheit und Gegenwart.* Beides in: *Pfälzisches Industrie- und Handelsblatt*, 32. Jg. 10/1957. S. 293-306. 293f. bzw. S. 309-311. S. 309. Vgl. hierfür und für das Folgende insgesamt auch: BRECHTEL, Arthur: *Die Entwicklung der Industrie von Frankenthal.* Diss. Heidelberg, 1926; sowie: LAUX, Kurt: *Die Entwicklung der Frankenthaler Maschinenindustrie.* Diss. Gießen, 1929. (Ersteres künftig zitiert: SCHÖN, *Wirtschaft im Stadt- und Landkreis Frankenthal*).

[319] Vgl. BEYER, *Wirtschaft im Bezirk der IHK*, S. 19.

[320] SCHÖN, *Wirtschaft im Stadt- und Landkreis Frankenthal*, S. 295f.

Primasens und Kaiserslautern auf Platz 4; nach Produktionswerten führte der Maschinenbau innerhalb der Stadt mit einem Anteil von 75,6%, in weitem Abstand gefolgt von der chemischen Industrie mit 13,4%. Auch der im Export erzielte Umsatzanteil von knapp 24% sowie die Exportquote von rund 40% Mitte der 1990er Jahre wurden im wesentlichen vom Maschinenbau, zunehmend jedoch auch von der kunststoffverarbeitenden Industrie getragen.[321] Erst die 1990er Jahre mit ihren globalisierten Märkten ließen den städtischen Wirtschaftsförderer in Anbetracht eines konjunkturellen Tiefs und angesichts um 8,1% geschrumpfter sozialversicherungspflichtiger Beschäftigungsverhältnisse, die zu mehr als der Hälfte aus dem produzierenden Gewerbe stammten, sorgenvoll von einer „Monostruktur" sprechen.[322]

Eines der wichtigsten Unternehmen in Frankenthal ist die 1871 gegründete Klein, Schanzlin & Becker AG (KSB), ein weltweit führender Hersteller von Pumpen und Armaturen, deren Gründer und Ingenieur Johannes Klein zunächst in den Maschinenfabriken Dingler in Zweibrücken sowie Kühnle in Frankenthal tätig gewesen ist. „Nach der Konstruktion eines Apparates, welcher das Speisewasser selbständig in den Dampfkessel zurückführt, konnte Klein die beiden Herren Schanzlin und Becker für seine Erfindung interessieren, was im Jahr 1871 die Gründung der Firma [...] zur Folge hatte."[323] Verfolgte die Klein, Schanzlin & Becker AG relativ früh Typisierung und Normung sowie Reihenfertigung und Massenproduktion, kam in den 1950er Jahren die überbetriebliche Rationalisierung hinzu, indem innerhalb der weltweit verzweigten KSB-Gruppe eine Produktionsaufteilung auf dem Weltmarkt erfolgte.[324] Hinsichtlich des Fertigungsprogramms verstand es KSB immer, sich den veränderten Nachfragebedingungen anzupassen. So gehören seit den 1970er Jahren neben den traditionellen, vor allem auch von der chemischen Industrie eingesetzten Kessel-, Kolben-, Dampf-, Luftpumpen und Kompressoren, Drehklappen für die Rohölindustrie, Pipelinepumpen, Kesselspeisepumpen für Kraftwerke, Heizölpumpen, Wasserwerkspumpen sowie Pumpen für Kernkraftwerke dazu. „Bei Standardarmaturen und -pumpen ging das Werk den Weg des Serienbaues in selbstentwickelten Transferstraßen. [...] Außerdem werden Spezialwerkzeugmaschinen für die weitere Rationalisierung des Betriebes konstruiert und gebaut."[325] In den späten 1990er Jahren jedoch zwangen Auftragsrückgänge und internationaler Wettbewerb zunehmend zu Personalabbau und Rationalisierung. Obwohl Entwicklungs- und Fertigungskapazitäten forciert in das südamerikanische und südostasiatische Ausland verlagert wurden, soll der Standort Frankenthal allerdings erhalten bleiben.[326]

---

[321] Vgl. SCHÖN, *Wirtschaft im Stadt- und Landkreis Frankenthal*, S. 296; sowie: *Wirtschaft vor Ort*, in: *Wirtschaftsmagazin Pfalz*, 03/1997. S. 26.

[322] Vgl. *Wirtschaft vor Ort*, in: *Wirtschaftsmagazin Pfalz*, 03/1997. S. 26f.

[323] BRAUN, *Maschinenindustrie der Pfalz*, S. 46f.

[324] Vgl. SCHÖN, *Wirtschaft im Stadt- und Landkreis Frankenthal*, S. 296; sowie: *Großes Pfalzbuch*, S. 690 und 702.

[325] MATZKER, Nikolaus: *Frankenthal, eine Industriestadt von Rang*. In: *IHK-Magazin*, 49. Jg. 1974. S. 156-161. S. 159. (Künftig zitiert: MATZKER, in: *IHK-Magazin, 1974*).

[326] Vgl. *Wirtschaft vor Ort*, in: *Wirtschaftsmagazin Pfalz*, 03/1997. S. 32.

Schaubild 24: *Cluster*grafik Frankenthal, 1991

Primärgüter	MATERIALIEN – METALLE	MEHRFACH-GESCHÄFT	ERDÖL – CHEMIE	TEXTILIEN – BEKLEIDUNG
		APPARATE UND ANLAGEN *Dampfturbinen, Kreiselverdichter, Ventilatoren Pumpen, Kompressoren* Hochdruckanlagen Werkstoffprüfgeräte ARMATUREN Heizungs-, Sanitäranlagen Wasserzähler, Durchflußanzeiger MASCHINENBAU Allgemeiner Maschinenbau	KLEBSTOFFE Klebebänder, -hilfsmittel KUNSTSTOFFTEILE, -WAREN Vorhangschienen ***Bürobedarfsartikel*** ***Taschen, Reisegepäck*** ***Kühltaschen, Koffer, Kassetten***	Heimtextilien Wirkerei, Gardinenkonfektion
Maschinen und Anlagen				
Besondere Produktionsmittel	Flaschenverschlüsse	*Druckmaschinen*	PVC-Kaltschweißmittel	
Dienstleistungen				

SCHLÜSSEL

Normal	19% - 1% der durchschnittlich in der regionalen Branche Beschäftigten.
Kursiv	49% - 20% der durchschnittlich in der regionalen Branche Beschäftigten.
Fett	100% - 50% der durchschnittlich in der regionalen Branche Beschäftigten.
schwarz	Beschäftigtenanteile örtlicher Betriebe an der regionalen Branche insgesamt.
grau	Beschäftigtenanteil eines einzelnen Betriebes an den in der regionalen Branche Beschäftigten.

Die 1893 gegründete Frankenthaler Zweigniederlassung der Maschinenbau-AG Balke sollte zunächst die vom Bochumer Stammhaus benötigten Pumpen herstellen.[327] Das später erweiterte und auf Pumpen und Kompressoren jeglicher Art ausgeweitete Produktionsprogramm unterstreicht die Züge eines *clusters*, da das Zweigwerk in unmittelbarer Nähe und damit Konkurrenz zur KSB AG errichtet wurde. Demgegenüber ging die Aktiengesellschaft Kühnle, Kopp & Kausch (KKK) 1899 aus drei eigenständigen Unternehmen hervor, von denen eines als Zulieferer für die chemische Industrie schon früh ein Verfahren zur homogenen Verbleiung schmiedeeiserner Ge-

---

[327] Vgl. SCHÖN, *Wirtschaft im Stadt- und Landkreis Frankenthal*, S. 297.

fäße entwickelt hatte. Im 20. Jahrhundert begann die Fertigung von Radial- und Axial-Gebläsen sowie von Dampfturbinen. Seit 1953 wurden in zunehmendem Umfang Diesel-Turbolader hergestellt, so dass nach über 40 Jahren auch vom Turbohersteller gesprochen wird. Dieser hielt der Globalisierung in den 1990er Jahren durch umfangreiche Restrukturierungen, eine Flexibilisierung der Produktion und strikte Kundenorientierung stand, in deren Folge die Zahl der Mitarbeiter bei gleichem Produktionsvolumen allerdings von 750 im Jahr 1993 auf 450 in 1997 schrumpfte.[328]

Zur *Cluster*bildung trugen neben weiteren verschiedensten Firmen[329] vor allem auch Keller & Sohn bei. Dieses Unternehmen produziert bis in die Gegenwart Kessel, Apparate und Einrichtungsgegenstände für Brauereien, Mälzereien, Brennereien, Seifensiedereien sowie für die chemische und Nahrungsmittelindustrie. Die Eisengießerei Johann Gutmann stellte daneben über die 1960er Jahre hinaus säure- und hitzebeständigen Spezialguss her und war damit Zulieferer für die Unternehmen des Maschinenbaus und der chemischen Industrie in Frankenthal, Ludwigshafen, Mannheim und Worms.[330]

Die 1861 gegründete Schnellpressenfabrik Albert & Cie. Aktiengesellschaft, die heutige Koenig & Bauer-Albert (KBA), ist schon von PORTER als einer der global führenden Druckmaschinenhersteller herausgestellt worden. Seine Weltstellung bewahrte sich das Unternehmen vor allem durch permanente technische Verbesserung und Innovation, wodurch sich der Exportanteil des Unternehmens i.d.R. auf rund 70% des Umsatzes beläuft.[331] Dem Wettbewerbsdruck in den 1990er Jahren begegnete KBA deshalb nicht nur durch Kostenmanagement, sondern auch mit Prozeßinnovationen. Durch die Fusionierung mit dem Druckmaschinenhersteller Koenig & Bauer in Würzburg 1995 konnten starke, aus einem zentralen Einkauf, der Zusammenlegung von Verwaltungseinheiten und einer „auf dem Baukastenprinzip aufgebauten Produktpalette“ resultierende Synergieeffekte genutzt werden.[332]

Das wichtigste Unternehmen der chemischen, d.h. der kunststoffverarbeitenden Industrie, das in Frankenthal ansässig ist, ist die 1946 gegründete Pfälzische Gummiwerke GmbH, die spätere Pegulan Werke und heutige Tarkett Sommer AG[333], die sich zunächst ausschließlich der Herstellung von PVC-Artikeln widmete. Zwischenzeitlich trat die Fertigung von Teppichböden und Kunststofffolien der verschiedensten Art hinzu, wodurch die Pegulan-Werke zu den größten europäischen Kunststoffverarbeitern avancierten. Der weltweit bekannte Fußbodenbelag PEGULAN, der dem Unternehmen inzwischen seinen Namen gab, wurde 1950 erstmals mit Maschinen

---

[328] Vgl. hierzu insgesamt: SCHÖN, *Wirtschaft im Stadt- und Landkreis Frankenthal,* S. 297; MATZKER, in: *IHK-Magazin, 1974*, S. 160; sowie: *Wirtschaft vor Ort*, in: *Wirtschaftsmagazin Pfalz*, 03/1997. S. 31.

[329] Ein guter Überblick hierzu findet sich bei: SCHÖN, *Wirtschaft im Stadt- und Landkreis Frankenthal,* S. 296-306.

[330] Vgl. SCHÖN, *Wirtschaft im Stadt- und Landkreis Frankenthal,* S. 297.

[331] Vgl. hierzu insgesamt: SCHÖN, *Wirtschaft im Stadt- und Landkreis Frankenthal,* S. 296; MATZKER, in: *IHK-Magazin, 1974*, S. 160.

[332] Vgl. *Wirtschaft vor Ort*, in: *Wirtschaftsmagazin Pfalz*, 03/1997. S. 31f.

[333] Zur Geschichte der Tarkett Sommer AG vgl. http://www.tarkett-sommer.de/ (05. September 2002).

eigener Konstruktion produziert und verlegt.[334] Das Jahr 1950 ist daneben das Gründungsjahr der Fabrik zur Verarbeitung thermoplastischer Stoffe, theica-plastic frankenthal, die PVC-Folien im Hochfrequenz-Schweißverfahren zu Bürobedarfsartikeln, Werbegeschenken, Verpackungen etc. verarbeitet.[335]

Karte 8: Der Großraum Ludwigshafen – Mannheim – Frankenthal

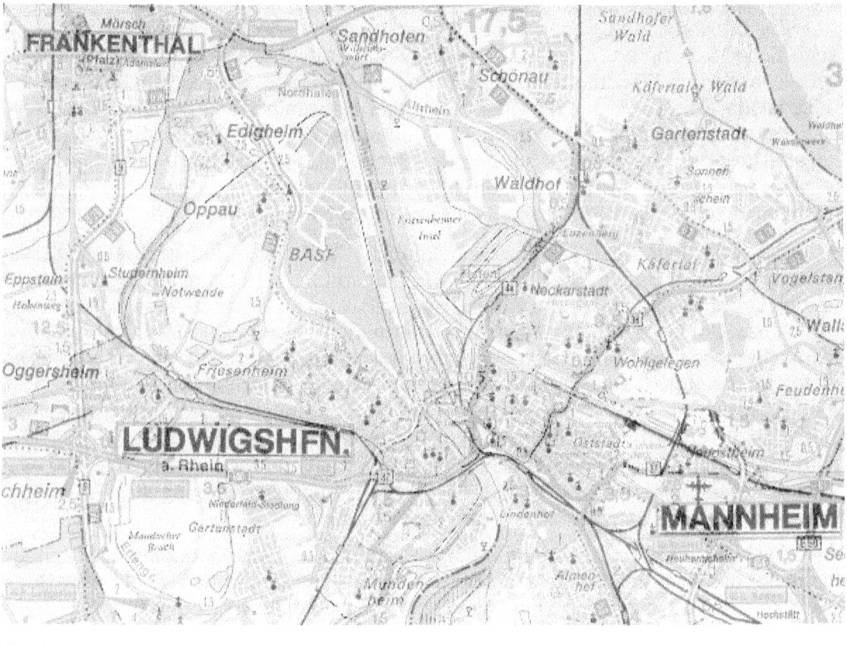

Quelle:
Technik-Touren. Tips für Technik-Trips an Rhein und Neckar. Blatt 9. Hrsg.: Informationszentrale der Elektrizitätswirtschaft e.V. Frankfurt, 1991.

Obwohl die Branchenschwerpunkte des Standortes Frankenthal in der *Cluster*grafik des Jahres 1964 am deutlichsten hervortreten und die Globalisierung vor allem in den späten 1990er Jahren auch in Frankenthal ihren Tribut zollte, zeigt die *Cluster*grafik 1991 (vgl. Schaubild 24) deutlich die weiterhin überwiegenden Branchen Apparate-, Anlagen- und Maschinenbau sowie Kunststoffverarbeitung, und innerhalb dieser, hervorgerufen durch weltweit führende Unternehmen, Schwerpunkte im Bau von Dampfturbinen, Ventilatoren, Pumpen, Kompressoren und Druckmaschi-

---

334 Vgl. SCHÖN, *Wirtschaft im Stadt- und Landkreis Frankenthal,* S. 301; sowie: MATZKER, in: *IHK-Magazin, 1974*, S. 160.

335 Vgl. SCHÖN, in: *Pfälzisches Industrie- und Handelsblatt*, 10/1957. S. 302.

nen sowie bei der Herstellung von Kunststoffteilen und -waren. Gerade auch in Anbetracht von Produktdiversifizierung und Weltmarktorientierung ist es weiterhin sinnvoll, den Standort Frankenthal als Teil des Chemie*clusters* Ludwigshafen anzusehen, worauf auch seine bereits angedeutete geographische Lage sowie Karte 8 verweisen. Mit dem Zusammenschluss der Länder Baden-Württemberg, Hessen und Rheinland-Pfalz zum Raumordnungsverbund Rhein-Neckar,[336] einem Schwerpunkt der bundesdeutschen chemischen Industrie, indem wiederum die Stadt Ludwigshafen eine dominierende Rolle einnimmt, kam die Politik dieser ökonomischen Entwicklung nach. „Die Zahlen zeigen, dass die chemische Industrie zwar auf den Kernbereich des Rhein-Neckar-Raumes, auf die Oberzentren Ludwigshafen und Mannheim konzentriert ist, dass aber ein äußerst starker Verflechtungsgrad mit allen Teilen der Wirtschaft der Region besteht."[337]

Pforzheim[338], das sich trotz diversifizierterer Struktur auch heute noch als „Goldstadt" bezeichnet, ein altes Zentrum von Handel und Gewerbe, verdankt seinen industriellen Schwerpunkt in der Schmuckindustrie demgegenüber merkantilistischer Politik. 1767 errichteten Jean François Autran, Amédé Christin und Jean Viala mit Hilfe eines von Markgraf Karl Friedrich ausgestellten Privilegs eine Manufaktur zur Erzeugung von Uhren und feinen Stahlwaren in dem in Pforzheim bestehenden Waisenhaus. Bereits 1768 kam es zu einer ersten Teilung in eine Uhrenfabrikation und eine Bijouterie, doch konnte die Trennung von Christin und Viala 1772 die Uhrenherstellung nicht vor ihrem vorläufigen, bis 1900 andauernden Ende bewahren. Einzig die Bijouterie unter der Leitung Autrans vermochte, auch infolge ausländischer Aufträge, zu expandieren, so dass dieser schon 1774 fast 400 Arbeiter mit der Herstellung von Schmuck beschäftigten konnte. Obwohl sich der Markgraf seit dem Verkauf des Unternehmens 1788 an den ehemaligen Buchhalter Autrans mit seinen gewerbepolitischen Aktivitäten und fiskalischen Mitteln zurückzuziehen begann, hatte sich

---

336 Vgl. MATZKER, Nikolaus: *Die Industrie im Rhein-Neckar-Raum.* In: *IHK-Magazin*, 50. Jg. 6/1975. S. 19-23. S. 19.

337 MATZKER, Nikolaus: *Die chemische Industrie im Rhein-Neckar-Raum.* In: *IHK-Magazin*, 50. Jg. 1975. S. 104-106. S. 106. (Künftig zitiert: MATZKER, *Chemische Industrie im Rhein-Neckar-Raum*). Zum Verkehr allgemein, der Rolle des Rheins im Rhein-Neckar-Raum sowie dessen Bedeutung für die chemische Industrie vgl. LUDWIG, Werner: *Vom kleinen Anwesen zur gewaltigen Industriestadt: Wir werden die Probleme lösen. Rasanter Aufschwung in der Nachkriegszeit / 115.000 finden einen Arbeitsplatz.* In: *IHK-Magazin*, 53. Jg. 6/1978. S. 13f. (Künftig zitiert: LUDWIG, *Probleme lösen*).

338 Während die Geschichte der Pforzheimer Schmuckindustrie relativ ausführlich dokumentiert ist, fehlen neuere Darstellungen zur allgemeinen Wirtschaftsgeschichte und Stadtentwicklung. Vgl. hierzu: BECHT, Hans-Peter: *Pforzheim im 19. und 20. Jahrhundert. Eine Problemskizze.* In: DERS.: *Pforzheim im 19. und 20. Jahrhundert. Bausteine zur modernen Stadtgeschichte.* Sigmaringen, 1996. S. 7-11. (=Pforzheimer Geschichtsblätter, Bd. 8). An älterer Literatur liegt vor: GOTHEIN, Eberhard: *Pforzheims Vergangenheit. Ein Beitrag zur deutschen Städte- und Gewerbegeschichte 1750-1899.* Leipzig, 1889. (=Staats- und Socialwissenschaftliche Forschungen, Bd. IX, Heft 3); PFLÜGER, J.G.F.: *Geschichte der Stadt Pforzheim.* Pforzheim, 1862; STOLZ, Aloys (Bearb.): *Geschichte der Stadt Pforzheim.* Pforzheim, 1901. Eine gute neuere Zusammenfassung über die wichtigsten Entwicklungsstationen Pforzheims finden sich bei: BORCHERDT, *Baden-Württemberg*, S. 46ff.

Pforzheim bereits zu dieser Zeit zu einer Schmuckstadt mit internationalem Ruf entwickelt.[339]

Waren weitere Unternehmer zunächst noch aus dem Ausland gekommen, fassten bald auch aus der Region stammende, d.h. gelernte und aus dem Lohnverhältnis hervorgegangene Goldarbeiter als Unternehmer in der Schmuckwarenindustrie Fuß. Doch auch im 19. Jahrhundert ist noch der umgekehrte Vorgang und damit die kontinuierliche Metamorphose der Firmenlandschaft ein typisches Kennzeichen der Pforzheimer Schmuckindustrie: „Heute Fabrikant, morgen Cramponer [d.i. der auf eigene Rechnung arbeitende Goldarbeiter – d.Verf.], nächste Woche Lohnarbeiter. Am blauen Montag sitzen alle drei gemütlich am Biertisch. Ist heute der einzige Arbeiter, Lehrling und Poliseuse entlassen, vollzieht sich über Nacht die Metamorphose. Am andern morgen sitzt der Cramponer mit Frau und Tochter allein an dem Werktisch. Kann er keine Aufträge bekommen und will keine Bestellung einlaufen, läuft er selber weg in die Werkstatt eines besser situierten Kameraden, in welcher oft ihrer 3 – 5 sich zusammenfinden wegen der damit verbundenen Ersparnis der Werkstattmiete. Aber nicht lange wird er in der trauten Gesellschaft bleiben. Bald etabliert er in der schiefen Dachstube des vierten Stockes von neuem seine ‚Bijouterie-Taschenfabrik'."[340] Durch solche Vorgänge bestanden in Pforzheim 1777 bereits 21 Betriebe, 1850 wurden in 22 Betrieben rund 1.160 Bijouteriearbeiter beschäftigt.[341] Diese Entwicklung beeinflusste ebenso die Hilfs- und Zulieferindustrie, die 1873 rund 25% der Bijouterie- und Bijouteriehilfsfabriken umfasste. Hierzu zählten u.a. Emaillefabriken, Goldfärbereien, Gravuranstalten, Faßereien und Juweliere, Stein- und Glasbohrer. „Mit vollem Recht gehören daher die Etuifabriken, die auf die Herstellung von Kettenmaschinen spezialisierten Maschinenfabriken, die Gold- und Silberscheideanstalten zur Pforzheimer Industrie, darüber hinaus haben Institutionen, die anderswo auch bestehen, in Pforzheim ein ganz anderes, eigenes Gesicht, man

---

[339] Vgl. RAFF, Diether: *Zur Geschichte Pforzheims: Die Entwicklung von der Kleinstadt zur Mittelstadt.* Diss. Mannheim, 1964. S. 15ff.; sowie: ZIER, Hans Georg: *Geschichte der Stadt Pforzheim. Von den Anfängen bis 1945 mit einer Bibliographie von Bernhard* MÜLLER. Stuttgart, 1982. S. 147ff. (Künftig zitiert: RAFF, *Entwicklung von der Kleinstadt zur Mittelstadt*, bzw.: ZIER, *Geschichte der Stadt Pforzheim*). Zur Schmuckindustrie vgl. insgesamt auch: MASCHKE, Erich: *Die Pforzheimer Schmuck- und Uhrenindustrie. Beiträge zur Wirtschaftsgeschichte der Stadt Pforzheim.* Pforzheim, o.J. [1967]. (Künftig zitiert: MASCHKE, *Schmuck- und Uhrenindustrie*); sowie, sehr ausführlich: PIEPER, Wolfgang: *Geschichte der Pforzheimer Schmuckindustrie. Ein Beitrag zur Geschichte des Nordschwarzwaldes.* Pforzheim, 1989. (=Schriftenreihe Nr. 3 der Gesellschaft zur Förderung des Technischen Museums der Pforzheimer Schmuck- und Uhrenindustrie e.V.). (Künftig zitiert: PIEPER, *Pforzheimer Schmuckindustrie*), und: DERS.: *Geschichte der Pforzheimer Uhrenindustrie 1767-1992.* Hrsg. von der Gesellschaft zur Förderung des Technischen Museums der Pforzheimer Schmuck- und Uhrenindustrie e.V. Pforzheim, 1992.

[340] WERNSDORF, Julius: *Das kapitalistische Konzentrationsgesetz in der Pforzheimer Bijouterieindustrie. Ein Beitrag zur Erkenntnis des Zusammenhanges der gewerblichen Betriebssysteme und Größenformen im Nachgang zu den Erhebungen des Vereins für Sozialpolitik über die Lage der dem ehemaligen Kunsthandwerk angehörigen Gewerbe in Deutschland.* Diss. Stuttgart, 1899. S. 78. Zur Metamorphose in der Zeit nach 1945 vgl. PIEPER, *Pforzheimer Schmuckindustrie*, S. 283ff.

[341] Vgl. RAFF, *Entwicklung von der Kleinstadt zur Mittelstadt*, S. 19; sowie: ZIER, *Geschichte der Stadt Pforzheim*, S. 188.

denke an die Banken, an die Post, an den Zoll".[342] Zu ergänzen sei noch die zwischenzeitliche Herstellung von Spezialwerkzeugen und -maschinen bzw. von Kassenschränken, sowie, im 20. Jahrhundert, das Erstarken der fertigungstechnisch ähnlichen Branche „Medizinische und (augen)optische Erzeugnisse".

Vor allem durch die politischen Unwägbarkeiten, die die Nachfrage nach Luxuswaren immer wieder beeinflussten, waren die Pforzheimer Unternehmen von Anfang an auf den Export in alle Teile der Welt angewiesen. So knüpften sie während der Revolutionszeit 1848/49 neue Geschäftsbeziehungen nach Nord- und Südamerika, Südafrika sowie dem Orient, so dass im letzten Drittel des 19. Jahrhunderts bereits weltumspannend exportiert wurde.[343] Interessant ist daneben die Anpassungs- und damit Wettbewerbsfähigkeit an allgemeine wirtschaftliche Veränderungen sowie Änderungen im Geschmack, wie sie für den PORTER'schen *cluster* (vgl. Karte 9) kennzeichnend ist. So traten neben die Messen zunächst Reisende, die als Verkäufer ihre Kunden besuchten, später fand durch die Spezialisierung auf Großhandel und Exportgeschäft eine Institutionalisierung der Sortimentsfunktion und damit des Marketings statt.[344] Daneben wurden Innovationen immer zügig umgesetzt oder übernommen, wie beispielsweise das Doublé[345] oder der Übergang von Silberbestecken zu versilberter Ware bis hin zu den Bestecken aus Edelstahl der Gegenwart.[346] Hierzu zählt auch die 1833 erfolgte Einrichtung der „Handwerkerschule für die Gewerbslehrlinge", die sich jedoch erst Ende der 1850er Jahre, mit Einführung ihrer Besuchspflicht, entsprechend etablieren konnte, sowie die aus dieser 1873/77 hervorgegangene Kunstgewerbeschule, mit Schwerpunkt in der künstlerischen und technischen Ausbildung.[347] Für die typische *Cluster*struktur spricht im übrigen auch das Vorherrschen der Schmuckwaren- und Uhrenindustrie in der näheren Umgebung Pforzheims, die sich analog den Prozessen in Pirmasens schon früh auf die umliegenden Dörfer ausgedehnt hatte.

Während die Schmuckindustrie die Möglichkeit individueller Anpassung an die Veränderungen kaufmännischer und technischer Art wahrnahm, so dass sich gegenwärtig handarbeitende und maschinell fertigende Betriebe gegenüberstehen, kam die Uhrenindustrie nach 1945 unter stärkeren wirtschaftlichen Druck. Bis 1976 konnte auch die Pforzheimer Uhrenindustrie der technischen Revolution in der Uhrenherstellung standhalten und Quarzuhren von Weltniveau entwickeln und vermarkten.

---

342 ZIER, *Geschichte der Stadt Pforzheim*, S. 147. Für das Vorhergehende vgl. RAFF, *Entwicklung von der Kleinstadt zur Mittelstadt*, S. 47. Vgl. hierzu auch den Abschnitt „Geld- und Bankwesen" bei MASCHKE, *Schmuck- und Uhrenindustrie*, S. 233-267.

343 Vgl. RAFF, *Entwicklung von der Kleinstadt zur Mittelstadt*, S. 45; sowie: ZIER, *Geschichte der Stadt Pforzheim*, S. 234.

344 Vgl. ZIER, *Geschichte der Stadt Pforzheim*, S. 211; sowie: RAFF, *Entwicklung von der Kleinstadt zur Mittelstadt*, S. 47. Vgl. hierzu insgesamt auch das Kapitel „Markt und Absatz in der Geschichte der Pforzheimer Schmuckindustrie" bei MASCHKE, *Schmuck- und Uhrenindustrie*, S. 269-303.

345 Vgl. ZIER, *Geschichte der Stadt Pforzheim*, S. 258f.

346 Vgl. ZIER, *Geschichte der Stadt Pforzheim*, S. 147.

347 Vgl. RAFF, *Entwicklung von der Kleinstadt zur Mittelstadt*, S. 79ff.; sowie: ZIER, *Geschichte der Stadt Pforzheim*, S. 247f.

Karte 9: Geographische Konzentration ausgewählter deutscher Branchen

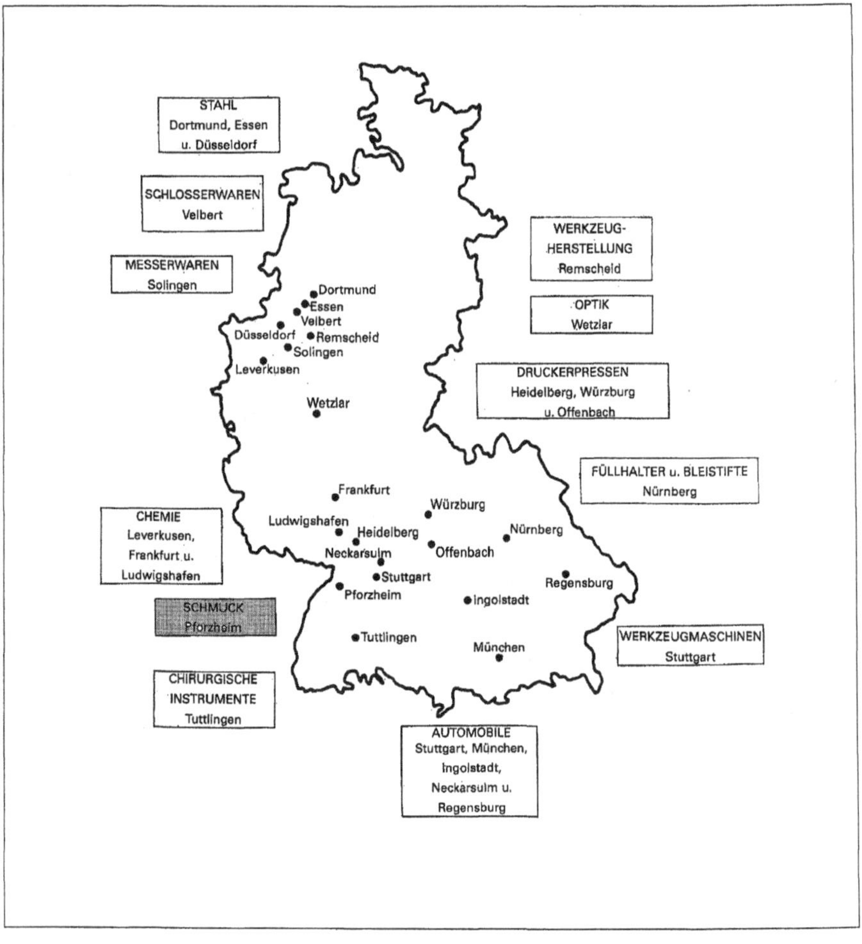

Quelle:
PORTER, Michael E.: *Nationale Wettbewerbsvorteile. Erfolgreich konkurrieren auf dem Weltmarkt.* Sonderausgabe. Wien, 1993. S. 180.

Allerdings bedingte die sich anschließende Veränderung der Uhrentechnologie die Automatisierung der Fertigung sowie modifizierte Vertriebsstrategien. Infolge Massenproduktion und -vertrieb sollten deshalb amerikanische und japanische Konzerne führend werden, da selbst ein vom Bundesministerium für Forschung und Technologie unterstütztes Projekt für eine automatisierte Fertigungsstraße unter dem Dach einer von mehreren Unternehmen zu tragenden Kapitalgesellschaft nicht zur Durchführung gelangte. Einer der Gründe, warum das von Bund, Land, Gemeinde und Wirtschaft anvisierte Projekt scheiterte, war die typische *Cluster*struktur, durch die eine „relativ hohe Zahl von Firmen im Pforzheimer Wirtschaftsraum konzentriert [ist], die im ständigen Wettbewerb um Marktanteile, Arbeitskräfte usw. stehen. Individuelle Empfindlichkeiten, die aus früheren Beschäftigungsverhältnissen untereinander oder gar aus familiären Gründen herrührten, wären zu überwinden gewesen. Dabei spielte auch oft der gleiche Kundenkreis, die ähnlichen Modell-Kollektionen durch gleiche Vorlieferanten oder der unvorhergesehene Wechsel hochqualifizierter Mitarbeiter eine nicht zu unterschätzende Rolle. Diese mentalen Vorbehalte waren oft nach Jahrzehnten noch nicht überwunden“.[348] Zwar konnten in Pforzheim Entwicklungs- und Konstruktionsabteilungen bis in die 1990er Jahre erhalten bleiben, die typische Klein- und Mittelbetriebsstruktur führte jedoch unter den verschärften Wettbewerbsbedinungen unweigerlich zu überbetrieblichen Kooperationen, auch mit kapitalstarken Großkonzernen, sowie der Betätigung in Marktnischen.

3.3 „*Failed clusters*“: Die Beispiele Lahr und Maximiliansau

Vor allem das Fehlen von stärker ausgeprägten *clusters* auf elsässischer Seite zwingt zu der Frage nach *failed clusters*, zur Analyse der historischen Gründe, die keine weiteren *clusters* in der ausgewählten Region entstehen ließen. Gerade im nördlichen Elsass spielten dabei die in jüngerer Zeit in Folge kriegerischer Ereignisse erzwungenen, veränderten politischen Verhältnisse eine nicht zu unterschätzende Rolle. So wurde das Zentrum der oberelsässischen Tuchproduktion, Bischwiller, nach der deutschen Annexion des Elsass von 1870/71 durch den massenhaften Abzug von Human- und Anlagekapital geschwächt. Anstatt sich den veränderten Marktbedingungen anzupassen, verließ der größte Teil der Unternehmen einschließlich ihrer Belegschaften den Ort, um sich in anderen Zentren der französischen Tuchindustrie wie Sedan oder Reims niederzulassen.[349] Auch auf den aus politischen Gründen zu Beginn der 1930er Jahre verworfenen Plan, Strasbourg zu einem Chemiestandort auszubauen, ist bereits verwiesen worden. Im vorliegenden Kontext erscheint jedoch die Frage nach betriebswirtschaftlichen Gründen für *failed clusters* von vorrangigem Interesse, da zum Beispiel die Ansiedlung von Unternehmen der Petrochemie im Norden Strasbourgs trotz des bereits vorhandenen Potentials auch in der zweiten Hälfte des 20. Jahrhunderts keine *cluster*fähigen Strukturen begründete. Insgesamt hat die vorangegangene Analyse die These PORTERs untermauert, nach der der Staat nur die Rahmenbedingungen für den Wettbewerb, damit für eine wettbewerbsfähige Anhäufung branchenverwandter Unternehmen sicherstellen kann, während infolge kommunaler Gewerbeansiedlungspolitik angelockte Unternehmen i.d.R. bald wieder aus dem Markt ausscheiden oder zumindest nicht in der Lage sind, wirtschaftliche Dynamik im PORTER'schen Sinne zu entfalten.

---

[348] PIEPER, *Pforzheimer Uhrenindustrie*, S. 356. Zur Zeit nach 1949 vgl. insgesamt S. 319ff.

[349] Vgl. VOGLER/HAU, *Histoire économique de l'Alsace*, S. 206.

Der Veranschaulichung soll an erster Stelle **Lahr**[350] dienen, dessen ansehnlicher Reichtum zunächst auf dem Anbau landwirtschaftlicher Handelsgewächse und Sonderkulturen wie Hopfen, Wein und Obst, später auch Zichorie und Tabak basierte, bis es sich seit Beginn des 18. Jahrhunderts zu einer florierenden Handelsstadt entwickelte, in der nicht nur die seinerzeit typischen Fertigprodukte, sondern auch die aus Strasbourg kommenden Kolonialwaren gehandelt und bis in die Schweiz umgeschlagen worden sind. In der Literatur wird der wirtschaftliche Niedergang der Stadt im Laufe des 19. Jahrhunderts vor allem mit dem Rückgang des Hanfanbaus sowie dem Zentralitätsverlust der Handelsstadt infolge der Verlagerung der zentralen Schifffahrt nach Mannheim und den Bau der an Lahr vorbeiführenden Rheintaleisenbahn begründet. Allerdings brachten zunehmendes Angebot und steigende Nachfrage nach Malz- bzw. Bohnenkaffee auch die Zichorienindustrie unter Druck. Der Anbau der Pflanze wurde bereits Ende des 19. Jahrhunderts unrentabel, so dass Mitte der 1920er Jahre das letzte Lahrer Traditionsunternehmen Daniel Voelcker GmbH seine Zichorienfabrikation aufgeben musste.[351]

Im Gegensatz dazu konnte sich die ebenfalls in Lahr ansässige Tabakindustrie als Branche dem veränderten Verbraucherverhalten vom Schnupftabak zur Zigarre bzw. später zur Zigarette leichter anpassen. Allerdings ließ das führende Lahrer Unternehmen entsprechende Entwicklungspotentiale ungenutzt, so dass von ihm keine stärkere wirtschaftliche Dynamik und damit Anstöße zur *Cluster*bildung ausgingen. Noch vor der Wende zum 19. Jahrhundert war das Handelshaus Lotzbeck[352], das durch seine Handelsgeschäfte an das *Know-how* zur Schnupftabakherstellung gelangt war, zu einem der führenden Tabakverarbeiter geworden. Während der Kontinentalsperre förderte Lotzbeck den Tabakanbau in Baden, der sich dort relativ schnell einbürgerte. Der wirtschaftliche Erfolg der Familie ließ weitere Schnupftabakhersteller, aber auch Zulieferer- und Hilfsindustrien der Tabakindustrie um die Wende vom 18. zum 19. Jahrhundert in Lahr ihre Tätigkeit aufnehmen. Neben typischen frühindustriellen Gewerben entstand deshalb die Verpackungsmittelindustrie, die Lahr den Beinamen der „Schächtlestadt" einbrachte, in deren Umfeld sich wiederum ein starkes graphisches Gewerbe entwickelte. Bereits zu Beginn der 1820er Jahre siedelten sich erste Rauchtabakfabriken in Lahr an, die bei ihrer Suche nach billigen Arbeitskräften bald auf die umliegenden ländlichen Gemeinden ausweichen mussten. Die führende Stellung des Schnupftabaks und mit ihr die Existenz der Firma Lotzbeck gingen dadurch allerdings verloren.[353]

Um die Auswirkungen dieses Prozesses auf den Arbeitsmarkt zu verringern, betrieb die Stadt mit wechselndem Erfolg seit Ende des 19. Jahrhunderts eine aktive Ansiedlungspolitik. Viele der umgesiedelten oder neugegründeten Firmen überstan-

---

[350] Vgl. hierzu im Folgenden vor allem: *Geschichte der Stadt Lahr.* Hrsg. von der Stadt Lahr. 3 Bände. Lahr, 1989-1993. (Künftig zitiert: *Geschichte der Stadt Lahr*).

[351] Vgl. *Geschichte der Stadt Lahr*, Bd. 2, S. 136f.

[352] Vgl. *Denkschrift zum 150-jährigen Bestehen der Firma Lotzbeck Gebrüder AG Lahr i.Br. / Hamburg 1774-1924.* O.O., 1924.

[353] Vgl. *Geschichte der Stadt Lahr*, Bd. 2, S. 132ff., 149ff. sowie Bd. 3, S. 47f.

Schaubild 25: ***Cluster*grafik, Lahr 2000**

Primärgüter	MATERIALIEN – METALLE	MEHRFACHGESCHÄFT	ERDÖL – CHEMIE	TEXTILIEN – BEKLEIDUNG	NAHRUNG – GENUSS	DRUCK – PAPIER
	VERARBEITET Dekorblenden, Schaltkontakte Lager, Getriebe, Zahnräder, Antriebe MATERIAL-VEREDELUNG Oberflächen-veredelung, Wärmebehandlung	APPARATE UND ANLAGEN Werkzeuge Hartmetall-, Diamantwerkzeuge Apparate ARMATUREN ***Heizkörper*** ***Thermostate*** MASCHINENBAU Zentrifugen Metallbearbeitungsmaschinen Zahnräder ELEKTROTECHNIK Büromaschinen, Datenverarbeitungsgeräte Elektrotechnische Präzisions-teile MEDIZINISCHE GERÄTE Medizinische Geräte, orthopädische Vorrichtungen	ANORG. UND ORG. GRUNDSTOFFE, CHEMIKALIEN, MINERALÖLPRODUKTE Chemische Grund-stoffe KUNSTSTOFFE, ISOLIERUNGEN Kunststoffwaren	KONFEKTIONEN, WÄSCHE Gewebte Herren-oberbekleidung STRICKWAREN Herrenstrümpfe	VORPRODUKTE Müllereiprodukte TABAK Tabakverarbeitung	PAPIER, PAPPE, KARTON, VERPACKUNGEN Verpackungsmittel Wellpappe DRUCKEREI-GEWERBE Druckerzeugnisse VERLAGSGEWERBE Verlag Tageszeitungs-verlag
Maschinen und Anlagen						Maschinen, Geräte für graph. Industrie
Besondere Produktionsmittel						
Dienstleistungen						

SCHLÜSSEL

Normal	19% - 1% der durchschnittlich in der regionalen Branche Beschäftigten.	schwarz	Beschäftigtenanteile örtlicher Betriebe an der regionalen Branche insgesamt.
Kursiv	49% - 20% der durchschnittlich in der regionalen Branche Beschäftigten.	grau	Beschäftigtenanteil eines einzelnen Betriebes an den in der regionalen Branche Beschäftigten.
Fett	100% - 50% der durchschnittlich in der regionalen Branche Beschäftigten.		

den jedoch die ersten Jahre ihres Bestehens nicht, und auch die seit 1898 in Lahr ansässige Garnison ging mit dem Versailler Vertrag verloren. Dennoch werden immer noch rund 14% der gegenwärtig bestehenden Industriearbeitsplätze auf die städtische Industriepolitik dieser Jahre zurückgeführt. Hierzu dürfte vor allem die Firma Roth-Händle beigetragen haben, die 1919 mit einem festen Kundenstamm von Strasbourg nach Lahr zog, ebenso wie die Herrenkleiderfabrik Weber & Lederer GmbH & Co.KG[354], die in der Weltwirtschaftskrise vom Schneidergesellen Fritz Weber gegründet wurde und bis heute am Markt bestehen konnte. Auch die noch gegenwärtig Wellpappe produzierende Nestler GmbH & Co.KG[355] geht auf diese Politik zurück sowie zwei dem Maschinenbau zuzurechnende Betriebe, das Skrebba Werk GmbH[356] und die Richard Stihler GmbH & Co.[357] Eher zufällig brachte anschließend der Nationalsozialismus noch heute bestehende Firmen der unterschiedlichsten Branchen in die Stadt. Hierzu zählen die Etuisfabrik Fritz Leser GmbH, die Zehnder Wärmekörper GmbH und das ehemalige Eisenwerk Beutler.[358] Luftangriffe auf verschiedene deutsche industrielle Zentren führten Lahr im Zweiten Weltkrieg weiter Firmen der Elektrotechnik zu, wie die Firmen Carl Padberg bzw. Berger GmbH & Co.KG.[359] Industrieansiedlungen in den 1950er Jahren und der allgemeine Rückgang der oberbadischen Zigarrenproduktion trugen zur weiteren Diversifizierung der Branchenstruktur in Lahr bei,[360] die dadurch ihre auf der Tabakverarbeitung beruhende typische *Cluster*struktur verlor.

Demgegenüber blieb das im südlichsten Zipfel der Pfalz am Rhein gelegene **Maximiliansau**[361] im 19. und 20. Jahrhundert hinter der allgemeinen industriellen Entwicklung zurück. Im letzten Drittel des 19. Jahrhunderts ansässige Unternehmen nutzten im wesentlichen die land- und forstwirtschaftlichen Vorkommen der Umgebung und waren dementsprechend hundert Jahre später nicht mehr am Markt tätig (Zuckerfabrik, Sägewerk), 1973/74 gingen eine Holzverarbeitung und eine Glashütte in Konkurs. Einzig die 1893 gegründete Linoleumfabrik, aus der nach dem Zusammenschluss mit weiteren vier Linoleumfabriken in Delmenhorst und Bietigheim im Jahr 1927 die Deutsche Linoleum-Werke AG entstanden war, hätte einen *cluster* hervorbringen können. Linoleum besteht überwiegend aus natürlichen, nachwach-

---

354 Vgl. SCHLOSSER, Ernst: *Vom Dorfschneider zum Herrenkleiderfabrikanten. Weber & Lederer, Herrenkleiderfabrik Lahr/Schwarzwald.* In: *Geroldsecker Land*, 14. Jg. 1972. S. 69-72.

355 Vgl. LEONHARDT, Fritz: *Nestler Wellpappe GmbH. Ein mittelständisches Unternehmen in Lahr.* In: *Geroldsecker Land*, 34. Jg. 1992. S. 132-141.

356 Vgl. SCHLOSSER, Ernst: *SKREBBA-Werk, Bürogerätefabrik, Lahr/Schwarzwald.* In: *Geroldsecker Land*, 21. Jg. 1979. S. 126-134.

357 Vgl. *Geschichte der Stadt Lahr*, Bd. 3. S. 45ff. und 49ff.

358 Vgl. GÖHRINGER, Peter: *Zehnder-Beutler GmbH. Formschöne Wärmekörper.* In: *Geroldsecker Land*, 32. Jg. 1990. S. 154-158.

359 Vgl. SCHLOSSER, Ernst; Gerhard BERGER: *Fabrik elektrischer Messgeräte, Lahr. Ein Leben für die Elektroindustrie.* In: Geroldsecker Land, 19. Jg. 1977, S. 110-115; *Geschichte der Stadt Lahr*, Bd. 3, S. 53ff.

360 Vgl. *Geschichte der Stadt Lahr*, Bd. 3, S. 59ff.

361 Vgl. hierzu RUDOLPH, Otto: *Maximiliansau im Wandel der Zeiten. Chronik der Ortsgemeinde Maximiliansau.* Karlsruhe 1975.

senden Rohstoffen wie Leinöl, Naturharzen, Kork- und Holzmehl, Kalkstein und Jute.[362] Für die Herstellung konnten so der Kalkstein aus den Steinbrüchen der Umgebung Maximiliansaus und das Holz aus dem Pfälzerwald bezogen werden. Allerdings blieb durch diese Rohstofforientierung auch die Ansiedlung vor- und nachgelagerter Industrien aus, und die Fusion mit ehemaligen Konkurrenten zur DLW AG führte zum Verlust von wirtschaftlicher Konkurrenz, damit der Wettbewerbsfähigkeit der Branche im allgemeinen sowie des Standortes im besonderen. Hieran änderte auch die Linoleumproduktion im nahegelegenen elsässischen Schiltigheim nichts.[363] Zwar erlebte das Produkt Linoleum als nachhaltiger Bodenbelag mit zunehmendem ökologischen Bewusstsein in den 80er und 90er Jahren des 20. Jahrhunderts weltweit eine Renaissance, der Popularität von Kunststoff- und Teppichböden seit den 1960er Jahren hatte aber die Zweigniederlassung in Maximiliansau nicht standhalten können.[364] Mit zunehmenden und kostengünstigen Transportmöglichkeiten war die Produktion von Linoleum gleichzeitig nicht mehr standortgebunden, so dass die DLW ihre Linoleumproduktion 1968 in Delmenhorst, ihrem wichtigsten Standort, konzentrierte.[365]

Die Etablierung von Kunststoff-Bodenbelägen, die mit einem entsprechenden „Diamanten“ auch in Maximiliansau denkbar gewesen wäre, erfolgte demgegenüber im pfälzischen, vom Maschinenbau dominierten Frankenthal. Hier widmete sich die 1946 gegründete Pfälzische Gummiwerke GmbH, die spätere Pegulan Werke AG, zunächst ausschließlich der Herstellung von PVC-Artikeln. Erst durch die Fertigung von Bodenbelägen und Kunststofffolien stiegen die Pegulan-Werke zum größten europäischen Kunststoffverarbeiter auf. Der weltweit bekannte Fußbodenbelag PEGULAN wurde erstmals 1950 mit Maschinen eigener Konstruktion produziert und verlegt.[366] Damit trug das inzwischen zur Tarkett Sommer AG gehörende Unternehmen wesentlich zu den für Frankenthal in der zweiten Hälfte des 20. Jahrhunderts konstatierten steigenden Beschäftigtenanteilen im Segment der Kunststoffe bei und begründete damit seinerseits *cluster*fähige Strukturen.

Und auch die in Frankenthal ansässige, 1851 gegründete Bender-Werke GmbH zeigt, dass ein wettbewerbsfähiges Unternehmen den Wandel vom Verarbeiter natürlicher Rohstoffe zu Kunststoffen oder Metallen vollziehen kann. Die Bender-Werke waren bis zur Mitte des 20. Jahrhunderts die größte deutsche Korkenfabrik gewesen und firmieren seit der Übernahme durch die amerikanische *Crown Cork & Seal* als Crown Bender GmbH. Sowohl die vorhandenen Korkhölzer als auch die Kundschaft aus der Weinbranche waren zunächst faktorbedingte Standortvorteile. Das Unternehmen konnte dem Wettbewerb über die Zeit hinweg jedoch nur standhalten, weil

---

[362] Vgl. www.dlw-AGde/deutsch/boden/linoleum.html. (15. August 2000).

[363] Vgl. Artikel *Schiltigheim*, in: *Encyclopédie de l'Alsace*, Tome 11, S. 6731.

[364] Vgl. SCHÖN, Rudolf: *Die Wirtschaft der Südpfalz*. In: Pfälzisches Industrie- und Handelsblatt, 31. Jg. Heft 23, 1956. S. 661-670. S. 665.

[365] Zur DLW vgl. insgesamt: KALDEWEI, Gerhard: *Linoleum – Kunst und Industrie 1882-2000*; sowie: HELLMANN, Roland A.: *Aufstieg, Fall und Renaissance eines Fußboden-Klassikers: Die Geschichte des Linoleums in Deutschland*. Beide in: *Linoleum. Geschichte – Design – Architektur 1881-2000*. Hrsg. von Gerhard KALDEWEI. Ostfildern 2000. S. 14-29 bzw. 48-53.

[366] Vgl. SCHÖN, *Wirtschaft im Stadt- und Landkreis Frankenthal*, S. 301; MATZKER, *Industriestadt von Rang*, S. 160.

es sich neben der Herstellung von Naturkorken bereits in den 1950er Jahren auf die Produktion von Kronenkorken, Presskorkscheiben (als Einlage für Kronenkorken), Kunststoffverschlüssen, *Pilferproof*verschlüssen (Aluminiumverschlüsse mit Sicherungsring, der dem Kunden die Originalabfüllung garantiert) sowie von Korkpapier für Zigarettenmundstücke verlegte.[367] Auch wenn in Frankenthal also die zu großen Teilen auf dem Chemie*cluster* Ludwigshafen ausgerichteten Branchen Apparate-, Anlagen- und Maschinenbau sowie in zunehmendem Maße die Kunststoffverarbeitung dominierten, verfügte die Stadt nachweislich über einen günstigeren Diamanten als Maximilinansau. Die Stadt als Standort mit verwandten und sich unterstützenden Branchen, entsprechenden Nachfrage- und Faktorbedingungen sowie spezifischer Konkurrenz- und Wettbewerbsstruktur brachte damit innovative Unternehmen der sich nach dem Zweiten Weltkrieg etablierenden kunststoffherstellenden bzw. –verarbeitenden Branche hervor bzw. ermöglichte ursprünglich faktororientierten Unternehmen die Entwicklung zu innovationsangestoßenen Einheiten. Innovation kann dabei im Zeichen der Nachhaltigkeit und veränderten Verbraucherverhaltens allerdings auch wieder den Rückgriff auf natürliche Ressourcen bzw. die Herstellung natürlicher Produkte wie im Fall der Tarkett Sommer AG bedeuten, die neben Kunststoff- inzwischen auch Linoleumböden produziert. Innovative Unternehmensstrategien entstanden damit in dem *cluster*, nicht in dem einfachen Gewerbezentrum Maximiliansau.

[367] Vgl hierzu insgesamt:. Crown Bender GmbH (Hrsg.): *150 Jahre Crown Bender GmbH 1851-2001. Aus Tradition innovativ.* Frankenthal, 2001; sowie: SCHÖN, *Wirtschaft im Stadt- und Landkreis Frankenthal*, S. 298f.

Ergebnisse

Im untersuchten und im wesentlichen von den Städten Ludwigshafen/Mannheim/Heidelberg, Karlsruhe/Pforzheim/Lahr, Strasbourg/Haguenau/Saverne sowie Zweibrücken/Pirmasens begrenzten mittleren Oberrheingebiet fand parallel zur Frühindustrialisierung eine Integration in drei sich etablierende Staatsgebiete statt. So entstand das *Département du Bas-Rhin* im Zuge der revolutionären Verwaltungsgliederung Frankreichs, wobei dem Anschein nach vor allem die Verlegung der Zollgrenze an den Rhein Ende des 18. Jahrhunderts desintegrierend wirkte. Die zuvor in zahlreiche Herrschaftsbereiche zersplitterte Pfalz erfuhr erstmals unter Napoleon eine verwaltungsorganisatorische Vereinheitlichung, die von nun an erhalten blieb und sich spätestens mit dem Inkrafttreten des Deutschen Zollvereins auch wirtschaftlich positiv auszuwirken begann. Und schließlich ließen die für das napoleonische Frankreich aufzubringenden Leistungen sowie die Notwendigkeit eines weitergehenden inneren Zusammenwachsens rechtsrheinisch zeitgleich das politisch und wirtschaftlich gefestigte Großherzogtum Baden entstehen.

Ob die verstärkte politische Desintegration auch wirtschaftlich desintegrierend wirkte, muss zunächst bezweifelt werden. Immerhin war das Elsass als Ganzes bis dahin in wirtschaftlichen Angelegenheiten von Frankreich als eine „in Wahrheit ausländische Provinz" (*province effectivement étrangère*) behandelt worden, was sich noch lange entsprechend auf die Handelsbeziehungen ausgewirkt haben dürfte. So berichtet CULMANN, dass 1826 weiterhin der größte Teil der in Bischwiller verarbeiteten Wolle aus Baden und Württemberg bezogen wurde,[1] weshalb auch die Rolle des Rheingrabens sowohl als natürliche als auch politische Grenze nicht überbewertet werden darf. Immerhin war es für Friedrich Engelhorn, den infolge kommunalpolitischer Querelen aus Mannheim vertriebenen Gründer der BASF, einige Jahrzehnte später ein leichtes, den Rhein zu überschreiten und sich in Ludwigshafen niederzulassen. Auch der baldigen *Cluster*bildung an dieser Stelle stand der Rheingraben nicht hinderlich entgegen, wie die Schwerpunkte Mannheims in den Bereichen Chemie bzw. Apparate und Anlagen in Schaubild 14 verdeutlichen.

Überhaupt zeigen die Quellen, dass gerade im ersten Drittel des 19. Jahrhunderts trotz natürlicher und politischer Grenzen reger Waren- und Kapitalverkehr sowie Austausch von Humankapital und *Know-how* herrschte,[2] wenn auch zum Teil in anderen als den gegenwärtigen Formen: „*La culture du houblon a été introduite dans*

---

[1] Vgl. CULMANN, *Geschichte von Bischweiler*, S. 129.

[2] Zur wirtschaftlichen Mobilität vgl. insgesamt beispielsweise: GLA Karlsruhe, Abt. 171, N° 887: „Gesuch des Reinhard Brougier in Mülhausen im Elsaß und des Handelsmanns Sonntag in Pforzheim um ein Privilegium zur Errichtung einer Spinnanstalt in Pforzheim, 1810"; GLA Karlsruhe, Abt. 206, N° 1852: „Bürgerliche Aufnahme des Strumpffabrikanten Georg Anton Fritz von Lyon in Karlsruhe und die Etablierung desselben in den Schwarzacher Klostergebäuden, 1803-1804"; sowie: LA Speyer, Abt. H 45, N° 2614: „Haug, Franz, Stärkefabrik, 1853". Zum 18. Jahrhundert siehe: GLA Karlsruhe, Abt. 77, N° 2595: „Anerbieten zweier französischer Kompagniene: Janno, Dilgo et Consorten und Bosque et Consorten, zur Errichtung einer Tabac-, Stärke und Haarpoudre Manufactur in Kurpfalz betr. nebst Beilagen zum Commissions-Protokoll. 1751; und: GLA Karlsruhe, Abt. 74, N° 2901: „Die beabsichtigte Anlegung einer Strumpffabrik durch Fabrikant Vogel aus Lothringen betr."

les environs de Haguenau au village d'Oberhoffen-sur-Moder, entre 1770 et 1780, par le pasteur Ehrenpfort. A Haguenau, l'initiateur est François Ignace Derendinger, originaire d'Achern dans le Pays de Bade, et établi à Haguenau depuis 1802, après son mariage avec la veuve d'un brasseur haguenovien."[3] Daneben überwanden die Zeitgenossen die Zollgrenzen durchaus ideenreich. So war die Getreideeinfuhr nach Frankreich erst ab einer bestimmten Preishöhe erlaubt, wovon die pfälzischen Bauern profitierten, bis der bayerische Ausgangszoll seit 1829 die lukrative Weizenausfuhr nach Frankreich gefährdete. Die Rheinbayern aber „waren auf einen wirksamen Ausweg verfallen. Sie brachten ihr Getreide nach Rheinpreußen, wohin die Einfuhr frei war, da Preußen mit der bayerischen Krone seit dem 27. Mai 1820 im gleichen Zollverband stand. Von Preußen aus wurde der pfälzische Weizen dann nach Frankreich verkauft, da Preußen Früchte nicht mit Ausgangszöllen belegte. Der umständliche Transportweg verteuerte zwar das pfälzische Getreide etwas, aber immerhin war diese Regelung noch wesentlich vorteilhafter als die etwaige Entrichtung von Ausgangszöllen."[4] Tiefgreifender als die neuen politischen Grenzen, die – das zeigt auch der regelmäßige Schmuggel und Schwarzhandel, beispielsweise von Salz[5] – überdies in ihrer Gänze nicht unüberwindbar waren, dürfte sich deshalb die Napoleonische Kontinentalsperre ausgewirkt haben und zwar im die wirtschaftliche Struktur deformierenden Sinne.

Selbst in Anbetracht der regelmäßig wechselnden Zugehörigkeit des Elsass und der damit verbundenen Schwierigkeiten und Friktionen konstatieren VOGLER/HAU deshalb nur einen modifizierten, keinen fundamental vom durchschnittlichen Industrialisierungspfad differierenden Entwicklungsweg für dieses Gebiet.[6] Beispielsweise verlor Bischwiller nach 1870/71 einen großen Teil seiner Tuchindustrie, weil Unternehmer mit ihren Belegschaften „vor den Deutschen" flüchteten, damit gerade nicht aus originär ökonomischen Gründen. 1959 dagegen, drei Jahre nach dem Volksentscheid zur Rückgliederung des Saarlandes in die Bundesrepublik, siedelte sich eines der gegenwärtig größten und für den Arbeitsmarkt wichtigsten Unternehmen, *INA Roulements*, im elsässischen Haguenau an. „*Cette société livrait sa clientèle française (Citroën, Panhard et Lavassor, Motobécane, etc. ...) à partir de l'usine de Hombourg en Sarre. En 1956, après un référendum, cette province s'intègre progressivement à l'Allemagne fédérale et n'est plus rattachée à la France comme elle l'a été pendant neuf ans. Désormais une barrière douanière se dresse entre la société INA et ses clients français. C'est pour cette raison que, la même année, des contacts sont pris à Haguenau.*"[7] So gesehen fällt eine realistische Bilanzierung hinsichtlich der Rolle der politischen Grenzen äußerst schwer, zumal spezifische Grenzprobleme mit der Etablierung des europäischen Gemeinsamen Marktes 1957

[3] GRASSER/TRABAND: *Histoire de Haguenau*, S. 195f.

[4] GRUBER, *Entwicklung der pfälzischen Wirtschaft*, S. 83.

[5] Vgl. GRUBER, *Entwicklung der pfälzischen Wirtschaft*, S. 56ff.

[6] Vgl. VOGLER/HAU, *Histoire économique de l'Alsace*, S. 201.

[7] GRASSER/TRABAND: *Histoire de Haguenau*, S. 298.

und dem damit verbundenen Abbau der innergemeinschaftlichen Zölle und anderer Handelshemmnisse seit 1959[8] von politischer Seite zunehmend eliminiert wurden.

Langfristig wirkten sich die verschiedenen Einflüsse darüber hinausgehend insofern gering aus, als die wirtschaftlichen Führungssektoren seit Beginn des 19. Jahrhunderts im wesentlichen unverändert blieben. Allerdings fand innerhalb der Branchen eine Verschiebung zu fortschrittlicheren Technologien bzw. expandierenderen Segmenten statt. Deshalb bildeten sich im mittleren Oberrheingebiet schon bald innerhalb der Metallbranche Schwerpunkte im Apparate-, Anlagen- und Maschinenbau aus sowie, verstärkt seit dem Zweiten Weltkrieg, die Segmente Fahrzeugbau und Elektrotechnik, während die chemische Industrie vor allem seit den 1960er Jahren den Einflüssen der Petrochemie unterlag. Weiterhin stellt auch die Branche Textil – Bekleidung einschließlich der Schuhindustrie mit stark gewandelten Produktionsprozessen und produktiveren Hilfsmitteln, Nahrung – Genuss mit den unterschiedlichsten Produkten sowie Ende des 20. Jahrhunderts auch noch die Branche Druck – Papier einschließlich Druckformen- und Druckmaschinenbau einen wirtschaftlichen Führungssektor dar.

Neben dieser Kontinuität der Branchen konnte auch eine weitgehende Kontinuität der Gewerbezentren konstatiert werden, unter denen sich ferner vier *clusters*, durch vielfache, in wechselseitiger Verbindung stehende Branchenanhäufungen gekennzeichnete Standorte, befinden. Es war der Anspruch der vorliegenden Studie, solche regionalen *clusters* zu identifizieren, um im Anschluss hieran Schlüsse auf intraregionales wirtschaftliches Integrationspotential ziehen zu können. Dem liegt die auf PORTER rückführbare These zugrunde, dass der *cluster* mit seinen inneren, die Ansiedlung oder Entstehung branchenverwandter Firmen in der unmittelbaren Umgebung bewirkenden Dynamik *per se*, das heißt auch über natürliche und politische Grenzen hinweg, integrativ wirkt.

Die *clusters* im untersuchten Raum, Pirmasens, Ludwigshafen, Pforzheim und mit der *Communauté Urbaine de Strasbourg* auch Groß-Strasbourg, entstanden unabhängig von faktorbedingten Standortvorteilen, so dass ihre Existenz ausschließlich auf ihre anhaltende Wettbewerbsfähigkeit zurückgeführt werden kann. Kontinuierliche Wettbewerbsfähigkeit ist sowohl Bedingung als auch Folge von *Cluster*bildungen und damit konstitutiv für eine wirtschaftliche Integration. Zwischen den *clusters* entsteht damit aber ein Raum ohne Branchenanhäufungen. Dieser kann zwar durch Industrieansiedlungen gekennzeichnet sein, die im einzelnen eine nicht unbeachtliche Größe erreichen können und für die einzelne Stadt oder ländliche Region Entlastung auf dem Arbeitsmarkt bedeuten. Dynamisches Potential im Sinne PORTERS und integrative Kräfte vermögen diese Standorte in ihrer unmittelbaren Umgebung jedoch nicht zu entfalten. Wenn unter diesen Bedingungen aber der *cluster* mit seiner inneren, auf die Ansiedlung oder Entstehung branchenverwandter Firmen in der unmittelbaren Umgebung hinwirkenden Dynamik keine Rücksicht auf natürliche oder politische Grenzen nimmt, ist das Vorhandensein bzw. die Ausbildung eines grenzübergreifenden *clusters* Voraussetzung für das Entstehen grenzübergreifenden Integrationspotentials. Dabei kann ein *cluster* auch durch schrumpfende, in Anbetracht zuge-

---

[8] Vgl. BRÜCKNER, Michael; Roland MAIER, Andrea PRZYKLENK: *Der Europa-Ploetz. Basiswissen über das Europa von heute.* Freiburg/Würzburg, 1993. S. 61.

nommener Weltmarktkonkurrenz temporär strukturschwache Branchen definiert werden, da deren Strukturkrise auch als Antrieb für eine stärkere intraregionale wirtschaftliche Integration fungieren kann. Immerhin findet in der gegenwärtig strukturschwachen Branche Textil ein Strukturwandel, d.h. eine Tendenz zu höherwertigen, produktionstechnisch intensiveren und damit konkurrenzfähigeren Produkten statt, die in Zukunft wiederum vor- und nachgelagerte Branchen anziehen können. Demgegenüber ist der *cluster*freie Raum Ausdruck ökonomischer Desintegration.

Neben den regionalen lässt sich im untersuchten Abschnitt des Oberrheingebietes auch ein überregionaler, durch den Druckmaschinenbau in Heidelberg und Frankenthal definierter *cluster* identifizieren, dessen bis nach Offenburg/Oberkirch sowie Strasbourg reichende intraregionale branchenverwandtschaftliche Strukturen allerdings relativ schwach ausgeprägt sind. Zwar ist die Branche Druck – Papier mit zahlreichen Druckereien, Verlagen sowie Papier-, Pappe- und Kartonherstellern entlang der Rheinachse in zahlreichen Orten vertreten (vgl. hierzu auch Karte 10), die eigentlich innovativen Segmente Druckformen- sowie Papier- und Kartonagenindustriemaschinenbau aber sind im Elsass mit 104 bzw. mit 125 Beschäftigten im Jahr 2001 im Vergleich etwa zu den über 8.000 Beschäftigten alleine der Heidelberger Druckmaschinen eine zu vernachlässigende, weil keine im Hinblick auf den Wettbewerb konkurrierende bzw. stimulierende Größe.

Seit der Frühindustrialisierung haben sich, auch darauf verweist die folgende Karte, im untersuchten Gebiet mit Ludwigshafen eine innerdeutsche, eine natürliche sowie politische Grenze überschreitende sowie mit Pirmasens und der *Communauté Urbaine de Strasbourg* zwei grenznahe *clusters* ausgebildet. In und um Ludwigshafen, vor allem im nicht weit von diesem entfernten Frankenthal, hatte sich früh ein auf die chemische Industrie Ludwigshafens ausgerichteter Maschinen-, Apparate- und Anlagenbau ausgebildet, der im Laufe der Zeit weitere innovative, teilweise nur im weitesten Sinne branchenverwandte Unternehmen entstehen ließ. Folge der beispielsweise in Frankenthal ansässigen, miteinander verwandten und sich gegenseitig unterstützenden Branchen war eine spezifische Konkurrenz- und Wettbewerbsstruktur mit entsprechenden Nachfrage- und Faktorbedingungen. Der Standort verfügt damit über einen investitions- und innovationsfreundlichen Diamanten, der einerseits wiederum innovative Unternehmen der sich nach dem Zweiten Weltkrieg etablierenden kunststoffherstellenden bzw. -verarbeitenden Branche hervorbrachte, andererseits ursprünglich faktororientierten Unternehmen eine innovationsangestoßene Entwicklung ermöglichte. Die wirtschaftliche Integration dieses drei Bundesländergrenzen übergreifenden *clusters* zeigte schließlich in der zweiten Hälfte des 20. Jahrhunderts Auswirkungen auch auf die politische Raumordnung der betroffenen Länder, was wiederum auf die relativierbare Bedeutung administrativer Grenzen verweist.

Ist der gesamte Verdichtungsraum und Raumordnungsverbund Rhein-Neckar durch die spezifischen *Cluster*strukturen Ludwigshafens gekennzeichnet, bringt diese erhöhte Wettbewerbsfähigkeit mit zunehmender Entfernung vom *Cluster*kern nur noch relativ wettbewerbsarme, über eine heterogene Wirtschaftsstruktur, somit über keinen Branchenschwerpunkt verfügende Standorte hervor. Hierin drückt sich die Logik der PORTERschen Theorie aus, nach der bedeutende Unternehmen der chemischen bzw. der auf die chemische Industrie gerichteten metallverarbeitenden Unternehmen den bereits vorhandenen *cluster* als bevorzugten Standort aufsuchen.

Nachweislich wirkte sich das insbesondere für Speyer, Schwetzingen und auch für den Standort Weinheim negativ aus.

Karte 10: **Wichtige Standorte der Branche Druck – Papier sowie regionale *clusters* im mittleren Oberrheingebiet**

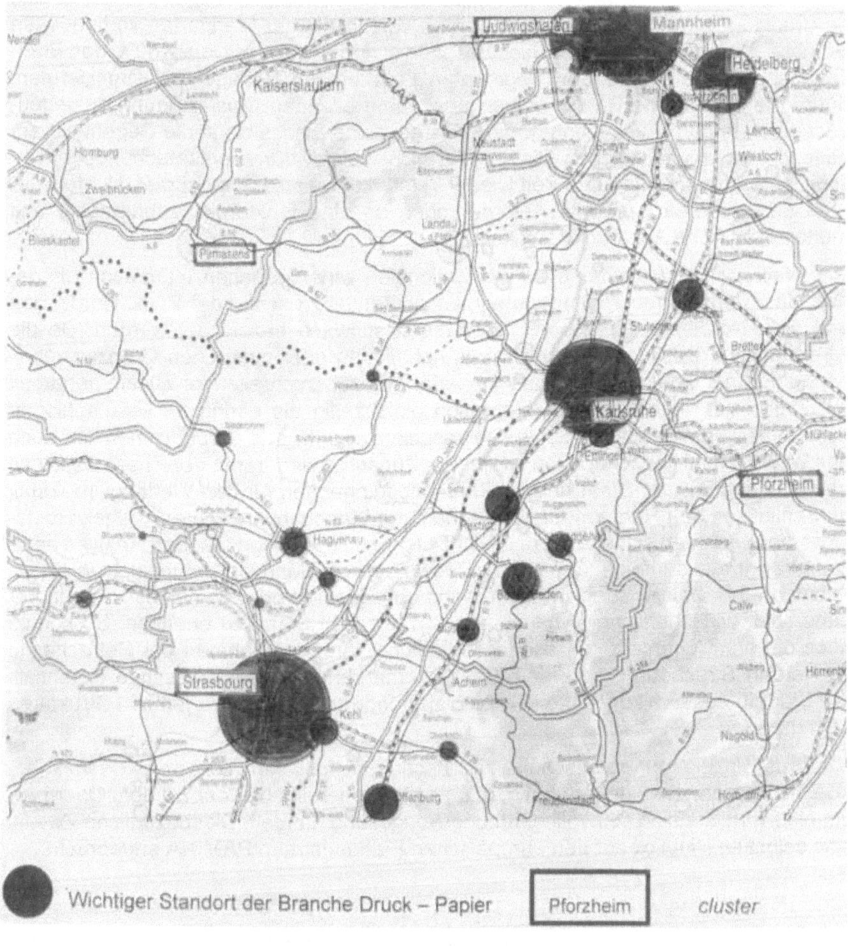

Quelle:
Die zugrundeliegende Karte wurde dem Faltblatt „*Présentation d'ensemble de l'espace PAMINA*", 12/1998 entnommen.

Eine Ludwigshafen vergleichbare Integrationskraft vermochten sowohl Pirmasens als auch der zweite grenznahe *cluster*, Groß-Strasbourg, bisher nicht zu entfalten. Dies mag zunächst an dem in Pirmasens relativ schwach ausgeprägten Investitionsgüterbereich gelegen haben, der bis zum Ersten Weltkrieg von amerikanischen Schuhmaschinenherstellern dominiert wurde, sowie an dem produktionstechnisch wenig komplexen Produkt Schuh, dessen Produktionsstätten spätestens seit den 1960er Jahren durch Verlagerungen in das lohnkostengünstige Ausland i.d.R. zu einfachen Montagewerken mit vergleichsweise geringem Innovationspotential degenerierten. Einzig der traditionell im Elsass und in Baden an verschiedenen Standorten vorhandenen Branche Druck – Papier, und hier besonders den jeweils mit rund 60% der Branchenbeschäftigten führenden Segmenten Druckereien, Verlage und Druckformen, dürfte die sprachliche Barriere einer grenzübergreifenden *Cluster*bildung entgegengestanden haben. Auch wenn gerade das nördliche Elsass bis in die Gegenwart anhaltend vom alemannischen Dialekt und nicht zuletzt durch entsprechende schulische Angebote der jüngeren Zeit wieder verstärkt zweisprachig geprägt ist, stellt gerade dieser Bereich erhöhte Anforderungen an eine fehlerfreie Orthographie und muttersprachliche Ausdrucksfähigkeit.

Nach allem muss der Grad der regionalen wirtschaftlichen Integration als gering, das grenzüberschreitende Integrationspotential zwischen der Pfalz, Nordbaden und dem Nordelsass insgesamt als äußerst schwach bezeichnet werden. Da die wirtschaftliche Desintegration nicht aus natürlichen oder politischen Grenzen resultiert, dürfte der Erfolg administrativ forcierter grenzüberschreitender Zusammenarbeit mit Zielrichtung ökonomische Integration gleichzeitig als gering zu veranschlagen sein. Diese pessimistische Prognose resultiert sowohl aus theoretischen als auch aus wirtschaftshistorischen Überlegungen. Zunächst wird damit der These PORTERS gefolgt, nach der der Staat nur die Rahmenbedingungen für den Wettbewerb, somit ausschließlich den Rahmen für eine Anhäufung branchenverwandter wettbewerbsfähiger Unternehmen sichern kann. Gleichzeitig hat die vorangegangene Analyse deutlich gezeigt, dass infolge kommunaler Gewerbeansiedlungspolitik angelockte Unternehmen i.d.R. bald wieder aus dem Markt ausscheiden oder zumindest nicht in der Lage sind, wirtschaftliche Dynamik im PORTER'schen Sinne zu entfalten. So konnte auch die staatlicherseits geförderte Ansiedlung von Unternehmen der Petrochemie im Norden Strasbourgs trotz des bereits vorhandenen petrochemischen Potentials der Stadt in der zweiten Hälfte des 20. Jahrhunderts keine *cluster*fähigen Strukturen begründen.

Aus wirtschaftstheoretischer und wirtschaftshistorischer Sicht muss deshalb bezweifelt werden, dass es sich bei dem untersuchten Teilgebiet *der Euregio* Oberrhein um eine wirtschaftlich sinnvolle Ordnungsvorstellung handelt. Diesbezügliche Zweifel sind selbst im Hinblick auf den europäischen Planungsraum PAMINA angebracht.

Quellen- und Literaturverzeichnis

1 Quellenverzeichnis

1.1 Archivalien

Archives Départementales du Bas-Rhin, Strasbourg
AL 121 1468

Generallandesarchiv Karlsruhe
Abteilung 74, 77, 78, 136, 170, 171, 195, 197, 206, 213

Landesarchiv Speyer
Abteilung G 6, G 23, G 24, G 34, H 36, H 45, H 46

1.2 Publizierte Quellen

Amtliche Beiträge zur Statistik der Staatsfinanzen des Großherzogtums Baden. Heft 41. Karlsruhe, 1851.

Chiffres pour l'Alsace. Éd.: Institut national de la statistique et des études économiques direction régionale de Strasbourg. Strasbourg, 1971ff.

Cullmann, Friedrich-Wilhelm: Geschichte von Bischweiler nebst einer statistischen Darstellung des heutigen Zustandes dieses Ortes. Ein Beitrag zur Geschichte des Elsasses. Strasbourg, 1826.

Das produzierende Gewerbe der Pfalz einschließlich Bauwirtschaft. Anschriften, Produktionsprogramm, Größenklassen. Hrsg.: Industrie- und Handelskammer für die Pfalz in Ludwigshafen am Rhein. Zusammenstellung nach Branchen und Orten. Stand: Juli 1991. O.O. u. J.

Das produzierende Gewerbe der Pfalz incl. Bauwirtschaft. Anschriften, Betriebsgrößenklassen, Produktionsprogramme. Hrsg.: Industrie- und Handelskammer für die Pfalz in Ludwigshafen am Rhein. 3. Auflage. O.O., 2000.

Das Reichsland Elsaß-Lothringen. Hrsg. vom Statistischen Bureau des Ministeriums für Elsaß-Lothringen. 2. Theil: Statistische Angaben. Strasbourg, 1901.

Die Industrie im Landesbezirk Baden. Hrsg. vom Badischen Statistischen Landesamt Karlsruhe mit Unterstützung des Badischen Landesgewerbeamtes Karlsruhe. [Masch.] O.O.u.J. [Karlsruhe, 1949].

Die Industrie in Baden im Jahr 1925 auf Grund amtlichen Materials mit 16 Karten. Bearbeitet und herausgegeben vom Badischen Statistischen Landesamt. Karlsruhe, 1926.

Die Wirtschaft im Bezirk der Industrie- und Handelskammer für die Pfalz. Ein kommentiertes Zahlenbild der strukturellen Veränderungen, Entwicklungstrends und Perspektiven. Hrsg. von der Industrie- und Handelskammer für die Pfalz. Ludwigshafen, 1996.

Dietz, Rudolf: Die Gewerbe im Großherzogtum Baden – Ihre Statistik, ihre Pflege, ihre Erzeugnisse. Im Auftrage des großh. badischen Handelsministeriums bearbeitet. Karlsruhe, 1863.

30 Jahre Baden-Württemberg im Spiegel der Statistik (1952-1982). Hrsg. vom Statistischen Landesamt Baden-Württemberg. Stuttgart, 1982.

Entreprises du Bas-Rhin de 10 à 49 salariés. Information économique. Edité par CCI – Info Fichiers. Strasbourg, 2001.

Entreprises du Bas-Rhin de 50 salariés et plus. Information économique. Edité par CCI – Info Fichiers. Strasbourg, 2001.

Firmenliste der Industrie- und Handelskammer Karlsruhe. Unveröffentlichte Datenabfrage, 2000.

Firmenliste. Hrsg.: Industrie- und Handelskammer Nordschwarzwald. Pforzheim, 2000.

Firmenverzeichnis Industrie – Handel – Dienstleistung. Hrsg.: Industrie- und Handelskammer Südlicher Oberrhein. Freiburg i.Br., 2000.

Geschichte der Stadt Ettlingen. Im Auftrag des Gemeinderates aufgrund archivalischer Quellen bearbeitet von Benedikt Schwarz. Ettlingen, 1900.

Gewerbskalender für das Jahr 1834 herausgegeben von Dr. W. L. Volz, Professor des Maschinenbaus rc. an der polytechnischen Schule zu Karlsruhe. Karlsruhe, 1834.

Grad, Charles: Études statistiques sur l'industrie de l'Alsace. Colmar/Strasbourg/Paris, 1879.

Grebenau, Heinrich: Der Rhein vor und nach seiner Regulierung auf der Strecke von der französisch-bayerischen Grenze bis Germersheim. Vortrag, gehalten in der Generalversammlung der „Pollichia" zu Dürkheim am 11. September 1869. O.O.u.J.

Griesmeier, J.: Die Entwicklung der Wirtschaft und Bevölkerung von Baden und Württemberg im 19. und 20. Jahrhundert. Ein statistischer Rückblick auf die Zeit des Bestehens der Länder Baden und Württemberg. In: Jahrbücher für Statistik und Landeskunde von Baden-Württemberg, 1. Jg. 1954. S. 121-242.

Heunisch, A. J. V.: Das Großherzogtum Baden. Historisch-geographisch-statistisch-typographisch beschrieben. Heidelberg, 1857.

Heuser, E.: Industrie und Gewerbe in der Pfalz um 1820. Nach gleichzeitigen Quellen. In: Pfälzisches Museum. Monatsschrift für heimatliche Literatur und Kunst, Geschichte und Volkskunde. Jg. XXV, Heft 3/1908. S. 39-43.

IHK-Atlas Industrie-Ansiedlung. Daten und Fakten aus den 12 Kammerbezirken Baden-Württembergs. Hrsg. von der Arbeitsgemeinschaft der Industrie- und Handelskammern in Baden-Württemberg. Stuttgart, 1989.

IHK-Magazin. Wirtschaftsinformationen der Industrie- und Handelskammer für die Pfalz. Hrsg.: Industrie- und Handelskammer für die Pfalz. Mannheim, 49. Jg. 1974 – 68. Jg. 1993.

IHK-Mitteilungen. Wirtschaftsinformationen der Industrie- und Handelskammer für die Pfalz. Hrsg.: Industrie- und Handelskammer für die Pfalz. Ludwigshafen, 44. Jg. 1969 – 48. Jg. 1973.

Informationen für die Wirtschaft. Zeitschrift der Industrie- und Handelskammer Nordschwarzwald. Hrsg. von der Industrie- und Handelskammer Pforzheim. Pforzheim, N.F. 1.Jg. 1973ff.

Institut national de la statistique et des études économiques (INSÉÉ): L'Alsace industrielle. Strasbourg, 1991.

Dass.: Pour situer l'Alsace. 250 repères statistiques. Chiffres pour l'Alsace. Numéro spécial. O.O., 1976.

Jahresbericht der elsaß-lothringischen städtischen Arbeitsämter für das Geschäftsjahr 1906/07. Nach den Berichten der einzelnen Arbeits-Ämter verfasst von dem Beigeordneten Reg.-Rat Dominicus. Straßburg i.E., 1907.

Kolb, Georg Friedrich: Die thatsächlichen Ergebnisse der in Folge der französischen Revolution in der dermaligen Baierischen Pfalz eingeführten Institutionen. In: Konstitutionelle Jahrbücher, 1. Jg. 1843. Bd. 3. S. 228-250.

Kurze statistische und graphische Darstellung der Struktur und Entwicklung der Wirtschaft des Handelskammerbezirks Mannheim. Aus Anlaß der Tagung des deutschen Industrie und Handwerkstags und des 200jährigen Jubiläums der Handelskammer von derselben herausgegeben. Mannheim, 1928.

Kurze Vorstellung der Industrie in denen drey Haupt-Städten und sämtlichen Ober-Aemteren der Churfürstlichen Pfalz rücksüchtlich auf die Manufacturen, die Gewerbschaften, und die Handlung. Frankenthal, 1775.

La situation économique et l'emploi. Rapport du comite économique et social d'Alsace. Mai 1988.

Mitteilungsblatt der Industrie- und Handelskammer für die Pfalz. Hrsg.: Industrie- und Handelskammer für die Pfalz. Ludwigshafen, 23. Jg. 1948 – 24. Jg. 1949.

Pfälzische Industrie. Anschriften, Produktionsprogramme, Größenordnung der Industriebetriebe im Bezirk der Industrie- und Handelskammer für die Pfalz in Ludwigshafen am Rhein. Zusammengestellt nach Branchen und Orten. Stand: Sommer 1964. O.O. u. J.

Pfälzische Wirtschaft. Jubiläumsnummer der Pfälzischen Rundschau. Ludwigshafen, im September 1924.

Pfälzisches Industrie- und Handelsblatt. Nachrichtenorgan der Industrie- und Handelskammer für die Pfalz. Hrsg.: Industrie- und Handelskammer für die Pfalz. Ludwigshafen, 25. Jg. 1950 – 44. Jg. 1969.

Schuch, Christian Theophil: Politische und Kirchen-Geschichte von Ladenburg und der Neckarpfalz aus den Quellen bearbeitet von Christian Theophil Schuch. Heidelberg, 1843.

Statistik des Deutschen Reiches. Hrsg. vom Kaiserlichen Statistischen Amt. Berlin, 1899.

Statistik von Baden-Württemberg. Hrsg. vom Statistischen Landesamt Baden-Württemberg. Bd. 421: Verarbeitendes Gewerbe 1989. Stuttgart, 1990.

Statistisches Handbuch für Elsaß-Lothringen. [Nachfolge: Statistisches Jahrbuch für Elsaß-Lothringen.] Hrsg. vom Statistischen Büro des Kaiserlichen Ministeriums für Elsaß-Lothringen. Straßburg, 1. Jg. 1985ff.

Statistisches Jahrbuch für das Großherzogtum Baden. Karlsruhe, 1. Jg. 1868ff.

Strukturdaten der Industrie. Ergebnisse des Zensus im produzierenden Gewerbe 1967. Stuttgart, 1972. (=Statistik von Baden-Württemberg, Bd. 184).

Strukturdaten des Gebiets zwischen Vogesen, Jura und Schwarzwald. Hrsg.: Institut national de la statistique et des études, Eidgenössisches Statistisches Amt, Statistisches Landesamt Baden-Württemberg unter Mitwirkung der internationalen Koordinationsstelle der Regio. Stuttgart/Basel/Strasbourg, 1972.

Tableaux de l'économie alsacienne. Edition 1994 – 1995. Strasbourg, 1994.

Vertrag von Amsterdam. Texte des EU-Vertrages und des EG-Vertrages. Hrsg. von Thomas Läufer. Presse- und Informationsamt der Bundesregierung. Bonn, 1998.

Verzeichnis der Industriefirmen im Bezirk der Industrie- und Handelskammer Rhein-Neckar. Hrsg.: Industrie- und Handelskammer Rhein-Neckar. Mannheim, 2000.

Vortrag von J[oseph] v. Utzschneider über den Zustand der Gewerbe und der vorzüglicheren Industriezweige im bayerischen Rheinkreise. In: Kunst- und Gewerb-Blatt des polytechnischen Vereins für das Königreich Bayern. 7. Jg. N° 8, 9 und 24/1921. S. 29-39 und S. 93-104.

Wagner, Ludwig: Die Haupterscheinungen der pfälzischen Gewerbsthätigkeit im Jahre 1871/72. In Folge hohen Auftrags Sr. Excellenz des K. Regierungs-Präsidenten Herrn Staatsrath von Braun nach den Berichten der pfälzischen Gewerbevereine bearbeitet von Ludwig Wagner, Regierungsaccessist. Speyer, 1873.

Was liefert und leistet die pfälzische Industrie? Bezugsquellennachweis pfälzischer Industrieerzeugnisse. Ausgabe Frühjahr 1934.

Wirtschaftsmagazin Pfalz. Mitteilungen der Industrie- und Handelskammer für die Pfalz. Hrsg.: Industrie- und Handelskammer für die Pfalz. Landau, 1994ff.

1.3 Internet

http://www.bischwiller.com/histoire/4chistoi.html

http://www.dedietrich.com

http://www.dlw-AGde/deutsch/boden/linoleum.html

http://www.esso.de/ueber_uns/umweltschutz/raffineriesanierung/

http://www.heidelberg.com

http://www.ihk.de/karlsruhe/ihk0011.html

http://www.karlsruhe.de/Statistik/pamina.htm

http://www.ladenburg.de

http://www.Mannheim.de/buerger_und_stadt/wirtschaft/index.html

http://www.mobil-oil.de/verie_4/jubi/index_jubi_chronik.htm

http://www.pamina.org

http://www.pfaff-industrial.com/de/pfaffintern/historie.html

http://www.pfi-ps.de/aktuell/schuhindustrie/0201gore.html

http://www.rastatt.de

http://www.schwetzingen.de/steuerung/800x600/home_lo.htm

http://www.speyer.de

http://www.strasbourg.cci.fr/english/cc_engl.htm

http://www.tarkett-sommer.de/

http://www.vestra.fr

http://www.weka-cityline.de/66482.html

http://www3.pirmasens.de/firmen/

http://wysiwyg://content_content.conte...ww.heidelberg.com/DE/88/44.html

2 Literaturverzeichnis

Albrecht, Volker: Der Einfluss der deutsch-französischen Grenze auf die Gestaltung der Kulturlandschaft im südlichen Oberrheingebiet. Ein Beitrag zur quantitativen Analyse physiognomisch fassbarer Kulturlandschaftselemente. Freiburg, 1974. (=Freiburger Geographische Hefte, Heft 14).

Alter, Willi (Hrsg.): Pfalzatlas. Hrsg. im Auftrag der pfälzischen Gesellschaft zur Förderung der Wissenschaften. Speyer, 1964ff.

Altmeyer, Max: Die Rheinschiffahrt Straßburgs im 19. Jahrhundert. Diss. Köln, 1901.

Ambrosius, Gerold; Dietmar Petzina, Werner Plumpe (Hrsg.): Moderne Wirtschaftsgeschichte. Eine Einführung für Historiker und Ökonomen. München, 1996

Arns, Günter: Über die Anfänge der Industrie in Baden und Württemberg. Stuttgart, 1986.

Aron-Castaing, Gaby: Une grande entreprise en milieu rural: De Dietrich au XIXe siècle : la grande période des forges. In: Saisons d'Alsace, N° 91/1986. S. 97-122.

Dies.: Une grande entreprise en milieu rural: la reconversion de l'entreprise. In: Saisons d'Alsace, N° 91/1986. S. 123-150.

Asche, Susanne; Ernst Otto Bräunche, Manfred Koch, Heinz Schmitt, Christina Wagner: Karlsruhe. Die Stadtgeschichte. Karlsruhe, 1998.

Asche, Susanne; Olivia Hochstrasser: Durlach. Staufergründung – Fürstenresidenz – Bürgerstadt. Karlsruhe, 1996. (=Veröffentlichungen des Karlsruher Stadtarchivs, Bd. 17).

Aspekte der wirtschaftlichen Entwicklung der Stadt Pforzheim 1964-1971. Pforzheim, 1972. (=Amt für Wirtschaft, Verkehr und Statistik der Stadt Pforzheim, Sonderschrift 57).

Bachmeyer, Léon: Pages d'histoire de Saverne. Edité par la Société d'histoire et d'archéologie de Saverne et Environs. Saverne, 1965.

Baden-Württemberg 2000. Der neue Atlas für das ganze Land. Hrsg. vom Statistischen Landesamt Baden-Württemberg. Stuttgart, 1999.

Baden-Württemberg in den 70er Jahren. Rückblick – Ausblick. Hrsg. vom Statistischen Landesamt Baden-Württemberg. Stuttgart, 1980.

Bader, Manfred; Albert Ritter, Albert Schwarz: Wörth am Rhein. Ortschronik. 2 Bde. Wörth am Rhein, 1983.

Badische Geschichte. Vom Großherzogtum bis zur Gegenwart. Hrsg. von der Landeszentrale für politische Bildung Baden-Württemberg. Stuttgart, ^{2}1987.

Baumann, Kurt: Probleme der pfälzischen Geschichte im 19. Jahrhundert. In: Mitteilungen des Historischen Vereins der Pfalz 51/1953. S. 231-272.

Becht, Hans-Peter (Hrsg.): Pforzheim im 19. und 20. Jahrhundert. Bausteine zur modernen Stadtgeschichte. Sigmaringen, 1996. (=Pforzheimer Geschichtsblätter, Bd. 8).

Beck, Oswald: Veränderungen in der Wirtschafts- und Sozialstruktur der Vorderpfalz und ihre Auswirkungen auf das Landschaftsbild seit dem Ende des 19. Jahrhunderts. Speyer am Rhein, 1963. (=Veröffentlichungen der Pfälzischen Gesellschaft zur Förderung der Wissenschaften, Bd. 43).

Becker, Wilhelm: Die Zweibrücker Industrie. In: Pfälzischer Merkur vom 9.5.1953.

Beiträge zur pfälzischen Wirtschaftsgeschichte. Hrsg. von der Industrie- und Handelskammer für die Pfalz in Ludwigshafen am Rhein. Speyer, 1968. (=Veröffentlichungen der Pfälzischen Gesellschaft zur Förderung der Wissenschaften in Speyer, Bd. 58).

Beltran, A; R. Frank, H. Rousso: La vie des entreprises sous l'Occupation. Une enquête à l'échelle locale. Paris, 1994.

Bernard, François: L'Alsacienne de Constructions Mécaniques des origines à 1965. Strasbourg, 2000.

Ders.: L'Usine de Graffenstaden et la Société Alsacienne de Constructions Mécaniques 1838-1965. Mémoire de D.E.A. d'Histoire contemporaine, Strasbourg [Masch.], 1991.

Bernhard, Joseph: Schiltigheim et son Canton à travers les siècles. Strasbourg, 1961.

Betz, Karl: Die wirtschaftsgeschichtliche Entwicklung der Stadt Ladenburg am Neckar. Heidelberg, Diss. [Masch.] 1924.

Bewegte Zeiten. Wir werden mobil. 1945 – 1960. Hrsg. v. Ulrich Löber. (=Veröffentlichung des Landesmuseums Koblenz. Staatliche Sammlung technischer Kulturdenkmäler. B. Einzelveröffentlichung 39). Koblenz, 1997.

Beyer, Rüdiger: Die Wirtschaft im Bezirk der Industrie- und Handelskammer für die Pfalz. Ein kommentiertes Zahlenbild der strukturellen Veränderungen, Entwicklungstrends und Perspektiven. Hrsg. von der Industrie- und Handelskammer für die Pfalz. Ludwigshafen, 1996.

Bittner, Siegfried: Die energiewirtschaftlichen Grundlagen der Pfalz und ihre Bedeutung für die industrielle Erschließung des pfälzischen Raumes. Diss. Mainz, 1958.

Bleicher, Albert: Elsaß und Lothringen wirtschaftlich gesehen. Potsdam/Berlin, 1942.

Boehm, Erwin: Strukturen und Wandlungen in der Wirtschaft des Elsaß. In: Geographische Rundschau, 14. Jg. 1962. Heft 7, S. 270-279.

Boelcke, Willi A.: Neuerungen in der Wirtschaft am Oberrhein während des 18. Jahrhunderts. In: Press, Volker, u.a. (Hrsg.): Barock am Oberrhein. Stuttgart, 1985. S. 133-151. (Oberrheinische Studien, Bd. 6).

Ders.: Sozialgeschichte Baden-Württembergs 1800 – 1989. Politik, Gesellschaft, Wirtschaft. Stuttgart, 1989. (=Schriften zur politischen Landeskunde Baden-Württembergs, Bd. 16).

Ders.: Wirtschaftsgeschichte Baden-Württembergs von den Römern bis heute. Stuttgart, 1987.

Ders.: Wirtschafts- und Sozialgeschichte. Einführung, Bibliographie, Methoden, Problemfelder. Darmstadt, 1987.

Böventer, Edwin von: Raumwirtschaft. I: Theorie. In: HdWW, Bd. 6, Stuttgart/New York/Tübingen/Göttingen/Zürich, 1981. S. 407-429.

Ders.: Standortentscheidung und Raumstruktur. (=Veröffentlichungen der Akademie für Raumforschung und Landesplanung, Abhandlungen Bd. 76), Hannover 1979.

Borchardt, Knut: Regionale Wachstumsdifferenzen in Deutschland im 19. Jahrhundert unter besonderer Berücksichtigung des West-Ost-Gefälles. In: Wirtschaft, Geschichte und Wirtschaftsgeschichte. Festschrift zum 65. Geburtstag von Friedrich Lütge. Hrsg. von Wilhelm Abel, Knut Borchardt, Hermann Kellenbenz, Wolfgang Zorn. Stuttgart, 1966. S. 325-339.

Borchardt-Wenzel, Annette: Karlsruher Industrie und Industriearbeiterschaft an der Schwelle zum 20. Jahrhundert. Karlsruhe, 1996. (=Beiträge zur Wirtschaftsentwicklung und Wirtschaftsgeschichte des Kammerbezirkes Karlsruhe, Bd. 5).

Borcherdt, Christoph: Baden-Württemberg. Eine geographische Landeskunde. Darmstadt, 1991. (=Wissenschaftliche Länderkunden. Hrsg. von Werner Storkebaum. Bd. 8: Bundesrepublik Deutschland. Teil 5).

Borscheid, Peter: Naturwissenschaft, Staat und Industrie in Baden (1848-1914). Stuttgart, 1976. (=Industrielle Welt, Bd. 17).

Borst, Otto (Hrsg.): Wege in die Welt. Die Industrie im deutschen Südwesten seit Ausgang des 18. Jahrhunderts. Stuttgart, 1989.

Braun, Gerald: Nord-Süd-Konflikt und Dritte Welt. Paderborn, ^{4}1993. (=Sozialwissenschaften, Heft 10).

Braun, Willy Hans: Die Maschinenindustrie der Pfalz. Eine historische, standortstheoretische und marktanalytische Untersuchung. Diss. Ludwigshafen, 1937.

Brechtel, Arthur: Die Entwicklung der Industrie von Frankenthal. Diss. Heidelberg, 1926.

Breunig, Willi: Kommunalpolitik und Wirtschaftsentfaltung in Ludwigshafen am Rhein 1843-1871. Ludwigshafen am Rhein, 1995.

Ders.: Vom Handelsplatz zur Industriestadt. Wirtschaftsentwicklung in Ludwigshafen am Rhein 1820-1920. Ludwigshafen, 1986. (=Veröffentlichungen des Stadtarchivs Ludwigshafen am Rhein, 12)

Brückner, Michael; Roland Maier, Andrea Przyklenk: Der Europa-Ploetz. Basiswissen über das Europa von heute. Freiburg/Würzburg, 1993.

Brunn, Gerhard (Hrsg.): Regionen und Regionsbildung in Europa. Konzeptionen der Forschung und empirische Befunde. Wissenschaftliche Konferenz, Siegen, 10.-11. Oktober 1995. Baden-Baden, 1996. (=Schriftenreihe des Instituts für Europäische Regionalforschungen, Bd. 1).

Buchheim, Christoph: Einführung in die Wirtschaftsgeschichte. München, 1997.

Budde, Kai: Wirtschaft, Wissenschaft und Technik im Zeitalter der Aufklärung. Mannheim und die Kurpfalz unter Carl Theodor 1743-1799. Hrsg. vom Landesmuseum für Technik und Arbeit in Mannheim. Mannheim, 1993. (=Katalog zur ständigen Ausstellung 1).

Buttler, Friedrich; Knut Gerlach, Peter Liepmann: Grundlagen der Regionalökonomie. Reinbek 1977.

Christaller, Walter: Die zentralen Orte in Süddeutschland. Eine ökonomisch-geographische Untersuchung über die Gesetzmäßigkeit der Verbreitung und Entwicklung der Siedlungen mit städtischen Funktionen. Jena 1933.

Christmann, Ernst; Heinz Friedel: Kaiserslautern einst und jetzt. Beiträge zur Geschichte der Großstadt Kaiserslautern von der Vor- und Frühgeschichte bis zu den heutigen Flur- und Straßennamen. Otterbach-Kaiserslautern, 1970. (=Schriften zur Geschichte von Stadt und Landkreis Kaiserslautern, 12).

Cornway, Hugh G.; Maurice Sauzay: Bugatti. Stuttgart, 1989.

Crafts, Nicholas: Productivity growth reconsidered. In: Economic Policy, 15 (1992). S. 387-414.

Crouzet, François: Kriege, Kontinentalsperre und wirtschaftliche Veränderungen in Europa 1792 bis 1815. In: Sieburg, Heinz-Otto (Hrsg.): Napoleon und Europa. Köln, 1971. S. 231-250.

Crown Bender GmbH (Hrsg.): 150 Jahre Crown Bender GmbH 1851-2001. Aus Tradition innovativ. Frankenthal, 2001.

Das Elsaß von 1870-1932. Hrsg. im Auftrag der Freunde des Abbé Dr. Savier Haegy von Joseph Rossé, Marcel Stürmel, A. Bleicher, F. Deiber, J. Keppi. Bd. 2: Geschichte der politischen Parteien und der Wirtschaft. Bd. 4: Karten, Graphiken, Tabellen, Dokumente, Namen- und Sachregister. Colmar, 1936-1938.

Das Elsaß. Bilder aus Wirtschaft, Kultur und Geschichte. Hrsg. von Jean-Marie Gall und Wolf-Dieter Sick. Bühl, 1991. (=Alemannisches Jahrbuch 1987/88).

Das Elsaß. Hrsg. von Hermann Eris Busse. Freiburg i.Br., 1940. (=Oberrheinische Heimat, 27. Jg.).

Das Großherzogtum Baden in allgemeiner, wirtschaftlicher und staatlicher Hinsicht dargestellt. Mit Unterstützung des Großherzoglichen Ministeriums des Kultus und Unterrichts herausgegeben von Edmund Rebmann, Eberhard Gothein, Eugen von Jagemann. Karlsruhe, ^{2}1912.

Dehio, Katharina: Die Bischweiler Tuchindustrie von ihren Anfängen bis zum Jahre 1870. Diss. Strasbourg, 1912.

Dengel, Heinz Werner: Karlsruhe und seine Entwicklung von der Residenz zur Industriestadt. Eine wirtschafts- und siedlungsgeographische Untersuchung des Stadtraumes. Diss. Freiburg, 1956.

Denkschrift zum 150-jährigen Bestehen der Firma Lotzbeck Gebrüder AG Lahr i.Br./Hamburg 1774-1924. O.O.u.J. [1924.]

Deutscher Planungsatlas. Hrsg.: Akademie für Raumforschung und Landesplanung, kartographische Gesamtleitung: Ernst-Günter Kannenberg. Bd. 6: Baden-Württemberg. Hannover, 1969.

Direction régionale de l'industrie, de la recherche et de l'environnement d'Alsace (DIRE): L'industrie alsacienne. Strasbourg, 1991.

Dollinger, Philippe: Histoire de l'Alsace – publiée sous la direction de Philippe Dollinger. Toulouse, 1984.

Dotzauor, Winfried: Der historische Raum des Bundeslandes Rheinland-Pfalz von 1500-1815. 2 Bde. Frankfurt am Main/Bern/New York, 1992f. (=Europäische Hochschulschriften, Reihe III, Bd. 49 und 538).

Dufraisse, Roger: L'Allemagne à l'époque Napoléonienne. Questions d'histoire politique, économique et social. Bonn/Berlin, 1992. (=Pariser Historische Studien, hrsg. vom Deutschen Historischen Institut Paris, Bd. 34).

Durm, Johann: Die industrielle Entwicklung der Stadt Frankenthal. Diss. Frankfurt am Main, 1925.

Eggers, Heinz: Der Grenzraum Nordelsaß-Südpfalz in Vergangenheit und Gegenwart. In: Alemannisches Jahrbuch 1991/92. S. 41-60.

Ehrenheim, Julius: Die Industrie der Pfalz in ihren Standortgrundlagen. Diss. Heidelberg, 1932.

150 Jahre Amtliche Statistik in Baden-Württemberg. Zum einhundertfünfzigjährigen Jubiläum hrsg. vom Statistischen Landesamt Baden-Württemberg. Stuttgart, 1970.

Ellis, Geoffrey: Napoleon. London/New York, 1997.

Ders.: Napoleon's Continental Blockade: The Case of Alsace. Oxford, 1981.

Elsaß-lothringischer Atlas. Landeskunde, Geschichte, Kultur und Wirtschaft Elsaß-Lothringens. Hrsg. von Georg Wolfram und Werner Gley. Mit Erläuterungsband. Frankfurt am Main, 1931. (=Veröffentlichungen des Wissenschaftlichen Institutes der Elsaß-Lothringer im Reich an der Universität Frankfurt).

Encyclopédie de l'Alsace. Sous la diréction coordinatrice de la rédaction Agnès Acker. Strasbourg, 1982.

Europa im Blick der Historiker. Hrsg. von Rainer Hudemann, Hartmut Kaelble, Klaus Schwabe. München, 1995. (=HZ, Beiheft 21 N.F.)

Europa & seine Regionen. Hrsg. von Elisabeth Vyslonzil und Gottfried Stangler. Frankfurt am Main u.a., 1996.

Eusterbrock, Dirk: Industrielle Entwicklung und Integration im südlichen Oberrheingebiet (Oberbaden-Oberelsaß) 1740-1966. Phil. Diss. Freiburg i.Br., 1968.

Ders.: Wirtschaftsregion Oberrhein, Elsaß und Baden. In: Karlsruher Pädagogische Beiträge, 40/1996. S. 143-154.

Faltin, Sigrid: Die Auswanderung aus der Pfalz nach Nordamerika im 19. Jahrhundert. Unter besonderer Berücksichtigung des Landkommissariates Bergzabern. Frankfurt am Main/Bern/New York, 1987. (=Europäische Hochschulschriften, Reihe III: Geschichte und ihre Hilfswissenschaften, Bd. 293).

Fecht, Karl Gustav: Geschichte der Haupt- und Residenzstadt Karlsruhe. Karlsruhe, 1887.

Ders.: Geschichte der Stadt Durlach. Heidelberg, 1869.

Festbuch zur 750-Jahr-Feier der Ortsgemeinde Thaleischweiler-Fröschen. Hrsg.: Ortsgemeinde Thaleischweiler-Fröschen. Pirmasens, 1987.

Fischer, Wolfram: Ansätze zur Industrialisierung in Baden 1770-1870. In: VSWG, Bd. 47/1960. S. 186-231.

Ders.: Der Staat und die Anfänge der Industrialisierung in Baden 1800-1850. Erster Band: Die staatliche Gewerbepolitik. Berlin, 1962.

Forster, Hans: Landesgeschichte und Heimatgeschichte. Grundzüge des Merkantilismus im Herzogtum Pfalz-Zweibrücken. Kirchheimbolanden, 1983.

Franke, Eva Susanne: Netzwerke, Innovationen und Wirtschaftssystem. Eine Untersuchung am Beispiel des Druckmaschinenbaus im geteilten Deutschland (1945–1990). Stuttgart 2000. (=Beiträge zur Wirtschafts- und Sozialgeschichte, Bd. 90).

Freitag, Willy: Die Entwicklung der Kaiserslauterer Textilindustrie seit dem 18. Jahrhundert. Diss. Kaiserslautern, 1960.

Fremdling, Rainer; Richard Tilly (Hrsg.): Industrialisierung und Raum. Studien zur regionalen Differenzierung im Deutschland des 19. Jahrhunderts. Stuttgart, 1979. (=Historisch-Sozialwissenschaftliche Forschungen, 7).

Fresin, Josef: Die Geschichte der Stadt Weinheim. Korrigierter Nachdruck der 1962 von der Stadtverwaltung Weinheim an der Bergstraße herausgegebenen Ausgabe. Weinheim, 1982.

Friedel, Heinz: Geschichte und Wirken der Kaiserslauterer Nähmaschinenfabrik Pfaff. In: Jahrbuch zur Geschichte von Stadt und Landkreis Kaiserslautern, Bd. 24/25, 1986/87, S. 287-299.

Fuchs, Peter; Ferdinand Müller, Carsten Lucas: Weinheim. Zweiburgen-Stadt an der Bergstraße. Weinheim, 1997.

75 Jahre Bulldogs und Traktoren aus Mannheim: Geschichte der John Deere Werke Mannheim. Mannheim, 1996.

Geiger, Michael (Hrsg.): PAMINA – Europäische Region mit Zukunft. Baden, Elsass und Pfalz in grenzüberschreitender Kooperation. Speyer, 2001.

Ders.; Günter Preuß, Karl-Heinz Rothenberger: Der Rhein und die Pfälzische Rheinebene. Landau, 1991.

Gemmert, Franz Josef: Schweizerisch-deutsche Wirtschaftsverflechtung am Hochrhein. In: Alemannisches Jahrbuch, 1960. S. 262-273.

Georg, Norbert: La place de la raffinerie de Strasbourg dans la société et l'économie alsacienne. In: Revue d'Alsace, Tome 106/1980. P. 173-184.

Georges, Pierre: Schiltigheim du Moyen-Age à 1918. Strasbourg, 2000.

Geschichte der Stadt Ettlingen. 4 Bde. Karlsruhe/Ettlingen/Ubstadt-Weiher, 1964-1997.

Geschichte der Stadt Lahr. 3 Bde. Hrsg. von der Stadt Lahr. Lahr, 1989-1993.

Geschichte der Stadt Speyer. 3 Bde. Hrsg. von der Stadt Speyer. Redaktion: Wolfgang Eger. Stuttgart/Berlin/Köln, 1982-1989.

Giro, Philipp: Die Heimarbeit in der Pirmasenser Schuhindustrie nach dem Kriege. Diss. Waldfischbach, 1932.

Gleissler, Paul: Haguenau – une histoire et un guide. Strasbourg, 1982.

Gley, Werner: Die elsässische Wirtschaft. Ein Überblick in Querschnitten. In: Das Elsaß. Deutsches Kern- und Grenzland. Hrsg. von Christina Hallier. Frankfurt/Main, 1941. S. 197-216.

Goldfarb, Otto: Die kommerzielle und industrielle Entwicklung der Stadt Karlsruhe. Ein Beispiel aus der Geschichte der merkantilistischen Industrie- und Städtegründungen. Diss. Frankfurt/Main, 1924.

Gölter, Ernst: Der Pirmasenser Wirtschaftsbezirk. Geschichte und Struktur. Diss. Frankfurt, 1928.

Gothein, Eberhard: Pforzheims Vergangenheit. Ein Beitrag zur deutschen Städte- und Gewerbegeschichte 1750-1899. Leipzig, 1889. (=Staats- und Socialwissenschaftliche Forschungen. Hrsg. von Gustav Schmoller, Bd. IX, Heft 3).

Grabow, Busso; Dietrich Henckel: Die kleinräumige Verteilung von Unternehmen der Informationstechnik in der Bundesrepublik Deutschland. In: Aktuelle Information, 3/1986. Hrsg. vom Deutschen Institut für Urbanistik. S. 1-19.

Graf, Hermann: 1200 Jahre Eisenberg (Pfalz). Hrsg. von der Gemeinde anlässlich ihres 1200jährigen Jubiläums im Jahre 1963. Eisenberg, 1963.

Grant, Robert M.: Porter's „Competitive Advantage of Nations": An Assessment. In: Strategic Management Journal, Vol. 12 (1991), S. 535-548.

Grasser, Jean-Paul: Une histoire de l'Alsace. Paris, 1998.

Ders.; Gérard Traband: Histoire de Haguenau des origines à nos jours. Illkirch-Graffenstaden, 2000.

Grenzüberschreitender Technologietransfer. Ausgangslage und Chancen im Nordelsaß, der Südpfalz und in der TechnologieRegion Karlsruhe. Bearbeitet von Wolfgang Auberger, Christa Standecker, Uwe Vetterlein. Karlsruhe, 1992.

Gruber, Hansjörg: Die Entwicklung der pfälzischen Wirtschaft 1816-1834 unter besonderer Berücksichtigung der Zollverhältnisse. Diss. Berlin, 1961. (=Veröffentlichungen des Instituts für Landeskunde des Saarlandes, Nr. 6).

Haan, Heiner: Die Anfänge der Industrialisierung in der Pfalz. In: Festschrift für Max Spindler zum 75. Geburtstag. Hrsg. von Dieter Albrecht, Andreas Kraus, Kurt Reindel. München, 1969. S. 633-655.

Haasis, Hans-Arthur: Industriestädte im Wandel: Der Fall Mannheim. Baden-Baden, 1989. (=Studien zur gesellschaftlichen Entwicklung, Bd. 2).

Häberle, Daniel: Die Entwicklung der Tuchindustrie in Lambrecht. In: Pfälzische Heimatkunde, 11. Jg. 1915. Nr. 12. S. 177-180.

Handelskammer Ludwigshafen 1912. Ludwigshafen, 1913.

Harth, Lorenz: Produktions- und Betriebsprobleme der Schuhindustrie im Arbeitsmarktbezirk Pirmasens. Diss. Heidelberg, o.J. [1938]

Hartig, Hans: Die wirtschaftliche Eigenart der Pfalz. Diss. Köln, 1930.

Hartmann, Hans: Die Pirmasenser Schuhindustrie in der Kriegs- und Nachkriegszeit. Diss. München, 1935.

Hau, Mich[a]el: Überbevölkerung und Industrialisierung im 19. Jahrhundert: der elsässische Fall. In: VSWG, 88. Bd. Heft 2, 2001. S. 199-209.

Ders.: Avance technique et profit chez De Dietrich au XIXe siècle. In: Saisons d'Alsace, N° 91/1986. S. 156-164.

Ders.: L' industrialisation de l'Alsace (1803 - 1939). Strasbourg, 1987.

Ders.: L'industrialisation de l'Alsace, 1803-1939. (Positions de Thèses). In: Revue d'Alsace, tome 12/1986. P. 323-328.

Ders.: Naufrage et redressement d'une grande entreprise métallurgique: De Dietrich. In: Histoire, économie et société, 1993. S. 77-92.

Haguenau et sa garnison. Huit siècles de défense et de présence militaire à Haguenau. Illkirch, 1999. (=Etudes Haguenoviennes, N.S. Tome XXV, 1999).

Hau, Michel; Nicolas Stoskopf: Histoire économique, industrielle, financière de l'Alsace. In: Revue d'Alsace, tome 126/2000. P. 183-194.

Haverkamp, Frank: Staatliche Gewerbeförderung im Großherzogtum Baden unter besonderer Berücksichtigung der Entwicklung des gewerblichen Bildungswesens im 19. Jahrhundert. Freiburg/München, 1979. (=Forschungen zur Oberrheinischen Landesgeschichte, Bd. XXIX).

Heidelberg. Geschichte und Gestalt. Hrsg. von Elmar Mittler. Heidelberg, 1996.

Heinz, Iris: Les problèmes de la reconversion économique en Alsace 1918-1926. Problèmes industriels et financiers. Strasbourg, 1975.

Heitz, Henri: L'usine du Zornhoff. In: Le Zornhoff 2e Partie. Gustave Goldenberg 1837 – 1871. Saverne, 1988. P. 73-78. (=Pays d'Alsace, N° 143-144/1988).

Henzler, Herbert: Kritische Würdigung der Debatte um den Wirtschaftsstandort Deutschland. In: ZfB, 63. Jg., Heft 1/1993. S. 5-21.

Herrmann, Jean-Marie: Industrialisation, urbanisation et politiques municipales: Schiltigheim 1850-1939. Strasbourg [Mémoire de Maîtrise], 1985.

Herzberg, Wilhelm: Das Hambacher Fest. Geschichte der revolutionären Bestrebungen in Rheinbayern um das Jahr 1832. Ludwigshafen am Rhein, 1908.

Hess, Hermann O.: Strukturwandlungen der pfälzischen Industrie. Speyer, 1933.

Heuser, Emil: Die Pfalz - Zweibrücker Porzellanmanufaktur. Ein Beitrag zur Geschichte des Porzellans und zur Kulturgeschichte eines deutschen Kleinstaates im achtzehnten Jahrhundert. Zweibrücken, 1994. [Neudruck der Ausgabe von 1907]

Hezel, Dieter: Stadtgeschichte - Rheinland-Pfalz und Saarland. Stuttgart, 1993.

Hirschmann, Albert O.: Die Strategie der wirtschaftlichen Entwicklung. Stuttgart, 1967. (=Ökonomische Studien, Bd. 13).

Histoire de l'Alsace. Sous la direction de Philippe Dollinger. Toulouse, 1991.

Historischer Atlas von Baden-Württemberg. Erläuterungen. Stuttgart, 1974.

Historisches Ladenburg. Ein Führer zu den Sehenswürdigkeiten der Altstadt und der näheren Umgebung. Schwetzingen, 1998.

Höfle, Anton: Die Gewerbeordnung der Pfalz seit der französischen Revolution bis 1868. Diss. München, 1908.

Igersheim, François: Politique et Administration dans le Bas-Rhin (1848-1870). Strasbourg, 1993.

Imhoff, Andreas: Landau. Wirtschaft und Gesellschaft in einer Garnisonsstadt vom Ausgang des 17. bis zum Beginn des 19. Jahrhunderts. Kaiserslautern, 1996. (=Beiträge zur pfälzischen Geschichte, Bd. 10).

Industrie- und Handelskammer Mittlerer Oberrhein (Hrsg.): Auslandsinvestitionen und grenzüberschreitende Beschäftigungseffekte – die wirtschaftliche Verflechtung zwischen dem Elsaß und dem Kammerbezirk Mittlerer Oberrhein. Karlsruhe, 1980.

Jacob, Myriam: Histoire d'une entreprise: des Forges de Strasbourg au groupe Strafor de 1920 à nos jours. Strasbourg [Mémoire de Maîtrise], 1990.

John Deere Werke Mannheim. Mannheim, o. J.

John Deere Werke Zweibrücken. Seit 1863 Erntemaschinen aus Zweibrücken. Zweibrücken, o.J. [ca. 1985]

Kaiser, Wilhelm: Die Anfänge der fabrikmäßig organisierten Industrie in Baden. In: Zeitschrift für die Geschichte des Oberrheins. N.F. Bd. 46/1933. S. 612-635.

Karlsruhe – Wirtschaftszentrum am Oberrhein. In 140 Jahren von der Handelsstube zur Industrie- und Handelskammer Karlsruhe. Hrsg. von der Industrie- und Handelskammer Karlsruhe. Redaktion: Dr. Walter Gerrads. Karlsruhe, 1953.

Kermann, Joachim: Die Industrialisierung der Pfalz im 19. Jahrhundert. In: Pfälzische Landeskunde III. Landau, 1981. S. 280-304.

Ders.: Industrieunternehmen im Bereich des ehem. Bezirksamtes Zweibrücken vor dem 1. Weltkrieg. Eine Zusammenstellung im Zusammenhang mit der Arbeitsschutzgesetzgebung. Zweibrücker Heimatkalender, 1975.

Ders.: Wirtschaftliche und soziale Probleme in der bayerischen Pfalz an der Schwelle des Industriezeitalters. In: Hefte zur Wirtschaftsgeschichte – Industriearchäologie, Heft 4/1991: „Sozialhistorische und produktionstechnische Probleme der Mechanisierung der Volkswirtschaft im 19. und 20. Jahrhundert. S. 151-188.

Kern, Alfons: Die Stadt Pforzheim. Bau- und wirtschaftsgeschichtliche Entwicklung. In: Badische Heimat, 12. Jg. 1925. S. 144-168.

Kiesewetter, Hubert: Erklärungshypothesen zur regionalen Industrialisierung in Deutschland im 19. Jahrhundert. In: VSWG, 67/1980. S. 305-333.

Ders.: Region und Industrie in Europa 1815-1995. Stuttgart, 2000. (=Grundzüge der modernen Wirtschaftsgeschichte, Bd. 2).

Ders.: Regionale Industrialisierung in Deutschland zur Zeit der Reichsgründung. Ein vergleichend-quantitativer Versuch. In: VSWG, 73/1986. S. 38-60.

Ders.: [Rezension zu] Stefan Brakensiek/Axel Flügel (Hrsg.), Regionalgeschichte in Europa. Methoden und Erträge der Forschung zum 16. bis 19. Jahrhundert. (Forschungen zur Regionalgeschichte, 34). Schöningh, Paderborn 2000. XIII u. 297 S. (16 Abb.), DM 59,--. In: VSWG, 88. Bd. 2001, Heft 4. S. 471f.

Kiesewetter, Hubert; Rainer Fremdling (Hrsg.): Staat, Region und Industrialisierung. Ostfildern, 1985.

Kistler, Franz: Die wirtschaftlichen und sozialen Verhältnisse in Baden 1849-1870. Freiburg i.Br., 1954. (=Forschungen zur Oberrheinischen Landesgeschichte, Bd. II).

Klein, Hanns: Die Saarlande im Zeitalter der Industrialisierung. In: Beiträge zur Geschichte von Gewerbe, Industrie und Verwaltung im Westrich und an der Saar. Für und mit Hanns Klein aus Anlaß seines 75. Geburtstages. Hrsg. von Irmtraut Eder-Stein, Fritz Jacoby, Wolfgang Hans Stein und Claudia Ulbrich. St. Ingbert, 1995. S. 199-228.

Klein, Ch. G.: Saverne et ses environs. Paris, 1991. [Facsimilé de l'édition restaurée en 1849]. (=Monographies des villes et villages de France).

Kleinschmager, Richard: L'Economie Alsacienne en question. Colmar, 1974.

Knall, Bruno; Norbert Wagner: Entwicklungsländer und Weltwirtschaft. Eine Einführung. Darmstadt, 1986.

Koch, Manfred: Karlsruher Chronik. Stadtgeschichte in Daten, Bildern, Analysen. Karlsruhe, 1992. (=Veröffentlichungen des Karlsruher Stadtarchivs, Bd. 14).

Köhler, Werner: Offenburg nach 1945. Neubeginn und Wiederaufbau in Politik und Gesellschaft. Freiburg i.Br., 1993. (=Alltag & Provinz, Bd. 5).

Köhrer, Erich; Franz Hartmann: Die Pfalz. Ihre Entwicklung und ihre Zukunft. Ein Sammelwerk unter Mitwirkung führender Persönlichkeiten der Pfalz und mit besonderer Förderung der Staatsbehörden. Berlin, 1926. (=Deutsche Stadt, deutsches Land, Bd. XI).

Köpf, Peter: Die Burdas. Hamburg, 2002.

Krafft, Friedrich: Geschichte der Stadt Ludwigshafen am Rhein. Entstehung und Entwicklung einer Industrie- und Handelsstadt in fünfzig Jahren. Ludwigshafen, 1903.

Krämer, Wolfgang: Geschichte der Stadt St. Ingbert. Von den Anfängen bis zum Ende des Zweiten Weltkrieges. Eine Heimatkunde aufgrund archivalischer Quellen. 2 Bde. St. Ingbert, 1955.

Krauß, Martin: Vom Glockenguß zum Offsetdruck. Geschichte der Heidelberger Druckmaschinen AG. Ubstadt-Weiher, 2000.

Kreuter, Martha: Die Heimarbeit in der Pfalz. Diss. Oggersheim, 1927.

Krugman, Paul: Geography and Trade. Cambridge/London, 1991.

Kube, Helga: Die Industrieansiedlung in Ludwigshafen am Rhein bis 1892 (Chemie und Metallverarbeitung). Diss. Heidelberg, 1962.

Lachmann, Werner: Entwicklungspolitik. Band 1: Grundlagen. München/Wien, 1994.

L'Alsace depuis son retour a la France. Ed.: Comité Alsacien d'études et d'informations. Strasbourg, 1933.

L'Alsace, une Histoire. Strasbourg, 1990.

Lamboley, Christian; René Metz: Schiltigheim – une ville, une vie. Strasbourg, 1990.

Landesgeschichtlicher Exkursionsführer Rheinland-Pfalz. Bd. 1: Regierungsbezirk Rheinhessen-Pfalz. Hrsg. von Klaus Kremb und Peter Lautzas. Otterbach, ^{2}1989.

Landeskundlicher Exkursionsführer Pfalz. Hrsg. von Rainer Joha Bender. Mannheim, 1990. (=Mannheimer Geographische Arbeiten, Heft 25).

Laufenburger, Henry: Economie de l'Alsace 1919-1927. O.O. u. J.

Laux, Kurt: Die Entwicklung der Frankenthaler Maschinenindustrie. Diss. Gießen, 1929.

Le Bas-Rhin 1790 – 1990. Ed.: Conseil Général du Bas-Rhin. O.O. u. J.

Le Département du Bas-Rhin: 1790-1998. Illkirch, 1998.

Lentz, Sebastian; Rainer Lukhaup, Christophe Neff, Thomas Ott, Franz Swiaczny (Hrsg.): Beiträge zur geographischen Methode und Landeskunde II. Gedenkschrift für Rainer Joha Bender. Mannheim, 1996. (=Mannheimer Geographische Arbeiten, Heft 44).

Les Départements Français. 67 Bas-Rhin Alsace. Notes et études documentaires. Paris, 1978.

Lienard, Robert: Chronologie historique de Fegersheim/Ohnheim. In: Annuaire de la Société d'histoire des quatre cantons, 16/1998. S. 69-84.

Linoleum. Geschichte – Design – Architektur 1882-2000. Hrsg. von Gerhard Kaldewei. Ostfildern, 2000.

Livet, Georges; Francis Rapp (Direction): Histoire de Strasbourg. Toulouse, 1987.

Lockwood, William W.: The Economic Development of Japan. Growth and Structural Change 1868-1938. Princeton, 1954.

Lomazzi, Marc; Jean-Marie Herrmann: Industrialisation, urbanisation et politiques municipales Schiltigheim, 1850 – 1939. Memoire de Maîtrise, Strasbourg [Masch.], 1984.

Lorch, Wolfgang: Ettlingen im Wandel der Geschichte. Ettlingen, ^{2}1986.

Lorch, Wolfgang; Gerd Popp: Ettlingen. Gesichter einer Stadt. Karlsruhe, 1988.

Lory, Alain: Die heutigen Probleme der elsässischen Wirtschaft. Nürnberg, 1978. (=Nürnberger Wirtschafts- und Sozialgeographische Arbeiten, Bd. 27).

Mang, Ludwig; Theodor Zink: Das Wirtschaftsleben der Pfalz in Vergangenheit und Gegenwart. Ein Buch für Schule und Haus. München, 1913.

Mannheim. Das Kultur- und Wirtschaftszentrum Südwestdeutschlands. Mit Beiträgen von Helmut Bartsch, Arthur Blaustein, Anton Fendrich u.a. Mannheim, 1928.

Mannheim ehemals, gestern und heute. Das Bild der Stadt im Wandel der letzten 100 Jahre. Text und Bilderauswahl von Ingeborg Riegl und Michael Caroli. Hrsg. von Jörg Schadt. Mannheim, ^{3}1992. (=Sonderveröffentlichung des Stadtarchivs Mannheim, Nr. 16).

Mannheimer Stadtgeschichte. Daten und Fakten. Bearbeitet von Michael Caroli. Hrsg. vom Amt für Rats- und Öffentlichkeitsarbeit und Stadtarchiv Mannheim. Mannheim, 1998.

Mannheimer Stadtkunde. Hrsg. von der Stadt Mannheim. Mannheim, 1982.

Maschke, Erich (Hrsg.): Die Pforzheimer Schmuck- und Uhrenindustrie. Beiträge zur Wirtschaftsgeschichte der Stadt Pforzheim. Hrsg. im Auftrag der Stadt Pforzheim. Pforzheim, o.J. [1967]

Maschke, Erich; Jürgen Sydow (Hrsg.): Zur Geschichte der Industrialisierung in den südwestdeutschen Städten. Sigmaringen, 1977.

Meckl, Reinhard; Christoph Rosenberg: Neue Ansätze zur Erklärung internationaler Wettbewerbsfähigkeit. Versuch einer Synthese zwischen volks- und betriebswirtschaftlicher Sichtweise. In: Zeitschrift für Wirtschafts- und Sozialwissenschaften, 115/1995. S. 211-230.

Megner, Hans: Das Handelshaus Johann Heinrich Scharpff in Speyer am Rhein in den Jahren 1820 und 1821, dargestellt an den Briefkopierbüchern des Unternehmens im Archiv der Stadt Ludwigshafen am Rhein. Diplomarbeit. Ludwigshafen, 1960/61.

Menrath, Dorothee: Speyerer Wirtschaftsgeschichte. Streiflichter durch 2000 Jahre. In: Speyer, 35 Jg. 2/1995, S. 1-8.

Metz, Rainer: Über die stochastische Struktur langfristiger Wachstumsschwankungen. In: IFO-Studien. Zeitschrift für empirische Wirtschaftsforschung. 38. Jg. 1992. S. 171-197.

Meyer, Roger: Illkirch-Graffenstaden – aperçu historique. In: Courrier de Schiltigheim, Nr. 67. 18. Jg. 1983.

Michels, Jürgen; Peter Seelinger: Luftfahrtgeschichte in und um Speyer. Zweibrücken, 1998. (=Pfälzische Luftfahrtgeschichte. Buchreihe über die Entwicklungsgeschichte der pfälzischen Luftfahrttechnik. Herausgeber: Verein zur Förderung der Luftfahrthistorie der Pfalz Speyer am Rhein).

Ministère de l'éducation nationale académie de Strasbourg: Vivre en Alsace. Strasbourg, 1984/85. (=Fiches Documentaires, 12).

Mit Trickséreien zur Einheit. An der deutsch-niederländischen Grenze: Zwei Städte wollen eins werden. Von Roland Kirbach. In: Die Zeit, Nr. 17 vom 16. April 1998. S. 20.

Moersch, Karl: Geschichte der Pfalz. Von den Anfängen bis ins 19. Jahrhundert. Landau, ^{3}1990.

Muckensturm, Stéphane: Indigence, Assistance et repression dans le Bas-Rhin (1789-1870). In: Revue d'Alsace, tome 121/1995. P. 357-361.

Müller, Alfons: Industrialisierung in Kaiserslautern. In: Die Rheinpfalz/Pfälzische Volkszeitung. Nr. 45, 46, 50, 52, 58, 63, 115, 118, 135, 170, 213, 223, 270, 277 und 285 des 52. Jg. 1996.

Müller, Ferdinand: Weinheim. Weinheim, ^{2}1996.

Mull, Charles: Haguenau de 1789 à 1914. In: Saisons d'Alsace, 58/1976. S. 110-135.

Mumm, Hans-Martin: Heidelberg als Industriestandort um 1900. Zur These von der besonderen Industriefeindlichkeit Heidelbergs. In: Heidelberg. Jahrbuch zur Geschichte der Stadt. 1. Jg. 1996. S. 37-59.

Munzinger, Albert: Die Entwicklung der Industrie von Kaiserslautern. Kaiserslautern, 1921.

Naujoks, Eberhard: Stadt und Industrialisierung in Baden und Württemberg bis zum Ersten Weltkrieg (1800-1914). Bühl/Baden, 1987.

Neininger, Albert: Rastatt. Als Residenz, Garnison und Festung. Rastatt, 1961.

Neue Perspektiven. Auf den Standpunkt kommt es an. Hrsg.: Arbeitskreis Region Pirmasens/Zweibrücken e.V. Pirmasens, o.J. [1992]

Neumann, Manfred: Innovationen, Wettbewerb und Wettbewerbspolitik in den langen Wellen wirtschaftlicher Entwicklung. In: Wachstumstheorie und Wachstumspolitik. Ein neuer Anlauf. Hrsg. Von Bernhard Gahlen, Helmut Hesse und Hans Jürgen Ramser unter Mitarbeit von Gottfried Bombach. Tübingen, 1991. S. 279-292. (=Schriftenreihe des Wirtschaftswissenschaftlichen Seminars Ottobeuren, Bd. 20).

Noltze, Katja: Die Spinnerei und Weberei Ettlingen. Ein kunsthistorischer Beitrag zur industriearchäologischen Forschung. Karlsruhe, 1994. (=Beiträge zur Geschichte der Stadt Ettlingen, Bd. 12).

Oberlé, Raymond: L'Histoire de l'Alsace. Du XVIe siècle à nos jours. Colmar, 1985.

Oeser, Max: Geschichte der Stadt Mannheim. Neue, bis zur Gegenwart ergänzte Ausgabe. Mannheim, ²1908.

Perillon, Marie-Christine: Histoire de la ville de Strasbourg. Roanne, 1980. (=Collection: Histoire des Villes de France).

Perlitz, Manfred: Internationales Management. Stuttgart/Jena, 1993. S. 173ff. (=Grundwissen der Ökonomik, Betriebswirtschaftslehre).

Peter, Alain: Les entreprises en Alsace durant la 2e guerre mondiale. Strasbourg, 1988.

Pfeiffer, Thomas: Erfolgsbedingungen grenzüberschreitender regionaler Zusammenarbeit. Eine ökonomische Analyse am Beispiel des südlichen Oberrheins und der EUREGIO Gronau. Frankfurt am Main/Berlin/Bern/Bruxelles/New York/Oxford/Wien, 2000. (=Europäische Hochschulschriften, Reihe V, Bd. 2646).

Pflüger, J. G. F.: Geschichte der Stadt Pforzheim. Pforzheim, 1862.

Pieper, Wolfgang: Geschichte der Pforzheimer Schmuckindustrie. Ein Beitrag zur Geschichte des Nordschwarzwaldes. Pforzheim, 1989. (=Schriftenreihe Nr. 3 der Gesellschaft zur Förderung des Technischen Museums der Pforzheimer Schmuck- und Uhrenindustrie e.V.).

Pieper, Wolfgang: Geschichte der Pforzheimer Uhrenindustrie 1767-1992. Hrsg. von der Gesellschaft zur Förderung des Technischen Museums der Pforzheimer Schmuck- und Uhrenindustrie e.V. Pforzheim, 1992.

Pletsch, Alfred: Frankreich. Darmstadt, 1997. (=Wissenschaftliche Länderkunden).

Plewe, Ernst: Zur Frage der wirtschaftlichen Verflechtung der Pfalz. In: Kurpfalz, 6. Jg. 1955. Heft 4. S. 4 und 9.

Pollard, Sidney (Hrsg.): Region und Industrialisierung. Studien zur Rolle der Region in der Wirtschaftsgeschichte der letzten beiden Jahrhunderte. Göttingen, 1980. (=Kritische Studien zur Geschichtswissenschaft, 42).

Porter, Michael E.: Nationale Wettbewerbsvorteile. Erfolgreich konkurrieren auf dem Weltmarkt. Sonderausgabe. Wien, 1993.

Predöhl, Andreas: Das Standortsproblem in der Wirtschaftstheorie. In: Weltwirtschaftliches Archiv. Zeitschrift des Instituts für Weltwirtschaft und Seeverkehr an der Universität Kiel, Bd. 21/1925. S. 294-321.

Rastatt. Dokumentation zur Stadtgeschichte I. Hrsg. von Hans A. Bloss. Karlsruhe, 1984.

Rauschmeyer, Felix: Das Elsaß. Verwaltung, Wirtschaft, Umweltschutz und grenzüberschreitende Beziehungen aus deutscher Sicht. Freiburg, 1993. (=EURES discussion paper dp-22).

Regionale Industrialisierung. Berlin, 1992. (=JWG, 1992/1).

Reuss, Rodolphe: Histoire de Strasbourg depuis ses origines jusqu'a nos jours. Marseille, 1981. [Réimpression de l'édition de Paris, 1922].

Revue d'Alsace. Tome 1/1834ff.

Rhein, Hugo: Von der Beamtenstadt zum Wirtschaftszentrum. Karlsruhes ökonomische Entwicklung in den letzten 40 Jahren. Karlsruhe, 1990. (=Beiträge zur Wirtschaftsentwicklung und Wirtschaftsgeschichte des Kammerbezirkes Karlsruhe, Bd. 3).

Rhein-Neckar-Hafen Mannheim. Einblick in die Entwicklung eines Binnenhafens. Hrsg. von der Staatlichen Rhein-Neckar-Hafengesellschaft Mannheim mbH – HGM. Mannheim, 1997.

Rinckenberger, Walter: Bischwiller 1870 – 1988. Destins et facettes d'une cité industrielle. Bischwiller, 1990.

Rissel, Paul: Die wirtschaftliche Entwicklung der Stadt Bruchsal von 1690 bis zur Gegenwart. Diss. Frankfurt/Main, 1930.

Rittig, Gisbert: Zur Struktur des monoindustriellen Wirtschaftsraumes Pirmasens. In: Monoindustrielle Agglomeration. Die Schuhindustriestadt Pirmasens. Von Ernst Schuster, G. Rittig, W. Fehringer u.a. Würzburg-Aumühle, 1940. S. 31-80. (=Untersuchungen zur Wirtschaftsstruktur. Hrsg. Von Ernst Schuster. Heft 9).

Rödder, Margit: Grenzüberschreitende Aktionsräume der Bevölkerung an einer Binnengrenze der EU, dargestellt am Beispiel der deutschen Wohnbevölkerung in grenznahen Orten der Cantone Lauterbourg und Seltz (Elsaß). Diplomarbeit der Geographischen Institute der Rheinischen Friedrich-Wilhelms-Universität Bonn. Bonn [Masch.], 1997.

Roethinger, Jean: Sources minérales en Outre-Forêt. In: Saisons d'Alsace, 59/1976. S. 127-135.

Roller, Otto Konrad: Die Einwohnerschaft der Stadt Durlach im 18. Jahrhundert in ihren wirtschaftlichen und kulturgeschichtlichen Verhältnissen dargestellt aus ihren Stammtafeln. Karlsruhe, 1907.

Rostow, Walt Whitman: Stadien wirtschaftlichen Wachstums. Eine Alternative zur marxistischen Entwicklungstheorie. Göttingen, 1960.

Rudolph, Otto: Maximiliansau im Wandel der Zeiten. Chronik der Ortsgemeinde Maximiliansau. Karlsruhe, 1975.

Rund, Rainer: Der Großraum Ludwigshafen. Portrait eines Ballungsgebietes. In: Neuhofen – Nova Curia, Spurensuche. Neuhofen, 1995. S. 15-25.

Scassellati, Alessandro: [Rezension zu] Michael E. Porter, The Competitive Advantage of Nations. In: Socialism and Democracy, Nr. 13/1991. S. 158-164.

Scheppat, Lilly: Siedlungsgeographische Untersuchungen über die Städte Neustadt an der Haardt und Bad Dürkheim. Diss. Mainz, 1953.

Schichtel, Peter: Das Recht des zünftigen Handwerks im Herzogtum Pfalz-Zweibrücken während des 18. Jahrhunderts. Berlin, 1986. (=Schriften zur Rechtsgeschichte, Bd. 37)

Schiltigheim. La Cité des Brasseurs d'Alsace. Strasbourg, 2000.

Schlenker, Max: Die wirtschaftliche Entwicklung Elsaß-Lothringens 1871 bis 1918. Hrsg. im Auftrage des wissenschaftlichen Instituts der Elsaß-Lothringer im Reich an der Universität Frankfurt. Frankfurt am Main, 1931.

Schmieder, Ludwig: Chronik der Gesellschaft für Spinnerei und Weberei Ettlingen. Ein Beitrag zur Wirtschaftsgeschichte des Albtales und zur Geschichte der badischen Textilindustrie 1836-1936. Karlsruhe, 1936.

Schmitt, Friedrich: Die provisorische Verwaltung des Gebietes zwischen Rhein, Mosel und französischer Grenze durch Österreich und Bayern in den Jahren 1814-1816. Meisenheim am Glan, 1962. (=Mainzer Abhandlungen zur mittleren und neueren Geschichte. Hrsg. von Eugen Ewig, Leo Just, Ludwig Petry, Bd. 10).

Schmitt, Hans: Die Industriegebiete des nördlichen Baden. Stuttgart, 1933. (=Stuttgarter Geographische Studien, Heft 35/36).

Schneider, Henri: Chronik von Merkweiler / Chronique de Merkwiller-Pechelbronn. Strasbourg, 1985. (=Urbanisme et Sciences Sociales, 5).

Schneider, Jürgen: Dynamik von Wirtschaftsräumen im Gefolge der europäischen Expansion und der Industrialisierung. In: Hochfinanz – Wirtschaftsräume – Innovationen. Festschrift für Wolfgang von Stromer. 3 Bde. Trier, 1987. Bd. 2, S. 861-893.

Schramm, Michael: Vor 100 Jahren begann der Celluloid-Traum. Franz Kirrmeier gründete 1897 Kunststoffbetrieb – Um den Industriehof tut sich bald einiges. In: Speyerer Tagespost, 46. Jg. 1997. N° 197, S. 202-204.

Schuster, Ernst: Monoindustrielle Agglomeration. In: Monoindustrielle Agglomeration. Die Schuhindustriestadt Pirmasens. Von Ernst Schuster, G. Rittig, W. Fehringer u.a. Würzburg-Aumühle, 1940. S. 3-30. (=Untersuchungen zur Wirtschaftsstruktur. Hrsg. Von Ernst Schuster. Heft 9).

Schwarzmüller, Theo; Michael Garthe (Hrsg.): Die Pfalz im 20. Jahrhundert. Zwickau, 1999.

Siebert, Horst: Regional Science. In: Handwörterbuch der Raumforschung und Raumordnung. Bd. 3, Hannover ^{2}1970, Sp. 2689-2705.

Springer, Max: Die Franzosenherrschaft in der Pfalz 1792-1814 (Departement Donnersberg). Stuttgart/Berlin/Leipzig, 1926.

Stamm, Irmgard: Leben an der Grenze. Auswirkungen der Grenzlage zum Elsaß auf die Bewohner von Rastatt und Umgebung zwischen 1918 und 1945. Frankfurt am Main/Berlin/Bern/New York/Paris/Wien, 1997. (=Stadtgeschichtliche Reihe, Bd. 3. Hrsg. von der Stadt Rastatt).

Steiner, Elisabeth: Stadtjubiläum Mannheim 1607-2007. 400 Jahre Mannheim. Mannheim, 1997.

Steinmetz, Heinrich: Das linksseitige Rheingebiet unter der Herrschaft der Franzosen 1792-1813. Unter besonderer Berücksichtigung des Donnersberg-Departements. Alsenz, 1913.

Stephan, Heinz: Werksgeschichte der Maschinenfabrik Lorenz im Zeitgeschehen von 1890 bis 1990. Ettlingen, 1996.

Stolz, Aloys (Bearb.): Geschichte der Stadt Pforzheim. Pforzheim, 1901.

Stoskopf, Nicolas: La petite industrie dans le Bas-Rhin (1810-1870). (Positions de thèse). In: Revue d'Alsace, Tome 113/1987. P. 328-331.

Stroh, Louis: Les petites industries rurales en Alsace. Le Tissage de Sainte-Marie-aux-Mines. Agen, 1914.

Sturm, Heinz: Die pfälzischen Eisenbahnen. Speyer, 1967.

1000 Jahre Lambrecht. Chronik einer Stadt. Im Auftrag des Rates und der Bürgerschaft hrsg. von Ernst Collofong und Hans Fell. Lambrecht, 1978.

TechnologieRegion Karlsruhe. Die Wirtschaft am Mittleren Oberrhein im Wandel. Oldenburg, 1988. (=Monographien Deutscher Wirtschaftsgebiete).

Thumann, Jean-Marie: Le port de Lauterbourg. Son histoire mouvementée et ses heures de gloire. In: L'Outre-Forêt. Revue d'histoire de l'Alsace du Nord. 57/1987. S. 48-54.

Thurow, Lester C.: [Rezension zu] The Competitive Advantage of Nations. By Michael E. Porter. In: The New York Times, May 27, 1990. S. 7.

Übel, Rolf: Der Drang zum Rhein. Französische Außenpolitik im 17.-20. Jahrhundert. In: Die Festungen an Queich und Lauter. Hrsg. von Josef-Stefan Kindler und Rolf Übel. Herxheim, 1996. S. 55-71.

Universität Mannheim (Hrsg.): Tagungsband Baden-Württemberg-Kolloquium 1993: Europa der Regionen - Modell für eine europäische Föderation, 15.-18. Februar 1993. Mannheim, 1994.

Vestner, Dieter: Durlach. Seine Geschichte – seine Straßen – seine Wirtschaften – seine Vereine. Karlsruhe, 1993.

Vestner, Emil: Die räumliche Struktur und die Standorte der Industrie des Landes Baden-Württemberg. Ein Beitrag zur Industriestandortkarte des Statistischen Landesamtes. In: Jahrbücher für Statistik und Landeskunde von Baden-Württemberg. Hrsg. vom Statistischen Landesamt Baden-Württemberg. 7. Jg. 1/1962. S. 5-20.

Vogler, Bernhard; Michel Hau: Histoire économique de l'Alsace. Croissance, crises, innovations : vingt siècles de développement régional. Strasbourg, 1997.

Vonau, Pierre : Elsässische Werkeugfabrik Zornhoff 1899-1923. In: Pay d'Alsace, N° 176/1996. P. 47-50.

Ders.: L'évolution de l'entreprise (1837 – 1871). L'évolution juridique de la Société. Les débuts de la nouvelle direction. Le Zornhoff et la conjoncture. In: Le Zornhoff 2e Partie. Gustave Goldenberg 1837 – 1871. Saverne, 1988. P. 47-62. (=Pays d'Alsace, N° 143-144/1988).

Ders.: Le Zornhoff de 1789 à 1837. In: Monswiller – Zornhof. Étude historique d'un site industriel. Première Partie jusqu'en 1837. Saverne, 1985. P. 43-59. (=Pays d'Alsace, N° 131/1985).

Wahl, Alfred; Jean-Claude Richez: La vie quotidienne en Alsace entre France et Allemagne 1850-1950. Paris, 1993.

Waldfischbach 1182-1982. Heimatbuch zur 800-Jahrfeier. Hrsg. von der Ortsgemeinde Waldfischbach-Burgalben durch den Arbeitskreis Festschrift. Waldfischbach, 1982.

Walter, Friedrich: Mannheim in Vergangenheit und Gegenwart. 2 Bde. Mannheim, 1907.

Weber, Alfred: Über den Standort der Industrien. 1. Teil: Reine Theorie des Standorts. Tübingen, 1909. 2. Teil: Die deutsche Industrie seit 1860. Tübingen, 1914.

Weber-Klein, Christiane: Réflexions sur la modernisation industrielle en Alsace. In: Revue d'Alsace, tome 112/1986. P. 307-316.

Wedemeyer, Burkhard: Die Familie Gienanth. Ein Kapitel aus der Entwicklung der pfälzischen Eisenindustrie. Diss. Göttingen, 1953.

Weidmann, Werner: Die pfälzische Landwirtschaft zu Beginn des 19. Jahrhunderts. Von der Französischen Revolution bis zum Deutschen Zollverein. Saarbrücken, 1968. (=Veröffentlichungen des Instituts für Landeskunde des Saarlandes, 14).

Weidmann, Werner: Streiflichter durch die Wirtschaftsgeschichte von Stadt und Landkreis Kaiserslautern und Umgebung. Otterbach-Kaiserslautern, 1976.

Weingarth, Otto: Die pfälzische Baumwollindustrie. Diss. Heidelberg, 1923.

Weiß, J.G.: Geschichte der Stadt Weinheim an der Bergstraße. Weinheim, 1911.

Weiß, Paul: Die Entwicklung der Pirmasenser Schuhindustrie mit besonderer Berücksichtigung der Kriegs- und Nachkriegsjahre. Diss. Borna-Leipzig, 1927.

Wernsdorf, Julius: Das kapitalistische Konzentrationsgesetz in der Pforzheimer Bijouterieindustrie. Ein Beitrag zur Erkenntnis des Zusammenhanges der gewerblichen Betriebssysteme und Größenformen im Nachgang zu den Erhebungen des Vereins für Sozialpolitik über die Lage der dem ehemaligen Kunsthandwerk angehörigen Gewerbe in Deutschland. Diss. Stuttgart, 1899.

Westdeutsche Wirtschaftschronik. Band III: Baden. Rheinland-Pfalz. Pforzheim, 1955.

Wirtschaft und Gesellschaft am Oberrhein. Die Nordwestschweiz, das Elsaß, die Südpfalz und Baden: eine Region auf dem Weg nach Europa. Eine Gemeinschaftsveröffentlichung der Statistischen Ämter. Stuttgart/Basel/Strasbourg u.a., 1992.

Wirtschaftliche Verflechtungen in Grenzräumen im industriellen Zeitalter, 1750-1965. Verlagsbundel van het op 14 en 15 september 1995 te Maastricht gehouden congres van de verenigingen voor economische geschiedenis in België, Duitsland en Nederland. J.C.G.M. Jansen (red.) Leeuwarden, 1996. (=Maaslandse monografieën, Nr. 58).

Wirtschaftsstandort Heidelberg. Chancen und Perspektiven einer Stadt. Heidelberg, 1999.

Wirtschaftsstandort Ludwigshafen. Chancen und Perspektiven einer Stadt. Hrsg.: Media Team GmbH Stadt Ludwigshafen. Ludwigshafen, 1998.

Wollbrett, Alphonse: Il y a 100 ans. Saverne en 1885. In: Pays d'Alsace, 134/1986. S. 25-30.

Zier, Hans Georg: Die Industrialisierung des Karlsruher Raumes. Ein Beitrag zur Wirtschaftsgeschichte Badens. In: Oberrheinische Studien, Bd. II. Neue Forschungen zu Grundproblemen der badischen Geschichte im 19. und 20. Jahrhundert. Bretten, 1973. S. 335-372.

Zier, Hans Georg: Geschichte der Stadt Pforzheim. Von den Anfängen bis 1945 mit einer Bibliographie von Bernhard Müller. Stuttgart, 1982.

Zollner, Hans Leopold: 100 Jahre Gewerbeverein Ettlingen (1881-1981). Ein Beitrag zur Wirtschaftsgeschichte der Stadt Ettlingen. Ettlingen, 1981.

200 Jahre Stadt Pirmasens 1763-1963. Eine Festschrift zur 200-Jahrfeier am 12. Juli 1963. Hrsg. von der Stadt Pirmasens. Pirmasens, 1963.

Zwick, Albert: Die Pirmasenser Schuhindustrie. Eine volkswirtschaftliche, privatwirtschaftliche und sozialpolitische Monographie. Diss. Karlsruhe, 1918.

Ortsverzeichnis

A

Achern 100, 176

Altleiningen 44, 51, 58, 59, 62

Antwerpen 91, 94

Augsburg 35

B

Bad Bergzabern 55, 56, 87

Bad Dürkheim 44, 46, 59, 60, 90

Baden-Baden 66, 100, 117

Barr 127

Basel 17, 107, 115

Belfort 138

Bellheim 46

Bergzabern *Siehe* Bad Bergzabern

Bern 35

Betschdorf 75, 124

Bietigheim 172

Bischheim 124

Bischweiler *Siehe* Bischwiller

Bischwiller 74, 75, 121, 122, 123, 124, 169, 175, 176

Bochum 91, 94, 98, 162

Bous 96

Bouxwiller 124

Bretten 100

Bruchsal 100

Brumath 75, 127

Bühl 100

Burgalben 46, 151

C

Clausen 151

D

Dahn 46, 55, 151

Deidesheim 97, 157

Delmenhorst 172, 173

Dortmund 168

Drusenheim 128

Duppigheim 74, 75, 127

Düppigheim *Siehe* Duppigheim

Düren 34

Dürkheim *Siehe* Bad Dürkheim

Durlach 66, 68, 70, 71, 92, 114, 116, 117

Düsseldorf 34, 168

Duttlenheim 127

E

Eberbach 110

Eckbolsheim 124

Edenkoben 44, 46, 51, 59

Eisenberg 44, 51, 58, 59, 60, 62, 83

Eppelheim 100

Erbach 44, 51

Erfenbach 44

Erstein 124

Essen 168

Ettlingen 68, 70, 71, 115, 116, 117

F

Fegersheim 124, 125, 148

Frankenthal 44, 47, 48, 50, 51, 52, 53,58, 59, 60, 61, 62, 63, 64, 68, 79, 81, 91, 98, 103, 160, 161, 162, 163, 164, 173, 174, 178

Frankfurt am Main 151

Friesenheim 44, 156

Fröschen 151, 154

G

Gaggenau 70, 71, 91, 100
Gambsheim 127
Geispolsheim 124, 148
Germersheim 62, 87, 90
Gernsbach 100
Gersbach 46
Gleisweiler 44, 51, 151
Graffenstaden *Siehe* Illkirch-Graffenstaden
Gresswiller 127
Grünstadt 46, 58, 155
Gundershoffen 127

H

Haguenau 26, 75, 131, 142, 143, 144, 175, 176
Hangenbieten 127
Haßloch 83
Hauenstein 46, 79, 97, 151
Heidelberg 27, 62, 64, 68, 70, 71, 100, 102, 103, 105, 106, 107, 112, 115, 116, 153, 155, 160, 175, 178
Heilbronn 107
Heiligenzell 70, 71
Hemschbach 58
Herrlisheim 127, 128
Herxheim 46, 83
Hinterweidenthal 46
Hochstein 44, 51, 60
Hoerdt 124
Homburg (Saar) 58, 59, 61, 81

I

Illkirch *Siehe* Illkirch-Grafenstaden
Illkirch-Graffenstaden 74, 75, 127, 136, 137, 138, 139, 142, 148
Imsbach 59
Ingolstadt 168
Ingwiller 124
Ixheim 44, 51

J

Jaegerthal 124

K

Kaiserslautern 26, 44, 47, 48, 51, 55, 58, 59, 61, 64, 79, 81, 87, 90, 91, 92, 93, 94, 97, 116, 151, 152, 156, 161
Kandel 46, 55
Karlsruhe 19, 27, 68, 69, 70, 71, 72, 90, 92, 93, 102, 104, 107, 114, 115, 116, 117, 128, 137, 149, 151, 172, 175
Kassel 91
Kehl 100, 107
Kirchheimbolanden 83, 91
Kleinkarlbach 44, 59
Klingenthal 140
Kusel 45, 59, 60, 62

L

La Walck 127
La Wantzenau 127, 129
Ladenburg 112
Lahr 68, 69, 70, 71, 118, 169, 170, 171, 172, 175
Lambrecht 45, 46, 47, 48, 51, 58, 59, 60, 61, 63, 79, 81, 83, 84, 85
Lampertheim 75
Lampertsloch 74, 75
Landau 45, 51, 55, 57, 59, 60, 79, 87, 90

Landstuhl 45, 51, 83, 92

Lauterbourg 19, 131, 146, 147, 148

Le Zornhoff 145, 146

Leimen 151

Leipzig 35, 151

Lemberg 59, 151

Leverkusen 168

Lingolsheim 124

Lobsann 74, 75

Ludwigshafen 26, 43, 45, 47, 48, 51, 56, 61, 62, 64, 65, 78, 79, 81, 97, 98, 99, 102, 108, 148, 155, 156, 157, 158, 160, 163, 164, 165, 174, 175, 177, 178, 180

M

Maastricht 15, 21, 22

Mainz 55, 160

Mannheim 15, 27, 61, 62, 68, 70, 71, 73, 89, 91, 95, 100, 102, 107, 108, 109, 110, 112, 155, 156, 157, 160, 163, 164, 165, 166, 170, 175

Marmoutier 127

Marseille 83, 115, 128, 132

Mattstall 74, 75

Maudach 156

Maximiliansau 169, 172, 173, 174

Memmelshoffen 74

Merlenheim 127

Mertzwiller 127

Metz 117

Molsheim 140, 141

Monswiller 127, 145

Mosbach 100

Mouterhouse 126

Mülhausen *Siehe* Mulhouse

Mulhouse 133, 137

München 15, 117, 168

Münchweiler 46, 151

Mundenheim 155

Mundolsheim 127

Mutzig 127, 140, 146

N

Nantes 128

Neckarsulm 168

Neunkirchen 96

Neustadt an der Weinstraße 45, 58, 59, 60, 79, 85, 86, 87, 91, 98, 160

Niederbronn 74, 75, 124, 127

Niefern-Öschelbrunn 100

Nürnberg 168

O

Oberbetschdorf *Siehe* Betschdorf

Oberhoffen-sur-Moder 175

Oberkirch 100, 178

Obermoschel 59

Obernai 127, 131

Offenbach (Pfalz) 46

Offenbach am Main 35, 168

Offenburg 69, 118, 119, 178

Oggersheim 43, 45, 51, 97, 149, 156, 157

Oppau 156

Ostwald 127, 148

Otterberg 45, 59, 60, 61

P

Paris 15, 121, 130, 145, 151

Pechelbronn 129, 130

Peschelbronn *Siehe* Pechelbronn

Pforzheim 27, 68, 70, 71, 119, 148, 155, 165, 166, 167, 169, 175, 177, 179

Pirmasens 26, 55, 58, 63, 78, 79, 81, 93, 95, 96, 97, 148, 149, 150, 151, 152, 153, 154, 155, 167, 175, 177, 178, 180

R

Rastatt 19, 68, 69, 70, 71, 117, 118

Rauschendwasser 124

Regensburg 168

Reichshoffen 53, 74, 75, 124, 126, 127, 137

Reichstett 129

Reims 169

Remscheid 168

Rheingönnheim 45, 156

Rodalben 46, 79, 83, 97, 151

Rotenfels 70, 71

Rülzheim 46

Rüppur 70, 71

Rüsselsheim 91, 94

S

Saarbrücken 96

Saverne 131, 145, 146, 175

Schaid 91

Schiltigheim 75, 136, 139, 140, 148, 173

Schirmeck 124

Schönau 45, 51, 58, 59, 60

Schopp 45

Schweighouse 75, 127

Schwetzingen 100, 112, 179

Sedan 169

Solingen 168

Soultz sous Forêts 124

Speyer 15, 43, 45, 46, 47, 48, 51, 55, 57, 58, 59, 60, 61, 77, 78, 79, 80, 83, 87, 88, 89, 175, 179

St. Ingbert 43, 45, 47, 48, 51, 57, 59, 60, 61, 62, 79, 81, 96

Strasbourg 15, 26, 72, 73, 74, 75, 76, 117, 119, 121, 122, 127, 128, 129, 130, 131, 132, 133, 134, 136, 137, 138, 139, 140, 142, 147, 148, 160, 169, 170, 172, 175, 177, 178, 180

Stuttgart 97, 98, 107, 108

T

Thaleischweiler 46, 79, 97, 151, 154

Trippstadt 46, 51, 58, 59, 60, 62

Tuttlingen 168

V

Velbert 168

W

Waldfischbach 46, 149, 151

Waldhof 108, 109

Wasselonne 74, 75, 127

Weidenthal 46

Weiler 127

Weinheim 112, 113, 114, 170

Wetzlar 168

Wiesloch 100

Winnweiler 58, 60, 62

Winterthur (Schweiz) 97, 157

Winzeln 46

Wissembourg 74, 75, 127

Wœrth (Elsass) 75

Wörth am Rhein (Pfalz) 19, 81, 83, 89, 90, 91

Wolfstein 46

Worms 112, 163

Würzburg 35, 163, 168

Z

Zinswiller 74, 75, 124, 127

Zornhoff *Siehe* Le Zornhoff

Zweibrücken 46, 47, 48, 51, 55, 58, 59, 60, 61, 79, 81, 88, 94, 95, 96, 98, 154, 161, 175

Firmenverzeichnis

A

ABB *Siehe* Asea Brown Boverie AG

ABB Stotz-Kontakt GmbH 105

Adelshoffen 139

Adidas 146

Aktien-Gießerei 44, 51

Aktien-Leinenzwirner 46

Albert, Andreas 103, 106

Albert & Cie. AG 106, 163

Albert & Comp 44, 51

Albert & Hamm 106

Alcatel 138

Alsavet Industries S.A. 122

Alwo 91

American Shoe Machinery Corp. 152

Anton & Co., D. 70, 71

Anzlinger, Josef 104

Asea *Siehe* Asea Brown Boverie AG

Asea Brown Boverie AG 103, 105, 108, 112

Ashland Chemical Company Rußfabrik 88

Atlaswerke Poehler & Co. 151

ATS GmbH 90

Autran, Jean François 165

B

Badenia AG 113

Badische Anilin und Soda Fabrik *Siehe* BASF

Badische Gesellschaft für Spinnerei und Weberei AG Ettlingen 117

Badische Gesellschaft für Zuckerfabrikation 115

Badische Maschinenfabrik und Eisengießerei AG 116

Balke & Co. [KG] 98

Balke, Maschinenbau AG 98, 157, 162

Barbarossawerke AG 92, 99

BASF AG 45, 83, 108, 109, 155, 156, 175

Baumwollspinnerei (Durlach) 116

Bayer & Comp., W. 45, 51

Becker, Autoradio 91

Behagel, Jakob 70, 71

Beiersdorf AG 119

Beltz-Verlag 113

Benckiser 70, 71, 112

Benckiser, Joh. 70, 71

Benckiser, Joh. A. 155

Benckiser-Knappsack 112

Bender-Werke GmbH 173

Benkieser, Gebrüder 45, 51

Benkieser, Joh. Adam 45

Bensinger, Friedrich Julius 108

Benz & Co. Rheinische Gasmotorenfabrik 108

Benz, Carl 112

BERGA-Akkumulatorenwerke 118

Berger GmbH & Co. KG 172

Bettinger & Balke GmbH 98

Beutler, Eisenwerk 172

Boehringer, Christian Friedrich 108

Bohnenberger 70, 71

Böninger, Arnold 104

Bopp & Reuther AG, Maschinenfabrik 108

Borg Warner Automotiv GmbH 105

Borgnis & Co. 70, 71

Botzong, Gebrüder 45

Braas GmbH 108

Brasserie Fischer 139

Braun KG, Josef 89

Brechtel 157

Breitling GmbH, Ph. Friedrich 99

Brinkmann KG, Martin 104

Brown, Boverie & Cie. KG *Siehe* Asea Brown Boverie AG

Bugatti, Ettore 140

Buhl & Markgraf Louis 70, 71

Bujard & Co. 70, 71

Bundy GmbH 105

Burda GmbH 119

Burda, Franz 119

C

Cargo Van Fahrzeugwerk GmbH 91

Caterpillar Inc. 96

Caterpillar Vibra-Rahm GmbH & Co. KG 96

Centra Leichtmetall-Räder GmbH 90

Chemische Fabrik Rheinau 108

Chevandier & Vopelius 48

Chouard, Baron 145

Christin, Amédé 165

Christmann & Co., W. 44, 51

Chrobok GmbH, Josef 104

Cie. Eifel Construction Metallique 147

CIT-Alcatel 138

Citroën 176

Cöllnische Schmier – Saifen – Fabrique (Frankenthal) 63

Compagnie de St. Gobain 89

Compagnie générale d'électricité 138

Conrad, Maschinenfabrik Hermann 160

Coulaux, Jacques 140, 145

Crown Bender GmbH 173, 174

Crown Cork & Seal 173

D

DaimlerChrysler AG 63, 90, 91, 108, 118, 155

De Dietrich 53, 124, 126, 127, 137

DEA 115

Deere Werke, John 95, 100, 108

Degussa 148

Dennig & Co. 70, 71

Dental-Ritter AG 116

Derendinger, François Ignace 176

Deutsche Linoleum-Werke AG *Siehe* DLW AG

Deutsche Tiefbohr – Aktiengesellschaft 129

Deutsch–Vereinigte Schuhmaschinengesellschaft 151

Dianawerk 118

Dingler, Maschinenfabrik 46, 48, 51, 95, 161

Dinglerwerke AG 95

DiverseyLever GmbH 108

DLW AG 173

Doll, Nikolaus 44, 51

Dow AgroSciences 147

Dow Chemical 129, 147

Draiswerke GmbH 109

3-Glocken 113

Düngerfarben auf Aktien 44

E

Ehrenpfort, Bierbrauer 176

Eisele – Apparate- und Gerätebau GmbH 92

Eisengießerei– und Maschinenbau-Aktien-Gesellschaft (Mannheim) 109

Eisenwerk Kaiserslautern 44, 51

Elco-Kleider GmbH 104

elf-Gelsenberg 89

Elopak AG 89

Elsässische Konservenfabrik und Import-Gesellschaft 140

Elsässische Teppichmanufaktur 142

Elsässische Werkzeugfabrik Zornhoff *Siehe* Le Zornhoff

ELTE-Werke 92

Engelhorn, Friedrich 109, 156, 175

Engelsmann AG, J. 157

Englische Feilen-Hauerey (Frankenthal) 63

Enzinger-Union-Werke AG 104

Ergo-Fit GmbH + Co. KG 154

Erste badische Teigwarenfabrik Wilhelm Hensel 113

ESSO 115

Établissement de Constructions Mécaniques de Strasbourg 137

Excales, Gebrüder 46

F

Färberei- und Kattundruckerei (Durlach) 116

Fayence (Durlach) 116

Fonderie Heinrich SA 140

Freudenberg KG 113, 114

Freudenberg, Carl 113

Fuchs Waggonfabrik AG, Heinrich 103

G

Geiger, Maschinenfabrik Alex 97, 157

Gemeinschaft Deutscher Schuhmaschinenfabrikanten (Frankfurt am Main) 151

General Motors Strasbourg 136

Gesellschaft Chemische Fabrik Wohlgelegen 108

Gesellschaft für Spinnerei und Weberei Ettlingen 115, 117

Gienanth 44, 46, 51, 60, 61, 62

Gillet KG, Heinrich 90

Giulini, Dr. Lorenz 45

Giulini, Gebrüder 108, 155

Glockengießerei und Maschinenfabrik (Frankenthal) 103

Glossier, Gebrüder 44, 51

Göhring, Gebrüder 44, 51

Goldenberg, Alfred 146

Goldenberg, Guillaume 145

Goldenberg, Gustave 145

Goldenberg, Werkzeugmanufaktur 145
Goldenberg & Cie., M.M. 145
Goldschmidt AG, Th. 108
Graf KG, August 91
Graubremse GmbH 104
Griesbach 70, 71
Gritzner AG 116
Gritzner-Kayser AG 92
Grohe-Heinrich 44
Grünzweig & Hartmann AG 112, 155
Gülich & Finkenstein 70, 71
Gummi Mayer KG 87, 90
Gutmann, Eisengießerei Johann 163

H

Haagen, Bijouterie 70, 71
Haas & Botzon 45
Haemmerlin SA 146
Haltermann GmbH & Co., Johann 88, 89
Hamm, Andreas 44, 51, 103, 106
Hamm, Georg 106
Hamm OHG, Andreas 103, 106
Haribo 09
Havilla Zigarrenfabriken GmbH 104
Hebborn, H. u. Co. 104
Heddäus & Fries 70, 71
Heidelberger Druckmaschinen AG 100, 103, 106, 178
Hein KG, Gebrüder 104
Heineken 139
Heinkel 88
Heintze, Heinrich 113
Helffenstein, Abraham 45
Heller & Weber 44
Helmreich u. Cie. KG 104
Henkel Teroson GmbH 105
Hensel, Wilhelm *Siehe* Erste badische Teigwarenfabrik Wilh. Hensel
Hessenmüller & Wolpert 157
Hitschler & Comp. 46, 51
Hochberg, Gräflin 70, 71
Hoffmann GmbH, Gustav 104
Hoffmann-La Roche 108
Horn, mechanische Werkstätte 48
Horn, Phil. Jun. 44, 51
Hugo & Meister 70, 71
Hugo, Gebrüder 70, 71
Hutchinson 109

I

IG Farben AG 157
INA Roulements 143, 176
Industrial Johnson Controls Roth 136
Industriemaschinen Vertriebs-GmbH (Pfaff) 93
Internationale Baumaschinen AG 98
Isopad GmbH 105

J

Jakob Hinzler & Sohn 44
Jooß Söhne & Comp. 45, 51
Jung AG, R. 104

K

Kaloderma 115
Kammgarnspinnerei 44
Kayser 152
Keats-Maschinengesellschaft 151
Keiper Recaro GmbH & Co. KG 90

Keller & Sohn 163
Kessler, Maschinenfabrik Emil 115
Kirrmeier, Franz 89
KKK 53, 91, 99, 161, 162
Klein, Schanzlin & Becker AG *Siehe* KSB
Kleinknecht 139
Knoll AG 155
Koch & Köhler 45
Koechlin et Cie., André 137
Köhler u. Co. 104
Kömmerling Chemische Fabrik GmbH & Co. 153
Koenig & Bauer 103, 106, 163
Koenig & Bauer-Albert 163
König & Co., Nähmaschinenfabrik 92
König, Gebrüder 46
Krämer, Gebrüder 45, 51
Krappfabrik (Durlach) 116
KSB 98, 157, 161, 162
KUBOTA Baumaschinen GmbH 96
Kuhn & Adler 45
Kuhn SA 146
Kuhn, Gebrüder 44, 51
Kühnle 44, 51
Kühnle & Co. 70, 71
Kühnle, Kopp & Kausch AG *Siehe* KKK

L

L'Espérance 139
Lamy GmbH, C. Josef 104
Landfried, J. P. 104
Landfried, Tabakfabrik 103, 104
Lang, Franz 46
Lanz AG, Heinrich 95, 108
Lanz, Heinrich 108
Le Bel 129
Le Pêcheur 139
Le Zornhoff 145, 146
Lehmann, Eisengießerei 118
Leim- + Düngerfabrik 45
Leinwandbleiche (Durlach) 116
Lenz & Sievert 70, 71
Leser GmbH, Fritz 172
Levino, Jakob 155
Lichtenberger & Comp 45
Lilly France 124
Lindhorst GmbH, P. 104
Linoleumfabrik 172
Lorenz, Maschinenfabrik 118
Löser KG, Ludwig 88
Lotzbeck 70, 71, 170
Ludwigsbahn-Werkstätte 44, 51

M

Mannesmann Dematic Mobilkrane AG 95
Maquet AG 118
Marx, J.J. 45
Marx GmbH, J. J. 84
Maschinenbaugesellschaft Karlsruhe 151
Maßholder, L. u. R. 104
Masterfoods 143
Mayer & Grammelspacher GmbH & Co. KG 118
Mecano Rapid GmbH 105
Mechanische Baumwollspinnerei & Weberei Ludwigshafen 45

Mercedes-Benz AG 90, 142
Messerschmitt-Bölkow-Blohm GmbH 88
Messier-Bugatti 140
Michel, Dr. F.R. 45
Microsoft 105
Millipore SA 142
Mineralölraffinerie Oberrhein *Siehe* MiRO
MiRO 115
Mobil Oil 90
Mock, F. 139
Moenus 151
Mohr & Federhaff 109
Molitor & Cie. 106
Motobécane 176
Muck & Benzino 45, 51
Müller, Amalie 104
Muller Outils 140

N

Nadel-Manufaktur (Frankenthal) 63
Naturin-Werk 113
Nestler GmbH & Co.KG 172
Neue Bekleidungswerkstatt GmbH 104

O

Obermaier & Co. 85
Obermaier, Otto Julius *Siehe* Obermaier & Co.
Odinwerk 118
Oehlert, G + H 45
Öhlenheinz, Theodor 70, 71
Opel AG 63, 90, 91, 94
Orangina 124
Orth Witwe, A. 44
Osram SAS 140

P

Padberg, Carl 172
Pakleppa GmbH, Paul 104
Pallmann Maschinenfabrik GmbH & Co. 96
Panhard et Lavassor 176
Papeteries du Bas-Rhin 127
Pechelbronner Oelbergwerke 129
Pegulan Werke AG 163, 173
Peschke, Baumaschinenfabrik 98
Peugeot 142
Pfaff AG, G.M. 92, 93, 102, 116, 151, 152
Pfaff Innovations-GmbH 93
Pfaff Pietzsch Industrieroboter GmbH 100
Pfaff & Singer Vertriebs-GmbH Haushalt 93
Pfälzische Gummiwerke GmbH 163, 173
Pfeiffer, Gebrüder 92, 99
Pfeiffer, Jacob 44, 51
Platz GmbH, Carl 97, 157
Platz, Wilhelm 113
Polysar 129
Pörringer & Schindler GmbH 96
Porzellan-Manufaktur (Frankenthal) 63

Q

Quiri 139

R

Raab 152
Raab, Gebrüder 44

Raab, Karsch & Comp. 45
Raffinerie de Strasbourg 128, 129
Raffinerie Speyer *Siehe* elf-Gelsenberg
Raffinerie Wörth *Siehe* Mobil Oil
Raschig GmbH, Dr. Friedrich 155
Reiff & Cie. KG, A. 119
Reihlen, Johann Conrad 108
Reisig, Fr. 104
Reiß, Heinrich 70, 71
Reno 154
Reutlinger & Bielefeld 70, 71
Rheinische Hartgummiwaren – Fabrik 108
Rhénaméca 138
Rhône-Poulenc 89
Rindeschwender Erben 70, 71
Roche Diagnostics GmbH 108
Rode & Schwalenberg 109
Roeder 70, 71
Rohm and Haas France SAS 147
Röhm GmbH 147
RohMax Additives 148
RohMax France 147
Roth, Heck & Schwinn 44, 51
Roth-Händle 172
Rupp, Peter 104

S

Saame & Comp. 44
SACM 137, 138
SAEM 130
Saffianfabrik (Durlach) 116
SAIT Mining 146
Salamander AG 89
Sandt AG, J. 152
SAP 105
Schaedla, R. 104
Schäfer Söhne, Ferdinand 152
Scharpff & Lichtenberger 155
Scharpff, Johann Heinrich, Kaufmann und Weinhändler 61
Schaub-Lorenz 118
Schiffs- und Maschinenbau-Aktien-Gesellschaft (Mainz) 109
Schimper & Comp. 44, 51
Schlaff, Gebrüder 70, 71
Schneider, Jacquet & Cie. 133
Schnellpressenfabrik Albert & Cie. AG 163
Schnellpressenfabrik AG *Siehe* Heidelberger Druckmaschinen AG
Schnellpressenfabrik Heidelberg *Siehe* Heidelberger Druckmaschinen AG
Schön & Cie. 152
Schön & Sandt AG 152
Schön OHG 152
Schöneberger, Gebrüder 44
Schuh-Union AG 96
Schütze AG, Paul 97, 157
Schutzenberger 139
Schwarz GmbH, Gebrüder 91
Schwarzwaldmilch GmbH 119
Seidenkompagnie (Durlach) 116
Seidenzeug-Manufaktur (Frankenthal) 63
Seifen– und Lichterfabrik (Durlach) 116
Siemens AG 88, 89, 143
Siemens & Halske 88

Silberaffinage (Durlach) 116

Simon, Heinrich 46

Singer 93

Skrebba Werk GmbH 172

Société Alsacienne de Constructions Mécaniques *Siehe* SACM

Société alsacienne de filature et tissage du jute 122

Société anonyme d'exploitations minières *Siehe* SAEM

Société des ateliers de construction de Graffenstaden 137

Société Industrielle du Hanau 127

Spieß & Klunck 44

Stahlwerk Mannheim 109

Stecknadelfabrik (Durlach) 116

Stihler GmbH & Co., Richard 172

Stockmann KG 104

Stotz-Kontakt GmbH 105

Strauß, Eduard 45, 51

Südzucker AG 108

Sulzer AG, Gebrüder 97, 98, 157

Sulzer-Zentralheizungen GmbH 157

Sunlight-Seifenfabrik AG 108

T

Tabakfabrik (Durlach) 116

Tarkett Sommer AG 163, 173, 174

Teroson-Werk Erich Roß 104

Tesa-Werke GmbH 119

Thaleswerke 118

theica-plastic frankenthal 164

Thiele & Co. 104

Timmermann u. Wollet 104

Trampler 70, 71

Tuchfabrikgesellschaft 45

U

Ultramarinfabrik 44

Ungemach 140

Unger, Maschinenfabrikant 151

Unger, Ph. 44, 51

Union Deutsche Lebensmittel-Werke GmbH 107

United Shoe Machinery Co. 151

Usine de Graffenstaden 137

V

Vedette Industries 146

VEGLA 108

Velten, Maschinenbauwerkstätte 98

Velthusen & Comp 44, 51

Vereinigte Flugtechnische Werke Fokker GmbH 88

Vereinigte Glaswerke GmbH *Siehe* VEGLA

Vereinigte Pechelbronner Oelbergwerke 129

Verlag Chemie 113

Vestra-Union 122

Viala, Jean 105

Viking Sewing Machines AB 93

Villeroy, Boch, Karcher & Co. 96

Villiez, Freiherr v. 70, 71

Vincent 142

VIVILI A. Müller GmbH & Co.KG 119

Vögele AG, Joseph 108

Voelcker GmbH, Daniel 170

Völker, Daniel 70, 71

W

Waggon-Fabrik (Ludwigshafen) 45, 51

Waggonfabrik (Rastatt) 118
Wagner & Wurster 45, 46
Walzmühle (Ludwigshafen) 160
Wayß & Freitag 98
Weber & Lederer GmbH & Co. KG 172
Weinheimer Gummiwerke 113
Weinmann, Gottlieb 99
Welker, Philipp 85
Werola, Krepp- und Buntpapierfabrik 118
Wery, Christian 81, 95
Weyland, Maschinenfabrik 48
Weyland, Meuth & Co. 45, 51
Weyland-Lamarche & Schwarz 97
Wilz GmbH, Hermann 104
Wolff & Sohn, Parfümeriefabrik 115
Wollzeug- und Camelot-Manufaktur (Frankenthal) 63

Z

Zehnder Wärmekörper GmbH 172
Zellstofffabrik Waldhof 109
Ziegler's Nachfolger 45
Zöllner, Daniel, Strumpfwarenfabrik 45, 62
Zschokke-Werke AG 92
Zumstein, J.G. 44

STUDIEN ZUR TECHNIK-, WIRTSCHAFTS- UND SOZIALGESCHICHTE

Herausgegeben von Hans-Joachim Braun

Band 1 Hans-Joachim Braun / Rainer H. Kluwe (Hg.): Entwicklung und Selbstverständnis von Wissenschaften. Ein interdisziplinäres Colloquium. 1985.

Band 2 Stephan Tank: Stagnation oder Aufschwung? Die wirtschaftliche Entwicklung der Stadt Iserlohn in Westfalen im 19. Jahrhundert. 1990.

Band 3 Uwe Beckmann: Gewerbeausstellungen in Westeuropa vor 1851. Ausstellungswesen in Frankreich, Belgien und Deutschland, Gemeinsamkeiten und Rezeption der Veranstaltungen. 1991.

Band 4 Heike Knortz: Wirtschaftliche Demobilmachung 1918/22. Das Beispiel Rhein-Main-Gebiet. 1992.

Band 5 Bettina Dodenhoeft: "Laßt mich nach Rußland heim". Russische Emigranten in Deutschland von 1918 bis 1945. 1993.

Band 6 Hans-Ulrich Niemitz: Dampfturbinenkonstruktion bei der Brown Boveri AG & Cie nach dem Zweiten Weltkrieg. 1993.

Band 7 Stefan Willeke: Die Technokratiebewegung in Nordamerika und Deutschland zwischen den Weltkriegen. Eine vergleichende Analyse. 1995.

Band 8 Carmelita Lindemann: Chancen und Grenzen kommunaler Elektrizitätspolitik. Die Entwicklung des Elektrizitätswerkes Aachen und der Rurtalsperren-Gesellschaft von 1890-1928. 1996.

Band 9 Peter Knost: Die Interessenpolitik der Elektrotechniker in Deutschland zwischen Industrie, Staat und Wissenschaft 1880 bis 1914. 1996.

Band 10 Arne Steinert: Konzepte der Musealisierung von Technik und Arbeit. Museale Erschließung – Perspektive für das Industriedenkmal Saline Luisenhall. 1997.

Band 11 Rudolf Boch (Hrsg.): Patentschutz und Innovation in Geschichte und Gegenwart. 1999.

Band 12 Reinhold Bauer: Pkw-Bau in der DDR. Zur Innovationsschwäche von Zentralverwaltungswirtschaften. 1999.

Band 13 Heike Knortz: Ökonomische Integration und Desintegration am Oberrhein. Eine clustertheoretisch-wirtschaftshistorische Dokumentation und Analyse zum Europa der Regionen. 2003.

Peter Lang · Europäischer Verlag der Wissenschaften

Andreas Heeg

Ethische Verantwortung in der globalisierten Ökonomie

Kritische Rekonstruktion der Unternehmensethikansätze von Horst Steinmann, Peter Ulrich, Karl Homann und Josef Wieland

Frankfurt/M., Berlin, Bern, Bruxelles, New York, Oxford, Wien, 2002.
211 S., 3 Tab., 4 Graf. Moderne-Kulturen-Relationen.
Herausgegeben von Gerhard Droesser und Stephan Schirm. Bd. 2
ISBN 3-631-39669-4 · br. € 35.30

Im vergangenen Jahrzehnt erlebte das Thema „Unternehmensethik" einen rasanten Aufschwung. Im deutschen Sprachraum sind es vor allem Horst Steinmann, Peter Ulrich, Karl Homann und Josef Wieland die mit ihren Ansätzen die Diskussion bestimmen. In diesem Buch werden die vier Autoren eingehend analysiert bezüglich ihrer Ausgangsposition, der eigentlichen Ethikkonzeption und der verschiedenen Implementationsansätze. Die Analyse schließt mit einem synoptischen Vergleich und einem kritischen Resümee.

Aus dem Inhalt: Vergleichende Analyse und kritische Auswertung · Vier dominierende Unternehmensethikkonzepte des deutschen Sprachraums von Horst Steinmann, Peter Ulrich, Karl Homann und Josef Wieland.

FSC
www.fsc.org
MIX
Papier | Fördert
gute Waldnutzung
FSC® C083411

Kolibri 360 GmbH
Ferdinand-Jühlke-Straße 7
99095 Erfurt, Deutschland
produktsicherheit@kolibri360.de

Druck:
CPI Druckdienstleistungen GmbH
im Auftrag der
Kolibri 360 GmbH
Ferdinand-Jühlke-Str. 7
99095 Erfurt